Justice constitutionnelle et subsidiarité

Logiques Juridiques
Fondée par Gérard Marcou
Dirigée par Jean-Claude Némery et Thomas Perroud

Le droit n'est pas seulement un savoir, il est d'abord un ensemble de rapports et pratiques que l'on rencontre dans presque toutes les formes de sociétés. C'est pourquoi il a toujours donné lieu à la fois à une littérature de juristes professionnels, produisant le savoir juridique, et à une littérature sur le droit, produite par des philosophes, des sociologues ou des économistes notamment.

Parce que le domaine du droit s'étend sans cesse et rend de plus en plus souvent nécessaire le recours au savoir juridique spécialisé, même dans des matières où il n'avait jadis qu'une importance secondaire, les ouvrages juridiques à caractère professionnel ou pédagogique dominent l'édition, et ils tendent à réduire la recherche en droit à sa seule dimension positive. À l'inverse de cette tendance, la collection « Logiques juridiques » des éditions L'Harmattan est ouverte à toutes les approches du droit. Tout en publiant aussi des ouvrages à vocation professionnelle ou pédagogique, elle se fixe avant tout pour but de contribuer à la publication et à la diffusion des recherches en droit, ainsi qu'au dialogue scientifique sur le droit. Comme son nom l'indique, elle se veut plurielle.

Dernières parutions

Jackeline Patricia CESPEDES ARTEAGA, *La contribution de la CJUE dans la construction du droit de la Communauté andine*, 2018.
Michaël MARTINEZ, *Le train de vie en droit privé*, 2018.
Hafedh BOUAZIZ, *La conversion des actes juridiques*, 2018.
Gabriel ECKERT et Jean-Philippe KOVAR, *La régulation économique et financière face aux défis de l'information*, 2018.
Adil MOUSSEBBIH, *Le contentieux électoral dans la jurisprudence du Conseil constitutionnel marocain, Étude comparative*, 2018.
CLUB MARC BLOCH, *Citoyen !*, 2018.
Lamine TIRERA, *L'État stratège*, 2018.
Léa CASTELLON, *La place de la victime dans le procès pénal*, 2018.
Soror BAHBOUHI, *Le conflit d'intérêts du banquier*, 2018.
Tenile MASCOLO GIL, *Les droits de l'homme dans le Mercosur*, 2018.
Mohammed BERRAOU, *La responsabilité des acteurs de la gestion publique devant la Cour des comptes. Le modèle marocain*, 2017.
Eric GILARDEAU, *Cicéron, père de la codification du droit civil*, 2017.
Daphne AKOUMIANAKI, *Les rapports entre l'ordre juridique constitutionnel et les ordres juridiques européens. Analyse à partir du droit constitutionnel grec*, 2016.

Claire Aguilon

Justice constitutionnelle et subsidiarité

L'apport de l'expérience canadienne pour la construction européenne

L'Harmattan

5-7, rue de l'Ecole-Polytechnique, 75005 Paris

http://www.editions-harmattan.fr

ISBN : 978-2-343-15311-7
EAN : 9782343153117

SOMMAIRE

Après quelques précisions méthodologiques, nous résumerons l'évolution du droit postérieure à ces travaux.
Cette recherche s'appuie sur la jurisprudence de la Cour suprême du Canada pour proposer un affinement du contrôle juridictionnel de la subsidiarité en droit de l'Union européenne. Elle admet que la comparaison des droits peut être utilisée pour comparer des règles remplissant une même fonction [1] dans leurs systèmes juridiques d'appartenance.
Quelques soient les différences de nature entre l'Union européenne et la fédération canadienne, leur comparaison se justifie par la nécessité commune de la Cour de justice et de la Cour suprême du Canada de trancher des conflits de compétences dans des domaines où deux niveaux de gouvernements se chevauchent. Le Canada et l'Union européenne sont en effet confrontés, pour intervenir dans des domaines de compétences partagées, à une double obligation, d'une part, démontrer l'incapacité des provinces ou des états à atteindre l'objectif visé, d'autre part, démontrer la plus-value de leur intervention en se référant aux moyens à la disposition de chaque niveau de gouvernement pour atteindre l'objectif visé.
Une telle comparaison peut impliquer la comparaison de concepts communs utilisés à cette fin par les systèmes comparés. Ainsi, la question de l'évaluation de la capacité à agir se pose-t-elle en des termes comparables dans les deux systèmes. La comparaison menée vise également l'articulation de ces concepts. Ainsi, un approfondissement du contrôle de la subsidiarité pourrait découler de son association au contrôle de la base juridique et de l'affinement du lien entre subsidiarité et proportionnalité.
Il apparaît utile de décrire certains développements jurisprudentiels postérieurs à ces travaux.

La Cour de justice a confirmé, dans décision *Philip Morris* que, conformément à sa jurisprudence, le respect de l'obligation de motivation doit être apprécié au regard non seulement du libellé de l'acte contesté, mais aussi de son contexte et des circonstances"[2] que le contrôle de la subsidiarité comporte non seulement un contrôle de

---

[1] La fonction d'une règle de droit étant définie par référence à la règle de droit elle-même.

[2] *C-547/14 - Philip Morris Brands e.a., 225.*

la motivation, mais aussi un contrôle matériel[3]. L'avocat général constate dans ses conclusions le caractère lapidaire de la motivation du respect de la subsidiarité par la directive[4].

Par ailleurs, les conclusions de cette recherche insistent sur le lien entre l'évaluation de la subsidiarité et l'identification de l'objectif visé par une norme. Elle postule que la référence à la théorie jurisprudentielle canadienne du caractère véritable[5] permettrait un approfondissement du contrôle de la subsidiarité par son association à un contrôle de l'objectif visé. Cette recherche propose en particulier une association du contrôle de la subsidiarité à un contrôle de l'objectif visé lorsqu'une norme européenne affecte le droit national dans un domaine autre que la base juridique principale de l'intervention européenne. La Cour de justice, s'inspirant de la doctrine canadienne du double aspect[6], pourrait rechercher si les objectifs annoncés par la Cour de Justice dans sa démonstration de la nécessité de son action justifient l'empiètement sur un autre domaine de compétence. Sur cette question, la Cour de justice a reconnu, dans une décision où elle se prononçait sur le respect du principe de subsidiarité, qu'une norme pouvait poursuivre deux objectifs[7], elle a néanmoins précisé que "le contrôle de la subsidiarité doit porter sur la directive dans son ensemble et non sur un point en particulier"[8].

---

[3] Sur l'admission de "preuves extrinsèques" dans le contrôle de l'évaluation comparée de la capacité d'action de chaque niveau de pouvoir en droit canadien voir *Renvoi: loi anti-inflation, (1976] 2 RCS 373.*

[4] *Conclusions de l'avocat général Mme Juliane Kokott présentées le 23 décembre 2015 sur l'affaire c547/14 Philip Morris Brands Sarl e.a. 289.*

[5] *(General Motors of Canada Ltd. c. City National Leasing [1989] 1 R.C.S. 641.*

[6] *Québec (Procureur général) c. Lacombe [2010] 2 RCS 453.*

[7] Ainsi a-t-elle considérée que l'article 1er de la directive 2014/40 visait à faciliter le bon fonctionnement du marché intérieur des produits du tabac et des produits connexes tout en prenant pour base un niveau élevé de protection de la santé humaine (C-547/14 - Philip Morris Brands e.a., 225, Arrêt de la Cour (deuxième chambre) du 4 mai 2016, République de Pologne contre Parlement européen et Conseil de l'Union européenne. Recours en annulation – Rapprochement des législations – Directive 2014/40/UE, art. 80.

[8] Arrêt de la Cour (deuxième chambre) du 18 juin 2015.République d'Estonie contre Parlement européen et Conseil de l'Union européenne.
Recours en annulation – Directive 2013/34/UE – Obligations en matière d'états financiers à la charge de certaines formes d'entreprises – Principes de subsidiarité et de proportionnalité – Obligation de motivation.

La précision des contours de la subsidiarité pourrait amener la Cour à assurer une mise en œuvre du principe en adéquation avec sa définition dans le droit de l'Union européenne, la doctrine interinstitutionnelle et la jurisprudence de la Cour de justice. La mise en place d'un groupe de travail sur la subsidiarité confirme l'actualité d'une réflexion sur ce principe.

Affaire C-508/13..Art 51, Conclusions de l'avocat Général MMe Juliane Kokott présentées le 23 décembre 2015 (1) Affaire C-358/14, République de Pologne contre Parlement européen et Conseil de l'Union européenne 80.

LISTE DES SIGLES ET ABRÉVIATIONS

Institutions et traités

CEDH	Convention européenne des droits de l'homme
CJCE	Cour de justice des Communautés européennes
CJUE	Cour de justice de l'Union européenne
CJ	Cour de justice
CS	Cour suprême du Canada
TFUE	Traité sur le fonctionnement de l'Union européenne
TUE	Traité sur l'Union européenne
UE	Union européenne

Revues

AJDA	L'Actualité juridique de droit administratif
Bull.C.E	Bulletin des Communautés européennes
Cahiers de droit	
	Cah.Dr.
D & S	
E.L.Rev	Droit et Société
JCE	European Law Review
Sem.jur.	JurisClasseur Europe
QLJ	La Semaine Juridique
RAE LEA	QueensLand Law Journal
	Revue des Affaires européennes (Law and European Affairs)
RDP	Revue de droit public
RDUE	Revue du droit de l'Union européenne
	Recueil de jurisprudence
Rec.	Revue générale de droit
Rev. Gén. dr	Revue internationale de droit comparé
RIDC	
RIDE	Revue internationale de droit économique
RMCUE	
	Revue du Marché commun et de l'Union européenne
RMUE	Revue du marché unique européen
RTDE	Revue trimestrielle de droit européen

Sigles divers

JO	Journal Officiel
JOCE	Journal officiel des Communautés européennes
JOUE	Journal officiel de l'Union européenne
LJ	Law Journal
LR	Law Revue
LPA	Les Petites Affiches

Abréviations bibliographiques

coll.	Collection
éd.	Edition
Ibid.	Ibidem
p.	Page (numéro de la page)
pp.	Page (première page et dernière page)
Vol.	Volume

MODE DE CITATION

Précisions relatives à la citation de jurisprudence des juridictions les plus couramment citées :

Jurisprudence de la Cour de justice de l'Union européenne

Décisions

Intitulé de la cause
Numéro d'affaire
Date de la décision
Numéro de § pertinent (lorsque nécessaire)

Conclusion d'avocats généraux

Nom de l'avocat général et date des conclusions
Intitulé de la cause sur laquelle porte la décision
Numéro de l'affaire sur laquelle porte les conclusions
Date de la décision sur laquelle portent les conclusions
Numéro de § pertinent (lorsque nécessaire)

Avis

Numéro de l'avis: Avis…
Date de l'avis

Jurisprudence de la Cour suprême du Canada

Intitulé de la cause
[Année]
Numéro de volume
Recueil: R.C.S. ou S.C.R.
Série
Page ou § pertinent (lorsque nécessaire)

INTRODUCTION

1. Les acceptions de la subsidiarité abondent. Le principe de subsidiarité entendu comme instrument de régulation de l'exercice des compétences non exclusives, sur lequel portera cette thèse, peut être distingué de la subsidiarité politique, qui préside au partage des compétences. La subsidiarité politique permet d'expliquer la logique prévalant à la répartition des compétences. Si la subsidiarité politique ne fut pas véritablement développée lors de la rédaction des traités, il semblerait qu'elle ait influencé l'exercice des compétences non exclusives. Par conséquent, la frontière entre ces deux aspects de la subsidiarité ne peut être conçue de façon étanche.

2. En droit, la subsidiarité peut exercer une fonction institutionnelle ou substantielle. Nous nous intéresserons à la subsidiarité institutionnelle dans la mesure où elle permet de définir les compétences des institutions politiques. La subsidiarité institutionnelle permet aussi de régir les compétences des institutions juridictionnelles. La subsidiarité juridictionnelle, ou contentieuse, permet de réguler la compétence entre les Cours des différents niveaux de pouvoir qui se superposent. Elle est envisagée par rapport aux garanties juridictionnelles et donc procédurales. Alors que la subsidiarité politique permet de se prononcer sur l'applicabilité d'une norme en fonction de son auteur, la subsidiarité substantielle vise le contenu de la norme à laquelle elle s'applique.

3. La subsidiarité substantielle, aussi appelée subsidiarité matérielle ou normative, est envisagée par rapport au contenu normatif d'ordres juridiques. Elle prend tout son sens dans la Convention européenne des droits de l'homme. En droit européen, la subsidiarité vise à résoudre des conflits entre normes des États et du Conseil de l'Europe. Elle découle des articles 1 et 53 de la Convention européenne des droits de l'homme, selon lesquels les droits conventionnels représentent un standard minimum, dans une logique de complémentarité avec les ordres nationaux. Une préoccupation qualitative est à l'origine de cette subsidiarité qui permet une meilleure protection des droits fondamentaux.

Ces aspects de la subsidiarité ne peuvent être radicalement dissociés. L'organisation par la subsidiarité, sur le plan institutionnel, de l'exercice des souverainetés ne peut être parfaitement comprise sans qu'il ne soit fait référence à la capacité de ce principe, entendu dans son sens le plus large, à délimiter le champ d'action de l'État interventionniste et de la sphère privée.

4. Ce principe, qu'il soit ainsi nommé ou non, est présent dans toute organisation évoluant dans une dynamique fédérale, permettant à des niveaux de pouvoir coexistants, de répondre à une double exigence d'efficacité de l'entité centrale et d'autonomie des entités englobées[9]. Le vocable subsidiarité provient des termes latins *subsidium*[10] et *subsidiarius*[11]. Cette étymologie souligne ce double aspect de la subsidiarité. Est subsidiaire ce qui est accessoire, secondaire, mais également ce qui est complémentaire, supplétif. Le principe de subsidiarité implique la non-entrave par un niveau de gouvernement des compétences de l'autre, mais également une attitude positive.

5. Une organisation subsidiaire des pouvoirs nécessite une interrogation sur les finalités, l'autorité et le rôle du pouvoir. Dans son sens premier, il assure la régulation des relations de l'État avec les collectivités décentralisées, d'une part, et avec la sphère privée d'autre part. Il sera utilisé ici dans un autre sens, en tant que principe définissant une articulation verticale entre les ordres juridiques. L'application du principe de subsidiarité permet une poursuite plus efficace des objectifs d'un système de droit. En outre, elle devrait, en limitant les interventions injustifiées de sphères de pouvoirs éloignées des citoyens, accroître la légitimité de ces dernières. Le principe de subsidiarité devrait ramener une certaine cohérence dans l'organisation de l'Union européenne qui s'est édifiée dans un ordre essentiellement technique et économique. Le partage des compétences s'est défini par des actions parfois incohérentes de la Commission et du Conseil, arbitrées par la Cour de justice[12].

6. Avant de soulever la question de la légitimité d'un contrôle juridictionnel de la subsidiarité, encore reste-t-il à justifier l'application de l'expression « justice constitutionnelle» au contrôle exercé par la Cour de justice.

7. L'expression « justice constitutionnelle » est employée dans un sens large[13]. Il ne s'agit pas de se prononcer sur l'existence d'une Constitution européenne[14] ou sur l'utilité d'une telle Constitution, ni d'assimiler l'Union

---

[9] Seront ainsi désigné les provinces et les États membres.

[10] Ce qui signifie en latin militaire, troupe de réserve, appelée en renfort en cas de besoin.

[11] Sens général d'appui, d'assistance : « subside ».

[12] Nicolas DE SADELEER, « Particularités de la subsidiarité dans le domaine de l'environnement », D & S, 2012, vol 1, n° 80, pp. 73-90.

[13] Le sens plus étroit de la justice constitutionnelle fait l'objet d'un usage répandu. Selon cette acception, la justice constitutionnelle, a pour objet d'assurer la suprématie de la constitution, norme suprême.

[14] La doctrine sur ce sujet est abondante :

européenne à un État. Pour autant, si l'on considère que possède un caractère constitutionnel toute norme organisant la production normative par des institutions publiques, alors le contrôle juridictionnel de la subsidiarité par la Cour de justice possède, de fait, un caractère constitutionnel.

8. Le droit originaire exerce une fonction constitutionnelle lorsqu'il précise comment interagissent les compétences de l'Union européenne et des États membres. De l'efficacité du contrôle juridictionnel des compétences exercées par la Cour de Justice dépend la constitutionnalisation de l'Union européenne. L'existence d'un système permettant de régler d'éventuels conflits de normes est en effet indispensable dans un État de droit. La Cour de justice vise à remplir cet office. En tant que juridiction dont la jurisprudence fait autorité, elle assure la régulation juridique du système dans lequel elle prend place.

9. Après avoir défini dans cette introduction le rôle de la subsidiarité dans tout système incluant un partage vertical des compétences (§1), nous montrerons la pertinence d'une comparaison entre la jurisprudence de la Cour de justice de l'Union européenne et de la Cour suprême du Canada pour améliorer son contrôle (§2).

§1. Le rôle de la subsidiarité dans tout système incluant un partage vertical des compétences

10.Le principe de subsidiarité est un principe présent dans toute société ayant acquis une certaine complexité et où plusieurs niveaux de décisions se superposent. Il était à l'origine un concept philosophique. Il fut théorisé bien avant l'existence de l'Union européenne, au XIXe siècle particulièrement. L'existence et la théorisation du principe de subsidiarité (A) ont, de loin, précédé sa reconnaissance en droit (B).

José Maria BENEYTO sous la direction de Vladimir CONSTANTINESCO, « From Nice to the Constitutional Treaty : Eight Theses on the (Future) constitutionnalisation of Europe », *The Lisbonn Treaty*, Springer, 2008, Stefan Griller, Jacques Ziller (ed.), p. 1-19.

Vladmir CONSTANTINESCO, « La constitutionnalisation de l'Union européenne », *De la Communauté de droit à l'Union de droit*, JGDJ, Paris, 2000, pp. 133-152.

David BLANCHARD sous la direction de Jean RAUX, *Le processus de constitutionnalisation du système de l'Union européenne*, Rennes 1, Thèse de doctorat, 2001.

Jörg GERKRATH, L'émergence d'un droit constitutionnel européen : modes de formation et sources d'inspiration de la Constitution des Communautés et de l'Union européenne, Strasbourg III, Thèse de doctorat, 1996, publiée en 1997 par Éd. de l'Université de Bruxelles à Bruxelles et par [diff. Vigot] à [Paris].

A. Les fondements théoriques du principe de subsidiarité

11.Aristote décrivait une société composée de groupes sociaux ayant comme principe l'autonomie, c'est-à-dire l'*autarcheia* chez les Grecs : la recherche de la perfection[15]. Ces groupes doivent être articulés dans une unité d'ordre qui, contrairement à l'unité d'identité, laisse l'autonomie à chaque corps constitué s'intégrant dans un groupe plus vaste.

12.Le philosophe vantait les mérites de la cité et dénonçait les dangers d'un État omnipotent, réducteur. Selon le principe de totalité, la partie doit s'ordonner au tout afin d'assurer le bien commun. Dans l'œuvre de Saint Thomas, l'unité de base n'est plus la cité, mais la personne. Cette dernière, libre dans ses fins, puisqu'ordonnée à Dieu, n'en est pas moins dépendante de la société pour les réaliser[16]. Dans cette perspective, la société doit donc suppléer à la personne. Althusius, quant à lui, a théorisé le principe de subsidiarité dans une perspective de protection des droits de la personne. En effet, le principe de subsidiarité permet de conférer à la personne la place qui lui revient dans la société, ce que ni l'individualisme, ni le collectivisme ne peuvent lui garantir [17]. Le respect du principe de subsidiarité est indispensable dans la défense des droits et libertés de la personne. Il permet de rapprocher le pouvoir du citoyen, dont l'intérêt devient la finalité de toute organisation politique, tout en reconnaissant la nécessité des collectivités pour défendre les droits de chacun d'entre eux. Le principe de subsidiarité ne trouverait donc pas sa place dans un système où l'homme ne serait perçu que comme un instrument au service de la société. Le caractère secondaire de l'action des niveaux de pouvoir supérieurs y serait méconnu.

13.À l'inverse, la société subsidiaire s'oppose à l'individualisme dans la mesure où elle assure la défense par la collectivité des personnes les moins à même de défendre elles-mêmes leurs droits puisque la collectivité supérieure supplée aux insuffisances des collectivités inférieures. La subsidiarité apparaît comme une tentative de venir en aide aux citoyens les plus démunis

---

[15] ARISTOTE, *Éthique à Nicomaque*, Paris, Flammarion, 2008, 540 p.
ARISTOTE, *La politique*, Paris, Librairie philosophique JVrin, 1995, (I, 2, 1252).

[16] Saint Thomas d'AQUIN, Somme théologique, *Les Actes humains*, tome I, trad. française. par H.-D. Gardeil, nouvelle éd., Paris, in Editions du Cerf, 1992, 656 p. : « La personne est membre de la société en tant qu'être dépendant, obligée de pulser autour d'elle dans son milieu social des éléments de sa vie et de son développement physique, intellectuel et moral. Mais, pour autant qu'elle est un être spirituel dont les opérations propres sont immanentes, elle transcende le milieu social dans lequel elle plonge. ».

[17] Contrairement à ce que des doctrines postérieures telles que le communisme et l'ultralibéralisme proposeront.

sans les déresponsabiliser en les assistant à l'excès. Selon Althusius, juriste calviniste[18] ayant connu des crises telles que la Saint-Barthélemy et la guerre de Trente Ans[19], le principe de subsidiarité, en organisant la société par niveaux autonomes, permet de dépasser une limitation excessive des droits des minorités par les majorités[20]. La subsidiarité vient nuancer l'idée de souveraineté nationale. Le corps indivisible de la nation ignore les spécificités des entités qui la composent. Or, la reconnaissance de la spécificité de ces entités est indispensable à leur liberté, mais aussi au maintien de leur égalité réelle. La société se fonde donc sur l'idée d'autonomie, mais aussi sur celle de suppléance, rendue possible par des contrats entre communautés[21], ce qui distingue cette position de la pensée libérale. Althusius conçoit la subsidiarité comme tournée vers le bien commun. Pour lui, la souveraineté est non un fait, comme l'a exposé Bodin, mais un droit[22]. Althusius montre également que l'idée de subsidiarité est indissociable de l'idée fédérale[23].

La conception de la subsidiarité proposée par Althusius se rapproche de celle de la doctrine sociale de l'Église catholique dans la mesure où elle met l'accent sur l'autonomie des communautés qui s'emboîtent et se superposent ; autonomie fondée sur la capacité à agir des entités inférieures.

---

[18] Johannes ALTHUSIUS, *Politica Methodice Digesta, atque Exemplis Sacris et Profanis Illustrata*, Turin, Corrado Malandrino, Francesco Ingravalle, Mauro Povero, complète le texte latin et traduction italienne, 2009, 517 p.
La société se construit par des pactes successifs, des contrats politiques permettant la subsistance de l'autonomie tout en réclamant protection et secours des sphères supérieures. Cela éviterait les conflits entre communautés politiques.

[19] *Lettre encyclique Caritas in Veritate* du Souverain Pontife Benoît XVI du 29 juin 2009 ,site du Vatican, p. 47.

[20] Jean-Jacques ROUSSEAU, Du Contrat social Discours sur les sciences et les arts, Discours sur l'origine de l'inégalité parmi les hommes, Coll. 10-18, n°89, Paris, Union générale d'éditions, 1973, 302 p.

[21] Arend LIJPHART, The Politics of Accommodation : Pluralism and Democracy in the Netherlands, University of California Press, 1968.
Arend D'Engremont Lijphart est un politiste spécialiste des systèmes de vote, des institutions démocratiques et de l'ethnicité considérés selon une approche comparatiste. Le consociationalisme est la façon dont les sociétés profondément divisées parviennent à maintenir un régime démocratique en partageant le pouvoir politique entre les parties.

[22] Johannes ALTHUSIUS, *Politica Methodice Digesta, atque Exemplis Sacris et Profanis Illustrata*, Turin, Corrado Malandrino, Francesco Ingravalle, Mauro Povero, complète le texte latin et traduction italienne, 2009, 517 p.

[23] Althusius distingue idée fédérale et fédéralisme. L'idée fédérale repose sur un mouvement, une dynamique qui va du plus petit au plus grand et laisse des espaces de liberté à tous les corps intermédiaires. Cette idée repose sur la diversité de gouvernement, les gouvernements étant unis par un principe de solidarité mutuelle et devant donner leur consentement aux décisions intéressant les différents niveaux de gouvernement.

14.Ce principe fut donc, par la suite, développé dans la doctrine sociale de l'Église catholique, en particulier dans des moments de crise. L'intervention de « l'entité englobante» ayant pour but de résorber la crise, l'action subsidiaire est présentée comme transitoire. Une nouvelle répartition des compétences entre les niveaux de pouvoir n'est envisagée que si les entités centralisées ne parviennent pas à long terme à retrouver leur autonomie. Dans la perspective catholique, le principe de subsidiarité permet d'équilibrer les rapports entre les différents niveaux de pouvoir au profit de l'individu. Rapprocher le pouvoir de la personne devrait permettre de défendre au mieux ses droits. Dans un certain contexte, cette conception de la subsidiarité a été perçue comme un moyen pour l'Église d'assurer sa primauté[24]. La subsidiarité a trouvé sa place dans le catholicisme social d'avant-guerre, puis dans le mouvement personnaliste[25].

15.Le principe de subsidiarité a été utilisé dans un sens critique par les papes. Léon XIII l'a évoqué à une époque où les ouvriers[26] se retrouvaient exploités par un système capitaliste triomphant où régnait l'idéologie du laissez-faire. Pie XI le systématise au moment de la montée des nationalismes et des États totalitaires et en propose une formulation nouvelle dans son encyclique *Quadragesimo anno*[27] afin de protéger les personnes contre l'État fasciste de Mussolini. Jean XXIII en étend le champ au plus fort de la guerre froide. Dans cette ligne, Benoit XVI rappelle son lien indissoluble avec la solidarité. Il la considère comme un moyen « d'orienter la mondialisation économique » et de préserver la démocratie[28]. Elle assure une solidarité entre les personnes sans déresponsabiliser ou humilier l'une d'elles[29]. Elle permet à la société de se développer sans que ceux qui en

---

[24] Pie XII, *Discours aux nouveaux Cardinaux*, le 20 février 1946 : « Toute l'activité sociale est de sa nature subsidiaire, elle doit servir de soutien aux membres du corps social et ne jamais les détruire ni les absorber. ».

[25] Courant d'idée fondé par Emanuel Mounier selon lequel : « Une action est bonne dans la mesure où elle respecte la personne humaine et contribue à son épanouissement; dans le cas contraire, elle est mauvaise. », voir André Morazain et Salvatore Pucella.Éthique et Politique - Des valeurs personnelles à l'engagement social. ERPI, 1988, p. 30.

[26] Lettre encyclique Rerum novarum de Léon XIII de 1891.

[27] *Lettre encyclique Quadragesimo anno* de Pie XI du 15 Mai 193), § 86, 87, 88.

[28] *Lettre encyclique Caritas in Veritate* du Souverain Pontife Benoît XVI du 29 juin 2009, site du Vatican : « L'articulation de l'autorité politique au niveau local, national et international est, entre autres, une des voies maîtresses pour parvenir à orienter la mondialisation économique. C'est aussi le moyen d'éviter qu'elle ne mine dans les faits les fondements de la démocratie».

[29] *Lettre encyclique Caritas in Veritate* du Souverain Pontife Benoît XVI du 29 juin 2009, site du Vatican : « Le principe de subsidiarité doit être étroitement relié au principe de solidarité et vice-versa, car si la subsidiarité sans la solidarité tombe dans le particularisme, il est également vrai que la solidarité sans la subsidiarité tombe dans l'assistanat qui humilie celui qui est dans le besoin. »

bénéficient ne tombent pas dans l'assistanat. Il s'agit de « rénover la démocratie par le bas », car la communauté politique se fonde et doit se fonder sur des « relations fraternelles »[30] ; l'intervention de « l'entité englobante », ayant pour vocation l'achèvement de la crise, est à caractère transitoire.

16.La répartition des compétences entre l'État et les autres communautés ne doit pas spolier une communauté de niveau inférieur de compétences qu'elle pourrait elle-même exercer[31]. Si une communauté de niveau inférieur est défaillante dans l'exercice de ses pouvoirs, la communauté qui lui est supérieure ne peut et ne doit intervenir qu'aussi longtemps que durera cette défaillance[32].

La subsidiarité telle qu'elle est appréhendée par la philosophie politique et la religion, en tant que principe assurant l'épanouissement, le perfectionnement des êtres, n'est donc pas sans lien avec la perspective utilitaire dans laquelle l'aborde le droit.

B. La consécration du principe de subsidiarité par le droit

L'existence de mécanismes de subsidiarité en droit de l'Union européenne (1), mais aussi au niveau étatique (2) atteste de la nécessité de ce principe pour assurer l'organisation territoriale des compétences.

1. Le principe de subsidiarité en droit de l'Union européenne

17.Dans le cas de l'Union européenne, la subsidiarité, en tant que principe de politique législative, a contribué à déterminer l'attribution des compétences exclusives (a) dans les traités. Elle organise la régulation des compétences étatiques et de celles de l'Union européenne (b). La subsidiarité prévue dans les traités s'applique aux compétences non exclusives uniquement (c).

---

[30] Bertrand HÉRIARD DUBREUIL, « Subsidiarité et solidarité », http://www.doctrine-sociale-catholique.fr.

[31] *Compendium de la doctrine sociale de l'Eglise catholique*, http://www.vatican.va/roman_curia/pontifical_councils/justpeace/documents/rc_pc_justpeace_doc_20060526_compendio-dott-soc_fr.html (consulté le 8 Avril 2012).

[32] Lettre encyclique Quadragesimo anno de Pie XI le 15 Mai 1931.

a. Les origines du principe de subsidiarité en droit de l'Union européenne

18.Présidant, dès ses origines, à l'organisation des compétences de l'Union européenne, le principe de subsidiarité fut explicitement consacré dans le traité de Maastricht.

19.Le principe de subsidiarité en droit de l'Union européenne[33] a été inspiré par son existence en droit national, et plus particulièrement en droit allemand[34]. L'exemple allemand a souvent été mentionné lorsque le principe de subsidiarité a été introduit en droit de l'Union européenne. En effet, l'Allemagne était alors l'un des seuls États fédéraux de l'Union européenne[35].

Le principe de subsidiarité a été invoqué lorsque, à la suite de l'effondrement du Saint Empire Romain Germanique, en 1806, l'État allemand s'est construit. Il apparaissait comme un moyen de préserver une certaine diversité en dépit de la centralisation progressive du pouvoir, jusqu'alors partagé entre une pluralité de centres. La subsidiarité permet de concilier deux traditions de droit public allemand, fédéralisme et libéralisme. Elle devrait assurer des conditions de vie homogènes dans tout l'État fédéral en encadrant l'initiative individuelle dans l'économie sociale de marché[36].

Cependant, le principe de subsidiarité n'ayant été reconnu en droit allemand que de façon tardive, il semble difficile de tirer, au bénéfice de l'Union européenne, des leçons de cet exemple. Les principes d'autonomie communale et de fédéralisme semblaient suffisants à préserver les droits des Länder. Ce n'est que consécutivement aux plaintes des Länder, plaintes accentuées par l'accroissement des compétences de l'Union européenne, que le principe de subsidiarité a été introduit dans la Constitution allemande.

---

[33] Nous utiliserons le vocable « Union européenne » dans un sens large, y compris pour désigner ce qui était dénommé avant le traité de Lisbonne la « Communauté européenne ».

[34] Julien BARROCHE, « La subsidiarité française existe-t-elle ? », Congrès français de droit constitutionnel, Congrès de Paris, 25-27 septembre 2008.
Certaines Constitutions d'Etats unitaires reconnaissent également le principe de subsidiarité. Ainsi l'article 72 al 2 de la Constitution française dispose-t-il depuis le 28 mars 2003 que : « les collectivités territoriales ont vocation à prendre des décisions pour l'ensemble des compétences qui peuvent être le mieux mises en œuvre a leur échelon ».

[35] Jurgen SCHWARZE, « Le principe de subsidiarité dans la perspective du droit constitutionnel allemand », *RMCUE*, 1993, vol. 70, n° 615, pp. 24-32.
Lors de la ratification de l'Acte Unique Européen, des réformes successives acheminaient la Belgique vers une structure fédérale.

[36] Jean ROSSETTO, « La subsidiarité dans les Constitutions des Etats membres de l'Union européenne : l'exemple de l'Allemagne et de la France» (2005), en ligne : <http://books.openedition.org/pufr/833> (consulté le 9 décembre 2013).

20.Il s'agit d'un principe essentiellement politique, s'appliquant à la répartition des compétences entre les *Länder* et le *Bundestag*[37]. Ce principe fut introduit de façon très générale, sans précision relative à son interprétation [38]. La *loi fondamentale allemande de 1949* y faisait implicitement référence dans ses articles 30 et 72[39].

L'article 30 dispose : « l'exercice des prérogatives étatiques et l'accomplissement des tâches de l'État incombent aux Länder, à moins que la présente loi fondamentale n'en dispose autrement ou n'admette un autre règlement ». Cela signifie que, sauf disposition contraire, les Länder disposent de toutes compétences pour accomplir leurs tâches.

L'article 72 de la loi constitutionnelle allemande délimite pour sa part les compétences législatives des *Länder* au profit du *Bundestag*. Les *Länder* peuvent légiférer dans des domaines de compétences concurrents tant que le *Bundestag* n'use pas de son pouvoir législatif. Le *Bundestag* est habilité à intervenir « s'il existe un besoin de réglementation législative fédérale ». Trois conditions alternatives permettent d'appuyer la nécessité de cette action. Le *Bundestag* peut agir « lorsqu'une question ne peut être résolue efficacement par les législations des différents *Länder*, lorsque la réglementation d'une question par une législation d'un *Land* est susceptible de porter atteinte aux intérêts d'autres *Länder* ou de l'ensemble, ou enfin lorsque l'exige la sauvegarde de l'unité juridique et économique de la Fédération, notamment la sauvegarde de l'homogénéité des conditions de vie au-delà du territoire d'un *Land*[40] ». Le Tribunal constitutionnel fédéral allemand contrôle le respect de ces conditions par le *Bundestag* lors du déclenchement de la compétence fédérale.

La pratique du principe de subsidiarité en droit allemand a, sans nul doute, inspiré les rédacteurs des traités européens[41]. De façon récursive, l'insertion de la subsidiarité en droit de l'Union européenne a certainement contribué à la reconnaissance explicite de ce principe dans un nouvel article 23, dit « article Europe ». Le principe de subsidiarité a également imprégné d'autres Constitutions nationales, comme celle du Portugal qui dispose désormais à son article 7 alinéa 6 que le respect du principe de subsidiarité s'applique à

---

[37] C'est-à-dire le pouvoir fédéral allemand.

[38] Citation attribuée à Napoléon 1er : « Il faut qu'une Constitution soit courte et obscure. ».

[39] *Loi fondamentale pour la république fédérale d'Allemagne*, http://www.bundestag.de/htdocs_f/documents/cadre/loi_fondamentale.pdf, (consulté le 8 Avril 2012).

[40] *Principe de subsidiarité* in Ami BARAV, Christian PHILIP, *Dictionnaire juridique des Communautés européennes*, Collection Grands dictionnaires, Paris, PUF, 1993, 1180 p.

[41] Claude Du GRANRUT, *La citoyenneté européenne : une application du principe de subsidiarité*, Paris, Librairie Générale de Droit et de Jurisprudence, 1997, 161 p.

« l'exercice en commun des pouvoirs nécessaires à la construction de l'Union européenne ».

21.Ce principe, s'il existe depuis les origines de la construction de l'Union européenne ne fut consacré par le droit qu'en 1991, en particulier à l'initiative du gouvernement de Bavière [42], dans le contexte suivant l'unification allemande[43]. Dans les années quatre-vingt, les références à ce principe se sont multipliées[44]. Ce principe apparaissait comme un moyen pour les *Länder* de préserver leurs compétences. Depuis, la subsidiarité a été introduite dans le vocabulaire de l'Union européenne[45]. Elle a dominé le débat juridico-institutionnel sur le fonctionnement de l'Union européenne et son avenir[46]. En 1992, il s'agissait de déterminer quel rôle devait jouer ce principe, désormais incontournable[47], dans le marché unique.

22. L'Acte unique a, pour la première fois, instauré le principe de subsidiarité[48] en modifiant l'article 130 CEE ; l'article 130R§4 prévoyant désormais que la Communauté intervient en matière d'environnement « dans la mesure où les objectifs visés peuvent être mieux réalisés au niveau communautaire qu'au niveau des États membres pris isolément ». Très vite, l'idée selon laquelle le problème devait être pris à la source, lorsque cela est possible, a vu le jour[49].

23.Le principe de subsidiarité a été explicitement consacré à l'article 3B du traité de Maastricht[50], à une période d'incertitude où, dans un contexte d'achèvement du marché intérieur, les traités originaires se voyaient remis

---

42 Conseil de l'Europe, Comité directeur des autorités locales et régionales, *Définition et limites du principe de subsidiarité*, 1994, p. 18.

43 Le terme subsidiarité ne fera son entrée officielle dans les dictionnaires français qu'en 1992.

44 Altiero SPINELLI, *Projet de traité instituant l'Union européenne* dit « projet Spinelli », *Bull. C.E* n° 2, 14 février 1984,), pp. 8-26.

45 Kurt SCHELTER, « La subsidiarité : principe directeur de la future Europe », *Revue du Marché commun*, février 1991, n° 844, pp. 138-140.

46 Alphonso MATTERA, « Subsidiarité, reconnaissance mutuelle et hiérarchie des normes européennes », *RDUE*, 1991, n° 2, pp. 8-10.

47 Michel PONIATOWSKI au nom de la délégation du Sénat pour les Communautés européennes, Rapport d'information n° 45, 12 novembre 1992.
Sur l'idée d'une « chambre de la subsidiarité », voir: Christian de la Malène au nom de la Délégation du Sénat pour l'Union européenne, Rapport d'information n46 sur l'application du principe de subsidiarité, 23 octobre 1996.

48 Laurens Jan BRINKHURST, « La subsidiarité appliquée à l'environnement, panacée ou boîte de Pandore ? », *E.L.Rev*, janv. 1993, n° 8. 6.

49 Jacques DELORS avant le Conseil européen de Lisbonne, Commission européenne, 26-27 juin 1992, SPEECH/92/64.

50 *TUE* (version consolidée), 7 février 1992 (Maastricht), *JOUE* n° C-326 du 26 octobre 2012, p. 1 à 388, art. 5.

en cause par certains États membres, tels que le Danemark, et par l'opinion publique. Le traité de Maastricht le définit explicitement comme « l'armature conceptuelle de la dévolution des compétences» et confirme une doctrine selon laquelle « seules les institutions politiques peuvent se prononcer sur le partage des compétences ». Le traité de Lisbonne confirme ce principe, à l'article 5§3[51].

Le traité de Maastricht élargissait le champ des compétences reconnues à la Communauté et donnait la possibilité à cette dernière de prendre des décisions à la majorité qualifiée. La notion de subsidiarité a pu être perçue comme une compensation de l'élimination des mots « vocation fédérale »[52] qui heurtaient les Britanniques et les partisans d'une limitation de la portée des politiques de l'Union européenne[53].

24.La mention de la subsidiarité dans le droit primaire a donc été introduite dans un contexte de critique du centralisme de l'Union européenne. Il s'agissait d'éviter que la reconnaissance de compétences concurrentes au profit de la Communauté ne soit considérée comme impliquant la couverture de l'intégralité du secteur en question par l'action de l'Union européenne. Selon ce courant, la logique « fédérale » ayant été rejetée par nombre d'États membres lors de conférences intergouvernementales, l'action de l'Union européenne devrait se borner à des aspects généraux.

b. Le contenu du principe de subsidiarité en droit de l'Union européenne

25.Le principe de subsidiarité organise la régulation des compétences étatiques et celles de l'Union européenne. Il permet de déterminer où se situe la ligne, souple et donc parfois floue, de répartition des compétences. Cet aspect du principe de subsidiarité, visant l'exercice de compétences déjà attribuées à l'un ou l'autre des niveaux de gouvernement, devrait permettre d'éviter des conflits de compétences entre les États membres et l'Union européenne.

Le principe de subsidiarité autorise l'Union européenne[54] à agir dans les domaines qui ne relèvent pas de sa compétence exclusive « dans la mesure

---

[51] TUE (version consolidée), 12 décembre 2017 (Lisbonne),*JOUE*n°C115/15 du 9 mai 2008, Article 5§3.

[52] Christian de la MALENE au nom de la Délégation du Sénat pour l'Union européenne, Rapport d'information n46 sur l'application du principe de subsidiarité, 23 octobre 1996.

[53] Jean CHARPENTIER, « Quelle subsidiarité ? », Pouvoirs, n°69, avril 1994, pp. 49-62.

[54] Pour une lecture plus facile, l'expression « Union européenne » sera utilisée pour désigner l'Union européenne actuelle mais également la Communauté européenne antérieure au traité de Lisbonne. De même, l'expression « compétences de l'Union européenne » sera utilisée

où, les objectifs de l'action envisagée ne peuvent pas être atteints de manière suffisante par les États membres, tant au niveau central qu'au niveau régional et local, mais peuvent l'être mieux, en raison des dimensions ou des effets de l'action envisagée, au niveau de l'Union[55]». Il ne suffit pas que l'action de l'Union européenne dépasse les frontières des États membres ou que les États adoptent une position unique[56] pour qu'une intervention de l'Union se justifie. De la même façon, en droit canadien, le fait qu'une action dépasse les frontières provinciales ne saurait justifier à lui seul l'application de la théorie de l'intérêt national. Cela reviendrait à renverser le principe de subsidiarité. Encore faut-il que les objectifs prévus dans les traités soient poursuivis de façon plus efficace par l'Union européenne.

26.Cette interprétation stricte de la subsidiarité est inévitable dans la mesure où, lorsque l'Union européenne est compétente et intervient[57], les États sont tenus de respecter la primauté du droit de l'Union européenne[58]. Le principe de loyale collaboration interdit aux États d'adopter une loi qui entraverait l'exécution du droit de l'Union européenne. Si le droit de l'Union européenne et le droit national entraient néanmoins en conflit, le droit de l'Union européenne primerait et serait donc appliqué de façon privilégiée.

---

pour désigner ce qui constituait avant le traité de Lisbonne les « compétences communautaires ». Si le traité de Lisbonne a un impact important sur le principe de subsidiarité, l'emploi de l'une ou l'autre de ces expressions n'a guère d'influence sur le traitement du sujet.

55 TUE (version consolidée), 12 décembre 2017 (Lisbonne),*JOUE*n°C115/15 du 9 mai 2008, Article 5§3.
Voir aussi Altiero SPINELLI, *Projet de traité instituant l'Union européenne* dit « projet Spinelli », Bull. C.E n° 2, 14 février 1984, article 12, §2.
Le traité attribue une compétence concurrente à l'Union, l'action des États membres s'exerce là où l'Union n'est pas intervenue. L'Union n'agit que pour mener des tâches qui peuvent être entreprises en commun de manière plus efficace que par les États œuvrant séparément, en particulier celles dont la réalisation exige l'action de l'Union parce que leurs dimensions ou leurs efforts dépassent les frontières nationales

56 ANTONIO TIZZANO et DANIEL VIGNES, *Code de l'Union européenne*, 2e édition, en ligne : <http://www.decitre.fr/livres/code-de-l-union-européenne.html> (consulté le 16 novembre 2013), 1139 p.

57 Le droit national demeure en vigueur tant que l'Union n'est pas intervenue. Les autorités nationales ne peuvent ensuite intervenir que pour autant que la loi le prévoie
VOIR ANTONIO TIZZANO et DANIEL VIGNES, *Code de l'Union européenne*, 2e édition, en ligne : <http://www.decitre.fr/livres/code-de-l-union-europeenne-9782802714460.html> (consulté le 16 novembre 2013), 1139 p.

58 Avis 1/94 de la CJCE (Accord établissant l'OMC), 15 novembre 1994, *Rec.* 1994, p. I-5267.

c. L'application de la subsidiarité aux compétences non exclusives

27.Les compétences exclusives sont attribuées en bloc à l'Union européenne. Le principe de subsidiarité ne s'applique qu'aux compétences partagées, c'est-à-dire les matières qui ne relèvent pas de la compétence exclusive de l'Union européenne. Cependant, les auteurs des traités n'avaient à l'origine défini ni les compétences exclusives, ni les compétences partagées [59]. Une telle précision, ajoutée par le traité de Lisbonne [60], devrait faciliter l'évaluation de la nécessité de l'action de l'Union européenne. Par ailleurs, l'établissement d'une liste de compétences étatiques pourrait constituer une limite à l'intrusion de l'Union européenne.

28.Il était possible de reconnaître une compétence exclusive à la présence de deux éléments cumulatifs. Selon un élément fonctionnel, l'Union européenne, considérée comme seule responsable de l'accomplissement de certaines missions est obligée d'agir selon le traité lui-même. Selon un élément matériel, une compétence devenait exclusive si les États membres étaient dessaisis du droit d'intervenir unilatéralement, comme c'est le cas dans les domaines de l'espace sans frontière intérieure, du renforcement de la cohésion économique et sociale ou de l'union économique et monétaire. Les États ne pouvaient plus intervenir sans que l'Union européenne l'accepte. On ne pouvait déduire de la compétence exclusive de l'Union européenne dans un domaine défini par le traité que toute la responsabilité pour l'activité concernée relève d'une compétence exclusive.

29.Dans les domaines de compétences exclusives, l'Union européenne n'aura pas à prouver sa compétence[61]. Les États jouent un rôle important dans l'exécution des décisions de l'Union européenne, particulièrement en

---

[59]Avant le traité de Lisbonne, la doctrine avait distingué les domaines de compétences concurrentes, dans lesquelles une intervention communautaire excluait l'application du droit étatique, des compétences parallèles, dans lesquelles le droit communautaire et le droit étatique pouvaient, en l'absence de conflit, s'exercer simultanément. Dans les domaines de compétences complémentaires, la communauté pouvait compléter le droit étatique.
Voir, à titre d'exemple, Laurence BURGORGUE-LARSEN, «A propos de la notion de compétence partagée Du particularisme de l'analyse en droit communautaire», *Revue générale de droit international public,*2006, Vol. 110, n° 2, pp 373-390.

[60] Le traité de Lisbonne distingue trois grandes catégories de compétences: les compétences exclusives de l'Union européenne dans les domaines où celle-ci légifère seule : les compétences partagées entre l'Union et les États membres, les États exerçant leur compétence dans la mesure où l'Union n'a pas exercé la sienne et les compétences d'appui ou de coordination, excluant toute harmonisation, pour tenir compte de l'aspect européen de ces domaine.
Voir TFUE (version consolidée), *JOUE* C326 du 9 mai 2008, art. 3, 4 et 6.

[61] Josee MERTENS DE WILMARS, « Du bon usage de la subsidiarité », *RDUE*, 1992, n° 4, pp. 193-201.

ce qui concerne la mise en œuvre des directives[62]. Les États, selon un partage vertical des pouvoirs, complètent ou assurent l'application des normes de l'Union européenne [63]. Le droit national peut également s'appliquer si, après une période de transition, les institutions de l'Union européenne ne sont pas intervenues, à moins que la Cour de justice n'ait reconnu que des règles générales du droit de l'Union européenne devaient être mises en œuvre[64].

2. La consécration du principe de subsidiarité par le droit étatique

30.Sans être exhaustifs, nous nous fonderons sur quelques exemples, italiens (a), belges (b), grec(c) portugais (d) et (e), pour montrer la capacité de la subsidiarité à assurer la régulation des compétences des différents niveaux de pouvoir.

a. La subsidiarité en droit constitutionnel italien

31.Le principe de subsidiarité n'est pas consacré par la Constitution italienne. Giuseppe Saragat, l'un des membres de la première assemblée constituante, proposa en vain l'introduction de ce principe[65]. Le principe de subsidiarité pourrait être appliqué au partage de la fonction administrative entre l'État et les autonomies. Selon l'article 118 de la Constitution, « les régions exercent «normalement» les tâches d'administration en les déléguant aux provinces, aux communes ou à d'autres pouvoirs locaux ou en recourant à leurs services».[66].

---

[62] Pierre-Alexis FERAL, « Le principe de subsidiarité à la lumière du traité d'Amsterdam », *RAE LEA*, 1998, n° 1 et 2, pp. 76-82.

[63] Conférence européenne sur la subsidiarité, Comité des Régions, 18 Avril 2006, COR/06/41;

[64] *Donckerwolke e.a./Procureur de la République e.a.*, Affaire 41/76, 15 décembre 1976, Rec. 1976, p. 1921.

Reynier et Erba/Commission de la CEE, Affaires jointes 79, 82/63, 13 novembre 1965, Rec. 1964, p. 511.

[65] Egidio TOSATO « sul principio di sussidiarità dell'intervento statale (1959) », Personna, *società intermedie e Stato*, 1989, p. 100.

[66] La Cour s'est référée à la subsidiarité dans les arrêts n 487/1989 et n 448/1998. Dans l'arrêt n 487/1989, en jugeant que les régions ne disposaient d'aucunes compétences législatives en matière pénale, elle précise que selon le principe de subsidiarité, les incriminations constituent le seul moyen dont les autorités publiques disposent lorsque la protection juridique n'est plus garantie à suffisance par d'autres moyens juridiques, ce qui renvoie au principe de subsidiarité. D'autres arrêts relatifs à la subsidiarité peuvent être mentionnés dans ce domaine, tel l'arrêt n 448/1998. La Cour considère dans cet arrêt que les principes

Depuis les années quatre-vingt, la coopération entre l'État et les autonomies toujours plus nombreuses relève d'une dynamique subsidiaire [67]. La jurisprudence, limitant les constats d'ingérence entre État et régions, préfère recourir à la mise en balance de l'intérêt national dans une dynamique de subsidiarité.

32.Divers éléments limitent cependant la subsidiarité territoriale en Italie. D'abord, le partage des compétences, rigide, s'étend à la fonction administrative. L'ancrage historique des communes dépasse largement celui des régions. En outre, les collectivités territoriales ne sont pas représentées au sein des instances nationales. Enfin, la subsidiarité en Italie se distingue fondamentalement du système dans l'Union européenne puisqu'il incombe à l'État de cesser d'exercer ses compétences lorsque les collectivités autonomes sont intervenues.

La loi ordinaire italienne consacre le principe de subsidiarité[68]. La Cour rappelle que la loi doit être interprétée dans le cadre constitutionnel. Les décrets de mise en application de cette loi contribuent à en limiter la portée.

Un projet de révision de la Constitution italienne du 4 novembre 1997 se référait expressément au principe de subsidiarité dans les termes de la loi constitutionnelle n°1 de 1997. Il fut reproché à ce projet d'être susceptible d'encourager les conflits entre collectivités territoriales du fait de l'ambiguïté de ce principe.

b. La subsidiarité en droit belge

33.Les arrêts de la cour d'arbitrage sur les relations entre les collectivités publiques au sein de l'État belge ne se réfèrent pas expressément à la subsidiarité. Toutefois, l'arrêt du 16 septembre 1998[69] n'est pas sans évoquer le principe de subsidiarité. Concernant les relations entre État fédéral, Communautés et régions, la Cour reconnaît une forme de complémentarité

---

d'impartialité et de bon fonctionnement de l'administration, consacrés à l'article 97 de la Constitution, doivent, lorsque le législateur le peut, être satisfaits par d'autres moyens que celui de l'incrimination.

67 Paolo CARETTI « il principio di sussidiaretà e i suoi riflessi sul piano dell'ordinamento comunitario e sul piano dell'ordinamento nazionale » *rapport au congrès de Milan de l'Associazione italiana dei costituzionalisti*, 4-5 décembre 1992, *Le Prospettive dell'Uniona Europea e la costituzione, Padova*, 1995, p. 138.

68 La constitutionnalité de la loi n°59 de 1997, consacrant le principe de subsidiarité, a été reconnue par la décision *n°408/1998* de la Cour constitutionnelle italienne.

69 Dans cette affaire, le requérant invoque une violation du partage des compétences. La Cour considère que « il est requis que la règlementation adoptée soit nécessaire à l'exercice des compétences de la région, que ces matières se prêtent à un régime différencié et que l'incidence des dispositions en cause sur ces matières ne soit que marginale ».

s'apparentant à la subsidiarité en validant des dispositions qui « constituent un complément indispensable à des règles»[70].

Dans l'arrêt du 30 septembre 1999, la Cour a dû se prononcer sur des recours en annulation introduits à l'encontre de la loi du 10 septembre 1997 interdisant la publicité pour les produits du tabac. La Cour valide les dispositions visées. Quel que soit l'objectif poursuivi par cette loi, il semble difficile de lui appliquer le principe de subsidiarité.

c. La subsidiarité en droit grec

34.Si la Constitution grecque ne mentionne pas expressément la subsidiarité, son article 43§2 instaure une forme de subsidiarité entre parlement et organes administratifs.

Dans la pratique, le Parlement produit des règles de base concernant l'objet à réglementer et charge les organes administratifs de toutes les autres questions par délégation législative. Une pratique de la subsidiarité du parlement envers les organes administratifs est ainsi apparue concernant la production de normes impersonnelles.

d. La subsidiarité en droit portugais

35.Au Portugal, la mention de la subsidiarité dans la Constitution contraste avec sa portée limitée dans la jurisprudence constitutionnelle.

La Constitution portugaise a consacré au 6e paragraphe de son article 7 le principe de subsidiarité « Dans les conditions de réciprocité, dans le respect du principe de subsidiarité et en vue de la réalisation de la cohésion économique et sociale, le Portugal peut passer des conventions sur l'exercice en commun des pouvoirs nécessaires à la construction de l'Union européenne ». Cet article résultait d'un consensus des trois grands partis représentés au Parlement. Le législateur constitutionnel n'a pas précisé ce principe. Une interprétation de cet article à la lumière des traités de l'Union européenne permettrait d'éviter toute divergence entre la Cour de justice de l'Union européenne et la Cour constitutionnelle portugaise.

36.La Constitution portugaise, depuis 1997, reconnaît également le principe de subsidiarité comme un principe d'organisation interne. L'article 6§1 précise que « L'État est unitaire et respecte, dans son organisation et son fonctionnement, le régime autonome des régions insulaires et les principes de subsidiarité, l'autonomie des collectivités locales et la décentralisation démocratique de l'administration publique. ».

---

[70] Arrêt n° 36 du 10 juin 1987, n° 37 du 17 juin 1987.

En 1991, le Parlement avait reconnu au principe de subsidiarité une importance équivalente à celle d'autres principes fondamentaux consacrés par la Constitution. La *Loi-cadre des régions administratives* n 56/91, du 13 Août 1991, déclare à l'article 4 intitulé « principe de subsidiarité», que «l'autonomie administrative et financière des régions administratives est basée sur le principe de subsidiarité de leurs fonctions par rapport à l'État et aux municipalités ainsi que sur l'organisation unitaire de l'État ». La région administrative constitue en quelque sorte un intermédiaire entre l'État et les municipalités.

Si la subsidiarité ne soulève pas l'intérêt de la doctrine, l'article 4§3 de la charte européenne de l'autonomie locale a pu encourager une prise en compte de ce principe au niveau interne. Ainsi ce principe se trouve-t-il concrétisé par la *loi n° 56/91*. L'article 2§2 de la loi n° 159/99 précise que « la décentralisation administrative assure la consécration du principe de subsidiarité, les attributions et compétences devant être exercées par le niveau de l'administration le mieux placé pour les poursuivre avec rationalité, efficacité et proximité du citoyen ». Selon l'article 3, est compétente la collectivité qui, d'après sa nature, s'avère la plus adéquate à l'exercice de la compétence en cause. Enfin, le statut de Madère[71]concernant les régions autonomes mentionne le principe de subsidiarité.

La révision constitutionnelle de 1997 a permis un élargissement des pouvoirs législatifs des régions autonomes, lequel étant indéniablement lié à la reconnaissance de la subsidiarité. La Constitution, pour définir le partage des compétences entre État et collectivités autonomes, se réfère à des notions indéterminées telles que « l'intérêt spécifique des régions ». La liste des matières d'intérêt régional insérée en 1997 n'est pas exhaustive.

37.Ces évolutions constitutionnelles n'ont eu qu'une influence limitée sur la jurisprudence de la Cour constitutionnelle. Ainsi l'arrêt n° 711/97[72] exclut-il tout lien entre l'intérêt spécifique des régions et l'idée d'efficacité découlant du test de la subsidiarité. Le contrôle juridictionnel de la subsidiarité est ainsi limité. L'arrêt 631/99 du 17 novembre 1999,[73] a d'autre part écarté la subsidiarité comme critère d'appréciation du caractère obligatoire d'une législation nationale. L'arrêt 329/99/T indique une portée limitée de la subsidiarité [74] dans la jurisprudence de la Cour, relative aux relations entre État et collectivités locales.

[71] Loi n 130/99, du 21 aout 1999.

[72] *Diario de republica*, I Série A, 4 janvier 1998.

[73] *Diario de republica*, I Série A, 28 décembre 1999, p. 9280.

[74] *Diario de republica*, II Série 167, 20 juillet 1999, p. 10576.

e. L'existence de mécanismes de subsidiarité aux États-Unis

38. Aux États-Unis, le Fédéralisme et la « Commerce Clause », notions aussi politiques que juridiques, permettent une coordination des interventions de l'État fédéral et des États. Selon le premier article de la Constitution des États-Unis, le Congrès doit « réglementer le commerce avec les nations étrangères et entre les divers états »[75]. Cette clause constitue un rempart contre tout excès législatif des États. Comme la subsidiarité, elle vise à éviter les conflits entre deux niveaux de pouvoir. Dans l'Union européenne, la subsidiarité est essentiellement invoquée dans son sens descendant pour préserver les compétences étatiques. La dynamique semble inversée aux États-Unis. Quoi qu'il en soit, au-delà de ces divergences résultant d'histoires distinctes, la nécessité de principe assurant l'équilibre des compétences demeure.

39. L'exemple canadien sera privilégié à l'exemple américain dans cette recherche, en raison de son originalité et surtout de la richesse de la jurisprudence de la Cour suprême sur le partage des compétences, cette dernière devant régulièrement trouver un terrain d'entente entre des intérêts provinciaux spécifiques.

§2. Le choix d'une analyse comparative

40. Après avoir justifié le choix du modèle canadien (A), nous préciserons en quoi l'analyse comparatiste de la subsidiarité en droit de l'Union européenne rend cette étude originale (B).

A. Le choix du modèle canadien

41. La référence aux mécanismes de subsidiarité à l'œuvre en droit canadien (1) permet, en dépit de la spécificité des deux systèmes (2) une analyse du contrôle juridictionnel de la subsidiarité en droit de l'Union européenne. La référence à la subsidiarité canadienne, plutôt qu'au contrôle de la subsidiarité par les États membres de l'Union européenne(3), sera privilégiée, en particulier pour son caractère innovant.

---

[75] Constitution des Etats-Unis, article 1, section 8, alinéa 3.

1. Les mécanismes de subsidiarité en droit canadien

42.En germe dès les origines de la fédération (a), la subsidiarité a récemment été reconnue par la Cour suprême comme un principe d'interprétation du partage des compétences (b).

a. Une subsidiarité en germe dans les origines de la fédération

43.Les motifs à l'origine de l'union des provinces au sein de la Fédération canadienne en 1867 expliquent le partage des compétences posé par la loi constitutionnelle. La *loi constitutionnelle de 1867* est le résultat d'une entente politique entre les trois colonies du Canada, du Nouveau-Brunswick et de la Nouvelle-Écosse, mais aussi d'un compromis juridique entre les tenants d'un fédéralisme authentique et ceux d'une union législative, le texte de 1867 mentionnant une union relativement centralisée. Certains historiens relatent que durant la période 1860-1867, le Haut-Canada aurait accepté la forme fédérale de l'État à condition que le pouvoir soit fortement centralisé. Même si son opinion n'était pas partagée de façon unanime, Mac Donald recommandait l'union législative[76].

La conception du fédéralisme adoptée par les Pères de la Confédération était à l'avantage du fédéral ; sur le plan économique et financier notamment. Ainsi la compétence résiduaire rattachée au pouvoir de légiférer pour « la paix, l'ordre et le bon gouvernement » est confiée au fédéral. Le rôle des provinces, en matière économique en particulier, se limitait à ce qui était purement local.

L'intention des Pères de la Confédération n'était apparemment pas d'assurer un « partage équilibré des compétences ». Les provinces ont donc revendiqué un pouvoir économique que le texte ne leur octroyait pas. C'est à ces velléités qu'a dû répondre le Comité judiciaire du Conseil privé même si sa jurisprudence a parfois été favorable au fédéral[77]. Davantage que le reflet

---

[76] John Mc DONALD, *Discours sur les grandes questions affectant les intérêts de la Confédération,* prononcé à Kingston, Archives publiques du Canada, Fonds Mac Donald, 1861, vol 158, pp. 64011-64012.

[77] La théorie de la prépondérance des compétences fédérales, la doctrine de l'urgence, celle des pouvoirs résiduels et des compétences implicites ont été mise en œuvre par le Conseil Privé. Il a participé à interpréter de façon libérale le pouvoir déclaratoire.
Voir en ce sens : AG for Ontario v. Canada Temperance Federation, [1946] A.C. 193 (C.P.).
Alberta Government Telephones c. Canada (Conseil de la radiodiffusion et des télécommunications canadiennes), [1989] 2 R.C.S. 225.

d'une réalité juridique définie à l'époque de la Confédération, l'autonomie des provinces apparaît comme le reflet d'une conquête politique du pouvoir par ces dernières[78].

44. La compétence fédérale en matière d'éducation[79] contribue également à préserver leur culture. Les différences minimes entre la Loi constitutionnelle de 1867 et les résolutions de Québec et de Londres[80] accentuent la suprématie du Parlement fédéral sur les législatures locales. La Loi constitutionnelle de 1867 ne semble pas contredire les résolutions de Québec et de Londres. Le terme « exclusivement », dans la clause introductive de l'article 91, accentue l'autorité législative fédérale[81].

45. De plus, tel qu'évoqué, les pouvoirs résiduaires sont octroyés au fédéral. La liste des compétences énumérées, à l'article 91, n'est pas exhaustive. Le paragraphe final de l'article 91 précise désormais que les matières énumérées à l'article 91 ne doivent pas tomber sous le coup de l'article 92(16). Les articles 91 et 92 présentent un caractère centralisateur ; le fédéral détient un pouvoir déclaratoire unilatéral[82] et les compétences provinciales sont territorialement limitées[83]. En outre, le fédéral bénéficie d'un pouvoir de désaveu et d'un pouvoir de réserve[84].

Ainsi, Lord CARNAVON, secrétaire aux colonies, précisa-t-il, en soumettant le projet de loi à la Chambre des lords, qu'il fallait doter le gouvernement fédéral[85] « d'une autorité quasi-souveraine, pour qu'il puisse appliquer les principes généraux et apporter dans les mesures législatives l'uniformité qui exige le bien commun de toutes les provinces et de conserver aux provinces toutes les libertés municipales et toute l'autorité compatible avec les

---

78 A partir de 1950, la révolution tranquille a lieu. Le rapport Tremblay montre l'importance de l'autonomie provinciale pour les autonomistes.

79 *Loi constitutionnelle de 1867*, 30 et 31 Vict., c. 3 (R.U.), art. 93.

80 CONFÉRENCE DE QUÉBEC (1864), Report of resolutions adopted at a conference of delegates from the provinces of Canada, Nova Scotia, and New Brunswick, and the colonies of Newfoundland and Prince Edward Island, held at the city of Quebec, 10th October, 1864, as the basis of a proposed Confereration of those provinces and colonies, Sl, sn, 1864.

81 Alphonse BARBEAU, *Le droit constitutionnel canadien ; lois, documents et jugements divers*, Montréal, Wilson et Lafleur, 1974, 440 p.

82 *Loi constitutionnelle de 1867*, 30 et 31 Vict., c. 3 (R.U.), art. 92(10) c
Colombie-Britannique (procureur général) c Imperial Tobacco Canada Ltée, [2005] 2 R.C.S 473, par 1-20, 26-42.

83 *Colombie-Britannique c. Imperial Tobacco Canada Ltée*, [2005] 2 R.C.S. 473
Global Securities Corp. c. Colombie-Britannique (Securities Commission), [2000] 1 R.C.S 494, §38.

84 *Loi constitutionnelle de 1867*, 30 et 31 Vict., c. 3 (R.U.), arts. 55, 56, 57 et 90.

85 Pour la distinction entre « fédération » et « gouvernement fédéral »
Clinton Kenneth WHEARE, *Federal Government*, Oxford, Oxford UP, 1963, 266 p.

circonstances, afin de les contraindre même à exercer, pour le plus grand avantage de la collectivité, les compétences qui leur reviennent »[86].

b. La reconnaissance progressive de la subsidiarité comme principe d'interprétation du partage des compétences

46.La Cour suprême du Canada a progressivement reconnu la subsidiarité comme principe d'interprétation du partage des compétences en droit canadien. En effet, cette cour, lorsqu'elle contrôle le partage des compétences, interprète la loi, mais également la Constitution[87], même si cette seconde interprétation est moins reconnue.

Une série d'affaires a conduit au développement d'un principe dynamique de subsidiarité[88].

La lecture structurelle du principe du fédéralisme proposée dans le *Renvoi sur la sécession du Québec*[89] comprend une déclaration de la Cour selon laquelle « la structure fédérale de notre pays facilite aussi la participation démocratique des pouvoirs au gouvernement pensé pour être le plus adapté à la réalisation de l'objectif sociétal donné compte tenu de cette diversité. » Peu après, dans l'affaire *Spraytech*[90], la Cour a énoncé le principe, plus précisément, décrivant une époque où les questions de gouvernance sont souvent examinées sous l'angle du principe de subsidiarité. C'est l'idée que les droits de décision et de mise en œuvre sont souvent les mieux réalisés au niveau du gouvernement qui est non seulement efficace, mais aussi plus proche des citoyens touchés et donc les plus adaptés à leurs besoins, aux particularités locales et à la diversité de la population. Dans *Banque canadienne de l'Ouest*[91], le principe de subsidiarité, tel qu'indiqué dans *Spraytech*[92], deviendra un principe fondamental soutenant l'adaptation importante de la doctrine de l'exclusivité des compétences. Dans *Lacombe*[93],

---

[86] Wiliam F. O' CONNOR, *Rapport présenté en conformité d'une résolution du Sénat au sujet de la mise en vigueur de l'AANB de 1867*, de l'incompatibilité entre ses positions et leur interprétation judiciaire, Ottawa, Imprimeur de la reine 1939, pp. 87-88.

[87] Alors que le partage des compétences prévu par la Constitution n'a pas changé, (sauf en ce qui concerne les pensions de vieillesse), son interprétation par la Cour a suivi différentes tendances.

Andrée Lajoie, Jugements de valeurs : le discours judiciaire et le droit, 1re éd., Paris, PUF, 1997.

[88] Nous préciserons en deuxième partie l'argumentation de la Cour dans cette jurisprudence

[89] *Renvoi relatif à la sécession du Québec*, [1998] 2 R.C.S. 217.

[90] *Canada Ltée* (Spraytech, Société d'arrosage) *c. Hudson* (Ville), [2001] CSC 40.

[91] Renvoi relatif à la Loi sur la procréation assistée, [2010] CSC 61.

[92] *Canada Ltée* (Spraytech, Société d'arrosage) *c. Hudson* (Ville), [2001] CSC 40.

[93] *Québec* (Procureur général) *c. Lacombe*, [2010] CSC 38.

l'opinion dissidente de la juge Deschamps a cité le principe comme « une composante de notre fédéralisme, et de plus en plus de fédéralismes modernes ailleurs dans le monde » et comme l'une des composantes fondamentales du principe constitutionnel non écrit de fédéralisme. Ce principe s'est précisé avec *le Renvoi relatif à la procréation assistée*[94] et le *Renvoi relatif à la loi sur les valeurs mobilières*[95].

47.La subsidiarité a été reconnue par la jurisprudence canadienne comme « un principe d'interprétation » de la répartition des compétences législatives[96]. Un usage comparable de la subsidiarité a été invoqué en droit européen dans *Allemagne c. Conseil*[97], où l'Allemagne invoque le principe de subsidiarité en tant que principe d'interprétation et non à titre de moyen autonome[98].

Une logique de subsidiarité semble donc avoir présidé au partage des compétences prévu dans la *loi constitutionnelle de 1867*. La clause paix ordre et bon gouvernement et la clause de commerce en paraissent l'expression. Comme le principe de subsidiarité, elles permettent à l'entité centrale, l'Union européenne ou le pouvoir fédéral, de légiférer dans un domaine qui ne relève normalement pas de sa compétence exclusive si cela est indispensable à la réalisation des objectifs qu'elle poursuit. Dans des domaines de compétences provinciales, l'intervention de l'État fédéral sur le fondement de la théorie paix, ordre et bon gouvernement ou de la clause de commerce, est conditionnée, entre autres, par une meilleure capacité à agir de ce dernier. L'existence d'une position commune des entités englobées, provinces ou États membres ne suffit pas à justifier leur mise en œuvre.

48.Pour autant, les différences systémiques entre les mécanismes de subsidiarité en droit canadien et en droit de l'Union européenne ne peuvent être occultées. D'une part, le principe de subsidiarité se distingue des pouvoirs du Parlement canadien à assurer la paix, l'ordre et le bon gouvernement dans la mesure où il vise les compétences non exclusives alors que la théorie « paix, ordre et bon gouvernement » s'applique également à des domaines de la compétence exclusive des provinces. D'autre part, tandis que la théorie des dimensions nationales et celle de l'urgence en droit canadien sont applicables, par exception, à des matières

---

[94] Renvoi relatif à la Loi sur la procréation assistée, [2010] CSC 61.

[95] *Renvoi relatif à la Loi sur les valeurs mobilières*, [2011] 3 R.C.S. 837.

[96] *Renvoi relatif à la Loi sur la procréation assistée*, [2010], CSC 61, Juges LeBel, Deschamps, Abella et Rothstein, § 183 et 273.
Canada Ltée (Spraytech, Société d'arrosage) *c. Hudson* (Ville), [2001] CSC 40.

[97] *Allemagne/Parlement et Conseil de l'Union*, Affaire C-376/98, 5 octobre 2000.

[98] *Allemagne/Parlement et Conseil de l'Union*, Affaire C-376/98, 5 octobre 2000, § 46.

particulières ou dans des circonstances particulières, le principe de subsidiarité s'inscrit dans la logique même de la répartition des compétences en Europe.

2. La comparabilité de modèles distincts

49.En dépit de leurs différences, la comparaison de la doctrine « paix, ordre et bon gouvernement » et du principe de subsidiarité demeure toutefois valide dans le cadre de cette thèse, dans la mesure où le juge exerce son pouvoir lors du contrôle de l'interprétation et de l'application de ces règles. Les similitudes observées entre les théories comparées révèlent d'autant plus le pouvoir du juge d'adapter le droit à des nécessités politiques et sociales, qu'elles transcendent les différences entre les cadres juridiques posés par les textes[99].

La comparaison est parfois facilitée par la référence à des concepts généraux et d'un degré épistémologique plus élevé[100]. L'abstraction de la subsidiarité semble suffisante pour permettre la comparaison. En dépit des différences entre le partage des compétences, prévu par la Loi constitutionnelle de 1867 au Canada et celui prévu par les traités européens, la Cour de justice de l'Union européenne et la Cour suprême du Canada se retrouvent confrontées à des préoccupations communes dans le contrôle de la subsidiarité.

Il ne s'agit pas d'affirmer que l'Union européenne est assimilable à un État, ni de prétendre qu'elle possède toutes les caractéristiques d'une fédération. Nous tenterons seulement d'établir que l'Union européenne possède suffisamment de traits communs avec un État fédéral pour étayer la pertinence d'une comparaison entre les deux entités dans le cadre de notre objet d'étude : le contrôle de la subsidiarité.

En outre, indépendamment des différences entre common law et droit civil (a) et de la spécificité de la place occupée par ces Cours dans leurs ordres juridiques respectifs (b), la jurisprudence de la Cour suprême du Canada recèle de précieux indices pour qui souhaiterait affiner le contrôle juridictionnel de la subsidiarité dans l'Union européenne. En outre, la comparaison de cette jurisprudence est d'autant plus pertinente depuis

---

[99] Durant certaines périodes, la comparaison différentielle serait privilégiée par la doctrine, voir Rudolf Berthold SCHLESINGER, « The Past and Future of Comparative Law », *American Journal of Comparative Law*, 43, 1995, p. 477.

[100] Intervention de Michel TROPER, lors du colloque *La valeur, les valeurs et le droit* à l'Université de Toulon, le 28 Novembre 2014.

l'enchâssement de la Charte canadienne des droits et libertés de 1982, instaurant la liberté de circulation[101].

a. La comparaison de Cours appartenant à des traditions juridiques différentes

50.Bien que le Québec s'inscrive en partie dans la tradition civiliste, le droit public qui s'y rapporte, et surtout celui qui est appliqué en dernier ressort par la Cour suprême, s'inscrit, quant à lui, primordialement dans la tradition de common law.

La jurisprudence joue un plus grand rôle en common law qu'en droit de l'Union européenne. Le principe de subsidiarité est explicitement mentionné dans les textes en droit de l'UE. Pour autant, la Cour de justice possède un pouvoir interprétatif assez conséquent, quoiqu'elle ne l'utilise pas toujours. L'existence de ce pouvoir interprétatif rend possible la comparaison dans la mesure où l'étendue de l'interprétation de la Cour ne dépend que de l'usage qu'elle fait de ce pouvoir, elle peut donc évoluer. De nombreuses initiatives jurisprudentielles furent reconnues dans des traités postérieurs. Tel est le cas, entre autres exemples, de la reconnaissance de compétences exclusives[102] dans le traité de Lisbonne[103]. De même, la Cour suprême et la Cour de justice contribuent-elles toutes deux à préciser l'exercice du partage des compétences.

51.Si l'on considère l'Union européenne comme un système de droit, il se présente comme un système pluri juridique dans la mesure où le droit de l'Union européenne dérivé doit coexister avec les traditions juridiques des États membres. De même, coexistent au Canada common law et droit civil, dont les interactions se déclinent de diverses manières : bijuridisme à l'échelle fédérale ; droit mixte au Québec et monojuridisme dans les autres provinces. Dans un cas comme dans l'autre, le régime adopté par « l'entité englobante » influera sur les modalités de la coexistence entre traditions juridiques. Ce régime peut relever d'une logique de complémentarité, s'il s'appuie sur le droit des entités englobées, ou mettre en œuvre une relation

---

[101] Danielle PINARD, « Le rôle de la Cour suprême du Canada dans l'affirmation de l'intégration et de la souveraineté dans Souveraineté et intégration », Poitiers, Actes du colloque conjoint des facultés de droit de l'Université de Poitiers et de l'Université de Montréal, mai 1992.

[102] Commission c. Royaume Uni, Affaire 804/79, 5 mai 1981.

[103] Dans sa jurisprudence antérieure au traité de Lisbonne, la Cour de justice se référait aux traités au moment où elle les interprétait pour dégager les compétences exclusives.

bilatérale[104]. La structure de ce bijuridisme diffère ; conçue davantage comme un parallélisme entre systèmes au Canada, elle permet davantage d'interactions dans l'Union européenne. Ce parallélisme semble s'accentuer au Canada par le fait que neuf des dix provinces partagent la tradition dominante à l'échelle fédérale, en l'occurrence la common law. Cependant, ces distinctions structurelles ne sont pas fondamentales, elles constituent des différences de degré, davantage que de nature, et n'entravent ainsi que modérément la comparaison entre ces modèles. Il semblerait d'ailleurs qu'au Canada, les interactions entre traditions juridiques, formelles ou non, s'intensifient du fait de l'internationalisation du droit. Loin de vouloir reproduire à l'identique dans l'Union européenne la dynamique canadienne, l'étude de la jurisprudence de la Cour suprême du Canada est riche d'enseignements sur la façon dont une Cour peut arbitrer, activement ou passivement, l'agencement de systèmes de droit et avec eux la coordination de cultures juridiques distinctes. Son caractère bijuridique est déterminant dans le choix de la Cour suprême puisque le caractère bijuridique du système dans lequel elle se prononce n'est pas sans orienter l'application de la subsidiarité par une juridiction.

b. La comparaison de juridictions possédant un statut distinct

52.La Cour de justice semble jouir d'une juridiction supranationale comparable à celle de la Cour suprême du Canada, gardienne de la Constitution. Son interprétation et son application des traités constitutifs lient en effet les institutions politiques de l'Union européenne ou les États parties à un litige. Mise en place en 1952 par le traité de Paris, la Cour de justice (nommée Cour de justice de la Communauté du charbon et de l'acier, puis Cour de justice des Communautés européennes, CJCE, puis Cour de justice de l'Union européenne, CJUE), située à Luxembourg, est une institution juridictionnelle. Elle a renoncé à sa tentative de faire admettre une théorie de la supra constitutionnalité[105], ce que confirme l'article 48 TUE, relatif à la procédure de révision, qui précise que les États membres peuvent, à cette occasion, accroître ou réduire les compétences de l'Union.

53.Néanmoins, la différence entre la fonction de ces deux Cours doit être relativisée. Nous établirons d'abord que la Cour suprême n'est pas, à

[104]Jean-François GAUDREAULT-DESBIENS, *Les solitudes du bijuridisme au Canada: essai sur les rapports de pouvoir entre les traditions juridiques et la résilience des atavismes identitaires*, Montréal, Éd. Thémis, 2007, 169 p.

[105] Éléonore von BARDELEBEN, Francis DONNAT, David SIRITZKY et Jean-Marc SAUVE, *La Cour de justice de l'Union européenne et le droit du contentieux européen*, Coll. Réflexe Europe, Paris, la Documentation française, 2012, pp. 118-119.

l'origine, une Cour constitutionnelle, ni un tribunal constitutionnalisé sur le plan institutionnel, afin de montrer que le contrôle de la Cour de justice pourrait évoluer en ce sens. Puis nous montrerons qu'un contrôle plus poussé de la subsidiarité par la Cour de justice n'est pas contraire à sa vocation et pourrait donc se développer, en particulier depuis le traité de Lisbonne. Cependant, dans le contexte de la régulation verticale des compétences entre l'Union et les États membres, le contrôle maximum de la subsidiarité rapprocherait la Cour de justice d'une juridiction constitutionnelle, et même fédérale.

54. Le contrôle de la Cour suprême n'était à l'origine pas envisagé dans la Constitution[106]. L'article 101[107] de la Loi de 1867 prévoit la création d'un éventuel tribunal général d'appel par le Parlement du Canada. La Cour suprême fut créée par une loi ordinaire en 1875. La Loi constitutionnelle de 1867 attribuait néanmoins aux tribunaux en général un pouvoir de contrôle constitutionnel lié à la mise en application du partage des compétences fédératives et, depuis 1982, la Loi constitutionnelle pose clairement le principe du constitutionnalisme à son article 53. La Loi actuelle sur la Cour suprême date de 1952 et n'a subi depuis que des modifications secondaires. Cette loi organique fait partie de la Constitution canadienne entendue de façon extensive[108].

55. En 1867, l'idée d'État de droit était peu présente, il n'existait pas de contrôle de constitutionnalité, même dans les pays européens[109]. Un tel contrôle était perçu comme contraire au principe de souveraineté parlementaire. La suprématie du Parlement a été acquise au prix de luttes

---

[106] Le Canada, comme les Etats-Unis et l'Argentine, constitue à ce titre une exception parmi les fédérations.

[107] *Loi constitutionnelle de 1867*, 30 et 31 Vict., c. 3 (R.U.), art. 101.
Cet article prévoit un tribunal compétent pour interpréter « the laws of Canada ». La question s'est posée dès lors de savoir si ces lois comprenaient les lois des provinces, le Comité judiciaire, mettant l'accent sur la lettre de la Constitution et non l'intention des pères de la Confédération, estima que cette expression désignait uniquement des lois fédérales; Le point de vue des juges évolua peu à peu jusqu'à un renversement en 1930.
Certaines dispositions des articles 41 et 42 prévoient le recours à des dispositions spéciales pour les modifications relatives à la Cour suprême, on peut, par conséquent, se demander si sa composition et sa juridiction constitutionnelle d'appel n'ont pas été implicitement constitutionnalisées.

[108] Voir en ce sens l'article 52(1) de la *Loi constitutionnelle de 1867*, 30 et 31 Vict., c. 3 (R.U.). et sa mise en œuvre dans le *Renvoi relatif à la Loi sur la Cour suprême*, 2014 CSC 21.

[109] En 1610 Lord Coke a proposé que le contrôle de constitutionnalité soit introduit en droit anglais mais les tribunaux n'ont pas suivi, voir Philip ALLOTT, « Parliamentary Sovereignty. From Austin to Hart », *Cambridge LR (Cambridge University Press)* 1990, 49 (3) : pp. 377–380.

violentes dans le modèle constitutionnel anglais[110], dont a hérité le Canada. On ne la remettrait pas en cause pour des concepts abstraits comme l'État de droit. Il s'agit d'une différence essentielle avec les Cours supérieures des États-Unis et de certains pays européens. Par ailleurs, contrairement aux pays européens, il n'y a pas eu rupture après la Seconde Guerre mondiale, l'interprétation de la Constitution s'inscrit dans la continuité de celle donnée depuis 1867. Le Comité judiciaire du Conseil privé de la Reine, en Grande-Bretagne, arbitrait les conflits constitutionnels et jouait le rôle de gardien de la Constitution canadienne. Les appels devant le Conseil privé furent particulièrement nombreux en matière constitutionnelle ce qui lui a permis d'influer sur le partage des compétences[111].

En 1949, la Cour suprême devient l'ultime tribunal de dernière instance au Canada, les appels au Conseil privé étant abolis, ceci se situant dans la suite logique du Statut de Westminster[112] qui permettait aux nouveaux dominions de légiférer comme ils l'entendaient. Des craintes sont exprimées quant à ses tendances centralisatrices que la jurisprudence du Conseil privé avait toutefois mises en échec.

C'est la pratique qui va donner à la Cour suprême du Canada l'occasion d'élargir son contrôle de constitutionnalité[113], dès lors qu'aura été reconnu par le Conseil privé le caractère authentiquement constitutionnel de la Loi

---

[110] C'est par la lutte contre le roi que le Parlement britannique a acquis sa souveraineté au XVIIe siècle, voir Jeffrey Goldsworthy, *The Sovereignty of Parliament: History and Philosophy*, Clarendon Press, Oxford, 1999, 330 p.

[111] Andrée LAJOIE, Ivan BERNIER, Ottawa, *La* Cour suprême *du Canada comme agent de changement politique*, Commission royale sur l'union économique et les perspectives de développement du Canada, Ministère des Approvisionnements et Services Canada, 1986, 225 p.

[112] Loi de 1931 visant à donner effet à des résolutions adoptées lors des conférences impériales de 1926 et 1930 dite Statut de Westminster, Westminster, 11 décembre 1931, 22 Geo. V, ch. 4 (R.-U.).

[113] Andrée LAJOIE, Jugements de valeurs : le discours judiciaire et le droit, 1re éd., Paris, PUF, 1997, 217 p.

De 1875 à 1949, 4,3% des litiges seront de matière constitutionnelle. Jusqu'à 1975 (ou appel sur autorisation) 3, 7% des litiges sont constitutionnels. Depuis 1975, la proportion de litiges constitutionnels n'a pas augmenté de façon marquée. Des questions « d'importances nationales » sont traitées (peut être en raison du retard dans le traitement des affaires). En 1983: 7.53% des litiges sont constitutionnels. Entre 1983 et 1996; 30,4% des décisions sont constitutionnelles. La politisation des décisions de la cour semble difficile à évaluer par des statistiques.

En 1975, elle pourra choisir les litiges dans lesquels elle souhaitera s'impliquer. Le « Reading down » existe déjà, il s'agit d'une technique de common law: consistant à choisir l'interprétation d'un texte la moins incompatible avec la Constitution. L'interprétation élargie « Reading in » s'oppose à l'interprétation atténuée. Après la charte, la cour commence à émettre des ordonnances à l'intention du législateur. Entre autres, elle émet des déclarations d'inopérabilité.

constitutionnelle de 1867[114]. Au départ, le contrôle porte beaucoup plus sur le partage des compétences que sur les droits fondamentaux, dont la protection est dans une large mesure confiée à la common law. Dans ses débuts, la Cour suprême ne contrôlait que la constitutionnalité des actions gouvernementales, au regard du partage des compétences et sous la surveillance du Comité judiciaire du Conseil privé. Dans les années cinquante, elle commence à protéger certaines libertés fondamentales par le truchement de la reconnaissance de l'existence d'une « déclaration implicite des droits » ; si cela paraît momentanément élargir le contrôle de constitutionnalité, le recours à la « déclaration canadienne des droits » s'étiolera graduellement. Ce n'est qu'en 1982, au moment de la mise en place de la Charte canadienne des droits et libertés, qu'une disposition prévoyant la nullité des lois incompatibles avec la Constitution fut insérée dans cette dernière. Bien que les tribunaux ne puissent en principe questionner la politique législative ou gouvernementale, ils entreprendront de le faire sous couvert de protection des droits enchâssés dans la Charte canadienne. Plus particulièrement, l'article premier de la Charte canadienne des droits et libertés[115], qui permet à la Cour de considérer les justifications gouvernementales à la restriction d'un droit de la charte, va lui fournir l'occasion de se prononcer indirectement sur des considérations substantielles, ce qui pourrait avoir influencé la portée de son contrôle du partage des compétences.

Bref, ce contrôle n'a évolué de façon conséquente qu'en 1982, mais comme le montrent les travaux d'Andrée Lajoie, la jurisprudence antérieure à 1982 portait les germes d'une telle évolution. La spécificité de la Cour suprême est plus institutionnelle que pratique. Cela laisse entrevoir, par analogie, la possibilité d'une redéfinition par la Cour de justice de ses propres fonctions, redéfinition indéniablement souhaitable pour une bonne construction européenne.

56.La Cour de justice joue, en effet, un rôle primordial dans l'appréciation de la légalité des actes législatifs ou décisionnels des institutions européennes. La Cour de justice, veillant au respect du droit de l'Union européenne, est seule compétente pour interpréter les traités. Cela n'est pas sans évoquer la vocation originelle de la Cour suprême, instituée « pour la meilleure exécution des lois du Canada » selon la Constitution et interprète final de cette dernière. Le contrôle du droit de l'Union européenne par la Cour de justice est limité dans la mesure où elle est perçue comme chargée

---

[114] *Hodge v. The Queen* [1883] 9 AC 117 (CJCP).
Edwards v. AG Canada [1932] AC 123 (CJCP).

[115] *Charte canadienne des droits et libertés*, partie I de la *Loi constitutionnelle de 1982*, [Annexe B de la Loi de 1982 sur le Canada (R-U), 1982, c 11 (R-U.)], art. 1.

de l'application de ce droit et donc soumise à lui. Le parallèle ne s'arrête pas là. De même que le juge national est juge de droit commun du droit de l'Union européenne, les Cours supérieures détiennent la compétence de droit commun en droit canadien[116]. La Cour de justice est, selon l'article 255 du TFUE, garante du respect des principes d'État de droit et des droits fondamentaux. Cette mission se trouve renforcée par l'intégration de la Convention européenne des droits de l'homme à l'ordre de l'Union européenne prévue par le traité de Lisbonne. Or l'exemple canadien a montré que le contrôle des droits de l'homme peut induire un développement des prérogatives d'une cour. Comme l'affirmait Mauro Capelletti : « la Cour de justice européenne (...) a fait la preuve qu'elle était l'organisme le plus cohérent et le plus efficace pour promouvoir une politique d'intégration européenne (...) il importe que dans toute union fédérale véritable, le dernier mot reste au droit fédéral »[117]. La question est de déterminer dans quelles circonstances et à quelles conditions celui-ci se voit attribuer cette priorité.

57.Ainsi, en dépit des différences entre le Canada fédéral et l'Union européenne, l'interprétation de l'exercice du partage des compétences par ces Cours comporte-t-elle suffisamment de points communs pour rendre leur comparaison pertinente. Le rapport entretenu par la Cour de justice et la Cour suprême avec les autres institutions politiques et juridictionnelles de leur ordre juridique est également, dans une certaine mesure, comparable. La Cour de justice et la Cour suprême se prononcent toutes deux après que les institutions politiques se soient exprimées[118]. Elles procèdent à un contrôle a posteriori. Dans chaque cas, les normes de l'entité centrale sont élaborées par des institutions représentant les entités englobantes, mais aussi par des institutions représentant les États membres ou les provinces. Ainsi le Conseil de l'Union européenne réunit-il des représentants des États membres et le Sénat canadien a-t-il pour vocation, entre autres, la représentation des provinces[119]. Le fait que la Cour suprême soit compétente pour appliquer le droit provincial n'entrave pas la comparaison; seules des décisions où l'intervention fédérale est contestée seront étudiées.

---

[116] *Loi constitutionnelle de 1867*, 30 et 31 Vict., c. 3 (R.U.), art. 101.

[117] Mauro CAPPELLETTI, Louis FAVOREU et Rene DAVID, *Le Pouvoir des juges : articles choisis de droit judiciaire et constitutionnel comparé*, coll. Droit public positif, Aix-en-Provence, Presses universitaires d'Aix-Marseille, Paris, Economica, 1990, p. 299.

[118] Concernant les procédures du recours en annulation et du renvoi préjudiciel en droit de l'Union européenne, notes suivantes.

[119] Renvoi relatif à la réforme du Sénat, 2014 CSC 32.

3. Le choix de ne pas étudier la jurisprudence des juridictions nationales des États membres

58.Il aurait été possible de s'interroger sur le rôle des juridictions nationales dans l'intégration du droit de l'Union européenne, mais cela aurait constitué un problème de recherche distinct, quoique lié à notre objet d'étude. Les approches adoptées par ces juridictions sont multiples ce qui aurait inutilement complexifié la question. Divers travaux de recherches traitent de cette question et de celle de l'influence des juridictions nationales sur les décisions de la Cour de justice[120].

59.L'influence de la jurisprudence des juridictions constitutionnelles nationales sur l'interprétation de la subsidiarité par la Cour de justice ne sera pas étudiée pour diverses raisons. Les juridictions nationales se déclarent incompétentes pour contrôler le respect par les normes de l'Union européenne du principe de subsidiarité (a). Les effets de la référence d'une juridiction nationale au principe de subsidiarité, pour assurer la prééminence de sa Constitution nationale, semblent limités dans la pratique (b). Quoi qu'il en soit, les juridictions nationales peuvent limiter le respect de la subsidiarité en refusant de saisir la Cour de justice d'une question préjudicielle portant sur le respect de l'article 5 (c).

a. L'absence de contrôle par les juridictions nationales du principe de subsidiarité

60.Quoiqu'elles soient juges de droit commun du droit de l'Union européenne, il n'appartient pas aux juridictions nationales de reconnaître directement la violation du principe de subsidiarité par une norme de l'Union.

61.Les juridictions nationales se trouvent dans l'obligation de transmettre à la Cour de justice, garante de l'application du droit de l'Union européenne, une question préjudicielle en appréciation de validité [121] qui serait recevable[122]. Les décisions des juridictions nationales se référant au principe

---

[120] Guy CANIVET, « Le droit communautaire et l'office du juge national », *D & S*, 1992, n° 20-21, pp. 133-141.

[121] TFUE (version consolidée), JOUE C326 du 9 mai 2008, art. 267.
Encyclopédie > JCl. Europe Traité > Fasc. 362 : RENVOI PRÉJUDICIEL. – Renvoi préjudiciel en appréciation de validité.

[122] Julie DUPONT-LASALLE, *« Subsidiarité juridictionnelle », instrument de l'intégration communautaire ? »*, D & S, 2012, Vol. 1, n° 80, 262 p.

de subsidiarité en droit de l'Union européenne[123] se bornent à se ranger à l'interprétation de la Cour de justice. Il revient donc à la Cour de Justice et non aux juridictions nationales de contrôler le respect de ce principe, raison pour laquelle nous privilégierons l'étude de sa jurisprudence.

Cette caractéristique ne nuit pas à la comparaison dans la mesure où la Cour suprême du Canada, au sommet de l'ordre juridictionnel canadien, possède également une grande liberté d'interprétation par rapport aux autres juridictions de l'ordre juridique auquel elle appartient.

b. Le peu d'impact de la référence des juridictions nationales à la subsidiarité sur la jurisprudence de la Cour de justice

62.La Cour constitutionnelle allemande a rendu en octobre 1993 un arrêt sur la conformité du traité de Maastricht à la Loi fondamentale de la RFA. La Cour de Karlsruhe est la seule juridiction constitutionnelle à avoir rendu, à propos de ce traité, un arrêt comportant une analyse du principe de subsidiarité qu'il contient.

Elle relève que le traité ne confère à l'Union et aux Communautés européennes que certaines compétences, selon le principe de l'attribution, et qu'il élève le principe de subsidiarité au rang de principe de droit contraignant. Cet arrêt précise que si l'interprétation des règles attributives de compétences conduisait à élargir *de facto* les compétences attribuées par le traité à la Communauté et à l'Union, cet élargissement n'engendrerait pour l'Allemagne aucun effet contraignant. La Cour constitutionnelle allemande rappelle quelles conditions doivent remplir les compétences partagées exercées par l'Union pour respecter le principe de subsidiarité. La Cour reconnaît le rôle majeur du Conseil dans le contrôle de ce principe et précise que le gouvernement et les chambres du Parlement doivent veiller au respect de ce principe.

63.On peut s'interroger sur les effets pratiques de cette position de principe. Il semble difficilement envisageable que la Cour constitutionnelle allemande refuse d'appliquer une norme que les institutions de l'Union européenne auraient considérée comme conforme au principe de subsidiarité. Ne pouvant déclarer invalide une norme de l'UE, tout au plus pourrait-elle refuser de l'appliquer en cas de contradiction avec la Constitution allemande.

---

[123] Ces décisions demeurent relativement rares.

c. Les réticences des juridictions nationales à mettre en œuvre le principe de subsidiarité par la saisine de la Cour de justice

64.La question se pose de savoir dans quelle mesure le refus d'une juridiction nationale de saisir la Cour de justice d'une question préjudicielle relative au respect de la subsidiarité pourrait limiter le contrôle de ce principe.

Le 24 novembre 2003, les Associations La Méridienne et contre l'heure d'été demandent au Conseil d'État la saisine de la Cour de justice des Communautés européennes d'une question préjudicielle tendant à voir apprécier la validité de la directive n° 2000/84/CE, du Parlement européen et du Conseil européen, du 19 janvier 2001, relative à l'heure d'été[124]. Le Conseil d'État rejette cette requête. Il considère qu'en harmonisant les périodes d'heures d'été et d'hiver entre les pays européens, « il est clair que cette directive contribue ainsi à l'objectif de réalisation du marché intérieur mentionné à l'article 95 du traité de l'Union européenne sans contrevenir au principe de subsidiarité défini à l'article 5 du même traité; que le moyen tiré de la méconnaissance par la directive des stipulations du traité doit ainsi, en tout état de cause, être écarté, sans qu'il soit besoin de saisir la Cour de justice des Communautés européennes d'une question sur ce point, qui ne soulève aucune difficulté sérieuse ». Considérant que le respect de la subsidiarité par la directive est évident, le Conseil d'État estime qu'une saisine de la Cour de justice est superflue.

Les propositions en faveur d'une inscription de la subsidiarité dans la Constitution française en 1992 visaient à permettre le contrôle par le Conseil constitutionnel du respect de ce principe par les actes communautaires. Ce dernier exprime pourtant des réticences à se référer à ce principe[125].

---

[124] CE, décis. n° 232590 du 24 novembre 2003, Association « La Méridienne » et Association contre l'heure d'été, M. Erik L,

[125] CC., décis. n° 97-394 DC du 31 décembre 1997 *relative à la constitutionnalité du traité d'Amsterdam,* considérant 22: « que, toutefois, la seule mise en œuvre de ce principe pourrait ne pas faire obstacle à ce que les transferts de compétence autorisés par le traité soumis à l'examen du Conseil constitutionnel revêtent une ampleur et interviennent selon des modalités telles que puissent être affectées les conditions essentielles d'exercice de la souveraineté nationale ».
CC., décis. n°2004-505 DC relative au traité établissant une Constitution pour l'Europe, considérant 25.

B. L'originalité d'une démarche inductive fondée sur la production constitutionnelle des Cours

65.L'adoption d'un cadre théorique comparatiste permet, entre autres le perfectionnement du mécanisme juridique caractéristique du système dans lequel l'observateur se trouve [126]. La méthode fonctionnelle [127] de comparaison [128] sera utilisée. Le droit canadien et le droit de l'Union européenne se trouvent en effet confrontés à un problème[129] commun, celui d'assurer la coordination de compétences de deux niveaux de pouvoirs poursuivant des objectifs communs. Dans les deux cas, le contrôle juridictionnel de mécanismes de subsidiarités vise à la résolution de ce problème. Il s'agira donc d'étudier les objectifs[130] poursuivis par le contrôle juridictionnel de la subsidiarité en droit canadien et en droit de l'Union européenne. Pour ce faire, il s'agira de replacer ce principe dans son contexte d'application[131].

66. Il ne s'agit pas tant de suggérer une référence de la Cour de justice au modèle canadien, la Cour de justice n'utilisant pas le droit comparé comme source primaire, ni une harmonisation des deux systèmes, mais bien de rechercher dans l'exemple canadien des moyens de justifier et perfectionner ce contrôle[132].

---

[126] Andrée LAJOIE, Jugements de valeurs : le discours judiciaire et le droit, 1re éd., Paris, PUF, 1997 :
« L'extension des résultats ainsi obtenus à d'autres contextes ne pourra cependant se faire que par une comparaison rigoureuse qui tienne compte des différences entre les systèmes juridiques impliqués. ».

[127] Michele M. GRAZIADEI,«The Functionalist Heritage, in : Legrand and Munday (éditeurs), *Comparative Legal Studies : Traditions and Transisitions, Cambridge University Press*, 2003, p. 103 et s.

[128] Il n'existe pas de frontières étanches entre cette méthode et d'autres tendances. Ainsi cette étude pourra-t-elle utiliser des procédés communs à l'approche conceptuelle ou l'approche contextuelle.

[129] Hans-Albrecht. SCHWARZ-LIEBERMANN VON WAHLENDORF, *Droit comparé. Théorie générale et principes*, 1978, p. 185.

[130] Harold C. GUTTERIDGE, Comparative Law. An introduction to the comparative method of legal study and research, oct 1946.

[131] Mary Ann Glendon, M. W. Gordon, Ch. Osakwe, *Comparative Legal Traditions*, 2e éd., 1994, p. 12.

[132] Par conséquent, nous ne nous attarderons pas sur la pertinence de l'utilisation d'une méthodologie comparatiste par la Cour de justice Notons toutefois que la Cour de justice utilise régulièrement, quoique le plus souvent de façon implicite, une méthodologie comparative pour interpréter le droit de l'Union européenne. La Cour de justice se réfère parfois au droit d'États tiers, même si une telle référence n'est pas prévue par le droit de l'Union européenne.

67.La vérification des thèses avancées est possible grâce à l'étude des jurisprudences de la Cour de justice et de la Cour suprême[133], confrontées à des problèmes communs lors de l'application de mécanismes de subsidiarité. Afin d'affiner les méthodes susceptibles d'améliorer le contrôle de la subsidiarité en droit de l'Union européenne, nous rechercherons donc par quels raisonnements et en se référant à quelles sources chacune de ces Cours y répond[134]. La philosophie implicite aux solutions proposées par les Cours et le sens profond des règles auxquelles elles se réfèrent doivent être recherchés.

68.« Une étude comparatiste n'est pas sans soulever des difficultés pratiques, méthodologiques et conceptuelles »[135]. Il ne s'agit pas, en effet, d'exposer et de décrire deux systèmes de façon parallèle, mais de démontrer l'existence d'analogies entre eux.

Certaines contraintes sont, par conséquent, contingentes à l'adoption d'un cadre théorique de droit comparé, il en est ainsi de la description de phénomènes communs au-delà des différences entre la terminologie ou la sélection de la jurisprudence étudiée. Il s'agit d'utiliser des concepts, qui suffisamment généraux pour englober deux réalités comparées, demeurent précis. Le terme « subsidiarité », en particulier, peut être utilisé en droit canadien dans un sens différent de celui qu'il possède en droit européen. Nous utiliserons le plus souvent les expressions de « mécanismes de subsidiarité » pour désigner à la fois la subsidiarité prévue à l'article 5§3 en droit de l'Union européenne et les clauses s'en rapprochant en droit canadien, c'est-à-dire la clause de commerce et la clause paix, ordre et bon gouvernement.

69.Néanmoins, pour démontrer l'existence de mécanismes communs, il s'agit dans un premier temps d'apporter à la connaissance du lecteur un

---

Voir Koen LENAERTS, « Le droit comparé dans le travail du juge communautaire», Revue trimestrielle de droit européen, 2001, p. 487.
Josse MERTENS DE WILMARS, « Le droit comparé dans la jurisprudence de la Cour de justice des communautés européennes», *Journal des tribunaux*, 1991, p37.
Pierre PESCATORE,« Le recours, dans la jurisprudence de la Cour de justice des communautés européennes, à des normes déduites de la comparaison des droits des États membres», *Revue internationale de droit comparé*, 1980, p. 352.
C. N. KAKOURIS,« Use of the comparative method by the court of justice of the european communities», *Pace International Law Review*, Spring, 1994, n°6 267.

[133] La jurisprudence postérieure à 2014 n'est pas analysée.

[134] Kanstantsin DZEHTSIAROU, « Comparative Law in the Reasoning of the European Court of Human Rights », SSRN Scholarly Paper, ID 1703120, Rochester, NY, Social Science Research Network, 2010.

[135] Xavier MAGNON, *Contrôle de constitutionnalité et droit communautaire devant les juges constitutionnels français et italien, Université d'Aix-Marseille, Thèse de doctorat, 2002, 381 p.*

système juridique[136] qui peut lui être étranger. Pour faciliter la lecture, les systèmes canadien et européen seront parfois étudiés dans des sections distinctes. En effet, si les deux systèmes possèdent des logiques comparables, leurs méthodes sont spécifiques. Une référence simultanée aux deux droits, dans le cadre d'une « véritable analyse comparée », aurait pu nuire à la clarté des développements relatifs aux mécanismes de subsidiarité dans chacun de ces systèmes.

Cette structure du plan se justifie d'autant plus que la comparaison s'opère à un niveau parfois très général. Une « macro-comparaison »[137] est parfois possible alors qu'une « micro comparaison » ne l'est pas.

70. La méthode adoptée en deuxième partie de cette étude comparative sera celle de l'étude de cas. Cette stratégie de recherche permet d'étudier des phénomènes contemporains dans une réalité où le phénomène et son contexte n'étant pas toujours clairs[138], l'utilisation de sources multiples d'informations devient nécessaire. Ces conditions sont réunies dans cette recherche.

71. Cette méthode est appropriée, d'une part, car elle favorise une étude approfondie du pouvoir normatif des juges de la Cour suprême et de la Cour de justice de l'Union européenne et, d'autre part, puisque les variables choisies - décisions de la Cour, contexte, position des autres institutions - ne sont pas manipulables. Une étude de cas permet une étude approfondie des facteurs influençant les juges dans leurs décisions.

L'étude de cas implique non une référence isolée à chacun d'eux, mais une mise en relation de l'apport de chacun d'eux pour répondre au problème posé. Pour faciliter la clarté de l'analyse, les décisions seront parfois étudiées de façon distincte et l'étude comparée des décisions n'interviendra qu'au niveau des conclusions. Des références juxtaposées à des arguments invoqués dans différentes décisions auraient, en effet, pu altérer la lisibilité du raisonnement parfois complexe de la Cour. Certains arguments ne peuvent être entendus isolément. Une référence aux faits est indispensable à la compréhension des décisions de la Cour suprême du Canada. Afin d'assurer la rigueur de la recherche en dépit du commentaire distinct des différentes décisions, le même type d'élément : argument, objectif de la

---

[136] Par «système juridique», nous désignerons l'ensemble des normes produites par les pouvoirs publics d'un État, ou par les institutions de l'Union européenne. Cette recherche portera en particulier sur le système juridique de l'Union européenne et le système juridique canadien.

[137] Ibidem.

[138] Robert K. YIN, *Case study research: design and methods*, 4th ed., Thousand Oaks, Calif, Sage Publications, 2009, 312 p.

Cour, entre autres, sera systématiquement recherché dans chacune de ces décisions.

72. L'étude de jurisprudence se limite à une époque où le Canada a acquis son autonomie et possède une juridiction de dernière instance qui lui est propre et où la construction européenne aboutit à un certain niveau d'intégration avec la Communauté économique européenne. Elle se limitera à des décisions comprises entre 1975 et 2012[139]. L'étude d'un éventail trop large de décisions serait difficilement réalisable. En outre, les arrêts étudiés seront ceux où la Cour ne se contente pas de citer des théories relatives au partage des compétences, mais où elle en précise le contenu et la portée. L'étude de la jurisprudence de la Cour de justice et de la Cour suprême sur un intervalle de temps trop étroit permettrait mal d'évaluer l'influence contextuelle. À l'inverse, sur une période trop étendue, l'arbitraire de la sélection des arrêts étudiés serait accru. En dépit de la grande portée et du caractère actuel des décisions choisies, il est loisible de s'interroger sur la représentativité des arrêts analysés. En effet, l'induction amplifiante n'est pas un mode de raisonnement parfaitement fiable. Il est, de fait, possible que certaines décisions sur le sujet aient échappé à la sélection initiale.

Les domaines étudiés : marché intérieur, relation de travail, aéronautique, bioéthique et environnement correspondent à un regroupement thématique de l'ensemble de la jurisprudence[140] de la Cour de justice et de la Cour suprême en matière de subsidiarité. Les domaines étudiés sont donc représentatifs de l'existence de contentieux relatifs à l'interprétation de la subsidiarité.

73. La comparaison entre les décisions étudiées nécessite par conséquent une référence au contexte juridique et politique, dans lequel elles ont été rendues[141]. L'appréhension d'un système juridique représente un défi de taille. Il s'agit non seulement de comprendre une culture distincte, mais des contextes différents[142].Les informations utiles à cette étude de cas seront récoltées par une observation documentaire. L'observation directe de la prise

139 Kanstantsin DZEHTSIAROU, « Comparative Law in the Reasoning of the European Court of Human Rights », SSRN Scholarly Paper, ID 1703120, Rochester, NY, Social Science Research Network, 2010.

140 La recherché de jurisprudence a été effectuée par mots-clé sur les sites de la Cour de justice de l'Union Eurooépenne (http://curia.europa.eu/.) et de la Cour suprême du Canada (http://www.scc-csc.gc.ca/).

141 Alphonso MATTERA, « Subsidiarité, reconnaissance mutuelle et hiérarchie des normes européennes», *RDUE*, 1991, n° 2, pp. 8-10.

142 « The Marvellous Richness of Diversity or Invidious Cultural Relativism? » 19 *Human Rights LR* 1998 1 at 4 ; Kristin Henrard and M. Busstra, « Conflicting Fundamental Rights: Broad Parameters for a Model of Review » (manuscrit).

de décision étant difficilement envisageable pour des raisons pratiques. La recherche documentaire apparaît particulièrement appropriée en raison de l'accessibilité des arrêts de la Cour suprême et de la Cour de justice de l'Union européenne et de la documentation institutionnelle[143].

74.Le point de vue adopté sera un point de vue externe modéré. Ce point de vue est d'abord externe dans la mesure où les règles décrivant le partage des compétences s'adressent à des institutions et non directement aux citoyens. Il sera surtout externe en ce que la recherche ira au-delà d'une simple description des normes relatives au partage des compétences et portera un regard critique sur la jurisprudence donnant sens à ces normes.

La normativité de la jurisprudence relative au partage des compétences se situe à deux niveaux : la normativité des textes organisant le partage des compétences (Constitutions et traités) à l'égard des juges tout d'abord, et la normativité des décisions des juges à l'égard des institutions politiques auxquelles elles s'adressent (législateur fédéral et législateurs provinciaux, législateur européen et législateurs nationaux). Cette étude se limitera au premier aspect mentionné.

Un point de vue externe extrême ne saurait par ailleurs rendre compte du phénomène normatif en ce qu'il se contenterait d'observer le comportement des juges relativement aux textes régissant le partage des compétences, sans rechercher s'ils acceptent ces derniers et se sentent liés par eux dans leurs décisions. Les discours externes sur la Constitution canadienne et les traités originaires seront donc combinés à un discours externe sur les comportements des juges et à la prise en compte des contraintes internes régissant la fonction de ces derniers, d'où l'adoption d'un point de vue externe modéré.

75.Pour déterminer en quoi le juge participe au perfectionnement du contrôle juridictionnel de la subsidiarité, nous procèderons à une analyse systémale de la jurisprudence[144]. La prédétermination, c'est-à-dire les techniques normatives utilisées par les auteurs de la règle, suffit rarement à interpréter un principe indéterminé comme la subsidiarité. Nous rechercherons, par conséquent, comment la codétermination, c'est-à-dire la réception d'une norme par l'ensemble de ses interprètes et la surdétermination, c'est-à-dire « les contraintes qui découlent, pour l'application du droit, d'un champ de valeurs qui lui sert de support interprétatif » pèsent sur l'interprétation de la subsidiarité. Une telle analyse

---

[143] Seront ainsi analysés les communications institutionnelles relatives à la subsidiarité, les échanges interinstitutionnels relatifs à ce principe ainsi que les références à la subsidiarité des travaux préparatoires de la législation étudiée.

[144] Gerard TIMSIT, *Les noms de la loi*, Coll. « les voies du droit », Paris, PUF, 1991, 199 p.

de l'argumentation des Cours, en particulier appliquée dans une perspective comparative, devrait permettre de déceler les entraves à un contrôle opérationnel de la subsidiarité et d'ainsi les dépasser.

76.Dans la mesure où elle s'intéresse au poids du contexte politique sur le contrôle juridictionnel de la subsidiarité et aborde cette question sous un angle comparatif, cette recherche se distingue de travaux antérieurs sur le principe de subsidiarité.

77.En 1996, la thèse de Pierre BROSSARD[145], montrait déjà l'incapacité de l'article 3B à préserver les compétences étatiques. Elle annonçait que la formulation ambiguë du principe de subsidiarité serait utilisée pour « légaliser les interventions » communautaires. Les étapes ignorées de la construction européenne, d'Emmanuel KOUASSIVIet de Noah BENISSAN[146], rejoint cette idée selon laquelle le principe de subsidiarité pourrait être utilisé comme technique d'harmonisation des divergences.

Cette perspective se distingue nettement de celle de Françoise THOMA qui, en 1998, laissait présager une évolution de la jurisprudence de la Cour de justice favorable aux États membres dans une autre thèse s'interrogeant également sur la justiciabilité du principe de subsidiarité : *Le principe de subsidiarité en droit communautaire: sa signification et son impact sur la construction communautaire*[147].

78.Notre étude rejoint ces travaux dans la mesure où, à nouveau, elle définit et montre l'utilité du principe de subsidiarité. Elle innove en recherchant de façon approfondie les entraves, argumentatives et structurelles en particulier, à un contrôle juridictionnel efficace de la subsidiarité. Sa méthode, qualitative, se distingue de celle des recherches précédentes. Ce type d'analyse est possible dans la mesure où le matériel qu'elle utilise, la jurisprudence de la Cour de justice, s'est développé depuis l'époque où les deux thèses portant sur le principe de subsidiarité en droit de l'Union européenne, ont été écrites en 1996 et en 1998. En outre, le contexte juridique d'application du principe de subsidiarité a évolué depuis cette époque ce qui justifie de nouvelles recherches. Le traité de Lisbonne a, entre autres, défini des domaines de compétences, exclusives et partagées, ce qui

---

[145] Pierre BROSSARD sous la direction de Hervé RIHAL, L'article 3B du traité instituant la communauté européenne issu du traité de Maastricht : la consécration conventionnelle d'une création jurisprudentielle, recherche sur le principe de subsidiarité et ses rapports avec la théorie des pouvoirs impliqués, Université d'Angers, Thèse de doctorat, 1996, 601 p.

[146] Emmanuel KOUASSIVI NOAH BENISSAN sous la direction de Francine Demichel, *Les étapes ignorées de la construction européenne*, Université Paris 8, 2006, 756 p.

[147] Françoise THOMA sous la direction de Charles LEBEN, *Le principe de subsidiarité en droit communautaire : sa signification et son impact sur la construction communautaire*, Université Paris 2, 1998, 530 p.

n'est pas sans répercussion sur l'application de l'article 5§3. Enfin, la référence à la jurisprudence d'une juridiction dans un système fédéral, pour perfectionner le contrôle du principe de subsidiarité, constitue une nouveauté.

79.Notre étude s'inscrit dans la continuité de travaux portant sur la nature de l'Union européenne. Frédéric SUQUET, par exemple, dans *La légitimité démocratique de l'Union européenne*[148] établit que le principe de subsidiarité permet la mise en œuvre de la légitimité démocratique[149] de l'Union européenne.

Définition de l'objet de la recherche et annonce du plan

80.Nous rechercherons, en nous inspirant du modèle canadien, comment, par l'affinement du contrôle juridictionnel de la subsidiarité, contribuer à une poursuite efficiente des objectifs de l'Union européenne.

81.Cette thèse, au-delà d'une description critique des apports du traité de Lisbonne en matière d'application de la subsidiarité, possède une visée prescriptive puisqu'elle vise à identifier les moyens d'assurer une poursuite efficiente[150] des objectifs de l'Union européenne[151]. Nous montrerons que, si le juge ne saurait se substituer au pouvoir constituant dans l'application de la subsidiarité, la légitimation de son contrôle implique un approfondissement de la motivation de ses décisions.

Nous rechercherons dans une première partie en quoi le contrôle juridictionnel de la subsidiarité pourrait contribuer à une poursuite efficiente des objectifs de l'Union européenne puis nous relèverons dans une seconde

---

[148] Frédérique SUQUET sous la direction de Joël MOLINIER, *La légitimité démocratique de l'Union européenne*, Université Toulouse 1, 2003, 556 p.

[149] Sera considéré comme démocratiquement légitime ce qui est conforme à la volonté générale européenne dont nous admettrons l'existence.

[150] L'adjectif efficient sera employé de préférence à celui d'effectif. La subsidiarité répond en effet à une volonté d'économie normative des institutions de l'Union européenne. Il s'agit, par une intervention minimum, d'atteindre aux mieux les objectifs de l'Union.

[151] Il ne s'agit pas de faire état d'une nécessité universelle de respecter la subsidiarité où la nécessité de satisfaire aux objectifs poursuivis par l'Union européenne mais de rechercher si la subsidiarité permet d'assurer une poursuite efficace de ces objectifs.

partie les obstacles à un contrôle juridictionnel pleinement opérationnel de ce principe.

PREMIÈRE PARTIE. LA NÉCESSITÉ DU CONTRÔLE JURIDICTIONNEL DE LA SUBSIDIARITÉ

82.Nous rechercherons dans cette partie si le contrôle juridictionnel de la subsidiarité apparaît nécessaire pour permettre à plusieurs niveaux de pouvoirs se superposant de poursuivre de façon démocratique et efficiente des objectifs communs.

Pour répondre à cela, il s'agit d'établir si la subsidiarité est indispensable pour réguler l'exercice de compétences non exclusives puis de rechercher si un contrôle juridictionnel de ce principe s'avère nécessaire à assurer son application effective. Nous rechercherons les fondements théoriques de la subsidiarité puis leur transcription en droit dans la définition de ses critères de mise en œuvre par les juridictions et les institutions politiques.

83.L'étude comparée de la subsidiarité[152] dans ces deux systèmes de droit devrait permettre de cerner les différents problèmes posés par son application et, par la complémentarité des méthodes qui leurs sont propres, d'en affiner les critères.

Le principe de subsidiarité, qu'il soit explicitement mentionné, comme c'est le cas en droit de l'Union européenne, ou découle implicitement du partage des compétences, comme c'est le cas en droit canadien, apparaît nécessaire dans tout système juridique démocratique où plusieurs niveaux de pouvoirs se complètent pour poursuivre des objectifs communs.

84.L'évaluation dynamique de la capacité à agir des différents niveaux de gouvernement, en assurant l'évolutivité du partage des compétences,permet la poursuite efficiente des objectifs poursuivis par un système juridique. En raison de ce caractère dynamique, l'interprétation du principe de subsidiarité, indéterminé, nécessite la référence à son contexte d'application.

85.La nature même de la subsidiarité rendant nécessaire son contrôle concret, le contrôle de la subsidiarité par les institutions politiques ne suffit

---

[152] Noura KARAZIVAN and Jean-François GAUDREAULT-DESBIENS, « On Polyphony and Paradoxes in the Regulation of Securities Within the Canadian Federation », *Canadian Business LR,* 2010, vol.49, n° 1, pp. 1-38 : « L'intérêt du principe de subsidiarité pour perfectionner le critère de la capacité à agir provinciale ne réside pas tant dans son application pratique que dans son potentiel analytique » (traduit par l'auteur).

pas à exclure la nécessité, pour assurer son application effective, du contrôle juridictionnel de ce principe.

86. Après avoir observé la nécessité d'une interprétation dynamique de l'exercice des compétences pour une poursuite efficace des objectifs poursuivis par l'entité englobante (titre I), nous montrerons que la mise en œuvre de ce principe par les institutions politiques ne suffit pas à exclure la nécessité de son contrôle juridictionnel pour assurer son respect (titre II).

TITRE I. LA NECESSITE D'UNE INTERPRETATION DYNAMIQUE DE L'EXERCICE DES COMPETENCES

87.Nous rechercherons dans ce titre si une interprétation dynamique de l'exercice de compétences non exclusives apparait nécessaire à la poursuite efficiente d'objectifs communs par des niveaux de pouvoirs se superposant.

88.Nous opposerons l'interprétation statique, nécessitant la seule référence à la norme interprétée, à l'interprétation dynamique, laquelle implique la référence au contexte, juridique et extra juridique, d'interprétation d'une norme.

89.Une répartition statique des compétences peut être perçue comme garantissant une plus grande prévisibilité du droit et comme garantissant une poursuite efficace des objectifs poursuivis par l'entité englobante en réduisant au minimum les conflits de normes.

90.Une réflexion théorique sur le partage compétences et la référence à la jurisprudence de la Cour de justice et de la Cour suprême permet néanmoins d'établir la nécessité, pour assurer une coordination optimale de l'action de deux niveaux de pouvoirs, d'un principe ambivalent et dynamique, dont l'application implique une évaluation concrète de la capacité à agir de chaque niveau de gouvernement par l'interprète. Une difficulté posée par l'évaluation de l'étendue du pouvoir de l'interprète dans l'application de la subsidiarité réside dans l'imprécision de ces critères. Il s'agit de distinguer l'indétermination naturelle, irréductible, du principe de subsidiarité, de ses limites conjoncturelles auxquelles il serait souhaitable de remédier pour assurer sa pleine mise en œuvre.

91.L'identification de l'entité en mesure d'atteindre le plus efficacement un objectif poursuivi par un système juridique où plusieurs niveaux de pouvoirs se superposent nécessite la référence à un principe ambivalent et dynamique, le principe de subsidiarité (chapitre 1). En raison de l'indétermination de la subsidiarité (chapitre 2), son interprétation apparaît nécessairement dynamique.

CHAPITRE 1. LA NECESSITE DES MECANISMES DE SUBSIDIARITE

92.Nous nous réfèrerons à la théorie du partage des compétences et à la jurisprudence de la Cour de justice et de la Cour suprême pour établir si la régulation de l'exercice des compétences par un principe ambivalent et dynamique apparaît nécessaire à poursuivre de façon efficiente les objectifs des entités englobantes.

93.La nécessité théorique d'un principe ambivalent et dynamique de partage des compétences, prenant en compte la capacité, évoluant sans cesse, de chaque niveau de pouvoir pour atteindre un objectif poursuivi par le système (section 1) trouve sa traduction pratique dans les critères d'application de la subsidiarité (section 2).

SECTION 1. LA NECESSITE THEORIQUE D'UN PRINCIPE AMBIVALENT ET DYNAMIQUE DE PARTAGE DES COMPETENCES

94.Par son caractère ambivalent et dynamique, le principe de subsidiarité permet l'identification du niveau de pouvoir le mieux à même d'atteindre un objectif de l'Union européenne (*sous-section* 1). Le fédéralisme canadien permet, dans une perspective dynamique commune au principe de subsidiarité, l'adaptation au contexte des pouvoirs du gouvernement fédéral et des gouvernements provinciaux dans l'intérêt national (*sous-section* 2).

Sous-section 1. Le caractère ambivalent et dynamique du principe de subsidiarité en droit de l'Union européenne

95.Le principe de subsidiarité participe à garantir l'évolutivité du droit de l'Union européenne. Pour permettre l'adaptation de l'exercice du partage des compétences aux circonstances, le principe de subsidiarité doit être ambivalent (§1) et dynamique (§2).

§1. Le caractère ambivalent du principe de subsidiarité

96.Pour agir, l'Union doit d'abord prouver qu'il existe un besoin d'agir en commun. La capacité de l'Union et des États à agir seuls doit être examinée. Les institutions de l'Union doivent ensuite montrer qu'une collaboration informelle serait très difficile ou impossible à achever[153], selon le test de la « crédibilité de coopération »[154]. L'efficacité de l'action ne peut être garantie qu'au niveau de l'Union européenne. Enfin, il faut se demander « dans quel domaine il s'agit, au nom de l'égalité, de l'opportunité et de la sécurité juridique, de prévoir des règles uniques et contraignantes ».

97.La subsidiarité implique par conséquent un « choix foncièrement politique, allant tantôt dans le sens de la centralisation, tantôt dans celui de la décentralisation, en fonction des critères d'efficacité et de dimension »[155]. Par sa nature ambivalente, le principe de subsidiarité rassemble les partisans de l'inter gouvernementalisme et ceux de l'intégrationnisme[156]. Il permet de

---

[153] Protocole n° 2 sur l'application des principes de subsidiarité et de proportionnalité annexé au traité de Lisbonne, 9 mai 2008, JOUEC115/201.

[154] Jacques PELKMANS, « Testing for Subsidiarity », Bruges European Economic Policy Briefings, No 13 (février 2006), p. 910,.

[155] Jean-Victor LOUIS, « Quelques remarques sur l'avenir du contrôle du principe de subsidiarité », in *Promenades au sein du droit européen, Mélanges en hommage à Vandersanden Georges*, Bruxelles, Bruylant, 2009, p. 283.

[156] Jacques DELORS, *Subsidiarité : défi du changement*, Acte du colloque de l'Institut européen d'administration publique : « La subsidiarité - principe directeur des futures responsabilités en matière de politiques communautaires ? », Maastricht, le 21 mars 1991, SPEECH/91/28,
« Je pense personnellement que la subsidiarité (...) n'est l'apanage d'aucune doctrine politique ou économique. Il ne faut pas la laisser devenir l'arme de dissuasion utilisée par les intégristes du « tout marché » ou du « tout laisser faire ». L'ambivalence du principe doit être conservée.

concilier liberté individuelle et justice sociale tout en tenant compte de l'histoire des États nations[157]. Le principe de subsidiarité et celui du fédéralisme visent l'un comme l'autre à maintenir l'unité dans la diversité[158]. Le principe de subsidiarité, dans son sens de secondaire, permettait à l'origine la protection de l'autonomie individuelle ou collective contre toute intervention publique injustifiée. Ainsi, dans les domaines de compétences partagées en droit européen, l'entité supérieure agit-elle de façon annexe. On qualifie par conséquent d'aspect descendant de la subsidiarité l'obligation pour l'Union européenne de ne pas intervenir lorsque les États sont en mesure d'exercer leurs compétences. Tel n'est pas toujours le cas ; dans certains systèmes, l'entité inférieure ne peut agir qu'accessoirement, tant qu'elle est en mesure d'appliquer une norme sans que cela porte atteinte à la cohésion de l'ensemble du système. La subsidiarité ascendante bénéficie à l'État lorsqu'elle organise les relations de l'État avec l'individu et les groupes intermédiaires. À l'inverse, dans une logique fédérale ou protofédérale, la subsidiarité descendante joue en faveur de l'État.

98.La seconde dimension du principe de subsidiarité, celle de « secours », concerne toujours l'entité supérieure ; cette dernière devant assister les collectivités inférieures dans la réalisation de leurs tâches. On qualifie d'ascendante l'obligation pour l'Union européenne d'intervenir lorsque les États ne sont pas en mesure de poursuivre par eux-mêmes un objectif poursuivi par les traités avec succès (A) et de descendante l'abstention d'intervention de l'entité supérieure dans le cas contraire (B).

A. L'aspect ascendant de la subsidiarité

99.L'aspect ascendant de ce principe pose une obligation d'agir pour l'entité supérieure. Le niveau supérieur, non seulement peut, mais doit agir lorsque les niveaux inférieurs ne peuvent pas exercer eux-mêmes les

---

La subsidiarité ne peut être réduite à un moyen pour les États d'échapper à toute contrainte, ni permettre la mise en place d'une Communauté interventionniste à l'excès ».

[157] Jean BAECHEL, « Europe et fédération » in *Contrepoints et commentaires*, Paris, Calmann Levy, 1996, p. 531.

[158] Jean-Philippe DEROSIER, « La dialectique centralisation/décentralisation - Recherche sur le caractère dynamique du principe de subsidiarité », *RIDC,* 2007, vol. 59, n°1, pp. 107-140.
Le fédéralisme garantit mieux qu'un Etat centralisé la répartition et le contrôle du pouvoir étatique. Il tient compte de la tradition et des spécificités historiques et conserve le contact avec les citoyens et la « vision de près des évènements » et devrait dans une telle perspective être associé au principe de subsidiarité. Il permet de conserver les identités culturelles, religieuses, linguistiques, juridiques; répondant ainsi aux revendications de groupes qui risqueraient de ne plus parvenir à coexister si un statut spécifique ne leur était reconnu(…).

compétences correspondantes. Il s'agit d'une mission de l'entité supérieure davantage que d'une compétence.

Dans l'hypothèse de l'Union européenne, la subsidiarité « vers le haut » permet à l'Union d'agir lorsque son intervention est plus efficace que celle des États membres pour atteindre un objectif. L'ordre juridique de l'Union européenne, s'il ne tient pas compte de sa double dimension, prive le principe de subsidiarité de toute sa portée[159]. Il ne doit être perçu, ni comme une clause de compétence générale au profit de l'Union, ni comme un moyen de préserver les compétences étatiques, ce qui constituerait une menace pour le principe de loyale collaboration[160].

L'aspect ascendant de la subsidiarité contribue à garantir l'efficacité du droit de l'Union européenne. En outre, il tend, en préservant l'uniformité du droit de l'Union européenne, à assurer l'égalité de traitement des citoyens européens.

100. Le principe de subsidiarité, comme celui de primauté, agit comme garde-fou de la construction de l'Union européenne. Dans les deux cas, la compétence de l'Union européenne se fonde sur le transfert des compétences étatiques : « il est évident que lorsque les États décident politiquement et sans ambiguïté de partager leurs souverainetés et de les exercer ensemble dans le cadre de l'Union et au moyen d'Institutions communes, ils ne peuvent, plus tard, refuser aux instances de l'Union européenne de se prononcer et d'engager des actions, selon des modalités à déterminer »[161].

101. Le principe de subsidiarité, dans son aspect ascendant, est donc nécessaire à l'effectivité du droit de l'Union européenne ; il permet à l'Union de détenir des compétences suffisantes pour réaliser les objectifs du traité.

Lorsque l'Union n'intervient pas directement pour accomplir ces objectifs, elle peut encourager la coopération nationale, coordonner l'action nationale

---

[159] Ibid., pp. 107-140.

[160] Vladimir CONSTANTINESCO, « Subsidiarité... vous avez dit subsidiarité ? », *RDUE*, 1992, n° 4, p. 227.

[161] Jacques DELORS, *Subsidiarité : défi du changement*, Acte du colloque de l'Institut européen d'administration publique : « La subsidiarité - principe directeur des futures responsabilités en matière de politiques communautaires ? », Maastricht, le 21 mars 1991.
« Des exemples, pris parmi d'autres, illustrent ce recours fallacieux à la subsidiarité pour ne pas avancer. Si la Communauté décide d'harmoniser les conditions de santé et de sécurité des travailleurs - et donc de les protéger- on voit mal comment les solutions pourraient être profondément différentes d'un Etat à un autre, au regard du risque d'exposition à l'amiante ou du nombre d'extincteurs d'incendie par entreprise ».

ou lui apporter un complément, un supplément, un appui[162]. Les États ne doivent déroger aux règles de l'Union européenne que de façon mesurée.

102. L'unité du droit de l'Union européenne permet de maintenir l'Union entre les peuples et d'assurer la solidarité entre les États, ce qui contribue à instituer une conception universelle des droits de l'homme.

La subsidiarité permet ainsi dans certains cas de préserver la justice sociale. L'aspect ascendant de la subsidiarité assure une application uniforme du droit afin que les situations soient traitées de façon équitable[163]. Cette application uniforme ne peut se faire sans une certaine unité du système, assurée par l'intégration de l'Union européenne. Dès qu'il existe un besoin de cohésion, la subsidiarité comporte une obligation d'agir pour l'entité centrale, la rendant responsable des collectivités et personnes qu'elle englobe.

Le respect du principe d'égalité nécessite parfois la distinction entre les situations auxquelles il s'applique et, par conséquent, la reconnaissance de spécificités locales, ce qui est rendu possible par l'aspect descendant de la subsidiarité. Les entités englobées règlent les cas où il importe davantage d'être proche des évènements et des citoyens que d'harmoniser les conditions de vie.

B. L'aspect descendant de la subsidiarité

103. La subsidiarité assure le respect des compétences des entités inférieures. Elle fonde les entités inférieures à agir tant qu'elles sont en mesure de le faire. Elle est une limite à l'action d'une entité centrale vis-à-vis des entités englobées. La subsidiarité permet ainsi l'octroi d'un certain degré d'indépendance à une autorité subordonnée vis-à-vis d'une autorité de niveau supérieur, notamment d'une autorité locale envers le pouvoir central. Une bonne application du principe de subsidiarité assure également la responsabilisation de tous les niveaux de pouvoir. En Europe, la subsidiarité « vers le bas » limite l'action de l'Union européenne aux objectifs que les États ne pourraient atteindre.

104. Le principe de subsidiarité permet la protection et la reconnaissance de la diversité[164] (1), il apparaît comme le corollaire de celui de démocratie

[162] Selon le traité de Lisbonne, le principe de subsidiarité s'applique aux compétences non exclusives; il s'applique donc aux compétences partagées et aux compétences d'appui.

[163] Jean-Philippe DEROSIER, « La dialectique centralisation/décentralisation, Recherche sur le caractère dynamique du principe de subsidiarité » *RIDC*, 2007 n° 1. pp. 107-140.

[164] Devise de l'Union européenne : « Unie dans la diversité ».

(2). Il permet en outre de réconcilier l'opinion publique avec l'Union européenne (3).

1. La protection de la diversité par le principe de subsidiarité

105. Les débats ayant conduit à l'insertion de l'article 3B dans le traité de Maastricht, dans un contexte de critique du centralisme de l'Union européenne (a), indiquent la volonté des États de préserver une certaine diversité, politique, sociale, culturelle, sur le continent européen (b).

a. Les débats à l'origine de l'article 3B

106. L'inscription de la subsidiarité dans le traité de Maastricht visait notamment à préserver la diversité politique et culturelle de l'Europe. Les États, en soulignant l'importance de la subsidiarité [165], entendaient contrebalancer l'élargissement du champ des compétences reconnues à la Communauté par le traité de Maastricht [166]. La notion de subsidiarité compensait l'élimination des mots « vocation fédérale » qui heurtaient les Britanniques[167].

L'article 3B a été introduit dans un contexte de critique du centralisme de l'Union européenne selon lequel la reconnaissance de compétences concurrentes au profit de l'Union européenne ne doit pas impliquer la couverture de l'intégralité du secteur en question par l'action de l'Union européenne. Selon ce courant, l'action de l'Union européenne devrait se borner à des aspects généraux. Ces revendications répondent à une logique fédérale.

- une telle logique a été rejetée par nombre d'États membres lors de conférences intergouvernementales [168]-, mais également aux attentes des partisans d'une limitation de la portée des politiques de l'Union européenne.

---

165 Christian de LA MALÈNE, *L'application du principe de subsidiarité* : [rapport d'information], Collection Rapports du Sénat, n°97/46, Paris, Direction des journaux officiels, 1996.

166 Cet élargissement était en particulier favorisé par la possibilité pour cette dernière de prendre des décisions à la majorité qualifiée.

167 Jacques de MAILLARD, Union européenne et sécurité intérieure: institutionnalisation et fragmentation, Paris, L'Harmattan, 2007, p. 168.

168 Une logique fédérale est rejetée lors de la conférence intergouvernementale.
Pierre-Alexis FERAL, « Le principe de subsidiarité dans le cadre de la Conférence intergouvernementale de 1996 », *LPA*, n° 147, 1995, pp. 20-25.

107. Avant l'article 3B du traité de Maastricht, la Communauté pouvait s'octroyer des pouvoirs d'action pour réaliser l'objet économique de la Communauté. On a tenté d'utiliser l'article 235 du traité CEE (ex-art. 308 TCE[169] et désormais article 352TFUE) pour élargir les objectifs du traité selon l'aspect ascendant de la subsidiarité. La déclaration de Laeken de 2001, quant à elle, ramène les compétences vers les États membres conformément à l'aspect descendant de la subsidiarité. Avec Maastricht puis désormais Lisbonne, la Communauté, devenue l'Union, ne peut agir dans le cadre de l'article 235TCEE, désormais article 352TFUE que si elle prouve l'insuffisance de l'action étatique[170].

b. L'objectif de protection de la diversité

108. Le principe de subsidiarité permet la reconnaissance et la préservation de la diversité nationale et de la diversité sociale. Il contribue à garantir le respect du principe de pluralisme.

La nature du principe de subsidiarité semble difficile à établir. Pour Marc WIKLE et Helen WALLACE, il s'agirait d'un problème sociopolitique et non pas d'un principe juridique ou constitutionnel[171], ce qui remettrait en cause l'existence d'une subsidiarité véritablement judiciaire. La subsidiarité peut être perçue comme un moyen d'adapter le droit aux circonstances.

109. À l'époque moderne, le droit se heurte aux mêmes difficultés que les sciences ou la philosophie. Il s'agit de penser l'universalité sans nier les spécificités locales décrites par les ethnologues. Le principe de subsidiarité est caractéristique de cette tension et y répond de manière propre par un droit autonome. La recherche d'universalité et d'unité dans la diversité n'est pas nouvelle. Au XVIIIe siècle, la nécessité d'assurer le respect d'un droit étatique en dépit de la diversité des coutumes régionales donnait lieu au même type de questionnement. À l'universalité du droit ou de l'économie, prétendant à une certaine rationalité, répond une diversité sociale qui ne saurait s'éteindre. L'universalisme doit, par conséquent, être pensé dans la tolérance et même la prise en considération des frontières nationales et locales[172].

---

[169] Traité instituant la Communauté Européenne, 24 décembre 2002, JO n° C 325, art. 235.

[170] Josee MERTENS DE WILMARS, « Du bon usage de la subsidiarité », *RDUE*, 1992, n° 4, pp. 193-201.

[171] Vladmir CONSTANTINESCO, « Les compétences et le principe de subsidiarité », *RTDE*, 2005, vol. 2, n° 41, p. 728.

[172] Les frontières entre langues régionales doivent notamment être prises en compte, Emmanuel KANT et Jean GIBELIN, *Projet de paix perpétuelle: esquisse philosophique*, 1795, 3 éd, Collection Bibliothèque des textes philosophiques, Paris, J. Vrin, 1975, 144 p.

Entre forces unificatrices et forces de résistance, des forces de conciliation sont à l'œuvre. Ces forces nécessitent que les normes soient diversifiées tout en demeurant proportionnées à leur objet, quel que soit le coût engendré par la pluralité des mesures adoptées. La conciliation de différentes normes impose aux juristes une culture comparatiste. La recherche d'un consensus, suggérée par certains dans un esprit démocratique, soucieux de ne pas imposer une norme à ceux qui ne l'auraient pas acceptée, implique une certaine lenteur.

110. Le principe de subsidiarité permet de protéger l'autonomie des États et éventuellement des régions contre une intervention injustifiée. Il permet d'éviter que les entités inférieures ne perdent leur liberté et en particulier que les états ne soient dépouillés de leur souveraineté. L'aspect descendant de la subsidiarité présente ainsi l'avantage de ménager les susceptibilités locales. Il permet de préserver la diversité des identités nationales.

111. Ce principe permet, en outre, de maintenir la diversité des cultures juridiques, grande richesse de l'Europe, et d'éviter que les niveaux inférieurs ne soient déresponsabilisés par l'intervention de l'Union européenne. L'Union européenne ne vise pas à la destruction de l'État nation, mais à son dépassement. Elle n'entraîne pas la négation des identités nationales. L'intégration n'a pas vocation à faire de l'Union européenne une structure semblable aux États membres[173]. La construction européenne permet de tenir compte des spécificités de l'histoire de chaque État nation.

La protection de la diversité semble indispensable au maintien du caractère démocratique d'un « gouvernement » à l'échelle européenne.

2. Le principe de subsidiarité, corollaire du principe de démocratie

112. Le principe de subsidiarité, comme celui de démocratie, reconnaît une place centrale à l'individu à l'intérieur de l'organisation sociale. Il assure la protection de l'État de droit par une séparation verticale des pouvoirs (a), par le rapprochement du citoyen et du pouvoir (b) et enfin par la réconciliation de l'opinion publique avec l'Union européenne (c).

---

[173] Lettre conjointe de Jacques Chirac, Président de la République et Helmut Kohl, Chancelier d'Allemagne, adressée à Tony Blair, président en exercice du Conseil européen, sur les propositions française et allemande pour faire progresser l'Union européenne, réformer les institutions avant l'élargissement et respecter le principe de subsidiarité, Paris, Bonn, le 9 juin 1998.

a. L'objectif de séparation des pouvoirs

113. La répartition verticale des compétences, aussi appelée séparation verticale des pouvoirs, permet de limiter l'abus de pouvoir par un niveau de gouvernement.

Le renforcement des entités inférieures, portées comme toutes les sociétés organisées « à renforcer leurs centres », entraîne une décentralisation du système juridique de l'Union européenne et un équilibre entre les entités inférieures et supérieures. La décentralisation devient un support des libertés, en particulier en limitant l'intervention de l'entité centrale aux hypothèses où elle serait strictement nécessaire à limiter les inégalités entre les entités qui la composent. La destruction de « l'entité englobante » ou des entités englobées ne serait pas nécessairement favorable à la démocratie dans la mesure où elle romprait l'équilibre entre niveaux de pouvoir garantis par la subsidiarité.

b. La proximité entre le pouvoir et le citoyen

114. Le principe de subsidiarité doit, pour assurer une certaine proximité entre le pouvoir et le citoyen, être interprété à la lumière des autres principes du traité[174]. En effet, la signification et la finalité générale du principe de subsidiarité résident dans l'octroi d'un certain degré d'indépendance à une autorité subordonnée vis-à-vis d'une autorité de niveau supérieur, notamment d'une autorité locale envers le pouvoir central. Il devrait permettre aux institutions « d'agir moins pour agir mieux » et d'ainsi permettre, dans une perspective démocratique, une plus grande proximité avec le citoyen sans que l'équilibre institutionnel ne soit bouleversé, ni que le droit de l'Union européenne ne soit remis en question[175]. Le principe de subsidiarité s'est vu concurrencé dans le discours des institutions par d'autres principes démocratiques. Pourtant, il contribue au bon fonctionnement de la démocratie européenne. Il permet d'assurer, selon l'expression de Michel DELEBARRE« une relation de qualité entre les acteurs

[174] Protocole n° 2 sur l'application des principes de subsidiarité et de proportionnalité annexé au traité de Lisbonne, 9 mai 2008, JOUEC115/201.

[175] TUE (version consolidée), 12 décembre 2017 (Lisbonne),*JOUE*n°C115/15 du 9 mai 2008, Article 4§3.

politiques et les citoyens »[176]. En outre, le principe de subsidiarité poursuit des objectifs tels que la protection des minorités[177].

115. Les rapports entre les différents niveaux de pouvoir doivent s'équilibrer au profit des collectivités les plus proches de l'individu[178] : États, régions, églises, familles, communes. Le respect de ce principe devrait permettre à la collectivité de représenter les besoins des citoyens.

Le principe de subsidiarité a également pour vocation de contrer toute dérive technocratique de l'Union. Ainsi vise-t-il à la défense des droits des justiciables et non de ceux de l'Union européenne ou des États membres.

3. La relégitimation de l'Union européenne

116. Bien comprise, la subsidiarité pourrait réconcilier les peuples des États membres avec l'Union européenne. Confrontés à des difficultés économiques, ils éprouvent parfois le sentiment que l'Union européenne n'est pas parvenue à instaurer la zone de prospérité promise et que les États, seuls, auraient résolu de façon plus efficace les problèmes rencontrés.

La subsidiarité, conformément à cet objectif démocratique, permet de rendre la construction européenne plus accessible et plus compréhensible pour les citoyens. « La subsidiarité, explique Michel DELEBARRE, le président de l'assemblée européenne d'élus territoriaux, peut redonner leur légitimité aux politiques européennes auprès de nos populations »[179]. Ces propos rejoignent ceux du Président de la Commission Jacques DELORS« la subsidiarité est bien une pédagogie de l'approche fédérale : il importe que le citoyen puisse globalement comprendre ce qui ressort de chacun des niveaux d'autorité, sans quoi la démocratie est affectée »[180]. La volonté générale de l'Union européenne demeurant difficile à cerner, il semble difficile de prouver ou d'infirmer la contribution de la subsidiarité à renforcer l'adhésion des citoyens aux normes européennes.

---

[176] Conférence européenne sur la subsidiarité, Comité des Régions, 18 Avril 2006, COR/06/41.

[177] Alphonso MATTERA, « Le principe de subsidiarité au service d'une Communauté à la dimension des problèmes de notre temps », *RMUE*, 1992, n° 4, pp. 189-192.

[178] Félix de la FUENTE et Jacques DENIS, *Dictionnaire juridique de l'Union Européenne*, Bruxelles, Bruylant, 1998, 582 p.

[179] Conférence européenne sur la subsidiarité, Comité des Régions, 18 Avril 2006, COR/06/41.

[180] Jacques DELORS, *Subsidiarité : défi du changement*, Acte du colloque de l'Institut européen d'administration publique : « La subsidiarité - principe directeur des futures responsabilités en matière de politiques communautaires ? », Maastricht, le 21 mars 1991.

La subsidiarité, en préservant l'effectivité du droit de l'Union européenne sans affecter les souverainetés étatiques, devrait renforcer la confiance mutuelle des États et peuples européens et ainsi garantir une paix durable en Europe.

C. Le maintien de l'équilibre entre les pouvoirs

117. Dans tout système de type fédéral, la subsidiarité permet de maintenir un équilibre entre les niveaux de pouvoir et contribue ainsi au maintien d'une séparation des pouvoirs. Ce principe possède un effet vertical indifférent[181]. Il ne comporte pas de tendance au centralisme ou au non-centralisme, mais doit être interprété à la lumière des traités. Il ne doit pas défavoriser une communauté.

Dans l'intérêt même de l'Union européenne, le principe de subsidiarité ne peut être conçu comme un principe strictement descendant ou strictement ascendant[182]. Comme l'affirmait le rapporteur Poniatowski, rapporteur au Sénat français, « vouloir réellement mettre en œuvre le principe de subsidiarité n'est pas s'en prendre à la construction européenne, mais au contraire travailler dans l'intérêt de celle-ci, qui loin de se renforcer s'affaiblit par un interventionnisme excessif»[183].

118. La subsidiarité vise le maintien d'un équilibre entre les intérêts nationaux et ceux de l'Union européenne, entre les forces en présence. La tendance opposée de chaque entité de l'ordre juridique est de vouloir renforcer son centre. Elle permet « le dosage entre le respect des attributions de chacun »[184]. Le principe de subsidiarité peut devenir tour à tour centrifuge et centripète, car les compétences partagées sont soumises à des forces unificatrices et à des forces de résistance[185]. La nécessité d'un équilibre entre

[181] Georges VANDERSANDEN, « Considérations sur le principe de subsidiarité », *Mélanges en l'honneur du professeur Jean Velu*, Bruxelles, Bruylant, 1992, pp. 193-210.

[182] Christian de la Malène au nom de la Délégation du Sénat pour l'Union européenne, Rapport d'information n°46 sur l'application du principe de subsidiarité, 23 octobre 1996 : « Les difficultés du contrôle juridictionnel du principe de subsidiarité avaient déjà été notamment mises en lumière par les propositions tenant par exemple à la création d'une chambre de la subsidiarité voire même d'un « Sénat européen ». Outre qu'il est peut être un aveu d'échec du contrôle a posteriori par la Cour, il induit à l'évidence une « repolitisation », et corrélativement, une « déjudiciarisation » du principe(15) ».

[183] Michel PONIATOWSKI au nom de la délégation du Sénat pour les Communautés européennes, rapport d'information n° 45, 12 novembre 1992.

[184] http://www.revue-cantate.fr, consulté le 12 juin 2012.

[185] Jean-Claude CASANOVA, « Forces convergentes et divergentes du système juridique européen », *RMCUE*, 2000, n° 438, pp. 325-327.

les compétences étatiques et celles de l'Union européenne ressort dans les conclusions de l'avocat général TESAURO dans l'arrêt *R Hunermund*[186].

Peter SCHMIDHUBER affirme dans son discours[187] que « le principe de subsidiarité ne saurait être défini de manière purement négative. Il ne saurait être utilisé comme un mécanisme primitif de défense de prérogatives par un « niveau » (CEE, État membre, région, etc.).

Il est un principe à contenu positif :

- pour une division de travail raisonnable entre les différents « niveaux »
- pour une administration efficace
- pour davantage de transparence lors des prises de décision ».

119. Le fédéralisme et la subsidiarité permettent d'assurer la cohabitation entre les hommes et de bons rapports entre les communautés sans entraver l'autodétermination et l'auto responsabilité des entités englobées.

Le principe de subsidiarité peut non seulement être interprété dans des sens différents, mais son interprétation peut évoluer avec le temps.

§2. Le principe de subsidiarité : un principe dynamique

120. Le principe de subsidiarité ne peut être interprété de façon statique, c'est-à-dire sans référence à un élément extérieur au système juridique qui le contient. Cette référence à un élément extérieur, non figé, entraîne l'évolutivité de l'exercice du partage des compétences. Le principe de subsidiarité, en tant que principe de régulation des compétences, ne permet pas d'accorder définitivement des compétences à l'un ou l'autre des niveaux de gouvernement ; il permet d'organiser dans le temps la substitution d'une autorité à une autre, l'Union européenne aux États, pour assurer un service en déterminant à quel moment cette substitution est opportune.

121. Il aurait été impossible, dans les débuts de la construction européenne, de déterminer avec précision dans les traités quel devrait être la répartition des pouvoirs. Un tel partage n'aurait pas été réaliste et aurait suscité des désaccords entre les gouvernements nationaux et les institutions européennes. Les compétences transférées à l'Union européenne se sont

[186] Marc LE SOLLEU, « Subsidiarité judiciaire et sanctions », Liège, *REA LEA*, 1998, n° 1-2, pp. 108-112.

[187] Discours de Peter SCHMIDHUBER, Commission européenne, 10 septembre 1992, IP/92/702.

donc, selon le principe d'attribution, limitées à des domaines bien précis, ce qui aurait pu restreindre la capacité d'action de l'Union européenne. Ce n'est que plus tard qu'est apparue la nécessité d'un principe dynamique de régulation des compétences dans les traités, le principe de subsidiarité, utilisé de façon parfois excessive. Les auteurs des traités avaient prévu la nécessité de la subsidiarité avec des instruments tels que la directive, fixant une obligation de résultat aux États tout en leur laissant le choix quant à la façon de l'atteindre[188].

122. Le principe d'attribution comme le principe de subsidiarité permettent d'adapter le partage des compétences à l'évolution de l'Union européenne; ce qui serait impossible si une liste des compétences étatiques et de l'Union européenne était dressée[189]. La Communauté fut créée par un traité qui prévoyait une structure institutionnelle limitée par son objet social, sa spécialité ; comme c'est le cas pour les organisations internationales[190]. La Communauté possède, dès ses origines, des compétences matérielles, fonctionnelles et des compétences subsidiaires[191]. Elle est originale en ce qu'elle détient à la fois une compétence internationale et une compétence interne vis-à-vis des citoyens. Contrairement à une Constitution fédérale, le traité de Rome ne définit pas de système de répartition des compétences. Le droit de l'Union européenne a commencé par s'attacher à définir avec précision des politiques comme l'union douanière, la politique agricole commune ou la politique du charbon et de l'acier[192], mais n'a pas établi de listes de compétences. Le système est un système dynamique et évolutif de mise en œuvre de compétences fonctionnelles, d'où la nécessité d'un principe applicable aux compétences définies de façon imprécise par le traité.

123. Le Conseil européen d'Édimbourg rappelle le caractère dynamique de la subsidiarité, permettant la motivation ainsi qu'une révision de certaines

---

188 TFUE (version consolidée), *JOUE* C326 du 9 mai 2008, art. 288.

189 Selon la méthode proposée par certains pays, l'Allemagne, la Grande-Bretagne, la France. Voir Ingolf Pernice et Vladmir CONSTANTINESCO, *La question des compétences communautaires : vue d'Allemagne et de France*, Berlin et Strasbourg, Walter Hallstein-Institut, Paper 6/02.

190 Martina KURCZ, « La répartition des compétences au sein de l'Union européenne », *RDUE*, 2005, n° 3, p. 575.

191 Compétences matérielles : explicitement mentionnées dans les traités.
Compétences fonctionnelles : compétences nécessaires pour atteindre un objectif de l'Union européenne.
Compétences subsidiaires : développées sur la base de l'article 235 du traité instituant la Communauté Européenne, *JO* n°C 325 du 24 décembre 2002 (désormais art.268 TUE).

192 *Traité instituant la Communauté européenne du charbon et de l'acier*, Paris, 18 avril 1951.

propositions législatives en vigueur[193]. La capacité à agir des différents niveaux de gouvernement à atteindre les objectifs du traité évolue au cours du temps. Le principe de subsidiarité régule la dialectique entre centralisation et décentralisation et lui donne tout son sens. Dans les limites définies par les normes constitutionnelles de répartition des compétences, la subsidiarité justifie une variation des niveaux de compétences en fonction des missions que doit poursuivre un ordre juridique.

124. Si les États membres échouent à remplir une mission ou l'accomplissent de façon insuffisante, l'Union européenne pourra intervenir pour les aider à surmonter leurs difficultés. Dans le respect du principe de subsidiarité, l'Union européenne devra aider les États à réhabiliter leur pouvoir d'action. Cependant, si à long terme leurs pouvoirs ne sont pas rétablis, une nouvelle compétence d'attribution sera envisagée.

Le principe de subsidiarité peut justifier le développement des compétences de l'Union européenne, mais devrait aussi permettre, en théorie, leur restriction, voire leur abandon lorsqu'il n'est plus justifié de mener une action au niveau de l'Union européenne. « La subsidiarité est un concept dynamique[194] qui doit être appliqué à la lumière des objectifs énoncés dans le traité. Elle permet d'élargir l'action de l'Union européenne, dans les limites de ses compétences, lorsque les circonstances l'exigent et inversement de la restreindre ou de les interrompre lorsqu'elle n'est pas justifiée»[195].

Une fois établie l'utilité d'un principe évolutif, il s'agit de définir les critères de mise en œuvre de ce principe.

---

[193] Conseil européen d'Edimbourg - Conclusions de la présidence, Edimbourg, 11-12 décembre 1992.

[194] Discours de Peter SCHMIDHUBER, Commission européenne, 10 septembre 1992, IP/92/702.

[195] La Conférence intergouvernementale de 1996 a débouché sur le Conseil européen d'Amsterdam du 16 juin 1997 : le protocole a failli se solder par un échec. 1er 2 juin 1995 : rencontre à Messine pour préparer la conférence intergouvernementale de 1996, le rapport de ce groupe fut présenté lors du conseil européen de Madrid les 15 et 16 décembre 1995.
Voir Charles ZORGBIBE, *Histoire de la construction européenne*, Paris, PUF, 1993, 376 p.

Sous-section 2. Les mécanismes de subsidiarité en droit canadien

125. Après avoir montré que l'organisation des pouvoirs au Canada, comme État fédéral, relève d'une logique de subsidiarité (§1), nous étudierons les théories de partage de compétences les plus révélatrices de cette logique (§2).

§1. La logique fédérale canadienne : une logique de subsidiarité

126. La Cour suprême rappelle que, conformément à la Constitution et à la volonté des Pères de la Confédération, l'unité et la diversité sont deux impératifs qu'il faut réconcilier ; cette approche rejoint l'esprit du principe de subsidiarité[196].

Aux deux aspects du principe de subsidiarité, correspondent deux idéaux du fédéralisme canadien[197], de nature différente et reposant chacun sur des fondements propres. Le choix entre les deux semble davantage relever d'une intuition que d'une démonstration rationnelle. Selon une première conception du fédéralisme, l'intérêt national dépasserait les intérêts provinciaux. En outre, cette conception du fédéralisme permettrait une meilleure défense des intérêts locaux, car le gouvernement central serait le mieux à même de représenter et préserver la diversité du peuple canadien.

L'intérêt national bénéficierait, à plus ou moins long terme, à tous[198]. Dans l'arrêt *Hodge c. la Reine*[199], le Conseil privé reconnaît l'égalité du fédéral et des provinces dans l'exercice de leur compétence respective, ce qui n'empêche pas la reconnaissance d'un pouvoir prépondérant en cas de conflit opérationnel entre une norme provinciale et une norme fédérale[200].

---

196 *Renvoi relatif à la sécession du Québec*, [1998] 2 R.C.S. 217, § 43.

197 Andrée LAJOIE, Ivan BERNIER, Ottawa, *La* Cour suprême *du Canada comme agent de changement politique*, Commission royale sur l'union économique et les perspectives de développement du Canada, Ministère des Approvisionnements et Services Canada, 1986, pp. 156-157.

198 L'exploitation des ressources naturelles par le Canada en est un exemple.

199 *Hodge c. La Reine*, (1883), 9 A.C. 117.

200 Richard SIMEON, *Intergouvernemental Relations and the Challenges to Canadian Federalism*, 1980 23 Administration publique du Canada, pp. 14- 27.

127. Plutôt que de prononcer la suprématie absolue d'un modèle sur l'autre, le fédéralisme devrait être interprété dans l'intérêt de la population qui peut être tour à tour, suivant les domaines et suivant les circonstances, l'uniformité, lorsque des lois disparates risquent de compromettre l'atteinte efficiente des objectifs, ou la diversité, lorsque les besoins des Provinces peuvent être satisfaits différemment[201].

La protection de l'entité centralisée n'est pas une fin en soi[202], elle assure à terme la protection d'entités plus restreintes. En effet, là où ces entités vivent concentrées, elles peuvent exercer le pouvoir politique. Par ailleurs, la subsidiarité permet un double niveau de protection des droits individuels[203]. On considère dans certains domaines que l'action du gouvernement fédéral est plus efficace dans la mesure où il ne rencontre pas les limites liées à une division verticale des pouvoirs.

128. Le plus souvent, les comportements des citoyens des diverses provinces ne se distinguent pas suffisamment pour justifier des différences de traitement. D'autant plus que leurs besoins et demandes tendent à converger[204]. Dans certaines matières telles que les valeurs mobilières ou l'environnement, le respect des diversités culturelles ou identitaires semble difficilement justifier l'adoption de législations distinctes dans les différentes provinces. En effet, l'environnement ou les valeurs mobilières n'ont pas de

---

201 Jean-François GAUDREAULT-DESBIENS (avec Lidija R. BASTA FLEINER) Dans « Handbook of Constitutional Law », *Oxford*, Routledge, 2013, pp.143-158.

202 Richard SIMEON, « Criteria for Choice in Federal Systems » *QLJ* 8 (1982): 131.

203 Jose WOEHRLING, « Convergence et divergence entre fédéralisme et protection des droits et libertés : l'exemple des États-Unis et du Canada », Montréal, *McGill LJ,* 2000, n° 46, pp. 21-68.

204 Fabien GELINAS, Jean-François GAUDREAULT-DESBIENS, McGill University. Faculté de droit et Forum des fédérations, Le fédéralisme dans tous ses états : gouvernance, identité et méthodologie = The states and moods of federalism : governance, identity and methodology, Cowansville, Québec, Éditions Yvon Blais ; Bruxelles, 2005 : « La diversité culturelle est une valeur essentielle de la civilisation contemporaine ». Selon l'Unesco : « la culture englobe, outre les arts et les lettres, les façons de vivre ensemble, les systèmes de valeur, les traditions et les croyances »; cependant, l'Unesco ajoute ceci : « La diversité culturelle implique par ailleurs le respect des libertés fondamentales, dont la liberté de pensée, de conscience, de religion, la liberté d'opinion et d'expression, la liberté de prendre part à la vie culturelle de son choix, entre autres »[35]. Sur ce dernier plan, l'ensemble des Canadiens a beaucoup en commun. Les Québécois n'ont d'ailleurs pas hésité à invoquer la Charte canadienne tout autant que la Charte québécoise. De plus, à notre époque les besoins économiques ou socio-économiques des individus et des collectivités se ressemblent de plus en plus, qu'il s'agisse de protection contre les armes à feu, de lutte contre le tabagisme, de protection contre les monopoles, de protection des investisseurs en valeurs mobilières dans une économie concurrentielle, de protection du consommateur dans un marché aux caractéristiques presque identiques d'une province à l'autre ».

lien direct avec la culture, contrairement à d'autres matières[205]. Dans ces matières des différences de législation pourraient se fonder sur des différences de marchés. Un fédéralisme de dialogue, tel que promu par la Cour suprême, pourrait être favorisé [206] par une collaboration interprovinciale.

Sur le plan culturel, la diversité au Canada ne semble pas menacée. Sur d'autres plans, elle ne représente pas une fin en elle-même. La décentralisation se présente dès lors davantage comme un moyen d'assurer une plus grande efficacité du droit par « la proximité entre l'autorité régulatrice et les personnes et les entreprises assujetties à la réglementation »[207].

§2. Les mécanismes de subsidiarité en droit canadien

129. Une fois exposées les théories du partage des compétences relevant d'une logique de subsidiarité (A), nous rechercherons si ces dernières s'appliquent, conformément à un esprit de subsidiarité, de façon évolutive (B).

A. Les théories du partage des compétences relevant d'une logique de subsidiarité

130. Le principe de subsidiarité a été explicitement mentionné dans la jurisprudence récente[208] et n'a été théorisé que tardivement[209]. L'affirmation

---

205 L'éducation en est un exemple.

206 *Fédération des producteurs de volailles du Québec c. Pelland*, [2005] 1 R.C.S. 292, §38.

207 Fabien GELINAS, Jean-François GAUDREAULT-DESBIENS, McGill University. Faculté de droit et Forum des fédérations, Le fédéralisme dans tous ses états : gouvernance, identité et méthodologie = The states and moods of federalism : governance, identity and methodology, Cowansville, Québec, Éditions Yvon Blais ; Bruxelles, 2005, §37.

208 En particulier dans le *Renvoi relatif à la Loi sur la procréation assistée*, [2010] CSC 61. Juges LeBel, Deschamps, Abella et Rothstein Para. 183 et 273 *Canada Ltée (Spraytech, Société d'arrosage) c. Hudson (Ville)*, [2001] CSC 40 (28 juin 2001) jurisprudence mentionnée en introduction.

209 Dwight NEWMAN, « Changing Division of Powers Doctrine and the Emergent Principle of Subsidiarity », *Saskatchewan LR*, 2011, n° 74, pp. 21 – 31.

explicite du principe de subsidiarité peut être perçue comme s'inscrivant dans une dynamique de réaménagement de la séparation des pouvoirs.

On retrouve ses mécanismes dans la clause paix, ordre et bon gouvernement (1) et dans la clause de commerce qui peuvent aussi être interprétées comme une de ses applications (2). Si celles-ci ne bénéficient apparemment qu'au pouvoir fédéral, elles requièrent une intervention positive de l'interprète pour évaluer la nécessité d'une action de l'entité centralisée. Le choix de l'interprète de les utiliser ou non s'inscrit dans une logique de subsidiarité.

1. La clause paix, ordre et bon gouvernement

131. Selon le préambule de l'article 91 de la Loi constitutionnelle de 1867, le fédéral détient la compétence de légiférer pour assurer la paix, l'ordre et le bon gouvernement au Canada. Les pouvoirs généraux du gouvernement fédéral pour assurer la paix, l'ordre et le bon gouvernement sont constitués de la compétence résiduelle du fédéral, de la théorie des dimensions nationales(a), aussi appelée théorie de l'intérêt national, et du pouvoir d'urgence(b).

La théorie de l'intérêt national n'est pas, en principe, une théorie nécessitant des circonstances exceptionnelles. Elle est applicable lorsqu'une matière relevant de la compétence de la province atteint des dimensions telles qu'elle peut affecter l'organisme même de l'État fédéral, ce qui peut rendre valide l'intervention du fédéral, dans des domaines comme la protection de l'environnement si le problème que l'on cherche à régler possède une certaine unicité[210] et transcende les compétences provinciales (c).

a. La théorie de l'intérêt national

132. Selon la théorie de l'intérêt national, le gouvernement fédéral a pleine compétence pour légiférer dans des matières qui présentent un intérêt pour l'ensemble de la fédération; les lois fédérales pouvant primer sur des interventions provinciales valides en cas de conflit[211].

---

[210] L'unicité d'une matière empêche une intervention simultanée des provinces et du pouvoir fédéral.

[211] Sur la prépondérance fédérale :
Conférences de Londres de 1866, en ligne: < http://www.collectionsCanada.gc.ca/confederation> (consulté le 23 octobre 2013)

Ce principe remonte à l'arrêt d*es prohibitions locales*[212] et à l'arrêt *Russell* [213]dans lesquels la Cour se fonde sur une interprétation fonctionnelle du partage des compétences. La compétence législative doit être à la mesure du problème à résoudre[214].

Alors que cette théorie visait d'abord les matières qui ne relèvent pas clairement des Provinces, une mince majorité a estimé dans l'arrêt *Crown Zellerbach Canada Ltd* [215]que des matières d'intérêt purement local peuvent devenir d'intérêt national en cas d'incapacité perçue des provinces à régir efficacement un sujet précis, identifiable et distinguable de leurs compétences. Dès lors le Parlement peut intervenir[216].

b. La théorie de l'urgence

La théorie de l'urgence permet, dans des conditions exceptionnelles et pour aussi longtemps que cela est nécessaire, de mettre entre parenthèses la répartition des compétences habituelles, caractéristique du fédéralisme canadien.

Contrairement à la théorie des dimensions nationales, le pouvoir d'urgence ne permet pas la catégorisation d'une matière nouvelle de compétence fédérale. La jurisprudence *Fort Frances*[217] définit cette théorie. La sphère fédérale intervient alors dans des domaines de compétence provinciale afin de résorber une crise ou d'en éviter une. Ce pouvoir est implicitement présent dans la Constitution. La guerre, une épidémie, une famine[218], une insurrection ou une invasion[219] sont, entre autres, considérées comme des situations d'urgence. Le Parlement peut en particulier intervenir si les

---

Conférences préparatoires à la loi constitutionnelle de 1867 : les résolutions de Québec de 1864, < : http://www.collectionsCanada.gc.ca/confederation/023001-7104-f.html> (consulté le 23 octobre 2013)

212 Attorney-General for Ontario c. Attorney-General for the Dominion and the distillers and Brewers associations of Ontario, [1896] A.C. 348.

213 *Russell c. La Reine*, [1882]*7 App.Cas. 829*, 837. 20.

214 Ainsi, dans *Munro v. National Capital Commission*, [1966] S.C.R. 663, la Cour considère-t-elle que la création d'une capitale nationale est d'intérêt national.

215 R. v. Crown Zellerbach Canada Ltd., [1988] 1 S.C.R. 401, §23.

216 Jean-François GAUDREAULT-DESBIENS, JurisClasseur Québec – Collection de droit constitutionnel, « Le local et le provincial », Montréal, LexisNexis Canada, à jour au 1 décembre 2012, Fasc 22, n° 6014, 22/27.

217 Fort France Pulp and Paper Co. v Manitoba Free Press Company, [1923] A.C. 695 (PC).

218 Toronto Electric Commissioners c. Snider, [1925], 1 AC 191 198.
note 11, 412 in fine.

219 Fort France Pulp and Power Co. Ltd. v. Manitoba Free Press Co. Ltd., [1923] A.C. 695 (PC), note 17, 706.

événements sont susceptibles d'avoir une portée extraterritoriale[220] ou de menacer la stabilité des institutions. Cette théorie permet la délégation de pouvoirs de grande ampleur pouvant même comprendre des matières de droit civil.

133. L'urgence peut être désormais reconnue en temps de paix, dans une « situation créée par des conditions économiques exceptionnelles»[221]. Cette interprétation de l'urgence ne détonne pas avec l'esprit de la loi de 1867 lorsqu'elle s'applique dans un contexte où une crise économique pourrait avoir des conséquences aussi désastreuses qu'une guerre ou une catastrophe naturelle[222].

L'article 92(16) de la Loi constitutionnelle de 1867 permet à la province de légiférer en cas d'urgence locale, si les évènements le nécessitent. Le *Renvoi sur la Loi anti-inflation* définit les circonstances exceptionnelles[223]. Les pouvoirs du Parlement dans ces circonstances sont transitoires.

c. Le pouvoir résiduaire du fédéral

134. Le paragraphe introductif octroie un pouvoir général au Parlement fédéral. Les compétences n'étant pas dévolues aux provinces par l'article 92 de la loi constitutionnelle de 1867[224] appartiennent au pouvoir fédéral. La clause introductive et le paragraphe final semblent conférer une « suprématie » au fédéral bien que la jurisprudence ait considérablement nuancé cet ascendant[225]. La Constitution a énoncé des catégories relevant de la compétence fédérale, même si cela ne semble guère utile – la technique de rédaction législative propre à la tradition de common law l'explique en partie. Ainsi, les matières énoncées à l'article 91 sont-elles présumées ne pas être de compétence provinciale.

Le Parlement fédéral peut intervenir dans des matières nouvelles, non prévues par la Loi constitutionnelle de 1867, telle que l'aéronautique[226]. La

---

220 *Renvoi relatif au plateau continental de Terre-Neuve*, [1984] 1 R.C.S. 86.

221 *Renvoi sur la validité de la loi anti-inflation*, [1976] 2 R.C.S. 373.

222 *Renvoi sur la validité de la loi anti-inflation*, [1976] 2 R.C.S. 373. P. 459 : « la compétence législative du Parlement en vertu de la doctrine d'urgence nationale ne se confine pas à des situations inhérentes à la guerre ou aux périodes de transition entre la guerre et la paix ; la situation d'urgence envisagée par la doctrine peut survenir en temps de paix ». Le juge Beetz lui-même, dissident, reconnaît la possibilité d'une application de la théorie de l'urgence en temps de paix.

223 *Renvoi sur la validité de la loi anti-inflation*, [1976] 2 R.C.S. 373.

224 *Loi constitutionnelle de 1867*, 30 et 31 Vict., c. 3 (R.U.), art. 92.

225 *Hodge*, [1883] 9 AC 7 PC.

226 *Johannesson v. Municipality of West St. Paul*, [1952] 1 S.C.R. 292.

théorie des pouvoirs résiduaires peut également servir de fondement complémentaire aux compétences de l'article 91[227].

135. Ce pouvoir n'est pas souvent mis en œuvre[228]. Il est atténué par un «mini pouvoir résiduaire » du provincial[229]. Il n'est souvent invoqué que de façon accessoire pour compléter le rattachement d'une compétence au pouvoir fédéral ou au pouvoir provincial. La compétence générale fédérale sur les échanges et le commerce peut être perçue comme une particularisation de la théorie des dimensions nationales[230].

2. La clause fédérale de commerce

136. Si la clause de commerce s'apparente à l'aspect ascendant du principe de subsidiarité (a), le Conseil privé, puis la Cour suprême dans le *Renvoi relatif à la loi sur les valeurs mobilières*[231] semblent avoir veillé au respect des compétences provinciales (b).

a. Le caractère apparemment ascendant de la clause de commerce

137. L'histoire a permis de dégager une théorie destinée à préserver l'efficacité de l'économie canadienne dans son ensemble.

L'intégration économique constitue dans tout État fédéral une question essentielle[232]. La Loi constitutionnelle de 1867 met en place un Marché commun et non une union économique[233].

---

[227] *Loi constitutionnelle de 1867*, 30 et 31 Vict., c. 3 (R.U.), art. 91.

[228] François CHEVRETTE, *Droit constitutionnel : notes et jurisprudence*, Montréal, Presses de l'Université de Montréal, 1982, 1728 p.

[229] *Loi constitutionnelle de 1867*, 30 et 31 Vict., c. 3 (R.U.), art. 92.

[230] *JurisClasseur Québec* – Collection de droit constitutionnel, « Le local et le provincial », Montréal, LexisNexis Canada, à jour au 1 décembre 2012, Fasc 22, n° 6014, 22/27.

[231] *Renvoi relatif à la Loi sur les valeurs mobilières*, [2011] CSC 66.

[232] Mary-Laure GELY sous la direction de Dominique ROUSSEAU et de Yvan BERNIER, Université, *Le rôle de la* Cour suprême *dans la répartition des compétences au Canada,* Montpellier I, UFR Droit et Université Laval (Québec), thèse de doctorat, 1998, 1238 p.

[233] Une association économique peut être une association de libre-échange, où les commerces entre les Etats membres sont supprimés, les biens et les services circulant librement; une union douanière, ajoutant à l'association de libre-échange, l'application d'un tarif douanier commun dans les différents états ou un Marché commun, ajoutant à l'union douanière la libre circulation des personnes et des capitaux. Enfin, une union monétaire souderait davantage les

La Loi constitutionnelle de 1867 attribue tout de même au Parlement fédéral des compétences spécifiques en matière économique[234]. Les compétences exclusivement attribuées aux législatures provinciales par les textes sont restreintes[235]. Utilisant de façon modérée ses compétences dans le champ commercial, le Parlement central a utilisé son pouvoir déclaratoire pour intervenir dans certains secteurs de l'activité économique, ce qui fut validé par la Cour suprême en se référant aux articles 91(2) et 121 de la Loi constitutionnelle de 1867[236]. La Cour suprême souhaitait ainsi réaliser la volonté des Pères de la Confédération, qui entendaient construire une économie forte et un vaste Marché commun. Ils ont, pour cela, confié au fédéral un pouvoir général en matière de trafic et de commerce. Georges-Etienne Cartier, défenseur de l'identité culturelle du Bas-Canada, énonçait que « les affaires du commerce sont du ressort du Gouvernement général » [237]. La prospérité économique constitua l'un des motifs de la formation de la fédération du Canada, du Nouveau-Brunswick et de la Nouvelle-Écosse. En 1865, un traité de libre-échange avec les États-Unis menaçant d'expirer sous peu, la fédération semblait le seul remède. Les questions économiques préoccupaient donc particulièrement les Pères de la Confédération[238].

138. L'article 121 abolit les barrières douanières et l'article 91(2) conféra au Parlement fédéral la compétence exclusive « sur la réglementation des échanges et du commerce ». La Cour se référa à la jurisprudence américaine pour interpréter ces compétences, comme le fit le juge Fournier dans l'arrêt *Servern c. La Reine*[239], pour affirmer que la compétence pour réglementer les échanges et le commerce appartient exclusivement au Parlement. Par la suite, la disposition prévoyant la clause de commerce reçut une interprétation plutôt étroite alors que son équivalent américain, plus restrictif, recevait une interprétation beaucoup plus large qui allait radicalement changer la

---

économies des Etats membres. Cette dernière assure la stabilité des prix et facilite le commerce avec l'étranger.

234 *Loi constitutionnelle de 1867*, 30 et 31 Vict., c. 3 (R.U.), art. 91.

235 A titre d'exemple, l'intervention fédérale en matière de taxation directe dans les limites de la province en vue de prélever un revenu pour des objets provinciaux a été reconnue par la Cour.

236 *Parsons v. B.N.M. Laboratories Ltd.*, [1963] 2 All E.R. 658.

237 John BOYD, Sir George Étienne Cartier, baronnet, sa vie et son temps : histoire politique du Canada de 1814 à 1873, Montréal, Librairie Beauchemin, 1918.485. p.

238 Mary-Laure GELY sous la direction de Dominique ROUSSEAU et de Yvan BERNIER, Université, *Le rôle de la* Cour suprême *dans la répartition des compétences au Canada*, Montpellier I, UFR Droit et Université Laval (Québec), thèse de doctorat, 1998, p. 203 s.

239 *Servern c. La Reine*, 1870 2 RCS 70, p. 120.

dynamique des relations entre pouvoir central et pouvoir fédéré aux États-Unis.

139. En 1957, la compétence fédérale en matière de commerce fut interprétée plus largement dans l'arrêt *The Farm Products Marketing Act de l'Ontario*[240].

En 1980, dans l'arrêt *Brasseries Labatt du Canada Limitée c. Le procureur général du Canada*[241], la Cour établit qu'il ne suffit pas qu'un système réglementaire soit de grande envergure pour que le critère de généralité soit satisfait. Si une loi s'applique à « une grande partie de l'économie canadienne », comme c'était le cas de la loi sur les aliments et les drogues, elle pourra échapper à la compétence fédérale si elle n'établit qu'un cadre visant à « soumettre une industrie ou (...) une entreprise à la fois » à un « éventail de règlements ou de codes commerciaux applicables à chaque secteur en particulier »[242]. Le juge LASKIN, dissident, affirmait que « la normalisation des produits est une question de réglementation générale des échanges s'appliquant à tout le dominion » en particulier parce que cela égalise les avantages concurrents des producteurs. Le juge entendait ainsi ne pas réduire les pouvoirs du Parlement en matière d'échange et de commerce.

140. La diversité peut demeurer dans tous les domaines de la politique publique, qu'il s'agisse de régulation économique, sociale ou culturelle[243].Certains considèrent que l'autonomie provinciale englobe toutes ces réalités et que la diversité est la véritable raison d'être du fédéralisme et doit être privilégiée. Un tel accent sur la diversité occulte toutefois l'un des objectifs du fédéralisme fondé sur l'idée que se fédérer, c'est s'unir, se réunir, c'est constituer une unité nouvelle.

141. La décision *General Motors of Canada*[244] nuance la distinction classique selon laquelle les provinces seraient compétentes en matière de commerce intraprovincial et l'État fédéral en matière d'échange et de commerce extra provincial.

---

[240] The Farm Products Marketing Act de l'Ontario, [1957] R.C.S. 198.
La Cour emploie des expressions utilisées dans la jurisprudence américaine, « entre dans le courant du commerce interprovincial », « the flow of international trade », juge Kerwin p. 205.

[241] Les brasseries Labatt du Canada Limitée c. Le procureur général du Canada, [1847] 1 RCS 914.

[242] Ibidem

[243] Jean LECLAIR, « The Supreme Court of Canada's understanding of federalism : Efficiency at the Expense of Diversity », *QLJ*, 2003, vol. 8, n° 28, pp. 411-453.

[244] *General Motors of Canada Ltd. c. City National Leasing*, [1989] 1 R.C.S. 641.

Dans le *Renvoi relatif à la loi sur les valeurs mobilières*, la Cour devait, dans le cadre d'un avis consultatif, déterminer si la *Loi sur les valeurs mobilières* proposée relevait de la compétence législative du Parlement du Canada. L'objet de la loi, selon son préambule, était de créer un organisme canadien unique de règlementation des valeurs mobilières. De manière plus générale, l'art. 9 énonçait qu'elle avait pour objet« de protéger les investisseurs, de favoriser l'existence de marchés des capitaux équitables, efficaces et compétitifs et de contribuer à l'intégrité et à la stabilité du système financier canadien ». Il est à noter que la loi proposée n'imposait « pas unilatéralement un régime unifié, mais donnait aux provinces et aux territoires le libre choix de participer au régime, dans l'espoir de créer, dans les faits, un régime de règlementation nationale des valeurs mobilières ».Alors que le Canada et l'Ontario reconnaissaient la compétence fédérale pour adopter cette loi; l'Alberta, le Québec, le Manitoba et le Nouveau-Brunswick estimaient que l'adoption de cette loi constituerait une atteinte aux compétences des provinces en matière de propriété et de droits civils prévues au §92(13) de la *Loi constitutionnelle de 1867*, et créerait une brèche dans le pouvoir législatif provincial quant à des sujets de nature purement locale ou privée (par. 92(16)), à savoir la règlementation des contrats, de la propriété et des professions[245].

142. Cette évolution bénéficie au pouvoir fédéral. Le juge en chef Dickson, au nom d'une Cour unanime, confirme le pouvoir du Parlement de légiférer pour les échanges et le commerce en général. Reprenant le critère de *Parsons*[246], il confirme que le Parlement ne peut légiférer sur un commerce ou une industrie en particulier, tout en l'élargissant. En effet, le Conseil privé ne reconnaissait au Parlement de compétence que pour légiférer en matière de commerce international et interprovincial[247]. Dès lors, le Parlement peut légiférer, dans une ou plusieurs provinces, relativement au commerce dans le cadre de « systèmes généraux de réglementation », dont un organisme assure la surveillance, et qui serait inefficace si une ou des provinces devaient en être exclues. L'expression « système général de réglementation » s'oppose à la réglementation d'industries, de contrats et de commerces particuliers.

143. Les deux premiers indices mentionnés s'inspirent de la décision *Vapor Canada*, leur absence ayant été déterminante dans cette affaire. Le fait que la loi soumette une activité à la « surveillance constante d'un organisme

---

[245] *Renvoi relatif à la Loi sur les valeurs mobilières*, [2011] 3 R.C.S. 837.

[246] *Parsons v. B.N.M. Laboratories Ltd.*, [1963] 2 All E.R. 658.

[247] JurisClasseur Québec – Collection de droit constitutionnel, « Fédéralisme : questions particulières », Montréal, LexisNexis Canada, à jour au 1 décembre 2012, Fasc 22, n° 6014, 22/28 IV.

de réglementation » permettrait de déterminer l'existence d'un système de réglementation.

Le fait que la loi autorise la réglementation du commerce dans son ensemble[248], et le critère de l'incapacité provinciale permettent de vérifier si « la matière réglementée revêt véritablement une importance et une portée nationale »[249]. Ce n'est pas tant l'envergure d'un système de réglementation qui importe que sa généralité.

144. Le juge LASKIN déclare dans *le Renvoi sur la Loi anti-inflation*[250]que la Constitution doit répondre aux besoins du Canada et s'adapter à un monde en évolution. Le critère d'efficacité satisfait à cette nécessité. La globalisation des marchés soulève la question de la capacité du Canada à faire face à la concurrence internationale[251]. La conclusion de *l'Accord de libre-échange entre le Canada et les États-Unis* n'est pas sans influence sur le partage des compétences au niveau interne. L'intégration interne du Canada et son intégration externe contribuent en ce sens, mais dans une certaine mesure seulement, à une évolution de l'interprétation de l'article 91 (2) de la Loi conditionnelle de 1867 à la lumière du critère d'efficacité[252].

145. Dans cette visée d'améliorer l'efficacité de l'économie, le rapport de Gérald A BAUDOIN et Dorothy DOBBIE[253] préconisait l'insertion d'une disposition établissant que le Canada est une Union économique et que les gouvernements ne peuvent restreindre ou interdire la libre circulation des biens, des services, des personnes et des capitaux de façon à nuire au bon fonctionnement de l'Union économique ou à constituer une mesure discriminatoire, les monopoles provinciaux, les subventions d'application générale et les régimes fiscaux d'encouragement à la formation du capital constituant des exceptions. On peut considérer que la libre circulation des capitaux découle déjà « de l'autorité exclusive du Parlement fédéral sur la

---

[248] *Brasserie Labatt du Canada Ltéec.Canada* (PG), [1847] RCS 914 944, p. 943.

[249] *Renvoi relatif à la Loi sur les valeurs mobilières*, [2011] CSC 66.
La Cour considère que le lien n'est pas établi entre la réglementation courante des professions des valeurs mobilières, secteur particulier effectivement visé par la loi et le développement économique et le maintien de la stabilité financière du pays, objectif affiché de la loi.

[250] *Renvoi : Loi anti-inflation*, [1976] 2RCS 373, p. 412.

[251] Francois-Robert BERNIER, *La réforme constitutionnelle: le partage des pouvoirs, Bibliothèque du Parlement*, Ottawa, Service de recherche, 1981, 30 p.

[252] Martha JACKMAN, « Le nouveau partage des pouvoirs : l'efficacité ou équité ? », *Ottawa LR*, 1991, n° 23, pp. 424-425.

[253] *Un Canada renouvelé*, rapport du comité mixte spécial du Sénat et de la Chambre des communes sur les renouvellements du Canada-rapport Baudouin Dobbie, 1992, 203. p.

monnaie et les banques »[254] tel que prévu aux paragraphes 91(15) et 91(16) de la Loi constitutionnelle de 1867[255].

b. La préservation des compétences provinciales en matière de commerce

146. Le commerce interprovincial ou international est celui où l'opération commerciale s'effectue au-delà d'une frontière provinciale ou internationale[256].

Le Conseil Privé a très tôt restreint l'impact de la clause de commerce en précisant que les compétences fédérales ne portent pas sur le commerce en particulier, ni sur le commerce d'une nature purement locale. Ainsi, le Conseil Privé, dans *Citizens Assurance c. Parsons*[257], tente-t-il de concilier les articles 91 et 92 de la Loi constitutionnelle de 1867[258]. Selon le processus de la « modification mutuelle » ; les domaines de compétence des deux ordres de juridictions sont limités afin de laisser à l'autre pallier le pouvoir d'intervenir dans une certaine mesure[259]. Les compétences ont été réparties de façon à ce que celles du gouvernement fédéral ne se développent pas constamment au détriment des compétences provinciales. Les deux pouvoirs doivent se compléter dans le domaine commercial[260]. Sir Montague Smith se réfère

---

254 Yvan BERNIER, Nicolas ROY, Charles PENTLAND, Daniel SOBERMAN, *Le concept de l'Union économique en droit international et constitutionnel*, Mark Krasnick, Kenneth Norrie et Richard Siméon (coord), Points de vue sur l'union économique, Commission royale sur l'union économique et les perspectives de développement du Canada, Ministère des approvisionnements et Services Canada, Ottawa, 1986, p. 70.

255 L'article 91(2) prévoit que le gouvernement fédéral a en particulier compétence sur les banques et l'incorporation des banques (par15), les lettres de changes (par 18), l'intérêt de l'argent (par 19), les offres légales (par20) et la faillite et l'insolvabilité (par21). *Loi constitutionnelle de 1867*, 30 et 31 Vict., c. 3 (R.U.), art. 91.

256 *Burns food Ltd c. Manitoba (P.G.)*, [1975), 1RCS 494.

257 *Parsons v. B.N.M. Laboratories Ltd.*, [1963] 2 All E.R. 658.

258 Mary-Laure GELY sous la direction de Dominique ROUSSEAU et de Yvan BERNIER, Université, *Le rôle de la* Cour suprême *dans la répartition des compétences au Canada*, Montpellier I, UFR Droit et Université Laval (Québec), thèse de doctorat, 1998, 1238 p.

259 John D. WHITE, *Les dimensions constitutionnelles des mesures d'expansion économique*, Mark KRASNKICK et Richard SIMEON, *Le partage des pouvoirs et la politique d'Etat*, commission royale sur l'union économique et les perspectives de développement du Canada, ministère des approvisionnements et services Canada, Ottawa, 1986, p. 41.

260 Ivan BERNIER, Nicolas ROY, Daniel SOBERMAN et Charles PENTLAND, « Le concept d'union économique en droit international et constitutionnel » dans *Points de vue sur l'union économique canadienne*, Vol. 60 des recherches préparées pour la Commission Royale sur l'union économique et les perspectives de développement du Canada, Ottawa, Approvisionnement et Services, 1986.

notamment à l'intention des Pères de la Confédération pour établir qu'il ne faut pas interpréter de façon littérale l'expression « échanges et commerce », les provinces devant détenir la compétence en matière de commerce intra provincial[261]. Le Comité judiciaire du conseil privé pose dans cet arrêt le principe selon lequel la compétence de légiférer sur les entreprises locales revient légitimement aux provinces en vertu des paragraphes 92(13) et (16) de la Loi constitutionnelle de 1867. Ce faisant, il limite la compétence fédérale au commerce international et interprovincial[262]. Le Conseil privé avance néanmoins *en obiter* l'hypothèse selon laquelle le Parlement pourrait disposer d'une compétence générale dans tout le pays[263].

147. En 1925, le même Conseil privé alla jusqu'à affirmer que cette compétence n'avait d'effet réel que lorsqu'elle visait à compléter ce que « le gouvernement général est spécifiquement autorisé à accomplir indépendamment de la réglementation générale des échanges et du commerce »[264].

À partir de 1931, le Conseil privé interpréta de façon libérale la compétence fédérale en matière de droit criminel[265], permettant ainsi au Parlement de légiférer à l'égard des « crimes économiques »[266]. La compétence fédérale en matière criminelle vint à plusieurs reprises « sauver » la constitutionnalité de lois fédérales que la clause fédérale de commerce n'aurait pu seule justifier[267].

Le Conseil n'en affirme pas moins qu'il est possible que la compétence fédérale englobe « la réglementation générale des échanges s'appliquant à

Le juge Pigeon considère que la province peut compléter la règlementation fédérale relative au commerce extra-provincial dans le *renvoi relatif à la loi sur l'organisation du marché agricole* (1978) 2 RCS 1198, p. 1296. La Cour dans son ensemble annule une disposition de la loi sur la mise en marché des produits agricoles qui prélèverait des droits sur les opérations de commerce local.

[261] *Parsons v. B.N.M. Laboratories* Ltd., [1963] 2 All E.R. 658, p. 110.
Confirmé par arrêt *Hodge c. Canada* (Ministre du Développement des ressources humaines), [2004] 3 R.C.S. 357, 2004 CSC 65, *A.-G. Ontario c. A.-G. Canada* (Affaire des prohibitions), (1896) A.C. 348, *Renvoi relatif au sujet de la loi sur la Commission de commerce [1922] 1 AC 191*, *Shannon c. Lower Mainland DairyProductsBoard*, [1938] A.C. 708.

[262] JurisClasseur Québec – Collection de droit constitutionnel, « Fédéralisme : questions particulières », Montréal, LexisNexis Canada, à jour au 1 décembre 2012, Fasc 22, n° 6014, 22/28 IV.

[263] *Citizen Insurance Compagny of Canada c. Parsons*, [1881] 7 A.C.96, 113(C.P.).

[264] Toronto Electric Commissioners c. Snider, [1925] 1 AC 396.

[265] *Loi constitutionnelle de 1867*, 30 et 31 Vict., c. 3 (R.U.), art. 91(27).

[266] Proprietary Articles Trade Association c. AG Canada, [1931] AC 310.

[267] *Renvoi sur la margarine*, [1949] R.C.S. 1.

tout le dominion »[268]. Cette position a été remise à jour par la Cour suprême en 1977 dans la décision *MacDonald. Vapor Canada Ltd*[269].

148. Si la Cour suprême a, dans l'ensemble, suivi la jurisprudence du Comité judiciaire du Conseil privé, elle a interprété de façon plus large la clause de commerce au profit du fédéral. Une dynamique équivalente, mais de plus grande ampleur, a pu être observée aux États-Unis[270].

La Cour suprême a précisé la notion de « commerce en général » dans les arrêts *Transports nationaux du Canada*[271] *et GMC*[272]. Dans la jurisprudence *Kirkbi*[273], la Cour suprême écrit que : « la catégorie des« échanges et du commerce en général » oblige à évaluer l'importance relative d'une activité pour l'économie nationale et à se demander si une activité doit être réglementée par le Parlement plutôt que par les provinces »; cinq critères permettent de déterminer si une activité doit être réglementée par le Parlement ou par les provinces.

149. Dans le *Renvoi relatif à la Loi sur les valeurs mobilières*[274], la Cour suprême a dû évaluer la validité d'une proposition de loi fédérale visant à réglementer le commerce des valeurs mobilières en se fondant sur la compétence fédérale en matière de « réglementation générale du commerce ».

La Cour a reconnu une compétence fédérale de principe pour contrôler les aspects du commerce des valeurs mobilières qui transcendent les enjeux provinciaux, comme par exemple la régulation du risque financier systémique[275]. Elle a cependant considéré que la proposition de loi examinée excédait la compétence fédérale dans la mesure où elle dépassait

---

[268] Mary-Laure GELY sous la direction de Dominique ROUSSEAU et de Yvan BERNIER, Université, *Le rôle de la* Cour suprême *dans la répartition des compétences au Canada*, Montpellier I, UFR Droit et Université Laval (Québec), thèse de doctorat, 1998, p. 113.

[269] *MacDonald c. Vapor Canada Ltd.*, [1977] 2 RCS 134, p. 160 le juge Laskin est prêt à « considérer sous leur aspect le plus général ».

[270] *Gibbons c. Ogden*, 1924, 22US A.

[271] Transports Nationaux du Canada Ltée c. Cour provinciale de l'Alberta, [1986] 2 R.C.S. 711.

[272] *General Motors of Canada Ltd. c. City National Leasing*, [1989] 1 R.C.S. 641.

[273] *Kirkbi AG c. Gestions Ritvik Inc.*, [2005] 3 R.C.S. 302, 2005 CSC 65. § 16 et 17.

[274] *Renvoi relatif à la Loi sur les valeurs mobilières*, [2011] CSC 66.

[275] *JurisClasseur Québec* – Collection de droit constitutionnel, Montréal, LexisNexis Canada, à jour au 1 décembre 2012, Fasc 17/17, 6014.
Le fédéral peut ainsi intervenir lorsque les provinces sont dépourvues de la capacité constitutionnelle pour atteindre certains objectifs nationaux, comme la prévention de risques systémiques. Un régime fédéral portant sur ces systèmes pourrait se fonder sur la compétence du Parlement en matière de réglementation générale du commerce.

ces seuls objectifs. La proposition de loi visait, en effet, à réglementer tous les aspects du commerce sur les valeurs mobilières alors même que de nombreux aspects de ce commerce, tels que la protection du public et la compétence professionnelle, revêtent plutôt un caractère provincial.

Une fois établi selon quels paramètres sont évaluées les applications de la clause paix, ordre et bon gouvernement et de la clause de commerce, il s'agit de préciser dans quels termes les pouvoirs généraux du Parlement fédéral peuvent évoluer au cours du temps.

B. L'évolutivité du partage des compétences assurée par la doctrine paix, ordre et bon gouvernement et par la clause de commerce

150. alors que la théorie de l'urgence s'applique sans aucun doute de façon temporaire (1), la reconnaissance des dimensions nationales d'un problème paraît être définitive (2). Pour évaluer dans quelle mesure les jurisprudences de la Cour de justice et de la Cour suprême sont comparables, il s'agit de rechercher si la théorie de l'intérêt national présente, comme celle de l'urgence, le dynamisme caractéristique de la subsidiarité.

La clause de commerce semble évoluer dans un sens favorable au fédéral quoique, comme le montre le *Renvoi relatif à la loi sur les valeurs mobilières*[276], cette affirmation doive être considérablement nuancée (3). La liste des sujets appartenant au pouvoir général fédéral n'est jamais close[277]. Elle peut être développée de façon graduelle même si le pouvoir général du Parlement fédéral doit être invoqué avec prudence afin de préserver l'équilibre entre les pouvoirs fédéraux et provinciaux.

1. Le caractère évolutif de la théorie de l'urgence

151. L'application de la théorie de l'urgence est un exemple frappant de la nécessité d'une évolutivité dans l'interprétation du partage des compétences.

La théorie de l'urgence se rapproche du principe de subsidiarité en ce qu'elle est d'application limitée dans le temps. C'est un principe dynamique dont la

---

[276] *Renvoi relatif à la Loi sur les valeurs mobilières*, [2011] 3 R.C.S. 837.

[277] Wiliam Ralph LEDERMAN, « Unity and diversity in canadian federalism : ideals and methods of moderation », *Revue du barreau canadien*, 1989, n° 53, pp. 597-620.

justification doit sans cesse être réexaminée au regard du contexte nouveau. La nécessité d'une action commune des États membres par l'intermédiaire de l'Union européenne peut en principe disparaître au cours d'évolutions politiques ou sociales. Les compétences reviennent alors aux États membres[278]. L'urgence, par son caractère temporaire, est préférable à la théorie des dimensions nationales[279].

L'ensemble des compétences fédérales pour assurer la paix, l'ordre et le bon gouvernement ne possède pas le même dynamisme. La théorie de l'intérêt national, contrairement à celle de l'urgence, n'est pas temporaire.

2. La découverte de compétences fédérales par la théorie de l'intérêt national

152. La théorie de l'intérêt national est, quant à elle, évolutive dans le sens où elle permet la découverte de compétences fédérales. Cependant, ce dynamisme n'est pas ambivalent. Il n'a jamais permis la restitution de domaines de dimension nationale aux provinces et il reste peu probable qu'il le puisse un jour. En effet, nous verrons que la dimension du problème semble justifier la compétence fédérale, davantage que la capacité à agir de chaque niveau de gouvernement.

Dans la mesure où elle permet une attribution définitive de compétence au pouvoir fédéral, la théorie de l'intérêt national est parfois considérée comme un accroc sérieux au fédéralisme, en particulier par les plus autonomistes[280]. Une expropriation permanente des pouvoirs provinciaux, en permettant à certains sujets d'échapper à l'article 92, pourrait aboutir à terme à l'union législative et ne devrait, par conséquent, pas exister sans un amendement constitutionnel. Le fédéral, depuis que la Cour suprême a limité son application de cette théorie dans l'arrêt *Crown Zellerbach*[281], se montre réticent à en plaider l'application. Dans Hydro Québec, la Cour émettra des réticences à appliquer la jurisprudence *Crown Zellerbach*en raison des limites de ses critères[282].

---

278 Stéphane LECLERC, *L'essentiel du droit des institutions de l'Union européenne*, Collection « Les carrés droit, science politique », Paris, Gualino, 3e éd., 2013, 158 p.

279 Attorney-General for Ontario v. Attorney-General for the Dominion, [1896] A.C. 348.

280 Henri BRUN et Guy TREMBLAY, *Droit constitutionnel*, 2 ed. Cowansville Editions Yvon Blais, 1990, 1548 p.

281 R. v. Crown Zellerbach Canada Ltd., [1988] 1 S.C.R. 401.

282 *R. c.Hydro-Québec*, [1997] 3 RCS 213, §60.

3. Le caractère évolutif de la clause de commerce

153. La clause de commerce est née de la reconnaissance par la Cour d'une pratique gouvernementale évolutive. La dépression des années 30 et la montée en puissance du keynésianisme ont favorisé la centralisation économique du fédéralisme canadien. Le gouvernement fédéral a augmenté son activité économique et lancé des programmes sociaux. L'entre-deux-guerres s'est également caractérisé par une centralisation accrue. Peu à peu, les activités provinciales se sont également multipliées, en particulier dans le domaine des affaires sociales et de l'éducation, mais aussi sur le plan économique. Centralisation et décentralisation se sont donc, tour à tour, succédé [283] . Le sénateur LAMONTAGNE considère ainsi que « notre fédéralisme a toujours été l'un des plus flexibles du monde ». Depuis 1867, nous avons connu quatre régimes différents à l'intérieur d'une Constitution demeurée sensiblement la même. Nous avons eu d'abord « un système très centralisé » au sein duquel le gouvernement fédéral exerçait toutes les principales responsabilités de l'État, les provinces étant reléguées au rang de grandes municipalités. Après le premier conflit mondial, les provinces assumèrent un rôle dominant au sein de la fédération. Avec la Seconde Guerre mondiale, l'hégémonie fédérale réapparut, mais depuis 1957, surtout quand le paiement de péréquation fut inauguré, les provinces ont commencé à jouer un rôle central au sein de la fédération[284]. L'évolution des dépenses directes en biens, en services et en formation brute de capital confirme cette idée.

L'évolution de la clause de commerce est, comme le montre le *Renvoi relatif à la loi sur les valeurs mobilières*, contrôlée par la Cour. Le Parlement doit montrer qu'une évolution factuelle rend nécessaire une intervention fédérale[285], cette dernière ne pouvant être évaluée par une simple référence à

---

[283] Jacques-Yvan MORIN, Les Constitutions du Canada et du Québec : du régime français à nos jours, Montréal, Éditions Thémis, 1994.
1957 : Mise en place d'un système de péréquation
1962 : Fin des locations des champs fiscaux provinciaux, le fédéral proposait d'assurer la perception des impôts provinciaux sans frais, a condition que la base provinciale et fédérale soit la même, refus Québec/Ontario et Alberta ne l'acceptent que pour les revenus des particuliers
1962 : Modification de la formule de péréquation, norme abaissée à la moyenne nationale et non plus à celle des deux provinces les plus riches: l'Alberta et la Colombie-Britannique cessent donc d'en profiter.

[284] Maurice LAMONTAGNE,«Fédéralismeou association d'États indépendants », *Études internationales*, 1977, Vol. 8, n°2, pp. 208-230.

[285] *Renvoi relatif à la Loi sur les valeurs mobilières*, [2011] 3 R.C.S. 837, §115.

l'efficacité comparée des niveaux de gouvernement comme le rappelle Le *Renvoi relatif à la loi sur les valeurs mobilières*[286].

SECTION 2. LA RECONNAISSANCE PRATIQUE DE LA NECESSITE D'UN PRINCIPE AMBIVALENT ET DYNAMIQUE DE PARTAGE DES COMPETENCES

154. En droit de l'Union européenne, les critères d'application du principe de subsidiarité ont été précisés par les traités et protocoles (*sous-section* 1). En droit canadien, la jurisprudence a précisé selon quels critères les théories apparentées à la subsidiarité devaient être interprétées (*sous-section* 2).

Sous-section 1. Les critères d'application du principe de subsidiarité en droit de l'Union européenne

155. Le contrôle du principe de subsidiarité comporte un contrôle de la nécessité. Ainsi, « l'appréciation à effectuer au regard du principe de subsidiarité ne porte pas sur l'objectif poursuivi, mais sur la nécessité d'une action de l'Union européenne pour atteindre cet objectif. Certains objectifs de l'Union européenne (qui justifient en soi l'existence d'une compétence de l'Union européenne) peuvent être mieux réalisés par les États membres (avec la conséquence que l'exercice de cette compétence ne se justifie pas) ». Le principe de subsidiarité implique donc que « la nécessité d'une intervention de l'Union européenne puisse être raisonnablement envisagée »[287].

---

[286] *Ibid.*, §90.

[287] Conclusions de l'avocat général Poiares Maduro du 1er oct. 2009 sur *Vodafone*, Affaire C-58/08, 8 juin 2010, point 30.

156. L'application du principe de subsidiarité comporte deux volets, définis à l'article 5§3TUE, Les institutions doivent d'abord démontrer le bien-fondé d'une intervention de l'Union européenne dans un domaine de compétences partagées (§1 test d'efficacité comparative). Si le résultat est positif, elles recherchent quelle doit être l'intensité d'une intervention de l'Union européenne ainsi que les instruments qui pourront être utilisés, ce qui renvoie au principe de proportionnalité (§2 test de la valeur ajoutée). La Cour opère un contrôle conjoint de ces deux critères (§3).

§1. Le test d'efficacité comparative

157. Après avoir rappelé le contenu du test d'efficacité comparative (A), nous montrerons comment le test de la valeur ajoutée sera déterminée par ce dernier (B).

A. Le contenu du test d'efficacité comparative

158. Grâce au « test de l'efficacité comparative », on évalue au cas par cas les moyens à la disposition des États et de l'Union européenne pour atteindre un objectif juridique ou financier: code de conduite, instructions administratives, texte législatif[288]. Il s'agit d'évaluer les moyens à la disposition de chaque niveau de pouvoir pour atteindre un objectif. Les moyens des États pour réaliser un objectif de l'Union européenne doivent être comparés à ceux de l'Union européenne. L'Union agit pour les tâches qui peuvent être entreprises en commun de manière plus efficace que par les États membres œuvrant séparément.

159. L'Union européenne est compétente pour toute action qui, en raison de sa nature ou de ses effets, peut être mieux réalisée par elle[289]. Non seulement faut-il que l'Union européenne soit plus efficace que les États membres, mais encore faut-il qu'elle le soit en raison des dimensions ou des effets de l'action envisagée ; ce qui limite encore l'étendue de ses compétences dans les domaines de compétences partagées. La subsidiarité permet à l'Union européenne d'intervenir lorsque « la question a des aspects transnationaux qui ne peuvent être réglés de façon suffisante par une action des États membres, une action nationale serait contraire aux exigences du

---

[288] Protocole n° 2 sur l'application des principes de subsidiarité et de proportionnalité annexé au traité de Lisbonne, 9 mai 2008, JOUE C115/201, p. 105.

[289] C'est « en raison des dimensions ou des effets de l'action envisagée que la Communauté est réputée plus efficace pour agir ».

traité ou lèserait les intérêts des États membres ».[290] Outre la dimension transfrontalière de l'action, peuvent être pris en compte des critères tels que les moyens financiers qu'elle nécessite.[291] La meilleure action de l'Union européenne justifiant la pratique du principe de subsidiarité doit être étayée par des indicateurs quantitatifs ou qualitatifs. Les États membres conservent les compétences qu'ils sont capables de gérer plus efficacement eux- mêmes.

B. Le lien entre les deux étapes du test

160. Selon l'aspect négatif du principe de subsidiarité, l'Union européenne intervient si les États membres ne peuvent agir efficacement ; l'Union européenne est donc compétente si le test d'efficacité comparative montre l'insuffisance de l'action étatique. Il s'agit de vérifier au préalable l'efficacité potentielle d'une action de l'Union européenne. Si l'insuffisance de l'action étatique et l'efficacité de l'action de l'Union européenne sont assurées, la nécessité de l'intervention de l'Union européenne est établie. Dès lors, il n'est plus utile de procéder au test de la valeur ajoutée pour démontrer la nécessité de l'action de l'Union européenne.

161. Selon l'aspect positif de la subsidiarité, l'Union européenne ne doit intervenir que si elle est plus efficace que les États. L'efficacité de l'action de l'Union européenne n'implique pas la nécessité de l'intervention de l'Union européenne puisque cette dernière peut être efficace sans être nécessaire, si l'action étatique est aussi satisfaisante. Le test de l'efficacité comparative, s'il montre l'efficacité de l'action étatique et de l'action de l'Union européenne, doit donc être complété par celui de la valeur ajoutée.

---

[290] Protocole n° 2 sur l'application des principes de subsidiarité et de proportionnalité annexé au traité de Lisbonne, 9 mai 2008, JOUE C115/201, p. 105.

[291] http://www.juripole.fr/Juripole_etudiant/html_renard/Del'UnionEuropéenne3.html, (consulté le 12/06/12).

§2. Le test de la valeur ajoutée

162. Ce test consiste en une évaluation de l'efficacité de l'action de l'Union européenne, on évalue l'effet d'échelle de l'action (taille du problème transfrontalier, masse critique), le coût résultant d'une inaction, la nécessité de maintenir une cohérence raisonnable, les limites éventuelles de l'action nationale (notamment les risques de distorsions lorsque certains États membres sont en mesure d'agir et d'autres non), la nécessité d'éviter que le jeu de la concurrence soit faussé à l'intérieur du Marché commun.

L'Union européenne ne peut agir si son action est efficace, mais ne l'est pas davantage que celle des États membres agissant ensemble ou séparément. Il ne suffit pas que le critère d'efficacité soit rempli pour que l'action de l'Union européenne respecte le principe de subsidiarité, encore faut-il que son action soit nécessaire.

§3. Le contrôle conjoint de ces deux critères par la Cour

163. La Cour associe les deux étapes du test. Ayant constaté la plus-value de l'action de l'Union européenne, elle assume une insuffisance du niveau national. Contrairement à ce que prévoit le texte du traité, prévoyant le caractère cumulatif de ces critères, elle fusionne les critères de valeur ajoutée et d'insuffisance nationale, amoindrissant ainsi la portée du test prévu à l'article 5[292].

164. La Cour a tendance à reconnaître la nécessité de l'action de l'Union européenne dès lors qu'elle serait indispensable à assurer l'uniformité du droit de l'Union. Cette dernière ne constitue pourtant pas un objectif en elle-même.

Les modalités d'application du principe de subsidiarité semblent fluctuer au gré des espèces. Il évolue sans raison évidente, tantôt assimilé au principe de proportionnalité, tantôt conçu comme un contrôle de la preuve. Une clarification de son objet devrait permettre d'en améliorer la justiciabilité[293].

---

[292] CJCE 12 juill. 2005, *Natural Health et Nutri-Link*, C-154/04 et C-155/04, Rec. I-6451, points 104-107. Vodafone, Affaire C-58/08, 8 juin 2010, points 76 à 78.

[293] Valérie MICHEL, *Recherches sur les compétences de la Communauté européenne*, Collection Logiques juridiques, Paris, L'Harmattan, 2003, 704 p.

Sous-section 2. Les critères de la « subsidiarité canadienne»

165. La jurisprudence a dégagé les critères d'application de la théorie de l'intérêt national (§1), de l'urgence (§2) et de la clause de commerce (§3).

§1. Les critères de la théorie de l'intérêt national

166. Après avoir précisé les critères les plus récents de la théorie des dimensions nationales (A), nous montrerons en quoi ils constituent une précision de sa construction par le Conseil privé (B).

A. Les critères actuels de la théorie de l'intérêt national

167. Les sujets doivent être distincts de la théorie de l'urgence, ils peuvent s'appliquer à des catégories qui n'existaient pas à l'époque de la Fédération comme à des sujets à l'origine de compétences provinciales.

La Cour suprême a précisé en 1988 les critères des matières d'intérêt national dans l'arrêt *Crown Zellerbach*[294]sur lequel nous reviendrons par la suite. Ce faisant, elle apaisa une partie de la doctrine, qui craignait qu'appliquée sans aucune limite, cette théorie ne conduise à l'union législative.

168. La Cour considère que pour être d'intérêt national une matière « doit avoir une unicité, une particularité et une indivisibilité qui la distinguent clairement des matières d'intérêt provincial, et un effet sur la compétence provinciale qui soit compatible avec le partage fondamental des pouvoirs législatifs effectués par la Constitution »[295].En effet, si un sujet peut être divisé, les différents niveaux de gouvernement agiront de concert.[296]En

---

[294] R. v. Crown Zellerbach Canada Ltd., [1988] 1 S.C.R. 401.

[295] Ibidem.

[296] Wiliam Ralph LEDERMAN, « Unity and diversity in canadian federalism : ideals and methods of moderation », *Revue du barreau canadien,* 1989, n° 53, pp. 597-620.
Le fait que ces sujets puissent être subdivisés ne signifie pas qu'ils ne soient pas importants mais qu'ils ne doivent pas constituer des vecteurs dans le partage des compétences. Ces sujets

revanche, dans un domaine indivisible, la question pourra se poser du déclenchement de la théorie de l'intérêt national[297]. Il semble difficile de déterminer si un domaine possède une unité telle qu'on puisse le considérer comme un tout et l'attribuer en bloc au pouvoir fédéral ou aux provinces. Si cette unicité apparaît facile à étayer dans certains domaines, les débats relatifs à l'application de ce critère montrent qu'il n'en est pas toujours ainsi.

169. La Cour complète les critères d'unicité, de particularité et d'indivisibilité par celui de l'incapacité provinciale : « il est utile d'examiner quel effet aurait sur les intérêts extra-provinciaux l'omission d'une province de s'occuper efficacement du contrôle ou de la règlementation des aspects provinciaux de cette matière[298] ». Cette conception du fédéralisme est pragmatique[299]. Le critère de la capacité à agir, déterminant dans le déclenchement de la théorie de l'intérêt national, est commun au principe de subsidiarité. L'interprétation de la capacité à agir comme un impératif d'efficacité traduit souvent une conception uniformisante du fédéralisme[300].

170. Le problème posé par le second critère avait déjà été évoqué dans l'affaire *Russell*[301]. La définition d'une matière nouvelle reste nébuleuse. Il ne suffit pas que plusieurs provinces soient concernées pour que la théorie de l'intérêt national soit mise en œuvre.

La théorie de l'intérêt national, contrairement à celle de l'urgence nationale, s'applique en tout temps. Le *Renvoi sur la Loi anti-inflation* remet en cause cette théorie selon laquelle certains sujets revêtent une importance telle qu'ils nécessitent une intervention du fédéral empiétant sur le champ des compétences fédérales. En l'espèce, une preuve extrinsèque[302] peut servir à

---

pourraient être traités de façon efficace sans pour autant être attribués au même niveau de gouvernement.

297 PeterW. HOGG, *Constitutional law of Canada*, 2006 student éd., Scarborough, Ont., Thomson Carswell, 2006, p. 448 : « L'élément déterminant qui justifie le déclenchement de la théorie de l'intérêt national est le besoin, dans un champ donné, d'une loi nationale qui ne peut être réellement satisfaite au moyen de la coopération des provinces puisque l'inaction comporte des conséquences préjudiciables pour les résidents des autres provinces ».

298 *Crown Zellerbach Canada Ltd*, [1988] 1 RCS 401, p. 432.
Selon Dale Gibson, Measuring « national dimensions » (1976) 7 Man L J, p. 34 35, ce critère est le fondement principal de l'intervention fédérale en matière de POBG.

299 André TREMBLAY, *Droit constitutionnel : principes*, Montréal, éd. Thémis, 1993, 507 p.
« C'est presque demander aux juges de décider en fonction des avantages découlant de l'uniformité législative ».

301 *Russel c. la Reine*, [1882], 7 AC 829.

302 Sont qualifiés d'extrinsèques les éléments de preuve extérieurs à la norme interprétée. Le terme extra-juridique sera également employé. Ainsi, dans cette recherche, des preuves techniques, économiques ou sociales seront-elles considérés comme juridique, par opposition aux normes générales produites par les institutions de l'Union européenne, Parlement, Conseil et Commission ou les pouvoirs publiques canadiens;

prouver qu'une mesure est d'intérêt national; elle ne peut servir à établir son urgence[303]. Les preuves extrinsèques visent à démontrer que l'intervention parlementaire s'appuyait sur un fondement rationnel. La Cour peut se montrer plus exigeante que ce fondement rationnel, comme le montre le *Renvoi relatif à la loi sur les valeurs mobilières*[304].

Le Conseil privé puis la Cour suprême ont d'abord tenté d'encadrer la théorie des dimensions nationales par des critères stricts. Cependant, la Cour suprême a réactivé cette théorie vers la fin des années 80.

B. Le développement jurisprudentiel de la théorie des dimensions nationales

171. La Cour suprême avait posé en 1976 les premiers critères des matières d'intérêt national[305] dans le *Renvoi sur la Loi anti-inflation*[306].

Dans l'arrêt *Russell c. la Reine*[307], de 1882, le Conseil privé pose les fondements de la théorie des dimensions nationales. Il reconnaît la validité de *l'Acte de tempérance du Canada* qui interdit la vente et la consommation d'alcool dans certaines provinces. Se référant à l'article 91, Sir Montague SMITH invoque la nécessité d'un traitement général et uniforme pour tout le Canada de la prohibition de l'alcool. Par conséquent, seul le Parlement fédéral peut intervenir dans ce but.

172. Le Conseil privé délimitera le champ d'application de la *théorie des dimensions nationales* dans *l'Affaire des prohibitions locales* en 1896. Cette théorie ne doit être appliquée qu'aux sujets dont l'envergure nationale ne fait aucun doute. Il s'agit d'apprécier avec prudence l'empiètement sur la législation provinciale. La théorie des dimensions nationales ne sera d'ailleurs invoquée à nouveau qu'en 1946 dans *Procureur général de l'Ontario c. Canada Temperance Federation* où le Conseil privé la distingue de la théorie de l'urgence. Cet arrêt présente la théorie des dimensions nationales comme n'excluant pas une compétence concurrente provinciale. La Cour suprême du Canada, aussitôt émancipée, l'utilisera à plusieurs

---

303 *Renvoi: Loi anti-inflation*, [1976] 2 R.C.S. 373, p. 423.

304 *Renvoi relatif à la Loi sur les valeurs mobilières*, [2011] 3 R.C.S. 837, §83.

305 Peter W.HOGG, *Constitutional law of Canada*, 2006 student éd., Scarborough, Ont., Thomson Carswell, 2006, pp. 466, 467.

306 Renvoi : Loi anti-inflation, [1976] 2 R.C.S. 373.

307 *Russel c. la Reine*, [1882] 7 AC 829.

reprises. Dans *Johanesson c. Rural Municipality of West St Paul*[308], en 1952, la Cour se réfèrera à la clause paix, ordre et bon gouvernement pour reconnaître la compétence fédérale exclusive sur l'aéronautique, sujet qui affecte le corps politique du Canada. Dans cette affaire, sur laquelle nous reviendrons, la Cour devait décider si la Loi sur les municipalités[309] relevait de la compétence provinciale en matière de zonage. Se référant à la Convention de Chicago, elle considère que l'aéronautique dépasse les intérêts locaux[310]. Dans *Munro c. Commission de la capitale nationale*, en 1966, elle reconnaît la compétence fédérale pour procéder à une expropriation autour de la ville d'Ottawa afin de créer une région de la capitale nationale, ce qui dépasserait « manifestement les intérêts locaux »[311].

173. Dans le *Renvoi sur la Loi anti-inflation*[312], la Cour suprême apaise les premières inquiétudes relatives à une extension démesurée de la théorie de l'intérêt national en précisant les conditions de son application. En effet, la clause « paix, ordre et bon gouvernement » ne permettrait au fédéral d'intervenir dans le cadre de la théorie des dimensions nationales que dans la mesure où ces matières sont circonscrites et ne peuvent être rattachées aux matières dévolues aux provinces. Or l'inflation n'est pas une matière nouvelle, mais un sujet pouvant être rattaché aux matières décrites aux articles 91 et 92 de la Constitution[313].

Le juge Duff, dans le *Renvoi sur la Constitution de compagnies*[314], avait déjà précisé que la théorie de l'intérêt national ne peut porter sur une matière qui, si elle était réglementée par une seule province, tomberait dans la liste des pouvoirs provinciaux énumérés aux paragraphes 1 à15 de l'article 92 de la *Loi constitutionnelle de 1867*.

174. Cependant, le *Renvoi sur la Loi anti-inflation*[315] n'a été appuyé que par cinq juges ; le juge en chef LASKIN, se contentant d'affirmer que la théorie de l'urgence suffisait à trancher, n'a pas explicitement écarté la théorie des dimensions nationales. Il précise néanmoins que le désir

---

308 *Johannesson v. Municipality of West St. Paul*, [1952] 1 S.C.R. 292.

309 *La Loi sur les municipalités*, RSM 1940, c.141 est ultra vires.

310 « If, therefore, the subject of aeronautics goes beyond local or provincial concern because it has attained such dimensions as to affect the body politic of Canada, it falls under the « Peace, Order and Good Government » clause of s. 91 of the B.N.A. Act since aeronautics is not a subject-matter confined to the provinces by s. 92. »

311 *Munro v. National Capital Commission*, [1966] R.C.S. 663.

312 Renvoi : Loi anti-inflation, [1976] 2 R.C.S. 373.

313 *Loi constitutionnelle de 1867*, 30 et 31 Vict., c. 3 (R.U.), art. 91 à 95.

314 *Renvoi sur la Constitution de compagnies*, [1913] 48 RCS 331.

315 Renvoi sur la Loi anti-inflation, [1976] 2 R.C.S. 373.

d'assurer l'uniformité ne suffit pas à justifier l'intervention fédérale quoique l'uniformité soit un facteur déterminant de législation fédérale[316].

175. Le juge BEETZ y affirmera que le fédéral, lorsqu'il intervient en matière de paix, d'ordre et de bon gouvernement, le fait à titre exclusif ; ce qui semble contredire la position du Conseil privé dans *Attorney-General for Ontario v. Canada Temperance Federation*[317].

176. Par ailleurs, le coup d'arrêt porté par la Cour suprême à la théorie de l'intérêt national ne fut que momentané dans la mesure où elle l'utilisa en 1988 pour reconnaître la constitutionnalité de la Loi sur l'immersion de déchets en mer. Quatre juges sur sept reconnurent la validité de cette loi, car le Parlement fédéral semblait seul à pouvoir lutter contre la pollution marine, devenu un sujet d'intérêt national. La Cour élargit les critères d'appréciation de l'intérêt national. Le juge Le Dain, selon une approche « matérielle », considère au nom de la majorité qu'une matière de compétence provinciale peut acquérir un intérêt national et devenir une compétence fédérale[318]. Le juge Le Dain précise que le critère « d'incapacité provinciale » fournit une bonne indication pour déterminer si le critère « d'unicité, de particularité et d'invisibilité » est satisfait : « pour décider si une matière atteint le degré requis d'unicité, de particularité et d'indivisibilité qui la distingue clairement des matières d'intérêt provincial, il est utile d'examiner quel effet aurait sur les intérêts extra-provinciaux l'omission d'une province à s'occuper efficacement du contrôle ou de la règlementation des aspects intra provinciaux de la matière ». Cette conception s'oppose à celle du juge La Forest, minoritaire, qui promeut au contraire une approche « conceptuelle » de la théorie de l'intérêt national.

§2. Les critères de la théorie de l'urgence

177. La Loi constitutionnelle de 1867 ne prévoit pas de compétences fédérales pour intervenir en cas d'urgence. Le fondement juridique de ce pouvoir a néanmoins sa source dans la Constitution[319]. En 1922, la Conseil privé a, sans la nommer, posé les fondements de la théorie de l'urgence dans

---

[316] Renvoi sur la Loi anti-inflation, [1976] 2 R.C.S. 373, p. 400.

[317] Attorney-General for Ontario v. Canada Temperance Federation, [1946] A.C. 193.

[318] R. v. Crown Zellerbach Canada Ltd., [1988] 1 S.C.R. 401, §2 :
« la théorie de l'intérêt national s'applique autant à de nouvelles matières qui n'existaient pas à l'époque de la Confédération qu'à des matières qui, bien qu'elles fussent à l'origine de nature locale ou privée dans une province, sont depuis devenues des matières d'intérêt national, sans qu'il y ait situation d'urgence nationale ».

[319] *Loi constitutionnelle de 1867*, 30 et 31 Vict., c. 3 (R.U.), art. 91.

le *Renvoi relatif à la loi de la commission de commerce*[320]. Une loi postérieure au rétablissement de la paix y est déclarée invalide, d'une part parce qu'elle n'a pas été édictée dans le but de réagir à une situation d'urgence et, d'autre part, parce qu'elle n'est pas restreinte dans le temps.

La sécurité de l'État doit être menacée. La Loi sur les mesures d'urgence de 1985[321] définit la crise nationale : une crise nationale, d'une part, met en danger la vie, la santé ou la sécurité des Canadiens et échappe à la capacité ou au pouvoir d'intervention des provinces et, d'autre part, menace gravement la capacité du gouvernement du Canada de garantir la souveraineté, la sécurité et l'intégrité nationales du pays.

Les pouvoirs du Parlement peuvent se prolonger, si nécessaire, au-delà des circonstances exceptionnelles. L'urgence constitue une interruption temporaire du principe fédéraliste. Elle permet au fédéral d'intervenir dans des circonstances exceptionnelles et transitoires dans des domaines de compétences provinciales afin de réagir à une crise ou d'en éviter une. Un conflit armé ou une crise économique peuvent constituer des mesures d'urgence.

178. Ce pouvoir d'urgence peut, en particulier, être appliqué en temps de paix si le bien-être de la population canadienne est en danger. L'urgence peut être simplement appréhendée en temps de paix[322]comme la loi sur les mesures d'urgence[323] en atteste. Le Parlement n'est pas obligé d'affirmer explicitement que sa loi est fondée sur un pourvoir d'urgence. La jurisprudence est divisée entre deux conceptions, celle de *Fort Frances* et celle de *Temperance Federation*. Le Conseil privé valide l'ancienne Loi sur les mesures de guerre dans l'arrêt *Fort Frances*[324]. Il y définit l'urgence comme une situation de guerre, d'invasion, d'insurrection réelle ou appréhendée. Le Parlement doit alors intervenir. Le Conseil privé affirme qu'il appartient au gouvernement fédéral de déterminer la fin de l'urgence, échéance qu'il devra clairement définir[325]. En 1950, la Cour suprême validera la *Loi sur les mesures de guerre*[326]; elle affirmera ne pouvoir

---

[320] *Renvoi relatif à la loi de la commission de commerce et à la loi des coalitions et des prix raisonnables*, [1922] 1 AC 191.

[321] Loi sur les mesures d'urgence, L.R.C. (1985), c.E.

[322] Renvoi : Loi anti-inflation, [1976] 2 R.C.S. 373.

[323] Loi sur les mesures d'urgence, L.R.C. (1985), c.E.

[324] *Fort France Pulp and Power co c. Manitoba Free Press Co.*, [1923] AC 695, note 270, p. 704.

[325] *Ibid.*, note 270, p. 706.

[326] Loi sur les mesures de guerre, LRC 1985 c W2.

invalider les règlements fédéraux alors que l'arrêt de la situation d'urgence n'est pas prouvé.

Dans *Temperance Federation*[327], la Cour ne se réfère pas à la mention de l'urgence dans la norme contestée. Il revient à l'interprète de voir si la loi est essentielle pour le pays et si les intérêts en jeux transcendent ceux des provinces et si l'action concertée des gouvernements aurait suffi à réagir face à la crise.

L'arrêt *Japanese Canadians*[328] renoue avec la théorie de l'état d'urgence implicite de *Fort Frances* et de *Régie des loyers*. La jurisprudence *Fort Frances*[329] a précisé que l'urgence n'est pas toujours limitée à la durée d'un conflit l'ayant déclenchée. Elle a également établi que les tribunaux ne peuvent mettre fin à l'état d'urgence que s'ils ont une contre-preuve.

Le *Renvoi sur la Loi anti-inflation*[330] indique que la jurisprudence *Fort France* doit être retenue de préférence à la jurisprudence *Temperance Federation*[331]. Ce n'est donc pas l'existence de l'urgence qui importe, mais la nature (*pith and substance*) de la loi pour déterminer si la loi est valide ou non. Il s'agit pour le juge non d'évaluer s'il y a bien urgence, mais si le Parlement fédéral est intervenu avec la volonté de réagir à un besoin urgent. L'urgence est présumée, il revient à la personne qui la conteste de prouver qu'elle n'existait pas[332]. Difficile à établir, cette preuve peut se fonder sur l'irrationalité de la situation d'urgence, sur la malhonnêteté du fédéral qui aurait détourné un pouvoir. La sagesse et l'opportunité de la démarche ne sont pas évaluées. L'urgence doit en outre être temporaire. De façon très limitée, le tribunal peut exercer une révision de la mesure prise dans l'urgence. Le *Renvoi sur la Loi anti-inflation*[333] a autorisé l'utilisation de preuves extrinsèques pour établir la situation d'urgence et a précisé que l'urgence pouvait être réelle ou appréhendée. Selon l'article 17 de la Loi sur les mesures d'urgence, une déclaration du gouverneur en conseil proclamant qu'un état d'urgence existe constitue une preuve de l'urgence.

---

327 Attorney-General for Ontario v. Canada Temperance Federation, [1946] A.C. 193. *Fort Frances Pulp and Paper Co. v Manitoba Free Press Co.*, [1923] A.C. 695 (PC).

328 Cooperative Commitee on Japanese Canadians c AG Canada, [1947] A.C. 87, [1947] A.C. 87.

329 *Fort France Pulp and Power co c. Manitoba Free Press Co.*, [1923] AC 695.

330 *Renvoi : Loi anti-inflation*, [1976] 2 R.C.S. 373, §404.

331 CanadaTemperance Federation, [1946] A.C. 193.

332 *Renvoi relatif à la Loi sur les valeurs mobilières*, [2011] 3 R.C.S. 837.

333 Renvoi : Loi anti-inflation, [1976] 2 R.C.S. 373.

179. La Cour suprême va développer le champ d'application de l'urgence. Le Conseil privé n'a pas appliqué la théorie de l'urgence nationale en dehors des périodes de guerre ou d'après-guerre.[334]

La Cour suprême rompra avec cette jurisprudence dans le *Renvoi sur la Loi anti-inflation*[335], en reconnaissant la constitutionnalité d'une loi ayant pour objet de limiter les marges bénéficiaires, les prix, les dividendes et les rémunérations du Canada afin de réduire et d'endiguer l'inflation. Cette loi empiétait sur les compétences provinciales, notamment en matière de droit privé. Le gouvernement fédéral invoque à son soutien la théorie de l'intérêt national ; l'endiguement et la réduction de l'inflation sont une question qui transcende les intérêts locaux, privés ou provinciaux et met en jeu « l'intérêt national sous un aspect vital ». La majorité des juges de la Cour suprême, sept sur neuf, appliqua cependant la théorie de l'urgence. Même le juge BEETZ, dissident en l'espèce, reconnaît qu'il serait prêt à mettre en œuvre la théorie de l'urgence en temps de paix : « la compétence législative du Parlement en vertu de la doctrine d'urgence nationale ne se confine pas à des situations inhérentes à la guerre ou aux périodes de transition entre la guerre et la paix : la situation d'urgence envisagée par la doctrine peut survenir en temps de paix »[336]. Le juge BEETZ spécifie qu'il faut l'utiliser avec parcimonie, précisant que les pouvoirs conférés au Parlement fédéral dans l'urgence sont prépondérants sur ceux des provinces et que la Constitution se trouve modifiée pendant la durée de l'urgence. Il affirme que « ce pouvoir donné au Parlement, pour faire face à la situation d'urgence, constitue une compétence concurrente et prépondérante sur des matières qui normalement relèvent exclusivement des provinces »[337]. Sur ce point, l'exercice de ce pouvoir équivaut à une modification temporaire *pro tanto* de la Constitution fédérale par l'action unilatérale du Parlement. Les pouvoirs transférés peuvent être très vastes, y compris en matière de droit civil, et peuvent conduire à la mise entre parenthèses de libertés fondamentales[338].

[334] Toronto Electric Commissioners c. Snider, [1925] AC 396.
En l'espèce, il n'y a pas de situation d'urgence « mettant dans un péril inattendu la vie du Canada ».

[335] *Renvoi : Loi anti-inflation*, [1976] 2 Toronto Electric Commissioners c. Snider.S. 373, p. 459 le juge Grandpré s'associe à la déclaration du juge Ritchie, p. 436, Marlant et Pigeon s'associent à la déclaration du juge Laskin.

[336] *Renvoi : Loi anti-inflation*, [1976] 2 R.C.S. 373, p. 459.

[337] *Renvoi relatif à la validité des règlements sur les baux en temps de guerre*, [1950] R.C.S. 124, p. 463.

[338] L'arrêt *Oakes*, 10 ans plus tard, vient limiter la mise entre parenthèses des libertés fondamentales en posant un test fondé sur l'interprétation de l'article 1 de la Charte canadienne.
Oakes, [1986] 1 R.C.S. 103.

§3. Les critères de la clause fédérale de commerce

180. Dans l'arrêt *MacDonald v. Vapor Canada Ltd*[339], la Cour reconnaît pour la première fois une compétence générale fédérale en matière de commerce. La loi fédérale est valide si elle répond à trois critères; elle doit s'inscrire dans un système général de réglementation, faire appel à la surveillance constante d'un organisme de contrôle et porter sur le commerce dans son ensemble plutôt que sur un commerce en particulier.

Le juge Dickson émit par la suite dans *Canadian National Transportation*[340] une opinion dissidente dans laquelle il complétait ces critères par deux autres. Le Parlement fédéral peut intervenir si les provinces ne peuvent pas, « conjointement ou séparément adopter une telle loi et que l'omission d'inclure une seule ou plusieurs provinces ou localités compromette l'application de cette loi dans d'autres parties du pays. Enfin, l'intervention fédérale ne doit pas compromettre l'équilibre du pouvoir entre les gouvernements fédéral et provinciaux »[341].

181. En 1989, le juge Dickson, désormais juge en chef, rédigea l'opinion majoritaire dans l'arrêt *General Motors of Canada Ltd v. City National Leasing*[342], où il rappela les critères mentionnés dans l'arrêt *Canadian National Transportation,* posant ainsi un test en cinq étapes permettant de déterminer si la clause de commerce pouvait être appliquée :

- la loi contestée doit faire partie d'un système général de réglementation;
- le système doit être contrôlé par la surveillance constante d'un organisme de réglementation;
- la loi doit porter sur le commerce dans son ensemble plutôt que sur un secteur particulier;
- la loi devrait être d'une nature telle que les provinces, conjointement ou séparément, soient constitutionnellement incapables de l'adopter ;

---

339 *MacDonald v. Vapor Canada Ltd*, [1977] 2 SCR 134 66 DLR 3d 1(1977) 2 R.C.S 134, p. 160 le juge Laskin prêt à « considérer sous leur aspect le plus général la compétence du Parlement du Canada sur la réglementation des échanges et du commerce ».

340 Canada (attorney general) v. Canadian national transportation Ltd, [1983] 2 SCR 206 3 DLR (4th) 16 at p268 SCR.

341 Procureur général du Canada c. Transports nationaux du Canada Ltée, [1983] 2 RCS 206 p. 208, opinion du juge Dickson, p. 262.

342 *General Motors of Canada Ltd. c. City National Leasing*, [1989] 1 R.C.S. 641.

- l'omission d'inclure une ou plusieurs provinces ou localités dans le système législatif compromettrait l'application de ce système dans d'autres parties du pays.

182. Ces deux derniers critères ne sont pas sans rappeler le critère de la capacité à agir de mise en oeuvre de la subsidiarité en droit de l'Union européenne. La référence à l'équilibre fédératif évoque quand à elle le principe de proportionnalité en droit de l'Union européenne.

CONCLUSION DU CHAPITRE 1

183. La régulation de l'exercice des compétences par un principe ambivalent et dynamique apparaît nécessaire à une poursuite efficace des objectifs de l'entité englobante. Le principe de subsidiarité, favorisant l'adaptation de l'exercice des compétences aux circonstances, permet ainsi d'assurer l'effectivité du droit de l'Union européenne tout en assurant le respect du pluralisme, et de la diversité. Il permet de limiter les chevauchements entre deux niveaux de pouvoirs tout en garantissant la poursuite efficace des objectifs du système juridique auquel appartiennent ces pouvoirs.

184. Lorsque deux niveaux de pouvoir sont compétents pour agir dans un même domaine, pour établir si l'entité englobante, Union européenne ou État fédéral canadien, peut intervenir, l'interprète de la subsidiarité doit, se référer à la capacité à agir de chaque niveau de gouvernement. Son application à une norme nécessite par conséquent l'identification des objectifs qu'elle poursuit et des moyens dont dispose chaque niveau de gouvernement, pour les atteindre. Ainsi une application mécanique d'un principe dont le contenu est intrinsèquement lié au contexte de son application apparaît-elle impossible.

185. En Europe comme au Canada, cette mise en œuvre de mécanismes de subsidiarité est encadrée par des tests permettant l'évaluation de la capacité à agir de chaque niveau de gouvernement.

Nous rechercherons dans un second chapitre si l'intervention de l'interprète, nécessaire à assurer une pleine mise en œuvre de la subsidiarité, s'il est possible de limiter l'indétermination de la subsidiarité.

CHAPITRE 2. L'INDETERMINATION DE LA SUBSIDIARITE

186. Nous avons observé dans le premier chapitre le caractère ambivalent et dynamique de la subsidiarité, justifiant son interprétation dynamique. Les traités européens ne suffisent pas à déterminer avec certitude le sens et la portée de ce principe. La Loi constitutionnelle de 1867 n'écarte pas davantage toute incertitude relative aux mécanismes de subsidiarité en droit canadien.

187. Nous rechercherons dans ce chapitre si, au côté de l'indétermination[343] naturelle de ce principe, l'imprécision de ses critères de mise en œuvre vient accroître la marge de manœuvre dont jouit l'interprète dans sa mise en œuvre de la subsidiarité. Limiter cette indétermination permettrait de garantir une plus grande prévisibilité de l'exercice des compétences.

188. Bien qu'une part de l'ambiguïté de ce principe, due à sa nature ambivalente et dynamique, ne semble pas pouvoir être écartée, il appert, au regard de la jurisprudence de la Cour de justice et de la Cour suprême, qu'une précision de son champ d'application et de ses critères de mise en œuvre permettrait de renforcer l'efficacité de l'exercice des compétences en réduisant les conflits de normes. La réduction au minimum nécessaire du pouvoir interprétatif du juge devrait lui permettre d'effectuer un contrôle efficient sans devenir arbitraire. En effet, des lacunes textuelles pourraient entraver le contrôle juridictionnel. La Cour de justice et la Cour suprême se trouvent, par conséquent, régulièrement dans l'impossibilité de sanctionner une intervention injustifiée de l'entité centrale.

La question de la subsidiarité ne peut être traitée sans référence à celle de la proportionnalité des interventions de chaque ordre de gouvernement à une époque où les législations des deux niveaux de pouvoir se complètent[344].

189. L'indétermination de la subsidiarité découle de sa nature ambivalente (section 1), mais aussi de l'imprécision de son champ d'application (section 2).

---

[343] Nous entendons par indétermination, ce qui ne peut être défini avec précision.

[344] La théorie canadienne du champ inoccupé, tout comme celle de la préemption en Europe, ôte aux unités décentralisées la capacité d'intervenir lorsque l'unité centrale a montré sa volonté de régir un domaine législatif dans sa totalité.

SECTION 1. L'INDETERMINATION DE LA SUBSIDIARITE DECOULANT DE SON CARACTERE AMBIVALENT

190. En droit de l'Union européenne (*sous-section* 1), comme en droit canadien (sous-section 2), l'indétermination de la subsidiarité est partiellement irréductible dans la mesure où elle découle partiellement de son caractère ambivalent.

Sous-section 1. L'indétermination de la subsidiarité découlant de son caractère ambivalent en droit de l'Union européenne

191. La question se pose de savoir dans quelle mesure il est possible de restituer des compétences aux États membres sur la base du principe de subsidiarité (§1). En outre, la mise en évidence de l'incapacité d'action des États n'est pas toujours évidente, le principe de subsidiarité demeurant écartelé entre recherche d'efficacité et quête d'une plus grande proximité avec le citoyen (§2).

§1. La problématique de la restitution de compétences aux États membres

192. Certaines difficultés d'interprétation du principe de subsidiarité résultent du caractère progressif de l'intégration de l'Union européenne. Le temps acquiert une portée juridique dans la définition des compétences exclusives, mais également lorsque les modalités d'exercice des compétences doivent être réévaluées à la suite d'un changement de circonstances, en particulier pour les traités à vocation économique et sociale. Si le temps semblait à l'origine bénéficier à la Communauté, les États étant considérés comme compétents aussi longtemps que la Communauté n'était pas intervenue, cette tendance sembla s'inverser avec

l'article 3B dans les domaines de compétences non exclusives[345]. Le problème de l'évolution des compétences au fil du temps ne se pose en effet que dans les domaines de compétences partagées, dans la mesure où les États peuvent retrouver leur compétence si un texte de l'Union européenne est retiré ou si la législation de l'Union européenne présente des lacunes[346]. Un tel problème ne se pose pas dans les domaines de compétences exclusives où le temps bénéficie systématiquement à la Communauté[347].

193. Le traité de Maastricht a élargi le champ des compétences de l'Union européenne, particulièrement celui des compétences préexistantes. Avant le traité de Maastricht et l'introduction de l'article 3B, l'inaction de l'État suffisait à autoriser la Communauté à intervenir. Avec l'introduction de l'article 3B, une action « potentiellement suffisante, mais non encore accomplie » suffirait à interdire une intervention de la Communauté[348]. Par ailleurs, les compétences transférées à la Communauté dans le cadre de l'article 3B n'appartiennent pas à cette dernière de façon exclusive et définitive. La Communauté, l'Union désormais, ne doit intervenir qu'aussi longtemps que son action est nécessaire. La nécessité d'une action commune des États membres par l'intermédiaire de l'Union peut, en principe, disparaître au Cours d'évolutions politiques, juridiques ou sociales. Les compétences reviennent alors aux États membres[349]. Il s'agit de préciser dans quelles conditions le principe de subsidiarité peut bénéficier aux États membres si, à la suite de leur intervention, la nécessité d'une action de l'Union européenne disparaît.

Une réévaluation de la nécessité de l'intervention de l'Union européenne semble indispensable pour préserver l'ambivalence et le dynamisme du principe de subsidiarité (A). Cependant, l'interprète pourra s'opposer à la restitution de compétences aux États membres afin de préserver la prévisibilité et l'effectivité du droit de l'Union européenne (B).

---

[345] *CJCE, délibération 1/78, 14 novembre 1978,* Rec. 1978, note 69, le juge de l'Union européenne semble accepter certaines entraves à la libre circulation.

[346] TFUE (version consolidée), *JOUE* C326 du 9 mai 2008.

[347] *Avis 2/91 de la CJCE,* 19 mars 1993, *Rec.* 1-1061 28.

[348] Herve BRIBOSIA, « Subsidiarité et répartitions des compétences entre la Communauté et ses Etats membres », *RDUE,* 1992, n° 4, p. 165 : « ce qui n'est pas sans conséquence sur les compétences externes de la Communauté et par conséquent, à cause de la théorie du parallélisme des compétences, sur ses compétences externes. La théorie de « l'effet utile » subit également les conséquences d'une telle évolution ».

[349] Protocole n° 2 sur l'application des principes de subsidiarité et de proportionnalité annexé au traité de Lisbonne, 9 mai 2008, JOUE, C115/201.

A. La réévaluation de la nécessité de l'intervention de l'Union européenne

194. Les objectifs posés par les traités et, en particulier, les objectifs de société[350] peuvent être poursuivis par des normes de l'Union européenne, mais également par des normes étatiques ou régionales. La législation de l'Union européenne devrait être à caractère sélectif. Par conséquent, une législation de l'Union européenne peut être nécessaire à un moment donné pour atteindre un objectif puis cesser de l'être quelques années plus tard, lorsque sont intervenus d'autres niveaux de pouvoir, plus proches du citoyen.

Dès lors une question se pose. La nécessité de l'action de l'Union européenne a-t-elle été évaluée une fois pour toutes lors de la première intervention de l'Union européenne ou peut-elle être remise en question par la suite ? Quoique la « règle de minimis », découlant de l'article 5§3TUE, prévoie que le coût de l'action de l'Union européenne ne doit pas être disproportionné par rapport aux effets de l'intervention, la théorie de la préemption semble privilégier la première hypothèse. Les États ne peuvent de leur propre chef s'abstenir d'appliquer une norme de l'Union européenne.

B. Les dangers d'une remise en question des compétences de l'Union européenne

195. La remise en question des compétences de l'Union européenne sur la base du principe de subsidiarité pourrait menacer la prévisibilité (1) et l'efficacité du droit de l'Union européenne (2). Cependant, la poursuite de ces impératifs n'empêche pas la remise en cause de normes nouvelles dans un domaine où la Communauté est déjà intervenue (3).

---

[350] La protection du consommateur, de la santé, de l'environnement ou de l'ordre public, en constituent des exemples.
La plupart des propositions faites dans le cadre de l'article 100A du traité CEE visent des objectifs de société tels que la protection du consommateur, de la santé, de l'environnement de l'ordre public, or il n'est pas toujours nécessaire de légiférer en détail sur tous les aspects de ces objectifs pour garantir l'objectif principal de libre circulation.

1. La nécessité de garantir la prévisibilité du droit de l'Union européenne

196. La remise en question d'une norme de l'Union européenne en vigueur serait susceptible de menacer la prévisibilité du droit[351]. En effet, donner au pouvoir juridictionnel la possibilité de remettre en cause, à tout moment, une norme de l'Union européenne, devenue inutile à la réalisation d'un objectif, rendrait le droit incertain. Il deviendrait difficile pour le justiciable de savoir à quelle règle se référer, nationale ou de l'Union européenne. Cette critique ne prend tout son sens que si la règle de l'Union européenne et la règle nationale se contredisent, ce qui semble peu probable dans la mesure où les objectifs poursuivis seraient les mêmes. Le fait que l'une des deux normes soit plus contraignante que l'autre n'aurait pas pour effet de menacer la prévisibilité du droit dans la mesure où le justiciable serait tenu de respecter la norme la plus exigeante. L'action de l'Union européenne doit éviter les disparités de situations, mais peut donc accepter des normes nationales plus rigoureuses.

197. Il s'agit d'éviter toute situation où le droit serait imprévisible ou difficilement prévisible. La prévisibilité du droit est nécessaire à la sécurité du droit et constitue, par conséquent, une garantie de l'État de droit, d'où l'importance de préserver les droits acquis et d'assurer la stabilité des situations de droit. Le principe de sécurité juridique constitue d'ailleurs un principe général du droit communautaire depuis l'arrêt *Bosch* du 6 avril 1962[352]. Ainsi l'effet « cliquet anti-retour » ne vise-t-il pas uniquement à assurer l'effectivité du droit de l'Union européenne.

---

[351] *British American Tobacco Investments et Imperial Tobacco*, Affaire C-491/01, 10 décembre 2002.
Pourtant, tout recours en annulation et, éventuellement, tout recours en exception d'illégalité, ne seraient-il pas susceptibles de menacer la prévisibilité du droit ? Le danger de bouleverser la stabilité du fragile édifice de l'Union européenne n'est pas caractéristique des recours fondés sur une méconnaissance du principe de subsidiarité. Il s'agit, lorsque la norme est ancienne, de vérifier que son annulation soit indispensable. Or, il n'est pas certain qu'il soit indispensable d'annuler une norme de l'Union européenne devenue superflue avec le temps mais respectant le principe de subsidiarité au moment de son édiction. Il s'agit de procéder à une balance entre coût et avantage : est-il préférable, dans chaque cas, de préserver les compétences étatiques ou d'assurer la prévisibilité du droit ?

[352] *Kledingverkoopbedrijf de Geus en Uitdenbogerd contre Robert Bosch GmbH* et Maatschappij tot voortzetting van de zaken der Firma Willem van Rijn. - Demande de décision préjudicielle : Gerechtshof 's-Gravenhage - Pays-Bas, Affaire 13-61, 6 avril 1962.

2. *La recherche d'un droit de l'Union européenne effectif*

198. La Cour recherche l'effectivité du droit de l'Union européenne (a), cette effectivité étant perçue comme nécessitant une progression constante des compétences de l'Union européenne (b).

a. Le principe d'effectivité

199. Qu'elle soit favorable à la Communauté ou aux États membres, l'interprétation du principe de subsidiarité et du facteur temps est légitimée par la Cour par sa recherche d'effectivité du droit de l'Union européenne[353]. La recherche d'effectivité précède donc la reconnaissance explicite de la subsidiarité. La marge de manœuvre autorisée pour les États dépend de l'action positive de la Communauté, de l'effectivité de son droit. Désormais, la Cour ne recherche plus si les compétences de la Communauté sont effectives à terme[354], mais si elles sont exercées par la Communauté de façon complète et exhaustive[355]. Le principe d'effectivité découle du principe d'effet direct[356] et de celui de collaboration loyale[357].

200. Pour comprendre les fondements du principe d'effectivité et ne pas le confondre avec le critère d'efficacité, utilisé dans le cadre du contrôle de la subsidiarité, encore s'agit-il de distinguer ces notions voisines. Alors que la première renvoie à l'aptitude d'une norme à produire des effets de droit, l'efficacité d'une norme se rapporte davantage à son aptitude à la réalisation de ses objectifs. Par conséquent, le principe d'effectivité du droit de l'Union européenne précède l'évaluation de la subsidiarité, qui implique une référence à l'efficacité des interventions de chaque niveau de gouvernement. Plus précisément, le principe d'effectivité engloberait le principe d'efficacité

---

353 La Cour de justice se réfère en particulier au principe d'effectivité dans *Simmenthal*, Affaire 106/77, 9 mars 1978, Rec., p. 629.

354 *78/164/Euratom*, JOL51 du 22.2.1978, avis 1/78 : note 76.

Cornelis Kramer et autres, Affaires jointes 3, 4 et 6-76, le 14 juillet 1976, Rec. 1976 page 01279, Avis 1/76 de 96.

CJCE, Avis 2/92 (Avis l'OCDE), 24 Mars 1995, Rec. 558, point 27.

355 CJCE, Avis 1/94 (Accord établissant l'OMC), 15 novembre1994, Rec. 1994 p. I-5267.

356 *Van Gend en Loos*, 26/62, 5 février 1963.

357 TUE. *JOUE*n°C115/15. 9 mai 2008, art.4§3.

En vertu du principe de coopération loyale, l'Union et les Etats membres se respectent et s'assistent mutuellement dans l'accomplissement des missions découlant des traités. Les Etats membres prennent toute mesure générale ou particulière propre à assurer l'exécution des obligations découlant des traités ou résultant des actes des institutions de l'Union(…).

puisque la réalisation du droit de l'Union européenne nécessite l'atteinte de ses objectifs.

La Cour pourrait difficilement aller plus loin dans la défense des intérêts étatiques; il lui serait difficile de remettre en cause la capacité de l'Union européenne à se prévaloir de compétences qu'elle exerce déjà.

b. La progression constante des compétences de l'Union européenne

201. L'intégration progresse sans cesse depuis les débuts de la construction de l'Union européenne, le préambule des traités consolidés prévoit que la construction européenne est une « union sans cesse plus étroite entre les peuples de l'Europe ». Cette dernière expression comporte une certaine ambiguïté. Si l'union des peuples d'Europe semble évidemment souhaitable, il n'est pas certain que cette union nécessite une intégration constante. La nécessité d'une intégration constante impliquerait que, par essence et donc de façon systématique, l'Union européenne serait plus efficace que les États pour atteindre un objectif. L'existence même de domaines de compétences partagées infirme cette hypothèse.

202. La Cour de justice, soucieuse d'éviter que le principe de subsidiarité n'aboutisse à bloquer les compétences de l'Union européenne, a pourtant reconnu que ce que la Communauté reçoit des États membres lui est acquis jusqu'à révision éventuelle des traités[358], selon « l'effet de cliquet anti-retour ». Les compétences de l'Union européenne devraient dans cette perspective se développer pour éviter que l'engrenage ne se bloque. Chaque compétence en nécessite une autre pour être exercée. Le marché unique entraîne la monnaie unique qui entraîne un gouvernement européen. Une telle interprétation des compétences de l'Union européenne ne devrait être envisagée que comme conjoncturelle, résultant de la nécessité pratique de construire l'Union. Pérennisée et appliquée, elle entrerait en contradiction avec la répartition fonctionnelle des compétences proposée par les traités. En outre, cette assimilation de l'union des peuples à un objectif d'intégration constituerait un danger pour l'Union européenne, la chargeant de responsabilités inadaptées à son niveau d'action.

Selon une image bien connue, la Communauté est comparable à une bicyclette, si elle n'avance pas elle tombe. Cela est critiquable. En effet, comme une bicyclette doit avancer pour ne pas tomber, la Communauté doit pleinement exercer ses compétences pour survivre. Pourtant, pas plus qu'une bicyclette n'a besoin d'accélérer sans cesse pour avancer, la Communauté

---

[358] *Costa c/ E.N.E.L.*, Affaire 6/64, 15 juillet 1964.

n'a besoin d'accroître ses compétences pour les exercer pleinement. Elle risquerait au contraire l'essoufflement.

3. La remise en question de nouvelles normes de l'Union européenne

203. Le respect du principe de subsidiarité pourrait être contrôlé par la Cour si l'Union européenne élaborait une nouvelle norme dans un domaine où elle est déjà intervenue ou si une norme de l'Union déjà existante était modifiée. En effet, la prévisibilité du droit ne serait pas menacée dans une telle hypothèse[359]. Si la Communauté souhaite exercer ses compétences ou modifier celles antérieures, elle devrait se soumettre à l'article 5§3, peu importe en vertu de quel traité elle exerce une compétence[360]. En effet, le traité de Maastricht se superpose aux traités déjà existants, sous réserve que des dispositions modifient le traité instituant la Communauté économique Européenne, en vue d'établir la Communauté européenne. Tout texte de droit dérivé ou postérieur au traité de Maastricht doit donc respecter l'article 5§3.

204. Sans cela, la Communauté occuperait une part toujours plus grande du terrain normatif et le principe de subsidiarité se retrouverait rapidement vide de sens. La norme européenne en place, il devient plus difficile pour les États d'exercer une compétence. Le Marché commun, par exemple, en aboutissant à un droit des contrats et créances, autre que le droit national, participe à la même dynamique. Le commerce extérieur dépasse aujourd'hui le quart du PIB européen.

Une telle interprétation du droit permettrait aux États de récupérer leurs compétences dans un domaine s'ils parviennent à atteindre un objectif de l'Union européenne par eux-mêmes, conformément au texte de l'article 5§3.

205. Cependant, une telle interprétation présente un inconvénient ; celui de favoriser un certain immobilisme de l'Union européenne. En effet, la Communauté, en modifiant un texte, s'exposerait au risque de voir ses compétences contestées par la Cour de justice sur la base du principe de subsidiarité, l'effet pervers étant de creuser l'inadaptation du droit aux nécessités sociales européennes. Or comme le montre la crise de légitimité à

---

[359] Communication de la Commission examinée au Conseil européen d'Edimbourg et Programme législatif de la Commission, Edimbourg, 12 décembre 1992, B. C. suppl/93: 25s. Cette communication prévoit la motivation de tout acte sur la base du principe de subsidiarité.

[360] Herve BRIBOSIA, « Subsidiarité et répartitions des compétences entre la Communauté et ses Etats membres », *RDUE*, 1992, n° 4, pp. 389-338.

laquelle l'Union européenne semble actuellement confrontée, nombre de problèmes rencontrés par l'Union européenne découlent d'un décalage temporel entre le droit de l'Union européenne et les nécessités économiques, politiques et sociales européennes. L'immobilisme des institutions, craignant de fragiliser l'édifice déjà existant, pourrait également accentuer ce décalage[361].

§2. La tension entre proximité avec le citoyen et efficacité

206. La question se pose de savoir à qui bénéficie la subsidiarité lorsque les entités centralisées et les entités englobées possèdent des moyens équivalents pour atteindre un objectif du traité ou lorsqu'il est impossible d'évaluer avec certitude la capacité à agir de chacun d'entre eux. Le problème est de déterminer, lorsqu'on ignore qui des États ou de la Communauté est le mieux à même d'atteindre un objectif, qui est présumé compétent.

Le second alinéa de l'article 5§3 réunit ces deux critères. Il prend en compte la suffisance de l'intervention étatique pour atteindre un objectif de façon absolue (A), mais il se réfère aussitôt après à la plus-value d'une intervention de l'Union européenne(B). Il n'est pas avéré que l'État soit nécessairement plus proche des citoyens que ne le serait la Communauté (C).

A. La protection des compétences étatiques par l'article 5§3TUE

207. L'interprétation du principe de subsidiarité à la lumière du principe de spécialité[362] semble laisser supposer que la priorité d'action revient à

---

[361] Ce décalage temporel entre le droit et les besoins sociaux dépasse celui de la subsidiarité et des compétences de la Cour de justice. On peut invoquer comme causes, entre autres, la lenteur de processus d'élaboration du droit européen. L'engrenage européen se bloque lorsque certaines compétences partagées sont exercées par les institutions européennes au point de devenir exclusives alors que d'autres compétences leur étant associées demeurent partagées.

[362] Selon le « principe d'attribution », le traité garantit que l'Union ne puisse étendre ses compétences aux dépens de celles des États sans leur accord. L'Union dispose des compétences que les États lui attribuent et toutes les autres compétences continuent d'appartenir aux États. La possibilité de restituer des compétences aux Etats membres est prévue par le traité. Ce principe se distingue du principe de spécialité qui était prévu à l'article 5 al.1er du TCA : « la Communauté agit dans les limites des compétences qui lui sont conférées et des objectifs qui lui sont assignés par le présent traité ».

l'unité restreinte. Selon l'aspect descendant de la subsidiarité, une compétence exercée par un État membre ne peut l'être par l'Union sans son transfert express[363]. La compétence de droit commun appartient aux autorités nationales. Il s'agirait de confier des compétences au niveau de pouvoir efficace le plus proche du citoyen, l'efficacité technocratique étant sacrifiée au profit de la démocratie qui devient le critère déterminant. Le rôle de l'Union serait secondaire puisque le niveau le plus bas, s'il est efficace, est compétent pour agir.

208. Le lien entre le principe de subsidiarité et la règle de proximité est particulièrement mis en exergue dans le préambule même du TUE[364]. De plus, le principe de proportionnalité, prévu par le second alinéa de l'article 5§3 prévoit qu'à efficacité égale, le mode d'intervention qui laisse le plus de liberté aux États doit être privilégié.

Le protocole sur l'application des principes de Subsidiarité et de Proportionnalité prévoit que « les décisions doivent être prises le plus près possible des citoyens de l'Union », mais il se réfère de façon implicite à l'efficacité de l'action de l'Union dans son article 5[365].

L'article 1TUE prévoyait la nécessité d'une norme de l'Union européenne proche du citoyen[366]. Par conséquent,[367] la Communauté peut parfois, en application du principe de subsidiarité, ne pas intervenir directement, mais renforcer la coopération européenne, ce qui permet de rapprocher les décisions des citoyens[368] et d'ainsi démocratiser la Communauté, pôle de stabilité.

---

[363] Communautés européennes (dir.), Le Droit communautaire, Bruxelles Luxembourg, Office des publications officielles des Communautés européennes, 1982.

[364] « Le principe de subsidiarité » Parlement européen : fiches techniques, en ligne : <http://www.europarl.europa.eu> (consulté le 7 novembre 2013).

[365] Protocole n° 2 sur l'application des principes de subsidiarité et de proportionnalité annexé au traité de Lisbonne, 9 mai 2008, JOUE, C115/201.

[366] Nicholas EMILIOU, « Subsidiarité: une barrière efficace contre les « entreprises de l'Ambition », *Revue du droit européen*, 1992, Vol.17 p. 23.
Une partie de la doctrine a insisté sur la formulation négative de l'article 3B, ce dernier mettrait l'accent sur la capacité à agir des Etats membres. En exigeant la nécessité d'une intervention de l'Union européenne pour atteindre un objectif du traité, il préserve les compétences étatiques. L'article 235, en revanche, est une formulation positive de la subsidiarité. Il suffit que l'action de la Communauté soit plus efficace pour que sa compétence soit reconnue. Ainsi, quand bien même l'action des Etats membres serait efficace pour atteindre un objectif, la Communauté serait compétente si elle l'est davantage. Il s'agit de considérer l'efficacité de l'entité supérieure relativement à celle de l'entité inférieure et non l'efficacité absolue de l'entité inférieure.

[367] Antonio TIZZANO et Daniel VIGNES, *Code de l'Union européenne*, *Ibid.*

[368] Cett idée est également défendue par Bangemann, vice-président de la Commission.

Dans son discours du 5 octobre 1989 à Bonn, le président de la Commission, Jacques Delors, rappelait qu' : « il faut s'assurer qu'une action est indispensable. Sinon, il vaut mieux la confier aux entités englobées»[369]. Il n'en fit pas moins plus tard allusion aux[370] dangers d'une interprétation de la subsidiarité, accordant au critère de proximité avec le citoyen une trop grande place. Ainsi démontra-t-il la nécessité de prendre en considération l'efficacité de l'action de l'Union européenne, en particulier en matière d'industrie, de haute technologie ou de politique sociale[371].

B. Le principe de proximité, un principe n'entraînant pas systématiquement la reconnaissance de la compétence étatique

209. L'interprétation fonctionnelle de la subsidiarité, prenant en compte les nécessités de la construction de l'Union européenne, semble renverser la présomption selon laquelle l'unité la plus restreinte serait compétente : « La subsidiarité, parce qu'elle suppose l'organisation de la société en groupes et non son atomisation en individus, repose sur une relation, à proprement parler, dialectique : la priorité d'action à l'unité la plus restreinte joue dans la mesure, et seulement dans la mesure (ce que l'on oublie trop vite) où elle peut agir séparément, mieux qu'une grande unité, pour la réalisation des buts poursuivis »[372]. Il s'agit d'éviter que les intérêts des États membres ne soient

---

[369] Jacques DELORS, *Subsidiarité: défi du changement*, Acte du colloque de l'Institut européen d'administration publique : « La subsidiarité - principe directeur des futures responsabilités en matière de politiques communautaires ? », Maastricht, le 21 mars 1991, SPEECH/91/28.

[370] Communication de la Commission examinée au Conseil européen d'Edimbourg et Programme législatif de la commission, Edimbourg, 12 décembre 1992, B. C. suppl/93 : 25s, annexe II.

[371] Jacques DELORS, *Subsidiarité : défi du changement*, Acte du colloque de l'Institut européen d'administration publique : « La subsidiarité - principe directeur des futures responsabilités en matière de politiques communautaires? », Maastricht, le 21 mars 1991, SPEECH/91/28,: « Pouvons-nous, au nom de la subsidiarité, de la priorité à l'échelon le moins élevé possible, laisser notre industrie de haute-technologie (informatique, aérospatiale, biotechnologie) désarmée, sans secours, alors que l'on connaît la part décisive des actions publiques - je pense en particulier à la recherche - aux Etats-Unis et au Japon ? Je terminerai avec l'exemple de la politique sociale. La Charte, solennellement adoptée par onze Chefs d'Etat et de gouvernement, n'était pas seulement un geste politique. Elle illustre l'idée que la réalisation d'un espace sans frontières doit s'accompagner, par souci de cohérence et de solidarité, du développement d'une véritable politique sociale, dont j'espère que la révision du traité nous fournira tous les moyens institutionnels. ».

[372] Jacques DELORS, *Subsidiarité : défi du changement*, Acte du colloque de l'Institut européen d'administration publique: « La subsidiarité - principe directeur des futures responsabilités en matière de politiques communautaires ? », Maastricht, le 21 mars 1991, SPEECH/91/28.

lésés. Peter SCHMIDHUBER affirmait que « La question centrale n'est plus de savoir ce que la Communauté pourrait faire, mais ce qu'elle devrait absolument faire. En d'autres termes : il faut se limiter à l'essentiel»[373].

210. Dans une conception de l'Europe où le principe de subsidiarité ne s'applique qu'à la Communauté et aux États membres, on considère trop rapidement que l'État est nécessairement le mieux à même de défendre les intérêts des citoyens. Pourtant, rien ne le prouve. Le principe de proximité avec le citoyen ne devrait donc pas systématiquement bénéficier aux États.

Dans une approche fédérale, l'État n'est pas une fin en soi, « peu de thèmes lui sont réservés par nature ». Rien ne permet de supposer que l'Europe sera toujours plus proche des citoyens par l'intermédiaire des nations.

211. Enfin, hors des domaines socio-économiques du traité, il devient difficile de déterminer ce que signifie « prendre des décisions le plus près possible du citoyen ». La subsidiarité pourrait-elle mener à des procédés de démocratie directe ?

Le respect du principe de subsidiarité est indispensable à l'adaptation de l'exercice des compétences aux nécessités sociales fluctuantes. Il permet de concilier des objectifs d'efficacité et de justice, lorsqu'il favorise la norme européenne, avec des objectifs de démocratie et de protection de la diversité, lorsqu'il joue en faveur de la norme nationale.

Nous verrons dans une seconde section que si le principe de subsidiarité n'est pas explicitement mentionné en droit canadien, l'idée de la subsidiarité est présente dans d'autres théories permettant également l'adaptation des compétences aux évolutions de la société telle la doctrine paix, ordre et bon gouvernement et la clause de commerce. La subsidiarité a d'ailleurs été reconnue comme principe d'interprétation du partage des compétences. Nous montrerons ainsi l'universalité du principe de subsidiarité. L'étude du système canadien pouvant contribuer au perfectionnement du système européen.

---

[373] Discours de Peter SCHMIDHUBER, Commission européenne, 10 septembre 1992, IP/92/702, point 7.

Sous-section 2. L'indétermination des critères de la subsidiarité en droit canadien

212. Des mécanismes de subsidiarité sont présents dans les théories issues de l'article 91, qu'il s'agisse de la clause de commerce (A), de la doctrine de l'intérêt national (B) et du pouvoir d'urgence (C), théories dont les critères d'application sont parfois flous.

A. Le caractère indéterminé des critères de la clause de commerce

213. Il est relativement facile pour le fédéral de prouver que son intervention satisfait aux trois premiers critères posés dans l'arrêt *General Motors of Canada*[374]. Le test posé par les deux critères supplémentaires semble plutôt léger. Ces cinq critères n'apportent pas de véritable garantie à la protection de la diversité et du régionalisme, valeurs au cœur du fédéralisme. Dans l'arrêt *General Motors of Canada*[375], la Cour va utiliser les critères de la clause de commerce pour valider une intervention fédérale en matière de commerce intraprovincial.

L'arrêt *General Motors of Canada* fut pour la Cour suprême l'occasion de préciser les contours de la compétence générale du fédéral en matière d'échanges et de commerce : « la General Motors of Canada Ltd. (« GM ») fabrique des voitures et des camions. City National Leasing (« CNL ») loue à travers le Canada des flottes de voitures et de camions et fait concurrence à d'autres entreprises nationales du même genre. CNL achète la plupart de ses véhicules à des concessionnaires GM, mais ne les achète pas directement à GM. Pour financer ses achats de véhicules GM entre 1970 et 1980, CNL a bénéficié d'un taux d'intérêt subventionné en vertu d'un programme offert par General Motors Acceptante Corporation (« GMAC »). CNL allègue qu'au Cours de cette période, GM a, directement ou indirectement, accordé un taux d'intérêt « préférentiel » subventionné aux concurrents de CNL à

[374] Philip GIRARD, Bora LASKIN, *Bringing law to life*, Toronto, University of Toronto press for Osgood society for Canadian Legal History, 2005, 646 p.
Selon Philip GIRARD, la rationalité de ces critères n'est pas évidente, il n'existerait pas de fondement à la présomption selon laquelle l'art 91 bénéficierait au gouvernement fédéral, il s'agirait plutôt d'une position axiomatique de la Cour.

[375] *General Motors of Canada Ltd. c. City National Leasing*, [1989] 1 R.C.S. 641.

l'égard de leurs acquisitions de voitures et de camions fabriqués par GM en plus du taux d'intérêt subventionné dont bénéficiait CNL »[376].

214. La Cour reconnaît au fédéral la capacité de procéder à « la réglementation générale des échanges s'appliquant à tout le Dominion ». La Cour se réfère à l'intention des Pères de la Confédération pour montrer la nécessité pratique d'octroyer au Parlement fédéral des compétences étendues en matière d'échanges et de commerce[377]. Le critère abstrait dégagé par la jurisprudence du Conseil privé pour évaluer la nature locale de l'opération a, selon la Cour, entravé cette action fédérale[378]. La Cour note que l'évolution ultérieure de la jurisprudence serait plus conforme à l'intention des Pères de la Confédération[379]. Cette jurisprudence permet d'écarter une interprétation littérale de la clause de commerce[380].

215. La question se pose de savoir si les critères définis dans l'arrêt *General Motors of Canada* garantissent le maintien de l'autonomie provinciale. En effet, l'évaluation de la capacité provinciale à réglementer efficacement un domaine ne peut être purement juridique, elle requiert des références économiques qui dépassent le champ d'expertise des juges. Il semble également difficile d'évaluer de façon neutre si une question est « d'importance capitale pour l'économie canadienne » [381]. Les études auxquelles se réfère la Cour ont été menées dans les années soixante-dix et pour le compte du gouvernement canadien[382].

L'entité centrale ne devrait agir que si elle démontre l'incapacité des entités locales à collaborer[383]. Nous montrerons que le test posé dans l'arrêt *General Motors of Canada* apparaît comme un statu quo.

---

376 *General Motors of Canada Ltd. c. City National Leasing*, [1989] 1 R.C.S. 641, §1.

377 *General Motors of Canada Ltd. c. City National Leasing*, [1989] 1 R.C.S. 641, IV.

378 Ibidem.

379 Ibidem.

380 *General Motors of Canada Ltd. c. City National Leasing*, [1989] 1 R.C.S. 641.
Dans l'arrêt *Transports Nationaux du Canada*, précité, j'ai eu l'occasion de tracer l'historique judiciaire du par. 91(2). Il serait inutile de reprendre cette analyse ici. Pour les fins de ce pourvoi(la compétence générale en matière d'échanges et de commerce), il suffit de résumer les principes généraux qui, à mon avis, sont ressortis de l'examen judiciaire du par. 91(2) et qui sont pertinents en l'espèce (…).

381 *General Motors of Canada Ltd. c. City National Leasing*, [1989] 1 R.C.S. 641, p. 678.

382 Peter W. HOGG, Waren GROVER, « The Constitutionality of the competition Bill », *Canadian Business LR*, 1976, n° 1, pp. 197-228.

383 *Renvoi relatif à la Loi sur les valeurs mobilières*, [2011] 3 R.C.S. 837.

216. Il s'agit de compléter le test de l'arrêt *General Motors of Canada* pour le rendre plus exigeant et véritablement normatif en posant des critères appuyés par des preuves.

Comme le proposent Noura KARAZIVAN et Jean-François GAUDREAULT-DESBIENS, les critères d'application du principe de subsidiarité pourraient être les suivants[384] :

«-La législation contestée doit appartenir à un système de régulation

Ce système est contrôlé par la surveillance constante d'une agence de régulation

- La législation a trait au commerce comme un tout plutôt qu'à une industrie particulière

- Il est démontré, sur un équilibre des probabilités fondé sur des preuves qualitatives (incluant une comparaison) et si nécessaire par des preuves quantitatives, que l'action à un niveau fédéral pourrait produire des bénéfices tangibles comparativement à une action au niveau provincial et plus précisément : que le problème que la législation vise à résoudre comporte des aspects supra-provinciaux qui ne peuvent être réglés de façon satisfaisante et efficace par les provinces agissant ensemble ou séparément, que les objectifs poursuivis par la législation ne peuvent être accomplis de façon satisfaisante par les provinces agissant ensemble ou séparément et qu'en raison de l'échelle ou des effets de la législation, peuvent être mieux accomplis par le Parlement, que l'échec à inclure une ou plusieurs provinces ou villes dans le système législatif pourrait compromettre le succès de l'opération du système dans d'autres parties du pays.

- La législation fournit aux provinces, lorsque cela est approprié et nécessaire à l'application correcte de la loi, des moyens alternatifs d'atteindre les objectifs de cette mesure ou d'incorporer les apports provinciaux dans l'administration et l'application de la loi.
- L'envergure de la législation n'excède pas ce qui est nécessaire à l'atteinte des objectifs poursuivis et ne conduit pas à un déséquilibre excessif entre les pouvoirs fédéral et provinciaux ».

Si, dans le *Renvoi sur la loi canadienne sur les valeurs mobilières*, la Cour suprême a formellement maintenu l'intégrité du test posé dans l'arrêt *General Motors of Canada*, elle s'est néanmoins montrée beaucoup plus exigeante quant à la nature de la preuve devant être faite par le fédéral ;

---

[384] Noura KARAZIVAN and Jean-François GAUDREAULT-DESBIENS, « On Polyphony and Paradoxes in the Regulation of Securities Within the Canadian Federation », *Canadian Business LJ*, 2010, vol. 49, n° 1, pp. 1-38.

l'idée du maintien d'un équilibre entre pouvoirs provinciaux et fédéraux traverse en filigrane cet important avis consultatif.

B. Le caractère indéterminé des critères de l'intérêt national

217. Comme le recommande Lord Watson dans l'affaire des *Prohibitions locales*[385], où le Comité s'abstint de renier la théorie des dimensions nationales, cette théorie devrait être appliquée avec prudence.

L'arrêt *Crown Zellerbach*[386]a d'ailleurs montré la limite des critères guidant sa mise en application. Il est ainsi difficile de définir ce qu'est une matière nouvelle[387]. Par exemple, l'environnement est un thème de législation; par conséquent, il ne s'agit pas d'un sujet exclusivement fédéral. De plus, il n'est pas toujours évident de distinguer ce qui est purement local de ce qui peut devenir un problème national. Il ne suffit pas que plusieurs provinces soient concernées pour qu'une matière soit d'intérêt national[388].

218. La pertinence des nouveaux critères posés dans *Crown Zellerbach*[389] fut discutée par la doctrine[390]. En effet, alors que le *Renvoi sur la Loi anti-inflation*[391]préservait dans une certaine mesure les compétences provinciales, le critère d'unicité posé par *Crown Zellerbach* est impropre à le faire. Enfin, le juge Le Dain affirme que le critère de l'incapacité provinciale à traiter une matière ainsi que les dommages que cela créerait dans les autres provinces pourraient être présumés. Il n'est pas nécessaire que la province, dans la pratique, ne s'occupe pas de la matière en question. Cependant, il semble

---

[385] *Attorney-General for Ontario v. Attorney-General for the Dominion*, [1896] A.C. 348 cité dans Canada Temperance Federation, [1946] A.C. 193 (C.P.).

[386] R. v. Crown Zellerbach Canada Ltd., [1988] 1 S.C.R. 401.

[387] 2e point, *R. c. Russel*, (1997) 1 R.C.S. 356.

[388] De même, en droit de l'Union européenne, il ne suffit pas qu'une action dépasse les frontières des Etats membres pour qu'elle soit de la compétence des institutions de l'Union européenne conformément au principe de subsidiarité.

[389] R. v. Crown Zellerbach Canada Ltd., [1988] 1 S.C.R. 401.

[390] Gerald A. BEAUDOIN, La Constitution du Canada : institutions, partage des pouvoirs, droits et libertés, Wilson & Lafleur, 1990, p. 396.
Jacques Yvan MORIN et José WOEHRLING, *Les Constitutions du Canada et du Québec : du régime français à nos jours*, Montréal, Edition Thémis, 1994, 656 p.
Henri BRUN et Guy TREMBLAY, *Droit constitutionnel*, 2 éd. Cowansville Editions Yvon Blais, 1990, pp. 491-493,
Micheline PATENAUDE, « L'interprétation du partage des compétences à l'heure du libre-échange », *Revue de Droit de l'Université de Scherbooke*, 1990, n° 1, 64 p.

[391] Renvoi : Loi anti-inflation, [1976] 2 R.C.S. 373.

difficile d'imaginer qu'une province puisse offrir une garantie absolue d'efficacité dans une matière, ce qui rend les possibilités d'action fédérale d'autant plus étendue. La Cour rend davantage flous les critères d'application de la théorie, désormais qualifiée d'intérêt national, ce qui lui permet de dépasser les limites d'un contrôle purement judiciaire[392] et, partant, de favoriser indirectement les intérêts fédéraux. En revanche, cette ouverture normative accrue à une telle action demeure largement théorique, puisque le flou qui la caractérise n'offre pas des fondements solides à cette action lorsqu'il s'agit d'en donner une justification convaincante.

C. L'indétermination des critères de la théorie de l'urgence

219. Le caractère temporaire de la théorie de l'urgence lui confère la réputation d'être moins menaçante pour les compétences provinciales que celle de l'intérêt national. Pourtant, la jurisprudence se montra hésitante sur les conditions de l'urgence, en particulier dans l'identification des circonstances exceptionnelles. Elle opta en revanche pour reconnaître au législateur fédéral une large discrétion, s'agissant d'identifier de telles circonstances, n'exigeant finalement de lui qu'il ne démontre que le fondement rationnel des constats ou perceptions ayant provoqué son action législative. L'évolution de la jurisprudence relative à l'urgence pourrait accentuer son caractère centralisateur. D'une part, elle n'exige pas du législateur fédéral qu'il prouve l'urgence de la situation, ni même qu'il la mentionne[393] et d'autre part, elle reconnaît qu'une situation d'urgence peut être reconnue en temps de paix, ce qui contribue au caractère indéterminé de ses contours. En outre, l'urgence peut dépasser la durée de la crise.

220. De plus, si l'urgence ne permet la reconnaissance de la validité des lois que durant une durée limitée, ces lois, comme toutes les lois, peuvent avoir des effets au-delà de cette période. Enfin, le législateur fédéral est seul à même de déterminer quand s'achève l'urgence.

Une centralisation abusive pourrait résulter de l'absence de critère permettant d'identifier la fin de l'urgence. Les tribunaux, en laissant au gouvernement le soin de déterminer l'étendue de l'urgence, laissent planer un risque sur l'équilibre fédéral.

[392] Henri BRUN et Guy TREMBLAY, *Droit constitutionnel*, 2 ed. Cowansville Editions Yvon Blais, 1990, 1548 p.

[393] Fort Frances Pulp and Paper Co. v Manitoba Free Press Company, [1923] A.C. 695 (PC).

SECTION 2. LA DELIMITATION DU CHAMP D'APPLICATION DE LA SUBSIDIARITE

221. Le traité de Lisbonne, précisant l'applicabilité de la subsidiarité aux compétences non exclusives, ne résout pas de façon définitive la question de l'identification des compétences auxquelles s'applique la subsidiarité en droit de l'Union européenne (*sous-section* 1). De plus, la question du déclenchement de l'intervention de l'entité englobante implique parfois de s'interroger sur l'étendue de son intervention (*sous-section* 2).

Sous-section 1. L'applicabilité de la subsidiarité aux compétences non exclusives

222. Lorsque la base juridique d'une norme de l'Union européenne est incertaine, la Cour de justice pourrait être amenée à privilégier la base juridique permettant de justifier l'intervention des institutions de l'Union. Ainsi pourrait-elle être amenée à admettre comme base juridique d'une norme contrôlée un domaine dans lequel l'Union dispose d'une compétence d'attribution pour atteindre un objectif, plutôt qu'un domaine demeuré de compétence étatique. De même pourrait-elle privilégier une compétence exclusive de l'Union européenne à une compétence partagée afin de réduire l'application de la subsidiarité. L'étude de la jurisprudence ne permet pas d'établir qu'une telle tendance soit avérée. Définir le champ d'application de la subsidiarité permet d'éviter qu'il ne soit réduit par son interprète.

223. Pour définir le champ d'application du principe de subsidiarité, il s'agit d'abord d'identifier les domaines de compétences exclusives auxquels il ne s'applique pas. La question se pose de savoir si les compétences partagées énumérées par le traité de Lisbonne peuvent devenir exclusives dans le temps (A). Il s'agit ensuite de déterminer si le principe de subsidiarité s'applique à toutes les compétences partagées (B).

A. L'évolution des compétences exclusives

224. Pour connaître le champ d'application du principe de subsidiarité, il est nécessaire de définir la liste des compétences exclusives. Ces dernières pouvaient se développer avant le traité de Lisbonne (1); la question se pose de savoir si de nouvelles compétences exclusives peuvent être identifiées (2).

1. L'identification des compétences exclusives avant le traité de Lisbonne

225. Les traités opérant auparavant une répartition des compétences par la description de fonction, d'objectifs à atteindre, et non par la désignation de domaines précis, la délimitation des compétences exclusives de la Communauté demeurait malaisée[394]. Ainsi, dans le traité de Maastricht, quoique l'article 3 énumérait les compétences attribuées à la Communauté économique européenne, la formule évolutive de 235 restait néanmoins applicable.

226. Le concept retenu à l'article 5§3 se distinguait donc partiellement du sens habituellement donné à cette notion qui trouvait son origine dans des systèmes identifiant des blocs de compétences. L'article 5§3 opère une distinction entre objectifs et compétences, ce qui pouvait être interprété comme une volonté de laisser ouvert le caractère évolutif de la Communauté[395].

227. On pouvait ainsi distinguer avant le traité de Lisbonne les compétences exclusives par nature, dont le contenu était fixe, des compétences exclusives par exercice, dont le contenu était évolutif. La question se pose dès lors de l'évolutivité de la liste des compétences exclusives prévues par le traité de Lisbonne.Les compétences exclusives explicites ou par nature correspondaient à « des compétences d'attribution qui découlaient des dispositions contenues dans les traités auxquelles s'ajoutait un principe correcteur qui admettait que la Communauté puisse également mettre en œuvre des compétences non inscrites dans les traités, mais nécessaires pour assurer le fonctionnement de la Communauté et

[394] A titre d'exemple, les domaines ressortissant à la Communauté peuvent être élargis en vertu de l'article 308 (235) du traité CE si une action de cette dernière apparaît nécessaire pour la réalisation des objets du traité.

[395] Enzo MATTINA, « Subsidiarité, démocratie et transparence », *RDUE*, 1992, n° 4, pp. 203-213.

atteindre les objectifs fixés par le traité ». La Cour avait dégagé des compétences exclusives par nature de la Communauté, par exemple la politique agricole commune[396].

228. La plupart des compétences exclusives de la Communauté étaient, avant le traité de Lisbonne, devenues exclusives par exercice. On pouvait considérer que tous les domaines de compétences étaient des domaines de compétences concurrentes appelés à devenir, à terme, des compétences exclusives.

229. Les États conservaient formellement le pouvoir de légiférer et de passer des accords internationaux, mais étaient limités par le principe de loyale coopération, selon lequel les États doivent prendre toutes les mesures nécessaires pour mettre en œuvre leurs obligations résultant du traité et ne pas nuire au bon fonctionnement de l'Union européenne[397]. Selon la théorie de la préemption, une fois la compétence de l'Union européenne exercée dans sa totalité, les États ne peuvent plus faire valoir que leurs compétences administratives et judiciaires. Selon un partage vertical des compétences, ils demeurent en mesure d'élaborer des normes d'application du droit de l'Union européenne.

230. Théoriquement, les États étaient privés de leurs compétences normatives dans des domaines devenus de compétences exclusives après expiration d'un certain délai[398]. Cependant, les États pouvaient exercer leurs compétences si la Communauté n'était pas intervenue afin d'éviter un vide juridique. L'exercice de leurs compétences s'effectuait alors sur autorisation de la Communauté, sous contrôle et autorisation de cette dernière. Les compétences concurrentes seraient en réalité des compétences successives[399].

231. L'identification de cette seconde catégorie de compétences exclusives divisait parfois les interprètes. La question se posait en particulier de savoir si le principe de subsidiarité s'appliquait aux compétences que la Communauté aurait commencé à exercer de façon partielle, des compétences exclusives en devenir. La question se posait de savoir si de telles

---

[396] Claude BLUMANN, Louis DUBOUIS, *Droit institutionnel de l'Union européenne,* 4e éd., Paris, Litec, 2010, 830 p.

[397] TUE (version consolidée), 7 février 1992 (Maastricht), *JOUE* n° C-326 du 26 octobre 2012, art.4, §3.

[398] Herve BRIBOSIA, « Subsidiarité et répartitions des compétences entre la Communauté et ses Etats membres », *RDUE*, 1992, n° 4, pp. 389-338.

[399] Vladmir CONSTANTINESCO, « Les compétences et le principe de subsidiarité », *RTDE*, 2005 41(2), p. 728.

compétences pouvaient être remises en question par l'article 5§3. Le traité de Lisbonne ne prive pas ces questions de toute pertinence dans la mesure où il semble difficile de croire que l'instauration de listes de compétences exclusives et partagées rende figées ces dernières.

2. Les effets de l'insertion dans le traité de Lisbonne de listes de compétences

232. Il s'agit d'établir si l'insertion, dans le traité de Lisbonne, d'une liste de compétences exclusives [400] pourra résoudre tout problème d'identification des compétences exclusives de l'Union européenne et ainsi clarifier le champ d'application du principe de subsidiarité. La question se pose de savoir si la liste de compétences exclusives posée par le traité de Lisbonne est ouverte. Autrement dit, la Cour suprême, en appliquant les critères appliqués avant le traité de Lisbonne serait-elle en mesure de découvrir de nouvelles compétences, rendues exclusives par leur exercice par l'Union européenne. Cette liste ne semble pas exhaustive. Il apparaît probable que le législateur de l'Union européenne ait entendu permettre le développement des compétences de l'Union européenne.

233. En effet, le traité de Lisbonne n'octroie pas de nouvelles compétences exclusives à l'Union. Il dresse une liste des compétences : l'union douanière, l'établissement des règles de concurrence nécessaires au fonctionnement du marché intérieur, la politique monétaire pour les États membres dont la monnaie est l'euro, la conservation des ressources biologiques de la mer dans le cadre de la politique commune de la pêche, la politique commerciale commune, la conclusion d'un accord international lorsque cette conclusion est prévue dans un acte législatif de l'Union, ou est nécessaire pour lui permettre d'exercer sa compétence interne, ou dans la

---

[400] TUE. *JOUE* C115/15. 9 mai 2008

Le traité de Lisbonne distingue trois types de compétences de l'Union, les compétences exclusives de la Communauté, où l'Union a seule compétence pour légiférer ; les compétences partagées, domaines dans lesquels les Etats membres peuvent légiférer tant que l'Union n'est pas intervenue et enfin les domaines où les Etats restent totalement compétents, l'Union ne pouvant qu'exercer des politiques d'appui ou de coordination (excluant toute harmonisation) du point de vue de l'aspect européen de ces domaines. La Politique Etrangère et de Sécurité Commune continue de bénéficier d'un régime spécifique. Le traité de Lisbonne permet ainsi de déterminer avec davantage de clarté les compétences de chaque niveau de pouvoir. Une telle évolution devrait contribuer, dans une perspective démocratique, à responsabiliser chacun d'entre eux.

mesure où elle est susceptible d'affecter des règles communes ou d'en altérer la portée.

B. L'indétermination du champ d'application du principe de subsidiarité dans les domaines de compétences non exclusives

234. Si le principe de subsidiarité s'applique principalement à des normes de compétences partagées, la question se pose de savoir s'il s'applique aux compétences étatiques lorsque l'Union européenne interviendra à titre complémentaire et, à l'inverse, aux domaines où l'intégration est forte. Il s'applique de façon privilégiée, mais pas exclusivement, aux compétences récentes et à portée générale.

235. L'article 5TUE s'appliquant aux compétences non exclusives, il devrait, en principe, être applicable non seulement aux compétences partagées, mais aussi aux compétences d'appui[401]. Ces domaines étant de compétence étatique[402], la priorité d'action revient aux États. Le droit étatique prime donc. On peut s'interroger dans ce cas sur l'interprétation de l'article 5§3. Si dans un domaine de compétence complémentaire, les actions de l'Union européenne et étatiques sont également efficaces, l'Union européenne peut-elle agir? Si tel est le cas, la norme étatique doit être appliquée en cas de conflit, ce qui semble confirmé par le principe de proportionnalité.

236. L'obstacle à l'application du principe de subsidiarité aux Communautés n'est pas tant sa décentralisation que l'absence de délimitation claire des compétences. Le principe de subsidiarité ne permet pas de pallier à l'opacité de la répartition de compétences, ni à son inadéquation avec la répartition de pouvoirs entre les institutions de l'Union européenne[403].

---

[401] Charles EHLERMANN, «Quelques réflexions sur la Commission relative au principe de subsidiarité » *RDUE,* 1992, n. 4.

La question se pose, et se posait déjà avant le traité de Lisbonne, de l'applicabilité du principe de subsidiarité aux compétences « subsidiaires et de coordination ».

TFUE (version consolidée), *JOUE* C115 du 9 mai 2008, art. 352.

[402] TFUE, 9 mai 2008, *JOUE* C 83/52, *JOUE* du 30 mars 2010, art. 6.

[403] Vladimir CONSTANTINESCO, «Subsidiarité... vous avez dit subsidiarité ? », *RDUE*, 1992, n° 4, p. 227.

237. Le principe de subsidiarité permettait, à l'origine, d'organiser le pouvoir dans des systèmes où des ordres juridiques se superposaient tout en restant relativement indépendants. Il semble plus difficile à mettre en œuvre lorsque les niveaux de production du droit sont indissociablement liés. Ce monisme s'accentue avec le temps, raison pour laquelle le principe de subsidiarité s'applique principalement à un « droit frais », encore distinct du droit national qu'il n'aurait pas eu le temps d'imprégner.

238. Il est souvent impossible d'opérer une distinction radicale entre le droit de l'Union européenne et les droits nationaux. Les décideurs qui adoptent les textes de l'Union européenne sont des élus nationaux qui laissent une certaine marge de manœuvre au droit national[404]. Par ailleurs, une part importante des droits nationaux provient initialement de l'Union européenne, invisible puisqu'incorporée au droit national. Les directives une fois transposées et la jurisprudence de l'Union européenne influencent le droit interne sans que l'on puisse évaluer l'étendue exacte de cette influence dans la pratique.

239. Le principe de subsidiarité s'applique uniquement aux normes de portée générale. Cependant, s'applique-t-il au législateur seul ou s'applique-t-il également à l'action administrative, c'est-à-dire à l'exécution de la réglementation de l'Union européenne et au contrôle de l'exécution?

240. Si le principe de subsidiarité vise aussi l'action administrative, il ne s'y applique pas de la même façon qu'à l'action législative. Ces deux aspects du principe pourraient même aboutir à des résultats contraires. Au niveau législatif, le principe de subsidiarité favorisera le recours à la directive par rapport au règlement. Cependant, le recours à la directive pose des problèmes sous l'angle du contrôle. L'application d'une directive peut être décentralisée alors que l'application du règlement nécessite une intervention de la Commission, instance centrale. La Commission sera peu encline à laisser l'intervention à des autorités décentralisées si ces dernières n'agissent pas de façon suffisante. Le rapport Sutherland[405] trouve une réponse à ce dilemme en préconisant d'appliquer des directives dans une première phase d'harmonisation et de les transformer au bout de plusieurs années en règlement[406].

---

[404]Francette FINES, « Subsidiarité et responsabilité », *RAE LEA,* 1998, n° 1, pp. 95-101.

[405]Rapport Sutherland, Douzième rapport annuel sur le contrôle de l'application du droit communautaire, COM/95/500, (1994), JO n° C 254 du 29 septembre1995, p. 1.

[406] Charles EHLERMANN, « Quelques réflexions sur la communication de la Commission relative au principe de subsidiarité »*RDUE,* 1992, n° 4.

241. Le principe de subsidiarité ne joue pas de la même façon pour tous les objectifs fixés par le traité. Suivant la responsabilité de la Communauté, les institutions n'utilisent pas les mêmes instruments et ne font pas peser les mêmes contraintes sur les États membres. Quoique l'article 5§3 sembla, de façon théorique, concerner les trois piliers, il ne s'appliquait dans la pratique qu'au premier puisque la Communauté ne détenait dans les autres que des compétences d'encadrement[407]. Le contrôle exercé sur les trois piliers n'est pas le même, le contrôle du premier pilier étant davantage juridique.

242. Si, avec le traité de Lisbonne, la structure en piliers disparaît, il n'en demeure pas moins que le contrôle du principe de subsidiarité par la Cour n'est pas le même lorsqu'il y a communautarisation des objectifs et dans les domaines où l'Union européenne se contente d'encadrer les comportements.

243. La question de la communautarisation des objectifs se pose dans l'arrêt *Cassis de Dijon* de 1979[408]. Dans un contexte se rapprochant de celui de la subsidiarité, elle prévoit que les législations nationales sont acceptées si elles poursuivent un objectif reconnu par la Communauté. La compétence étatique n'est que provisoire. Les objectifs sont communautarisés dans la mesure où la compétence est, virtuellement, exclusivement de l'Union européenne. L'article 5§3TUE a conduit à une généralisation de ce genre de jurisprudence.

244. La communautarisation des objectifs débouche, en arrière-plan, sur une communautarisation des compétences étatiques. Elle justifie le contrôle judiciaire du principe de subsidiarité. La communautarisation des objectifs peut également justifier une communautarisation des compétences, mais aussi un simple encadrement des comportements[409].

---

[407] Dans les domaines de compétences étatiques, les institutions de l'Union européenne n'ont qu'un pouvoir de promouvoir ou d'encadrer la collaboration, la coopération ou la coordination de l'action des Etats membres, elles peuvent prendre des actes non obligatoires dans ce but.

[408] *Cassis de Dijon*, Affaire 120/78, 20 février 1979, §2.

«En l'absence d'une réglementation commune de la production et de la commercialisation de l'alcool, il appartient aux États membres de régler, chacun sur son territoire, tout ce qui concerne la production et la commercialisation de l'alcool et des boissons spiritueuses (...) Il n'y a aucun motif valable d'empêcher que des boissons alcoolisées, à condition qu'elles soient légalement produites et commercialisées dans l'un des États membres, soient introduites dans tout autre État membre ».

Cet arrêt a engendré le principe de reconnaissance mutuelle.

[409] Marc Le Solleu, « Subsidiarité judiciaire et sanctions », Liège, *REA LEA*, 1998, n° 1-2, pp. 108-112.

245. Lorsque la Communauté exerce des compétences d'encadrement, les compétences nationales et celles de l'Union européenne coexistent sur un même objet. Les conclusions de l'avocat général Capotorti dans *Cassis de Dijon* [410] font ressortir la préoccupation de la Cour d'encadrer les compétences étatiques afin d'assurer la cohérence du droit de l'Union européenne [411]. Le contrôle exercé par la Cour est léger, en effet la Communauté n'impose pas une action étatique, elle se borne à en limiter les moyens. Seules des incompatibilités manifestes sont sanctionnées[412]. Les compétences de l'Union européenne sont également encadrées.

246. Outre l'indétermination des critères de démarcation du champ d'application du principe de subsidiarité, celle des critères du principe de subsidiarité contribue donc à rendre sa mise en œuvre difficile.

Sous-section 2. L'indétermination du lien entre subsidiarité et proportionnalité

247. En droit de l'Union européenne, proportionnalité et subsidiarité ne sont pas toujours clairement distinctes (§1). Il n'existe pas de référence explicite au principe de proportionnalité en droit canadien, pourtant, la question de la complémentarité des compétences fédérales et provinciales et de l'étendue de chacune s'y pose également (§2).

§1. La frontière ténue entre subsidiarité et proportionnalité en droit de l'Union européenne

248. Les relations entre proportionnalité et subsidiarité demeurent indéterminées. En effet, l'Union n'intervient que « si et dans la mesure où » les deux critères de l'incompétence étatique et de la plus-value européenne

---

Sur la distinction entre communautarisation des objectifs et des compétences.

410 *Cassis de Dijon*, Affaire 120/78, 20 février 1979.

411 Marc LE SOLLEU, « Subsidiarité judiciaire et sanctions », Liège, *REA LEA*, 1998, n° 1-2, note 106, p. 23.

412 CJCE, Avis 1/94, 15 novembre1994, Rec., 1994.

sont remplis. Cette prise en compte de l'intensité de l'action relève du principe de proportionnalité. Cette formulation a engendré une confusion de la Cour dans plusieurs arrêts. Dans *British American Tobacco Product :* «l'intensité de l'action entreprise par la Communauté en l'espèce a également respecté les exigences du principe de subsidiarité en ce qu'elle n'a pas excédé la mesure nécessaire pour atteindre l'objectif que cette action vise à réaliser »[413].

249. Il ne suffit pas, pour distinguer ces notions, d'affirmer que la subsidiarité serait un test de la nécessité de l'intervention. En effet, pour respecter le principe de proportionnalité, l'intervention de l'Union européenne ne doit pas excéder ce qui est nécessaire pour atteindre l'objectif qu'elle poursuit. La distinction entre une nécessité de la compétence et de son déclenchement dans le cas de la subsidiarité, et une nécessité de l'acte et de l'intensité de l'exercice de la compétence dans le cas de la proportionnalité, semble fragile. La Cour pour mieux appliquer l'article 5TUE devrait, conformément à ce qu'il prescrit, analyser la subsidiarité avant la proportionnalité.

250. Les principes de subsidiarité et de proportionnalité n'entraînent pas les mêmes rapports dans les domaines de compétences«concurrentes», où l'intervention de l'Union exclue l'application des droits des États membres (A) et dans les domaines de compétences «coexistantes», où le droit de l'Union et le droit des États sont applicables simultanément (B).

251. Si dans les domaines de compétences partagées, le respect du principe de proportionnalité est examiné lors du test de l'efficacité comparative, dans le cadre du contrôle du principe de subsidiarité, l'article 5§4 du TUE reprend tout son sens dans les domaines de compétences d'appui. La jurisprudence de la Cour de justice a joué un rôle crucial dans l'interprétation des compétences concurrentes [414] et coexistantes [415] , exerçant ainsi une influence indirecte sur le principe de subsidiarité.

---

[413]*British American Tobacco Investments et Imperial Tobacco,* Affaire C-491/01, 10 décembre 2002, Rec. I-11453, points 184, AJDA 2003. 377, chron. J.-M. Belorgey, S. Gervasoni et C. Lambert ; Rev. crit. DIP 2003. 536, note M.-N. Jobard-Bachellier et J.-S. Bergé.

[414] La distinction doctrinale entre compétences concurrentes et coexistante est distincte de la distinction posée par le traité de Lisbonne entre compétences exclusives, partagées et d'appui.

[415]*DonatoCasagrande c. Landeshauptstadt München,* Affaire 9/74, 3 juillet 1974, Rec.1974, p.773, La Cour qualifie la politique sociale de domaine de compétence concurrente.

A. Les recoupements entre le second test du principe de subsidiarité et le critère de proportionnalité dans les compétences concurrentes

252. Si l'Union intervient dans des domaines de compétences partagées, elle utilise nécessairement des instruments contraignants pour les États. La question de l'intensité de l'intervention de l'Union européenne est, par conséquent, partiellement réglée en même temps que celle de son déclenchement.

253. Selon certains auteurs, le critère de la proportionnalité est englobé par la nécessité ; l'action entreprise ne doit pas dépasser ce qui est nécessaire pour atteindre l'objectif recherché. Dans la mesure où une action de la Communauté exclut l'action des États, il semble que subsidiarité et proportionnalité ne puissent être totalement dissociées. L'article 5§3 comporterait donc des éléments de proportionnalité. La Commission précise que lors du test d'efficacité comparative, elle doit observer quels sont les moyens à la disposition des États membres pour atteindre un objectif. De même le Conseil d'Édimbourg considère que l'action de l'Union européenne doit présenter des avantages manifestes en raison de ses dimensions ou effets sur l'action étatique[416].

254. La comparaison entre l'action des États membres et celle de l'Union se fait sur la base d'un critère de nécessité, du caractère approprié ou non de l'action envisagée. Or il s'agit d'instruments de contrôle de la proportionnalité [417]. L'article 5§3 contient donc les éléments d'une proportionnalité d'interprétation permettant de déterminer si la Communauté doit agir. Cette question semble indissociable de celle de déterminer comment l'Union peut agir.

Tout ce qui relève du marché intérieur, de la protection de l'environnement, de la protection des consommateurs, des transports, de l'énergie, de la recherche et développement. La plupart des domaines relèvent des compétences partagées.

416 La question de déterminer si l'effet contraignant de l'instrument en question est proportionnel aux objectifs poursuivis. Il ne semble donc pas nécessaire de déterminer si l'intensité et la nature de l'action de l'Union européenne sont adéquates mais seulement si la Communauté devait agir ou non. Le contrôle de l'action de la Communauté deviendrait binaire: elle occuperait tout le champ législatif ou n'interviendrait pas.

417 Patrick LENAERTSKoe etVAN YPERSELE, « Le principe de subsidiarité et son contexte : étude de l'article 3B du traité C.E. », *C.D.E*, 1994, vol. 3, n° 48, pp. 3-83.

255. Cependant, en l'inscrivant dans l'article 5§4, les auteurs ont souhaité dissocier les deux principes. Les normes doivent donc subir le test de l'article 5§4 même si elles ont réussi le test de l'article 5§3. En effet, le législateur de l'Union européenne ne légifère pas vainement; l'article 5§4 ne doit pas être vidé de son sens[418]. L'alinéa 3, plus général, s'intéresse à la façon dont la Communauté doit agir. Si le test d'efficacité comparative s'intéresse à la proportionnalité d'une action de l'Union européenne dans les domaines de compétences partagées, le contrôle du principe de proportionnalité ne se limite pas au test d'efficacité comparative. Dans les compétences partagées, l'action des États membres s'exerce là où l'Union n'est pas intervenue[419]. Il s'agit d'une modalité transitoire d'organisation des compétences. L'intervention de l'Union européenne se substitue aux règles nationales, le principe de proportionnalité ne se limite donc pas à celui de subsidiarité[420].

256. D'ailleurs, le principe de proportionnalité continue de s'appliquer aux domaines de compétences exclusives. En effet, l'intervention de l'Union européenne n'exclut pas toute intervention étatique[421].

---

418 Jacques ZILLER, « Le principe de proportionnalité », *AJDA*, juin 1996, n° spécial, pp. 185-188.

Une partie de la doctrine considère que l'article 3B al2 ne fait pas référence à la proportionnalité.

419 Herve BRIBOSIA, « Subsidiarité et répartitions des compétences entre la Communauté et ses Etats membres », *RDUE*, 1992, n° 4, pp. 389-338.

420Certaines compétences, à l'origine concurrentes, ont été consacrées par le traité de Lisbonne comme des compétences exclusives ; c'est le cas de la politique commerciale commune. D'autres, telles que les transports, ont été classées dans la liste des compétences. Le terme « compétences concurrentes » en droit de l'Union européenne ne désigne pas le même type de compétences qu'en droit canadien où il décrit des matières où les lois de deux niveaux de gouvernement peuvent se compléter dans la mesure où il n'y a pas de conflit de loi.

Le mécanisme de la théorie canadienne de la préemption et celle du champ occupé peut-être comparé à la façon dont les compétences concurrentes interagissent en droit de l'Union européenne. Dans les deux cas, l'intervention de l'entité centrale limite l'intervention de l'entité englobée dans tous les domaines de la compétence visée et non seulement dans la mesure de la contradiction entre les deux normes.

421 Protocole n° 2 sur l'application des principes de subsidiarité et de proportionnalité annexé au traité de Lisbonne, 9 mai 2008, *JOUE* C115/201.

B. Une distinction plus nette des principes de subsidiarité et de proportionnalité dans les domaines de compétences coexistantes

257. Les domaines de compétences coexistantes sont les domaines où les États et la Communauté peuvent intervenir simultanément. Les législations étatiques et celles de l'Union européenne coexistent[422], ce qui rend difficile la délimitation de la frontière de leurs compétences respectives qui s'enchevêtrent. Leurs incursions réciproques comportent deux risques. Le premier étant que l'Union tende à se substituer aux États. Le second au contraire que les États neutralisent l'exercice par l'Union de ses compétences.

258. Lorsque l'Union exerce ses compétences d'encadrement, la Communauté et les États agissent conjointement pour atteindre un objectif. Les principes de subsidiarité et de proportionnalité sont, par conséquent, clairement distincts. L'article 5§4 prend tout son sens.

§2. La « proportionnalité » en droit canadien

259. Si elle n'est pas expressément nommée ainsi, la question de la proportionnalité des interventions provinciales et fédérales se pose en droit canadien. Il s'agit de déterminer comment chaque compétence octroyée au pouvoir fédéral par l'article 91 de la Loi constitutionnelle de 1867 peut coexister avec l'exercice de compétences provinciales, ce qui n'est pas sans influence sur l'évaluation de la capacité à agir provinciale.

260. Lorsque les deux niveaux de gouvernement agissent de concert, l'application du principe de subsidiarité peut s'accompagner d'interrogations sur la « proportionnalité » des interventions des deux niveaux de gouvernement.

---

[422] « Les compétences partagées dans le traité de Lisbonne : Les États exerçant leur compétence dans la mesure où l'Union n'a pas exercé la sienne. Elles sont le marché intérieur, la politique sociale, pour les aspects définis dans le présent traité ; la cohésion économique, sociale et territoriale ; l'agriculture et la pêche, à l'exclusion de la conservation des ressources biologiques de la mer ; l'environnement ; la protection des consommateurs ; les transports ; les réseaux transeuropéens ; l'énergie ; l'espace de liberté, de sécurité et de justice ; les enjeux communs de sécurité en matière de santé publique, pour les aspects définis dans le traité de Lisbonne ; la recherche, développement technologique, espace ; la coopération au développement et aide humanitaire ».

261. Le développement de la théorie du chevauchement, résultant de l'esprit de la subsidiarité, pose la question de l'évaluation de l'étendue des compétences fédérales et provinciales. Cette question de la proportionnalité des interventions de chaque ordre de gouvernement n'est pas sans rétroagir sur les mécanismes de la subsidiarité.

Alors qu'en droit de l'Union européenne, la notion de compétence concurrente, selon laquelle une compétence, une fois exercée, « exclut la possibilité d'une compétence concurrente des États membres»[423], était, avant même le traité de Lisbonne, en déclin par rapport à celle de compétence partagée, une évolution comparable peut être observée en droit canadien puisque le partage des compétences semble avoir évolué d'une conception classique (1) à une conception moderne (2), ce qui n'est pas sans influence sur l'interprétation des mécanismes de subsidiarité(3).

1. Le déclin de la théorie classique des «compartiments étanches »

262. Selon le principe d'exclusivité, il n'existe qu'un seul ordre de gouvernement compétent pour légiférer pour chaque matière donnée. Il s'agit d'un principe essentiel dans le partage des compétences au Canada[424]. Ce principe est lié à celui de l'autonomie des ordres juridiques.

Selon une conception classique du partage des compétences, on considère que les pouvoirs des niveaux de gouvernement constituent des compartiments étanches[425]. Dans ce « fédéralisme dualiste », les zones de contact entre les interventions fédérales et provinciales devraient, selon cette conception, être réduites au minimum[426].

263. La coexistence des législations fédérales et provinciales, quoiqu'accentuée par une conception moderne du partage des compétences, a toujours été possible. Dans l'arrêt *General Motors of Canada*, la Cour affirme « qu'historiquement, le droit constitutionnel canadien a permis

---

[423] Les Etats ne pourraient par la suite agir que sur autorisation, Claude BLUMANN, Louis DUBOUIS, *Droit institutionnel de l'Union européenne*, 4e éd., Paris, Litec, 2010, 830 p.

[424] *Loi constitutionnelle de 1867*, 30 et 31 Vict., c. 3 (R.U.), art. 91, 92 et 93.

[425] *AG for Canada v. AG for Ontario*, [1937] AC 326, p. 354.

[426] Bruce RYDER, «The demise and rise of the Canadian federalism: Promoting Autonomy for the Provinces and first Nations», *Mc Gill LJ*, 1991, vol. 36, n° 2, p. 308.

passablement d'interaction et même de chevauchement en ce qui concerne les pouvoirs fédéraux et provinciaux »[427].

2. *Une conception moderne favorable à la coexistence des lois*

264. Dans une conception moderne du partage des compétences, les chevauchements sont mieux acceptés, c'est par exemple le cas dans la décision *Banque canadienne de l'Ouest*[428].

Les domaines étudiés ici, comme de nombreux domaines aujourd'hui, interpellent les deux niveaux de compétences. La plupart des grands problèmes économiques et sociaux à propos desquels intervient l'État nécessitent en effet une intervention des deux niveaux de gouvernement.

265. Deux lois peuvent se chevaucher sans que l'une d'elles ne soit *ultra vires*[429]. Si deux lois valides occupent le même champ, leur caractère opérant dépendra du fait qu'elles soient complémentaires ou en conflit[430]. Deux lois occupant le même champ seront appliquées simultanément. Cependant, la clause finale de l'article 91, prévoit que la loi fédérale aura prépondérance sur la loi provinciale en cas de conflit[431]. Pour que la loi fédérale soit prépondérante, le conflit ne doit pas seulement être potentiel ; il doit être actuel et opérationnel[432]. Si les deux lois ne sont que semblables, chacune ayant validement été adoptée, il n'y a pas de conflit. Le conflit peut résulter de l'impossibilité d'appliquer les deux lois[433] ou du fait que l'application de la loi provinciale contrecarrerait les objectifs d'une loi fédérale valide[434]. La

---

[427] *General Motors of Canada Ltd. c. City National Leasing*, [1989] 1 R.C.S. 641, §59.

[428] Banque canadienne de l'Ouest c. Alberta, [2007 CSC 22, [2007] 2 R.C.S. 3.

[429] Law Society of British Columbia c. Mangat, [2001 CSC 67, [2001] 3 R.C.S. 113.

[430] Nicole DUPLÉ, *Droit constitutionnel : principes fondamentaux*, 5e éd., Montréal, Wilson & Lafleur, 2011, 772 p.

[431] *Parsons v. B.N.M. Laboratories Ltd.*, [1963] 2 All E.R. 658 p. 107 Il serait impossible de parvenir à une distinction nette et précise et que certaines catégories de sujet attribuées aux législatures provinciales se confondraient inévitablement avec quelques-unes des catégories de sujets attribuées dans l'article 91.

[432] Multiple Access Ltd c. McCutcheon, [1982] 2 R.C.S. 161.
Banque de Montréal c. Hall, [1990] 1 R.C.S. 121.
Rothmans, Benson and Hedges c. *Saskatchewan*, [2005] 1 R.C.S. 188.
Banque canadienne de l'Ouest, [2007] 2 R.C.S. 3.

[433] *P.G. Québec c. Lechasseur*, [1981], 2 R.C.S. 228.

[434] *Banque de Montréal c. Hall*, [1990] 1 R.C.S. 121.

doctrine de l'exclusivité et celle de la prépondérance apparaissent donc des exceptions à la conception moderne du partage des compétences.

La relative remise en cause de la théorie de l'intérêt national au profit de la compétence relative au droit criminel, sur laquelle il est plus facile de se fonder pour défendre la constitutionnalité d'une loi fédérale, semble participer de cette dynamique moderne de reconnaissance de législation de double aspect[435].

3. L'influence du chevauchement sur les compétences provinciales

266. La question se pose de savoir dans quelle mesure un conflit entre deux lois peut être interprété de façon restrictive afin de préserver la loi provinciale lors de l'application de la théorie de la prépondérance fédérale, conformément à l'esprit de la subsidiarité[436].

La doctrine du chevauchement[437] et celle du double aspect visaient, à l'origine, à éviter des extensions à outrance des compétences fédérales par le biais de la prépondérance fédérale, puisque la conception moderne du partage des compétences permet, dans certains cas, aux provinces d'intervenir dans des domaines qui seraient autrement de compétence exclusivement fédérale[438].

Il peut être craint qu'elle devienne pour le fédéral un moyen de valider toutes ses interventions dans des domaines ayant un aspect fédéral ; encore faut-il, toutefois, que le caractère véritable de l'intervention législative fédérale se rapporte à un champ de compétence fédérale. La conception classique du partage des compétences protégeait en effet les compétences provinciales, en limitant les chevauchements et la prépondérance de lois fédérales.

---

[435] *Friends of the Oldman River Society v. Canada* (Minister of Transport), [1992] 1 S.C.R. 3. *R. v. Hydro-Québec*, [1997] 3 S.C.R. 213.

[436] La doctrine de l'aspect et celle des pouvoirs ancillaires peuvent être l'occasion de la coexistence de deux lois, fédérale et provinciale, portant sur un même sujet. Lorsqu'une loi est valide par la doctrine de l'aspect, elle peut être rattachée à une compétence de l'article 91. En revanche, la doctrine des pouvoirs ancillaires permet de reconnaître la validité d'une loi qui est nécessaire, dans un contexte donné, à rendre valide une loi de compétence fédérale.

[437] *Tennant v. Union Bank of Canada*, [1884] AC 31.
Bora LASKIN, « Peace, Order and good government re-examined », *Revue du barreau canadien,* 1947, vol. 25, n° 10, p. 1054.

[438] L'opinion du juge Dickson est analysée dans Ken SWINTON, « Dickson and Federalism : in search of the Right Balance », *Man LJ*, 20 *Man. L.J.* 483, 1991, p. 483 et dans Brian SCHWARTZ, « Dickson on Federalism : The First Principle of his Jurisprudence », *Man LJ,* 1991, n° 20, p. 473.

267. Il semble qu'un système de fédéralisme coopératif où les législations provinciales et fédérales se complèteraient et se coordonneraient pour atteindre les objectifs visés ne soit pas sans avantage. Un tel système favoriserait les pouvoirs des provinces puisqu'il nécessiterait un accord fédéral-provincial préalable.

Selon Shapiro, la superposition des régimes de régulation n'est pas un problème. La concurrence créée par le « fédéralisme polyphonique » encourage plusieurs niveaux de pouvoir à agir, quitte à engendrer une redondance. Cela favorise le dialogue et la pluralité. Dans cette perspective, les tribunaux ne devraient pas systématiquement invalider les lois provinciales sous prétexte d'éliminer tout obstacle potentiel à l'achèvement des objectifs fédéraux[439]. Ils devraient donc se prémunir contre la tentation de suppression systématique des plans de régulation locaux dans le but de favoriser la création d'une politique de régulation fédérale hégémonique.

Dans la décision *Québec c. Lacombe*[440], la juge dissidente Deschamps, invoquant le principe de subsidiarité dans la jurisprudence, considère que ce principe implique une interprétation stricte de la notion de conflit de loi. La Cour elle-même reconnaît que la théorie des compartiments étanches n'est plus d'actualité[441].

---

[439] Christophe BEAUDOUIN, La démocratie à l'épreuve de l'intégration européenne : redistribution des lieux de pouvoir, nouvelles manières de dire le droit et légitimité démocratique dans l'Union européenne, Paris 5, 2013.

[440] Opinion dissidente de la juge Deschamps dans *Québec(*Procureur général*) c. Lacombe*, 2010 CSC 38, §109, 110.

[441] *Québec (*Procureur général*) c. Lacombe*, 2010 CSC 38, §40, 41.

CONCLUSION DU CHAPITRE 2

268. L'application de la subsidiarité implique une référence de l'interprète à des éléments juridiques, mais aussi à des éléments extérieurs à la norme contrôlée. Ce caractère nécessairement dynamique de l'acte d'interprétation de la subsidiarité n'exclut pas la possibilité d'une précision des critères de la subsidiarité pour renforcer sa justiciabilité. Une précision des critères d'application et d'évaluation de la subsidiarité devrait limiter un déséquilibre entre compétences[442] en clarifiant le choix entre applications descendante et ascendante de la subsidiarité.

269. Une telle précision permettrait de garantir une poursuite efficiente des objectifs de l'entité centrale sans pour autant que les institutions politiques n'exercent leurs compétences de façon imprévisible. Limiter le caractère ouvert de l'interprétation à son noyau irréductible permet d'éviter l'arbitraire.

270. Il s'agit, en outre, de mieux cerner le champ d'application de la subsidiarité: ce principe, entendu comme principe structurel, pourrait-il être appliqué aux compétences étatiques en droit de l'Union européenne? En droit canadien, si l'intérêt national ne se présume pas, la question demeure de savoir si l'intervention fédérale au titre des compétences résiduelles fédérales rend superflue la preuve de l'incapacité à agir des provinces.

271. En droit de l'Union européenne, la question demeure de savoir si la liste des compétences partagées est figée. Si tel n'est pas le cas, le principe de subsidiarité pourrait cesser de s'appliquer à des compétences partagées devenues exclusives. En droit canadien, le: critère « d'unicité, de particularité et d'invisibilité " conditionne l'octroi d'une compétence nouvelle au pouvoir fédéral dans le cadre de la théorie de l'intérêt national.

272. Il s'agit ensuite de déterminer si un changement de circonstances peut entraîner une réévaluation du principe de subsidiarité. En droit canadien, alors que l'urgence ne permet qu'un transfert temporaire de compétences, la théorie de l'intérêt national permet le développement croissant des compétences fédérales. La possibilité d'une réévaluation de la capacité à agir provinciale semble avoir été admise par la précision jurisprudentielle de la clause de commerce.

273. Il reste également à déterminer si l'entité englobante peut agir lorsque la plus-value de son action est incertaine.

---

[442] Girolamo STROZZI, « Le principe de subsidiarité, une énigme et beaucoup d'attentes », *RTDE*, Juillet-Septembre 1994, n° 3, pp. 373-390.

274. Enfin, la Cour de justice pourrait être amenée à préciser encore le lien entre le principe de proportionnalité et l'évaluation de la valeur ajoutée de l'intervention de l'Union, en particulier lorsque la subsidiarité est appliquée à des domaines de compétences coexistantes. La Cour suprême du Canada a répondu à des questions similaires concernant l'application de la clause de commerce et de la doctrine paix, ordre et bon gouvernement.

CONCLUSION DU TITRE I

275. Les critères de mise en œuvre de la subsidiarité assurent une adaptation prévisible de l'exercice des compétences à l'évolution de la capacité à agir de chaque niveau de pouvoir. En raison de sa nature dynamique et ambivalente, le principe de subsidiarité apparaît partiellement indéterminé.

276. L'amélioration du contrôle de la subsidiarité nécessite une comparaison approfondie entre les compétences des deux niveaux de gouvernement. Une telle comparaison ne peut avoir utilement lieu sans un affinement de ses termes par la jurisprudence.

277. En droit de l'Union européenne, le test de l'efficacité comparative et celui de la valeur ajoutée devraient être distingués de façon nette dans des domaines de compétences concurrentes. Une telle distinction apparaît superflue dans des domaines de compétences partagées.

278. Par ailleurs, l'intervention de l'Union européenne dans des domaines de compétences de coordination ou d'appui pourrait nécessiter une plus-value certaine de l'intervention européenne; en revanche, une plus-value potentielle de l'action européenne suffirait à rendre possible l'intervention de l'Union dans les domaines de compétences partagées.

279. Le principe de subsidiarité, en droit de l'Union européenne, apparaît applicable aux compétences d'appui. L'application d'une forme de subsidiarité aux compétences concurrentes et aux compétences résiduelles pourrait être envisagée en droit canadien. Dans les deux cas, si l'on considère que la subsidiarité découle d'un principe politique structurel présidant au partage des compétences, elle doit être prise en compte dans la résolution de tout conflit normatif. Si, au contraire, on considère que la subsidiarité n'est qu'un principe fonctionnel ne dépassant pas le cadre de l'article 5 TUE en droit de l'Union européenne et de l'article 91 de la loi constitutionnelle de 1867 en droit canadien, ses effets sont plus limités.

280. Pour déterminer si la théorie de l'urgence est applicable, il s'agit de rechercher l'intention du législateur. Il faut établir s'il possédait des raisons de croire, sur la base d'un fondement rationnel, que son intervention était nécessaire. Un tel faisceau d'indices pourrait être requis en droit de l'Union européenne pour évaluer la nécessité d'une norme européenne.

281. La modification d'une norme de l'entité englobante permet au juge de vérifier le respect de la subsidiarité sans qu'il ne soit porté atteinte à la prévisibilité du droit. De même, le juge peut évaluer la capacité à agir des

entités décentralisées au moment de la création de la norme nouvelle, même si l'entité englobante était déjà intervenue dans le même domaine. Cette dernière question dépend de la façon, concrète ou abstraite[443], dont doit être appréciée la capacité à agir.

282. Enfin, le fait pour la Cour de justice de dégager de nouvelles compétences exclusives au profit de l'Union européenne semble réduire la portée du principe de subsidiarité qui cesserait alors de s'appliquer à certaines matières. Une telle restriction pourrait ainsi nuire à la poursuite efficace des objectifs de l'Union européenne.

283. Nous observerons dans un second titre que les institutions politiques pourraient contribuer à la précision de la subsidiarité.

---

[443] Une évaluation abstraite est entendue comme dépassant les termes du litige au cours duquel la Cour est amenée à se prononcer. Elle n'exclut en rien la référence du juge à des éléments extrinsèques pour évaluer la capacité d'action de chaque niveau de pouvoir au moment de l'intervention de l'entité englobante.

TITRE II. L'INSUFFISANCE DU CONTROLE DE LA SUBSIDIARITE PAR LES INSTITUTIONS POLITIQUES

284. Nous rechercherons dans ce titre si le contrôle politique de la subsidiarité, envisagé dès le début de la construction européenne, rend superflu son contrôle juridictionnel[444].

285. Il s'agit, par un examen de la doctrine institutionnelle, des publications officielles et de la "législation" émanant des institutions politiques, de déterminer si les institutions politiques pourraient se prononcer seules sur l'aspect substantiel de la subsidiarité, contribuant ainsi à éliminer toute considération factuelle du contrôle juridictionnel de ce principe.

286. Nous préciserons le rôle des institutions politiques européennes dans la définition et le contrôle du principe de subsidiarité en droit de l'Union européenne, puis nous chercherons à établir dans quelle mesure les institutions politiques pourraient préciser les modalités de contrôle du principe de subsidiarité.

287. Alors que les institutions politiques européennes ont défini avec précision le principe de subsidiarité, les institutions politiques canadiennes ont omis de développer la définition et l'application de la doctrine paix, ordre et bon gouvernement, de la clause de commerce ou sur la reconnaissance du principe de subsidiarité comme principe d'interprétation du partage des compétences[445]. Le droit constitutionnel canadien étant de common law, il appartient à la Cour suprême de se prononcer sur ces questions au fur et à mesure de sa jurisprudence. À la différence de l'Union européenne, la contribution directe des institutions politiques à la définition de la doctrine paix, ordre et bon gouvernement ou de la clause de commerce semble minime.

288. . Il paraît, par conséquent, envisageable que la Cour de justice se limite davantage dans le contrôle de la subsidiarité en raison de sa déférence envers les institutions politiques la précédant dans ce contrôle.

289. En raison de sa nature nécessitant la réévaluation constante de sa mise en œuvre, la précision et le contrôle politique de la subsidiarité peinent à en prévenir toute violation.

---

[444] Par mise en œuvre de la subsidiarité, nous désignons à la fois la définition, l'application et le contrôle de la subsidiarité.

290. En cela, les institutions politiques, au niveau central (institutions de l'Union européenne ou autorités politiques à l'origine de la fédération canadienne) (chapitre 1) et les institutions étatiques et infra-étatiques (chapitre 2) contribuent à assurer le respect de la subsidiarité sans pour autant exclure la nécessité de son contrôle juridictionnel.

CHAPITRE 1. LA MISE EN ŒUVRE PARTIELLE DE LA SUBSIDIARITE PAR LES INSTITUTIONS POLITIQUES DE L'UNION EUROPEENNE

291. Nous rechercherons comment les institutions politiques de l'Union européenne contribuent à une application effective de la subsidiarité. Nous admettrons comme indicateur quantitatif tendant à indiquer un meilleur respect de la subsidiarité la baisse des propositions de règlements, de directives et de décisions de la Commission. Un tel indicateur ne suffit pas à prouver un meilleur respect de la subsidiarité, la diminution de l'initiative normative de la Commission peut en effet découler d'autres facteurs, en particulier d'une diminution des besoins normatifs.

292. Les institutions se sont attachées à réduire autant que possible l'imprécision du principe de subsidiarité telle que posée par les textes (section 1). Cette démarche contribue, avec l'instauration de nouvelles procédures, à renforcer le contrôle de la subsidiarité (section 2). Les Conseils européens et accords interinstitutionnels ont particulièrement renforcé la responsabilité de la Commission dans le contrôle de la subsidiarité.

SECTION 1. LA PRECISION DE LA SUBSIDIARITE PAR LES INSTITUTIONS POLITIQUES

293. Les institutions politiques de l'Union européenne (sous-section 1) ont précisé comment les critères du principe de subsidiarité devaient être interprétés. Au Canada la clause paix, ordre et bon gouvernement a été discutée par les dirigeants politiques de l'époque avant d'être inscrite dans la loi constitutionnelle (sous-section 2).

Sous-section 1. La précision de la subsidiarité par les institutions politiques de l'Union européenne

294. Dans son discours du 10 septembre 1992, Peter SCHMIDHUBER[446] rappelait qu'« au niveau de l'Union européenne, le principe de subsidiarité s'applique à tous les organes. Chaque organe doit obligatoirement répondre à la question de savoir si une action envisagée est compatible avec le principe de subsidiarité. Cette exigence est également de rigueur lorsqu'une institution, par exemple le Parlement ou le Conseil, demande à une autre institution, par exemple la Commission, d'agir ».

Les critères d'application du principe de subsidiarité sont précisés lors des Conseils européens (§1) et dans les accords interinstitutionnels (§2). La prévision du partage des compétences dans un domaine particulier peut limiter le contentieux relatif à l'application du principe de subsidiarité; l'exemple de la politique environnementale de l'Union européenne est significatif (§3).

§1. La précision du contrôle du principe de subsidiarité par les Conseils européens

295. Le Conseil européen de Lisbonne distingue les règles de base juridiquement contraignantes tel l'article 5§3 et les actions pouvant être menées dans le cadre des nouveaux domaines de compétences conférés par le traité à l'Union. Le principe de subsidiarité s'applique selon le Conseil à la législation existante et future.

Trois conclusions ressortent du Conseil européen de Lisbonne.

La première concerne la justification par la Commission de toute initiative au regard du principe de subsidiarité, le Conseil doit faire de même s'il décide de modifier les propositions initiales de la Commission.

La seconde prévoit que le Conseil européen d'Édimbourg recevra un rapport de la Commission et du Conseil sur les mesures à prendre pour la mise en œuvre du principe de subsidiarité, sur le plan pratique et sur le plan de la procédure.

---

[446] Discours de Peter SCHMIDHUBER, Commission européenne, 10 septembre 1992, IP/92/702.

296. Enfin, le Conseil européen d'Édimbourg étudiera un rapport réexaminant certaines règles de l'Union européenne en vue de les adapter au principe de subsidiarité[447]. Le Conseil européen d'Édimbourg a répondu aux Conseils européens de Birmingham et de Lisbonne et a évalué la portée du principe de subsidiarité dans la pratique.

Il avait été prévu à Lisbonne que la Commission élaborerait un rapport à l'intention des chefs d'États et de gouvernements afin de réexaminer certaines règles de l'Union européenne dans le but de les adapter au principe de subsidiarité. Le Conseil européen d'Édimbourg dépasse les obligations de motivation imposées à la Commission lors du traité de Lisbonne et confirme la rédaction d'un rapport annuel à l'intention du Parlement et du Conseil.

297. Le Conseil européen d'Édimbourg répond à la communication de la Commission européenne du 27 octobre 1992, à la résolution du Parlement européen du 18 novembre 1992 et aux travaux du comité des représentants permanents (COREPER) et du Conseil « Affaires générales »[448]. Il a adopté une « déclaration » concernant le principe de subsidiarité alors qu'un second référendum s'annonçait au Danemark[449].

Il identifie les lignes directrices permettant l'appréciation, in concreto, de la conformité d'une mesure à l'article 5§3. Il pose un test en deux parties, une sorte de code législatif pour les institutions. Le Conseil européen d'Édimbourg a encadré la mise en œuvre du principe de subsidiarité par des procédures et pratiques institutionnelles où la Commission joue un rôle déterminant. On peut citer comme exemple la consultation des documents de base comme le livre vert ou la consultation plus large des États. L'introduction de ces mesures au Conseil d'Édimbourg devait avoir pour effet de calmer les débats autour de la ratification du nouveau traité. Le Parlement, quant à lui, organise un débat public avec la participation des deux autres institutions. Les principes établis rejoignent de par leur esprit ceux de la Commission.

298. À Édimbourg, la Commission a renouvelé son engagement de justifier toutes ses propositions d'actes juridiques eu égard à l'application du

---

[447] Riccardo PERISSICH, « Le principe de subsidiarité, fil conducteur de la politique de la Communauté dans les années à venir », *RDUE,* 1992, n° 3, pp. 5-11.

[448] Avis du Parlement européen du 18 novembre 1992, JO C 337 du 21. 12. 1992, p. 142. 1613ème session du conseil - affaires générales, Bruxelles, le 9 novembre 1992, président : M. Douglas Hurd, ministre des affaires étrangères et du commonwealth du Royaume-Uni. Conseil de l'Europe - PRES/92/196 09/11/1992.

[449] Hubert HAENEL, au nom de la délégation pour l'Union européenne, Dialogue avec la Commission européenne sur la subsidiarité, déposé le 21 novembre 2007, rapport d'information n°88(2007-2008).

principe de subsidiarité et de retirer ou réexaminer diverses propositions ainsi que de réviser les dispositions règlementaires en vigueur[450]. La Commission doit jouer un rôle essentiel. Elle devra procéder à des consultations larges des États avant de proposer un texte législatif et se référer aux documents de base[451]. La Commission devra justifier l'opportunité de son initiative au regard du principe de subsidiarité dans ses considérants. La Commission va désormais refuser de donner suite aux demandes informelles du Conseil des Ministres ne respectant pas les procédures[452]. La Commission a rapidement dépassé les engagements pris à Édimbourg (achèvement du programme législatif du marché unique, perte du caractère actuel de certaines propositions, application stricte du principe de proportionnalité). Le Conseil européen d'Édimbourg a adopté l'approche globale de la Commission pour la mise en œuvre du principe de subsidiarité et a conclu à l'utilité d'un accord interinstitutionnel[453]. En cas de difficultés d'application, un des trois présidents peut demander une conférence interinstitutionnelle[454].

§2. La précision du principe de subsidiarité par les accords interinstitutionnels

299. Certains accords interinstitutionnels peuvent être reconnus comme juridiquement contraignants. « Bien que non assimilable au pouvoir constituant, les institutions semblent détenir une « fonction constituante »les autorisant à édicter, par le biais des accords interinstitutionnels, des règles juridiquement contraignantes qui viennent préciser et compléter les traités »[455]. Dans le traité de Rome, la question de la légitimité de l'intervention de la Communauté était régie par le principe de proportionnalité et laissée à l'appréciation des institutions de l'Union

---

[450] Communication de la Commission examinée au Conseil européen d'Edimbourg et Programme législatif de la commission, Edimbourg, 12 décembre 1992, B. C. suppl/93 : 25s.

[451] *Livre vert sur le rapprochement, la reconnaissance mutuelle et l'exécution des sanctions pénales dans l'Union européenne*, Bruxelles, le 30 avril 2004, E2587-COM (2004) 334 final.

[452] Francois LAMOUREUX, «Monsieur subsidiarité», *RAE LEA*, 1993, n° 1, pp. 46-48.

[453] Jean-Claude GAUTRON, « Subsidiarité ou néosubsidiarité», Liège, *REA LEA*, 1998, n° 1-2, pp. 3-8.

[454] Sur la possibilité pour les présidents de demander une conférence interinstitutionnelle, consulter également : Parlement, Conseil Commission, *Déclaration interinstitutionnelle sur la démocratie, la transparence et la subsidiarité complétant le Conseil européen d'Edimbourg*, Luxembourg, 25 octobre 1993, Bull. C.E d'octobre 1993.

[455] Gaelle MARTY, « Les accords interinstitutionnels : source de droit de l'Union Européenne ? », VIème Congrès français de droit constitutionnel – AFDC Montpellier, 9, 10 et 11 juin 2005 Atelier 3 – Europe et Constitution.

européenne[456]. L'idée d'un accord interinstitutionnel[457] visant à faire du principe de subsidiarité une règle à comportement politique a été concrétisée avec l'entrée en vigueur du traité UE[458]. Le traité de Maastricht ayant consacré la subsidiarité, le Conseil européen d'Édimbourg des 10 et 11 Décembre 1992 a invité les trois institutions à rechercher un accord interinstitutionnel permettant son application effective, conformément à la communication de la Commission du 27 Octobre 1992. L'idée d'un accord interinstitutionnel a d'abord été reprise par le Parlement[459], puis approuvée par les chefs d'États et de gouvernements, sur la base d'un rapport rédigé par les ministres des Affaires étrangères. L'accord fut adopté le 25 octobre 1993.

L'accord interinstitutionnel pose les bases de la future application du principe de subsidiarité en dégageant des critères de son application : nécessité de l'action au regard du traité, efficacité par rapport au problème que l'Union européenne entend résoudre, cohérence de l'action par rapport à la globalité de l'action de l'Union européenne, respect du principe de proportionnalité et en particulier de la règle de minimis, communicabilité de la mesure à l'opinion publique. La Communauté ne doit ni bouleverser l'équilibre institutionnel, ni retirer des compétences à la Communauté, ni freiner le développement de compétences de l'Union européenne[460].

300. Un tel accord vise donc à préciser quelle doit être l'intensité de l'action de l'Union européenne en définissant les rapports entre institutions. Il permet de traduire de bonnes intentions en contraintes, de maintenir le droit d'initiative de la Commission[461]. Son objet est de définir, au travers des procédures régissant l'application du principe de subsidiarité, les modalités

---

[456] Première conférence sur la subsidiarité organisée par le Comité des Régions, Berlin, 27 mai 2004, COR/04/49 :
« Les participants à la conférence sur la subsidiarité estiment qu'une « nouvelle culture politique » s'impose afin que la Constitution puisse combler le déficit démocratique ».

[457] Michel PONIATOWSKI au nom de la délégation du Sénat pour les Communautés européennes, Rapport d'information n° 45, 12 novembre 1992.

[458] Vladmir CONSTANTINESCO, « Les compétences et le principe de subsidiarité », *RTDE*, 2005 41(2), p. 728.
La question du respect du principe de subsidiarité a été soulevée lors de la rédaction du TUE. *JOUE* C115/15. 9 mai 2008. dans un souci de transparence accru de la législation et de démocratie.

[459] *Résolution du Parlement européen*, Bruxelles, 18 novembre 1992, JO C 337 du 21. 12. 1992, p. 142.

[460] Jurgen SCHWARZE, « Le principe de subsidiarité dans la perspective du droit constitutionnel allemand », *RMCUE*, 1993, vol. 70, n° 615, pp. 24-32.

[461] Sur la valeur juridique des accords inter-institutionnels, voir le compte rendu de l'atelier « Europe et Constitution du VIe congrès français de droit constitutionnel » des 9, 10 et 11 juin 2005 sur : http://www.droitconstitutionnel.org/congresmtp/textes3/MARTI.pdf, (consulté le 10 Novembre 2013).

de l'exercice des compétences dévolues par les traités aux institutions de l'Union européenne afin que les objectifs prévus par ceux-ci puissent être réalisés. Les trois institutions doivent veiller au respect du principe de subsidiarité dans le cadre de leurs procédures internes[462], en ce qui concerne le contenu des propositions, mais aussi dans le choix des instruments juridiques. Les dispositions suivantes y sont mentionnées : « Lorsqu'elle exercera son droit d'initiative, la Commission prendra en compte le principe de subsidiarité et justifiera son respect; il en ira de même pour le Parlement et le Conseil dans le cadre des compétences qui leur sont conférées respectivement aux termes des articles 192 (138 B) et 208 (152) du traité CE; lorsqu'elle exposera les motifs de ses propositions, la Commission justifiera la pertinence de celles-ci au regard du principe de subsidiarité; tout amendement éventuel au texte de la Commission, qu'il émane du Conseil ou du Parlement, devra s'accompagner d'une justification sous l'angle de la subsidiarité s'il a pour effet de modifier le champ d'intervention de la Communauté[463] ». Comme l'accord précédent, du 26 novembre 1992, cet accord vise à mettre en place des procédures permettant une meilleure application du principe de subsidiarité [464] . L'accord interinstitutionnel «démocratie, transparence et subsidiarité » de 1993, adopté par les trois institutions, prévoit que la Commission doit, au moment où elle exerce son droit d'initiative en matière législative, justifier l'intervention de l'Union européenne au regard du principe de subsidiarité. De plus, la Commission doit faire un rapport annuel au Parlement et au Conseil sur l'application de ce principe. Le protocole annexé au traité d'Amsterdam contient des dispositions extrêmement détaillées sur son application. La Communauté doit démontrer la nécessité de son intervention selon les critères tant quantitatifs, dimension de l'action envisagée, que qualitatifs, objectifs de l'action envisagée, selon un test d'efficacité comparative. Elle doit ainsi montrer qu'elle respecte le principe de subsidiarité.

La Commission doit privilégier le recours à des actes-cadres, telles les directives, plutôt qu'au droit de l'Union européenne uniforme. Le Parlement et le Conseil des Ministres devront s'interroger sur la justification par la Commission de son intervention. S'ils amendent une proposition, ils doivent montrer que l'amendement respecte le principe de subsidiarité. Les textes déjà en vigueur seront réexaminés par la Commission afin que les textes superflus soient abrogés, réformés vers une simplification des textes de

---

[462] Parlement, Conseil Commission, Déclaration interinstitutionnelle sur la démocratie, la transparence et la subsidiarité complétant le Conseil européen d'Edimbourg, Luxembourg, 25 octobre 1993, Bull. C.E d'octobre 1993, p. 128.

[463] *Ibid.*

[464] *Ibid.*, p. 132.

l'Union européenne. Cet accord interinstitutionnel entre en vigueur avec le TUE[465].

301. La doctrine interinstitutionnelle a débouché sur la reconnaissance dans les traités originaires d'une obligation pour les institutions de contrôler le principe de subsidiarité[466]. Les accords interinstitutionnels, anticipant les révisions des traités, constituent un moyen d'assurer le dynamisme de l'Union européenne[467]. Les institutions semblent ainsi bénéficier d'une certaine légitimité pour modeler, de façon indirecte, le contenu des normes constitutionnelles européennes.

302. La doctrine interinstitutionnelle fut largement reprise par le protocole sur l'application des principes de subsidiarité et de proportionnalité annexée au traité d'Amsterdam[468]. Le protocole annexé au traité d'Amsterdam impose à la Commission de justifier systématiquement ses propositions sur la base d'évaluations très complètes, il lui fournit un mode d'emploi en énonçant des « lignes directrices » et lui prescrit de « présenter chaque année au Conseil européen, au Parlement européen et au Conseil un rapport sur l'application de l'article 5 du traité ». Par ailleurs, le protocole confirme que les projets d'actes législatifs européens doivent être motivés au regard du principe de subsidiarité. Le traité constitutionnel préconise même l'utilisation d'une « fiche subsidiarité »[469] comportant les

---

[465] Parlement, Conseil Commission, Déclaration interinstitutionnelle sur la démocratie, la transparence et la subsidiarité complétant le Conseil européen d'Edimbourg, Luxembourg, 25 octobre 1993, Bull. C.E d'octobre 1993, p. 132.
Alléger le travail législatif, Accord interinstitutionnel entre le Parlement, le Conseil et la Commission du 16 décembre 2003, « mieux légiférer » JO, C 321, 31 décembre 2003, point 18, p. 1, ce rapport constitue une synthèse entre les différents accords interinstitutionnels intervenus en matière de transparence, démocratie et subsidiarité.

[466] Les accords interinstitutionnels ont, en quelque sorte, une « fonction d'anticipation ». Ils sont une sorte de « laboratoire d'essai » des réformes allant dans le sens de la constitutionnalisation de l'Union européenne. Cela est particulièrement perceptible depuis le traité de Maastricht. Le principe de subsidiarité en fournit un exemple des plus probants. Plusieurs dispositions de cet accord interinstitutionnel ont été reprises dans un protocole annexé au traité d'Amsterdam, leur conférant ainsi la valeur d'une disposition de droit originaire.

[467] Jean-paul JACQUÉ, « La subsidiarité, rapport de l'Union européenne », Rome, colloque FIDE, 1994.

[468] Ce protocole prévoit que le rapport annuel de la Commission sur son application serait également présenté, en plus du conseil européen et du Parlement Européen, au Conseil économique et social et au Comité des Régions.

[469] Bertrand BRUNESSEN, « Un principe politique saisi par le droit. La justiciabilité du principe de subsidiarité en droit de l'Union européenne», 2012, en ligne : <http://halshs.archives-ouvertes.fr/halshs-00804142> (consulté le 14 novembre 2013). Un parallèle pourrait être fait « entre cette fiche de subsidiarité et l'obligation, établie lors de la révision de la Constitution française de 2008, faite au législateur d'assortir les projets de lois d'une étude d'impact. La

éléments relatifs à cette appréciation. « L'article 5 du protocole n° 2 sur la mise en œuvre du principe de subsidiarité renforce l'exigence de motivation en imposant que tout projet d'acte législatif comporte une « fiche » contenant des éléments circonstanciés permettant d'apprécier le respect des principes de subsidiarité et de proportionnalité. Cette fiche devrait comporter des éléments permettant d'évaluer son impact financier et, lorsqu'il s'agit d'une directive, ses implications sur la réglementation à mettre en œuvre par les États membres, y compris, le cas échéant, la législation régionale. Les raisons permettant de conclure qu'un objectif de l'Union peut être mieux atteint au niveau de celle-ci s'appuient sur des indicateurs qualitatifs et, chaque fois que c'est possible, quantitatifs. Les projets d'actes législatifs tiennent compte de la nécessité de faire en sorte que toute charge, financière ou administrative, incombant à l'Union, aux gouvernements nationaux, aux autorités régionales ou locales, aux opérateurs économiques et aux citoyens soit la moins élevée possible et à la mesure de l'objectif à atteindre ». La fiche de la subsidiarité ne semble pas en mesure de prouver l'insuffisance de l'échelon national.

303. Les institutions ont chacune contribué à la précision de la subsidiarité. Ainsi, la Commission européenne a-t-elle inscrit cinq principes de bonne gouvernance dans le livre blanc de la gouvernance européenne, ce qui renforce le principe de subsidiarité[470]. Les conseils européens et accords interinstitutionnels ont également contribué à préciser les modalités d'application du principe de subsidiarité, ce qui contribue à un meilleur contrôle de ce dernier sans en éviter toute violation.

§3. L'application par les institutions politiques de la subsidiarité à l'environnement en droit de l'Union européenne

304. Quoique la protection environnementale ne soit pas une préoccupation nouvelle, elle a acquis une ampleur particulière dans le débat

justiciabilité de cette obligation devant le Conseil constitutionnel pourrait être éclairante pour le contrôle juridictionnel de cette fiche de la subsidiarité, d'autant que le contrôle des études d'impact s'articule de la même façon à travers un contrôle politique a priori et un contrôle juridictionnel a posteriori ».

[470] Gouvernance dans l'Union européenne Un livre blanc, Bruxelles, le 25 juillet 2001, COM(2001) 428 final.
Dans son Livre blanc de la gouvernance européenne, la Commission dit que celui-ci porte sur la manière dont l'Union utilise les pouvoirs qui lui sont conférés par ses citoyens.

européen de ces dernières années[471]. La logique d'intégration économique, à l'œuvre lors de la construction européenne, ignorait la rareté des ressources naturelles. Depuis la conférence de Paris des chefs d'États et de gouvernements des 19 et 20 octobre 1972, et au fil des réformes institutionnelles, l'enjeu environnemental est devenu une préoccupation essentielle de l'Union européenne. Cette prise de conscience s'est en particulier manifestée par nombre de régimes juridiques destinés à limiter les pollutions et nuisances et à protéger l'écosystème et ses composantes[472].

305. C'est dans le domaine de l'environnement que la subsidiarité a été pour la première fois insérée dans le droit originaire. Avec l'Acte unique en 1987, l'environnement fit l'objet d'un titre spécifique (articles 191 à 193 TFUE; anciens articles 174 à 176CE; anciens articles 130 R à 130 S). L'ancien titre XIX du traité fut le premier à avoir consacré dans le droit de l'Union européenne le principe de subsidiarité (ancien article 130 R § 4). Selon le président de la commission pour l'environnement, Ken Collins, la Commission devrait conserver un droit d'initiative en la matière, les états n'ayant qu'un pouvoir de contrôle[473]. La capacité de contrôle de certains États membres, qui ont un arsenal juridique, mais pas de moyens économiques, est douteuse. En Janvier 1993, le Parlement s'est prononcé contre tout rapatriement des compétences.

306. Les politiques environnementales peuvent se fonder sur différentes bases juridiques. En vertu de l'article 4 §2 TFUE, la politique de l'environnement fait l'objet d'une compétence partagée. Par conséquent, le principe de subsidiarité s'applique en général à la politique environnementale.

Indépendamment de la base juridique sur laquelle se fonde la compétence de l'Union européenne, la subsidiarité n'a pas le même impact dans tous les domaines où la Communauté détient des compétences d'harmonisation.

307. Certaines actions environnementales se fondent sur des compétences de nature exclusive, telles que la politique commerciale commune (article 3 § 1-d TFUE) 12 et « la conservation des ressources biologiques de la mer dans le cadre de la politique commune de la pêche » (article 3 § 1-d et e

---

[471] Nicolas DE SADELEER, « Particularités de la subsidiarité dans le domaine de l'environnement », *D & S*, 2012, vol 1, n° 80, pp. 73-90.

[472] Parmi ces nuisances, on peut compter le bruit, les déchets, les substances chimiques, les émissions aqueuses et atmosphériques. Il s'agit de protéger les principaux écosystèmes (eau, air), de même que certaines de leurs composantes (faune et flore). On compte aujourd'hui plus de 300 actes réglementaires, soit près de 8 % du droit dérivé 2, dont la mise en œuvre suscite un contentieux foisonnant 3.

[473] *Europe*, 15 juillet 1992, n. 5772.

TFUE), comprenant la conservation des ressources naturelles et de la biodiversité. La subsidiarité ne s'applique donc pas dans ces domaines[474].

Certaines compétences d'appui, telles que la culture, le tourisme et la protection civile (article 6 TFUE) contribuent à préserver l'environnement[475]. Pour ces politiques, il n'y a pas d'harmonisation, mais une coopération et un appui financier de l'Union. La subsidiarité y joue par conséquent un rôle plus important que pour les compétences encadrées par les articles 191 à 193 du TFUE.

308. Par conséquent, la politique environnementale a parfois été soupçonnée d'être utilisée comme un moyen de supprimer tout obstacle potentiel aux échanges plutôt qu'un but en soi. Avant le traité d'Amsterdam, imposant la codécision dans les deux domaines, le possible conflit de base juridique entre environnement et Marché commun a, en effet, pu exploiter dans un objectif de développement du Marché commun, les institutions utilisant la procédure de coopération, alors réservée à l'environnement pour créer des normes en réalité destinées à perfectionner le Marché commun[476].

---

[474] Dans le domaine de la Politique Agricole Commune par exemple, non sans incidence sur le domaine environnemental, le principe de subsidiarité joue de moins en moins au fur et à mesure de la progression de l'intégration de l'Union européenne.

[475] Un grand nombre de parcs nationaux relevant du réseau Natura 2000 (compétence partagée), entre autres, sont également protégés en vertu des législations nationales sur la protection des monuments et des sites, lesquelles sont généralement mises en œuvre au niveau national par les ministères de la culture (compétence d'appui). Dans le même ordre d'idées, eu égard aux risques d'inondations et de sécheresses qui résulteront du réchauffement climatique, l'Union devra à l'avenir prendre des mesures tant pour protéger l'environnement(compétence partagée) que pour améliorer la coopération entre les missions de protection civile (compétence d'appui) in Nicolas DE SADELEER, « Particularités de la subsidiarité dans le domaine de l'environnement », *D & S*, 2012, vol 1, n° 80, pp. 73-90.

[476] Il a pu être reproché au traité sur l'Union, « de ne pas avoir simplifié les procédures de décision applicables dans le cadre de l'environnement ». De plus, un « conflit de bases juridiques s'est parfois posé entre la procédure « environnement » (article 175, ex-article 130 S, du traité instituant la Communauté européenne) et celle relevant du rapprochement des législations concernant le marché intérieur (article 95, ex-article 100 A du même traité) », le traité d'Amsterdam mentionne l'objectif du développement durable dans les missions de l'Union et prévoit le principe d'intégration de l'environnement dans les autres politiques. Au sommet de Paris de juillet 1972, les chefs d'Etat et de gouvernement ont reconnu la nécessité de s'intéresser à l'environnement dans le cadre de l'expansion économique. Divers programmes d'action, fixant le cadre de la politique communautaire de l'environnement, furent lancés pour la période 1973-76. « L'Acte unique européen en 1987 a constitué la réforme déterminante pour l'environnement, en instaurant un titre spécifique dans le traité instituant la Communauté européenne », permettant ainsi aux mesures communautaires de se fonder sur une base juridique explicite. L'entrée en vigueur du TUE en novembre 1993 a permis d'introduire le concept de « croissance durable respectant l'environnement » dans les missions de la Communauté européenne ainsi que le principe de précaution dans l'article fixant les fondements de la politique de l'environnement (article 174, ex-article 130 R, du

Alors que l'impact de la subsidiarité se traduit par une certaine décentralisation dans la politique relative aux émissions et aux milieux récepteurs (a) ou dans les actes environnementaux adoptés sur la base de l'article 192 TFUE, la politique des produits évolue dans le sens d'une certaine intégration (b).

a. La subsidiarité dans la politique relative aux émissions et aux milieux récepteurs

309. La subsidiarité est fortement décentralisée et minimaliste dans la politique relative aux émissions (normes de rejet) et aux milieux récepteurs (objectifs de qualité). Le TFUE consacre expressément la notion d'harmonisation minimale à l'article 193 TFUE (ancien article 176 TCE). Les actes, pour lesquels l'analyse du but et du contenu de la mesure démontre qu'ils correspondent à la réalisation d'un niveau élevé de protection de l'environnement et qui ne concernent qu'accessoirement la réalisation du marché intérieur, sont adoptés sur cette base juridique. Pour contrebalancer l'intervention européenne, le législateur européen privilégie le plus souvent les directives aux règlements et les directives-cadres à des mesures détaillées.

La subsidiarité possède un impact réel sur l'harmonisation des politiques ou les pratiques nationales, en particulier pour les actes environnementaux adoptés sur la base de l'article 192 du TFUE.

b. Les exigences environnementales dans la politique des produits

310. En raison du principe de prévention et de réduction de la pollution à la source (article 192 § 2 TFUE ; ancien article 175 § 2 TCE), les exigences environnementales sont progressivement intégrées dans la « politique des produits »[477]. À la différence des actes visant à protéger l'environnement, la politique européenne des produits repose sur des normes uniformes destinées à faciliter leur libre circulation[478].

L'harmonisation apparaît donc comme un système à plusieurs vitesses, oscillant entre des régimes centralisés permettant aux entreprises d'exercer

---

traité instituant la Communauté européenne).L'environnement devient désormais une politique de l'Union européenne et non plus simplement d'action de la Communauté.

[477] Exceptions : Les actes établissant les normes de produit sont des règlements adoptés sur la base de l'article 114 TFUE (ex-article 100A TCEE ; ancien article 95 TCE).

[478] Les règlements et des directives relatifs aux « voitures propres », aux fuels, aux aliments, aux OGM, aux substances dangereuses, aux biocides et aux emballages adoptés sur la base de l'article 114 TFUE, peuvent être cités à titre d'exemple.

plus facilement leurs droits économiques et une politique où les États exprimeraient leurs revendications de façon plus nette[479].

Les actes environnementaux adoptés sur la base de l'article 114TFUE (95TCE) dans le cadre de la politique du marché intérieur font souvent l'objet de règlements.

311. La mise en marché de certains produits (produits chimiques, OGM, biocides) est généralement encadrée par des règlements. Le règlement tend notamment à s'imposer dans le domaine de la sécurité des produits (pesticides, OGM, autres substances à risque)[480]. À défaut d'indication expresse dans le droit dérivé, les paragraphes 4 et 5 de l'article 114 TFUE autorisent les États membres à mettre en œuvre, moyennant le respect de certaines conditions, des mesures plus strictes que celles prévues par la norme d'harmonisation[481].

Sous-section 2. La précision politique des mécanismes de subsidiarité au Canada

312. Les négociations préconfédérales se focalisant sur un objet pratique, le principe de subsidiarité a peu été théorisé dans les origines de la Confédération. Il ressort pourtant de la réflexion des Pères de la Confédération sur la nature de l'Union (1). Au XXe siècle, le débat sur l'indépendance du Québec a fait sentir la nécessité d'une réflexion plus élaborée sur ce principe (2).

---

[479] Aussi est-il possible d'exploiter aujourd'hui dans l'Union des installations classées en recourant à des technologies hétérogènes dans la mesure où il revient aux autorités d'apprécier le caractère excessif de leur coût alors que la mise sur le marché d'une voiture ou d'un tracteur exige le respect de normes d'émission communes à l'ensemble des Etats membres.

[480] Règlement sur l'enregistrement, l'évaluation, l'autorisation et les restrictions des substances chimiques.

[481] A la différence de l'article 193 TFUE (ancien article 176 TCE), qui consacre le principe d'une harmonisation minimale pour l'environnement.

1. L'absence de définition de la subsidiarité au moment de la mise en place de la Confédération

313. Joseph Cauchon, journaliste et homme politique canadien, s'interrogeait en 1958 sur la nature de l'Union projetée entre les Provinces dans une étude assez emblématique des débats de l'époque relatifs au fédéralisme. Cauchon ne se réfère pas au principe de subsidiarité, mais le sens qu'il donne à l'union des provinces légitime le développement ultérieur de la clause de commerce par la Cour suprême. Le commerce semble en effet être une cause principale de l'Union : « Peut-il y avoir pour le Canada dans l'union, d'autres avantages commerciaux que la liberté des échanges, et, cette liberté des échanges peut-elle s'obtenir sans l'Union politique des provinces et sans la consolidation des budgets ? »[482].

314. Plus loin, Cauchon identifie les motifs pouvant déboucher sur une union législative, or ces raisons correspondent sensiblement aux motifs d'intervention du parlement fédéral dans le cadre de la clause paix, ordre et bon gouvernement : « l'union, avec l'unité législative, de certain côté, serait bien la plus logique. Elle le serait au point de vue : du budget, du système colonial, des contrepoids et de l'équilibre américain et des résultats immédiats de l'Union sous toutes ses formes[483] ». Cauchon évoquait alors les dangers d'une remise en cause dans la pratique des principes du fédéralisme au détriment des provinces[484]. Il se réfère à l'expérience américaine pour présumer que l'interprétation juridictionnelle accentuerait cette limitation : « La Cour suprême des États-Unis, interprète sans appel de la Constitution fédérale, en efface une à une les libertés des États au profit de l'Unité et de la force nationale ». Cette idée correspond à une opinion couramment partagée lors des *débats parlementaires sur la question de la Confédération des provinces de l'Amérique britannique du nord :* « Je m'oppose au projet de Confédération parce que la première résolution est un non-sens qui pêche contre la vérité. Ce n'est pas une Union Fédérale que l'on nous propose, mais bien une Union législative déguisée. Le fédéralisme est passé bien loin de ce projet, qui concentre tout dans le pouvoir général »[485].

---

[482] Joseph CAUCHON, « Etudes sur l'union projetée des provinces britanniques de l'Amérique du Nord », Québec, Archives nationales du Canada, 1858, p. 7, 23 et 24.
Cauchon privilégie la liberté des échanges à l'Union législative.

[483] *Ibid.*, p. 8.

[484] *Ibid.*,, p. 10.

[485] *Débats parlementaires sur la question de la Confédération des provinces de l'Amérique britannique du nord.* 3e session, 8e parlement. Québec : Hunter, Rose et Lemieux, 1865, p. 858-873.

315. On peut supposer que l'interprétation subsidiaire des compétences par le Conseil privé visait à calmer les inquiétudes exprimées au Bas-Canada. En effet, les textes de l'époque ne prévoyaient pas une répartition des compétences conforme au principe de subsidiarité. L'opinion des différents Pères de la Confédération, Mc Donald et Cartier[486]en particulier, déboucha sur des dispositions analogues au futur article 91 lors de la conférence de Québec[487] « Le Parlement général aura le pouvoir de faire des lois pour la paix, le bien-être et le bon gouvernement des provinces fédérées (sans, toutefois, pouvoir porter atteinte à la souveraineté de l'Angleterre), et en particulier sur les sujets suivants : (...) et généralement toutes les matières d'un caractère général qui ne seront pas spécialement et exclusivement réservées au contrôle des législatures et des gouvernements locaux ».

La subsidiarité ne fut pas tant théorisée par les Pères de la Confédération que par le pouvoir politique des années 1990. Cela pourrait d'ailleurs expliquer une interprétation des compétences par la Cour suprême plus favorable aux provinces à partir de cette époque.

2. La théorisation ultérieure de la subsidiarité

316. Si les gouvernants canadiens ne fixèrent pas de critères précis de la subsidiarité, les revendications d'autonomie du Québec ne manquèrent pas d'aboutir à la théorisation de ce principe, ce qui put inciter la Cour suprême à davantage le respecter et à s'y référer.

Au bout d'un siècle de pratique du fédéralisme, le principe de subsidiarité n'apparaissait pas comme une évidence. Si les commissions Tremblay et Bélanger-Campeau, une tribune pour les experts, les régions et les associations professionnelles, visent toutes deux à donner une légitimité aux revendications autonomistes du Québec, seule la première s'intéresse au principe de subsidiarité. La théorisation de la subsidiarité peut donc être

---

Plus loin : « Je m'oppose au projet de Confédération politique parce qu'il est loin de faire disparaître les difficultés dont on se plaint entre le haut et le Bas Canada, il ne fera que les multiplier s'il est accepté. On verra fréquemment s'élever des conflits d'autorité, surtout sur les questions qui sont soumises à la double action des législatures locales et fédérales ».

[486] Index aux *débats parlementaires sur la Confédération des provinces de l'Amérique du Nord britannique* : 3e session, 8e parlement provincial du Canada (1865), Patrick Lapin, murray A. 1952.
http://eco.canadiana.ca/view/oocihm.9_01941_1/6?r=0&s=1
https://collectionsCanada.gc.ca/confederation/023001-7162-f.html

[487] Extrait de « Les résolutions de la Conférence de Québec, octobre 1864 » (traduction libre), *Documents on the Confederation of British North America.* Toronto : McClelland and Stewart Ltd., 1969, 29 à 37.

perçue comme une stratégie consistant à justifier un ordre social en déclin pour le préserver[488].

317. Le rapport Bélanger-Campeau négligeait la teneur de la subsidiarité en proposant un transfert massif de compétences d'Ottawa à Québec afin que le gouvernement du Québec les exerce à la place du gouvernement fédéral. La subsidiarité découlait davantage du rapport Tremblay. Ce rapport prévoyait en effet un programme d'organisation sociale qui substitue à la centralisation des pouvoirs par le gouvernement central un fédéralisme social où l'État québécois s'ingère dans la société civile en cas de nécessité seulement. En se rapportant à la subsidiarité, le rapport Tremblay n'instaurait cependant rien de neuf puisqu'il se contentait de préserver l'ordre constitutionnel prévu par le pacte confédératif de 1867 pour maintenir un ordre social qui garantissait aux corps intermédiaires la prééminence dans la société civile.

318. La Commission, dépassant son mandat juridique, ne se contente pas de remettre en cause les fondements de l'État moderne, elle propose un modèle d'organisation de l'ordre politique en tentant de définir les fondements mêmes du droit et de l'autorité. Ce faisant, l'influence de plusieurs courants d'idées d'origine européenne se fit sentir [489]. Le fédéralisme moderne a un fondement moniste. Pour pouvoir partager la souveraineté étatique, encore faut-il l'avoir déjà totalisée. Le fédéralisme social, au sein duquel le principe de subsidiarité prend place, conduit à contester le monisme étatique, limitant la société civile par la concentration de tous les pouvoirs au sein de l'État. Conformément à une répartition subsidiaire des pouvoirs, le rapport Tremblay conteste le gouvernement provincial autant que le fédéral. Il s'agirait dans cette perspective d'octroyer aux collectivités de base que sont les municipalités davantage qu'une simple autonomie administrative. La société, s'édifiant de bas en haut, respecte toute entité intermédiaire. Pour autant, dans l'optique subsidiaire, aucun pouvoir, même intermédiaire, n'est dépositaire de plein droit de toute la puissance publique.

319. Le fédéralisme social remet en question le positivisme, selon lequel l'État aurait le monopole du droit et donc du bien commun,« le droit ne se

[488] Marc CHEVRIER, « La conception pluraliste et subsidiaire de l'État dans le Rapport Tremblay de 1956 : entre l'utopie et la clairvoyance » *Les Cahiers d'histoire du Québec au XXe siècle*, n2, été 1994, p. 45.

[489] La théorie fédéraliste suisse, la pensée de Jacques Maritain, le personnalisme français, le jusnaturalisme germanique et la philosophie politique britannique.
La paternité de l'idée de fédéralisme social revient en fait à Pierre Joseph Proudhon qui en exposa le principe dans *Du principe fédératif et de la nécessité de reconstituer le parti de la révolution* (1863), cité dans Jacques Muglioni (éd.), *Proudhon, Justice et liberté*, Paris, PUF, 1974, 223 p.

fonde pas uniquement sur les volontés de l'État, mais sur les exigences sociales de la nature humaine elle-même»[490].

Le rapport Tremblay se caractérise par un certain réalisme. Tout en montrant l'importance de la subsidiarité, il en reconnaît les limites. Il reconnaît tout d'abord l'élasticité sémantique de ce principe.

La subsidiarité n'est pas une idée neutre. Elle repose au fond sur une anthropologie[491]. La société ne lui apparaît pas tel un amalgame abstrait d'individus qui s'organisent suivant des lois statistiques. Mais bien comme un réseau de sociétés naturelles (pensons à la famille), de sociétés spontanées (la cité, par exemple) et de sociétés délibérées (l'entreprise commerciale, les associations professionnelles, etc.).

Le rapport Tremblay n'eut que peu d'impact immédiat sur le discours des gouvernements provinciaux. Ce ne fut que plus tard que le premier ministre du Québec, Bourassa, le prit en compte[492]. Par ce biais, le rapport Tremblay, non purement idéologique, mais s'interrogeant sur les fondements du fédéralisme canadien, a pu influencer l'interprétation du partage des compétences.

SECTION 2. LE CONTROLE DU PRINCIPE DE SUBSIDIARITE PAR LES INSTITUTIONS POLITIQUES DE L'UNION EUROPEENNE

320. Chaque institution, Commission (§1), Conseil et Parlement (§2), porte sa part de responsabilité dans le contrôle du principe de subsidiarité. Chacune doit vérifier le respect du principe au Cours du processus normatif[493]. Toute intervention de l'Union européenne doit être motivée sur la base de ce principe. La subsidiarité joue le rôle d'une sorte de « règle de

---

490 Rapport Tremblay, Vol. II, p. 114.

491 Stéphane RIALS, *Destin du fédéralisme*, Paris, Librairie de droit et de jurisprudence, 1986, 78 p.

492 « Le premier ministre du Québec répond à nos questions », Bulletin de la Société de droit international économique, vol.4 n.2, printemps-été 1991, p. 14.

493 Conseil européen d'Edimbourg- Conclusions de la présidence, Edimbourg, 11-12 décembre 1992.

raison » qui obligerait les institutions à justifier leurs interventions[494]. Les institutions lorsqu'elles violent le principe de subsidiarité violent le droit de l'Union européenne puisque ce principe est mentionné dans le traité. « Le principe de subsidiarité exige que chaque action soit justifiée individuellement, au cas par cas. Il ne saurait y avoir de doctrine générale par « secteur » ou « politique ». Chaque action doit être justifiée individuellement pour permettre un examen par d'autres organes. Cette justification doit figurer dans les « considérants »; il serait utile d'instituer une « fiche de subsidiarité » détaillant cette justification»[495].

Nous rechercherons si le contrôle des institutions politiques de l'Union européenne pourrait suffire à rendre inutile tout contrôle juridictionnel substantiel. Nous tenterons pour cela d'établir si les institutions politiques sont en mesure de dépasser les limites conceptuelles du principe de subsidiarité, décrites en première partie pour procéder à un contrôle approfondi de ce principe. Un tel contrôle de la subsidiarité impliquerait une grande neutralité des institutions politiques qui seraient parfois amenées à limiter leurs propres interventions.

§1. Le contrôle du principe de subsidiarité par la Commission

321. La Commission contribue par son contrôle (A) à assurer un meilleur respect de la subsidiarité (B) sans être en mesure de prévenir toute violation de ce dernier(C).

A. Le rôle de la Commission dans le contrôle du principe de subsidiarité

322. La Commission dans son avis d'octobre 1990 proposait un contrôle a posteriori. Elle a joué un rôle important dans le développement d'une culture de la subsidiarité[496], pour elle-même, mais également pour les autres institutions.

Le contrôle du principe de subsidiarité par la Commission revêt une importance particulière dans la mesure où, initiatrice dans le processus

---

[494] Vladimir CONSTANTINESCO, « Subsidiarité... vous avez dit subsidiarité? », *RDUE*, 1992, n° 4, p. 227.

[495] Discours de Peter SCHMIDHUBER, Commission européenne, 10 septembre 1992, IP/92/702.

décisionnel[497], elle porte devant l'opinion publique la responsabilité de la mise en œuvre d'une action de l'Union européenne.

La Commission, dans les considérants d'une proposition, doit exposer ses motifs et justifier le respect du principe de subsidiarité, notamment en cas d'extension du champ d'intervention de l'Union européenne[498]. Elle devra se référer aux critères posés par l'article 5§3 dans la mise en œuvre d'un acte de l'Union européenne[499]. Elle doit préciser les éléments justifiant une action de l'Union dans des domaines de compétences partagées, c'est-à-dire la nécessité de l'action au regard du traité et son efficacité par rapport au problème de l'Union européenne posé[500].

323. Dans *Royaume Uni c/ Conseil de l'Union européenne*[501], la Cour de justice estime qu'il n'est pas nécessaire que figure de façon expresse une référence à la subsidiarité si le législateur a montré la nécessité de l'action de l'Union européenne[502]. La proposition de législation de la Commission doit comporter un exposé des motifs publié au JO et un considérant sur le principe de subsidiarité. Le principe de subsidiarité ne peut être examiné indépendamment du fond de l'affaire, bloquant ainsi le processus de décision. La subsidiarité est un élément de la décision et non un élément préalable; elle doit être examinée avec la base juridique et le dispositif[503].

324. Les protocoles sur l'application des principes de subsidiarité et de proportionnalité prévoient la rédaction d'une « fiche de la subsidiarité » par la Commission. Chaque année depuis 1994, la Commission présente un rapport sur la mise en œuvre du principe de subsidiarité. Après le premier rapport, elle a élargi son approche et ses rapports annuels, intitulés « Mieux légiférer », portent depuis lors sur l'application des principes de subsidiarité et de proportionnalité ainsi que sur la simplification et la codification des actes législatifs.

---

[497] Communication de la Commission examinée au Conseil européen d'Edimbourg et Programme législatif de la commission, Edimbourg, 12 décembre 1992, B. C. suppl/93 : 25s.

[498] Ibidem

[499] Vladimir CONSTANTINESCO, « Subsidiarité... vous avez dit subsidiarité ? », *RDUE*, 1992, n° 4, p. 227.

[500] *Conférence interinstitutionnelle*, Bruxelles, 26 Novembre 1992, Compte Rendu Analytique des Débats, PE 202, 943.

[501] Royaume-Uni/Conseil de l'Union européenne, Affaire C 84/94, 12 novembre 1996.

[502] Jacqueline DUTHEIL DE LA ROCHERE, *Introduction au droit de l'Union européenne*, 6e éd., Paris, Hachette, 2010, 160 p.

[503] Vladmir CONSTANTINESCO, « Les compétences et le principe de subsidiarité » *RTDE*, 2005 41(2), p. 728.

325. La Commission européenne a pris trois engagements pour mettre en application le principe de subsidiarité [504] : la motivation de toutes les nouvelles propositions, le retrait ou la révision de certaines propositions et le réexamen de la législation en vigueur. Ces mesures ne sont pas sans limites.

Ces engagements ont permis à la Commission de perfectionner son contrôle de la subsidiarité. En effet, dans les premiers temps de l'application de la subsidiarité, il semblerait que la Commission ait eu tendance à s'abstenir d'édicter une norme au motif qu'elle violerait le principe de subsidiarité. En 1997, par exemple, elle considéra que moins d'un pour cent des textes sont concernés par le principe de subsidiarité (trois textes sur trois cent trente-cinq). Elle aurait alors profité de l'absence de définition des compétences partagées et exclusives pour proposer des textes qui trouvent un écho dans suffisamment d'États membres. Certains commissaires européens, chargés de secteurs où les compétences de l'Union européenne sont très réduites, auraient pu alors être tentés de développer les compétences qui leur sont confiées[505].

Avant de proposer un acte législatif, la Commission européenne doit élaborer un livre vert. Par ces larges consultations, la Commission peut recueillir l'avis des institutions nationales et locales et de la société civile sur l'opportunité d'une proposition législative, notamment au regard du principe de subsidiarité.

Conformément à l'article 5 du protocole, une « fiche de la subsidiarité» est présentée dans les considérants de chaque proposition d'acte législatif, son contenu est rappelé dans les considérants de la proposition. Les analyses d'impact examinent de façon plus approfondie le respect de la subsidiarité et de la proportionnalité. Le comité d'analyse d'impact vérifie la qualité de cette analyse.

326. On peut noter une diminution des propositions de règlements, de directives et de décisions de la Commission après l'insertion du principe de subsidiarité[506]. Cependant, une démarche quantitative ne suffit pas à prouver le respect du principe de subsidiarité. Le fait que le nombre de textes produits diminue peut simplement signifier que les besoins normatifs nouveaux ont décru. Encore faut-il rechercher les raisons justifiant le retrait

---

[504] Communication de la Commission examinée au Conseil européen d'Edimbourg et Programme législatif de la commission, Edimbourg, 12 décembre 1992, B. C. suppl/93 : 25s.

[505] Jean-Luc SAURON, «La mise en œuvre retardée du principe de subsidiarité», *Revue du Marché commun et de l'Union européenne*, novembre-décembre 1998, n° 1, p. 655. : propos de Robin Cook en vue de renforcer les liens entre les parlements nationaux. p. 651, note 34.

[506] Cinq-cent-vingt-quatre en 1996 contre six-cents en 1995, cinq-cent-cinquante-huit en 1994, six-cent-dix-neuf en 1993, six-cent-cinquante-et-un en 1992 et six-cent-quatre-vingt-seize en 1988.

de ces textes, lesquelles peuvent être découvertes dans les rapports annuels de la Commission.

L'observation du contrôle de la Commission dans les années deux mille dix à deux mille treize indique un progrès de ce contrôle.

B. Les résultats concluants du contrôle de la subsidiarité par la Commission

327. Nous avons recherché si les analyses d'impacts produites par la Commission entre 2011 et 2013 contenaient des observations relatives au respect de la subsidiarité.

328. En 2011, 43 % des avis comportaient des recommandations concernant les principes de subsidiarité et de proportionnalité. Leur nombre a légèrement diminué par rapport à 2010[507].

Les recommandations portent le plus souvent sur la justification de la nécessité d'agir au niveau de l'Union européenne. Le comité a, en particulier, demandé une meilleure motivation d'interventions de l'Union européenne fondées sur le bon fonctionnement du marché intérieur. Le comité a réclamé une meilleure démonstration de l'existence et l'ampleur de la défaillance du marché et sa portée pour le fonctionnement du marché intérieur concernant une initiative relative au règlement extrajudiciaire des litiges. Le comité a demandé une meilleure distinction des compétences de l'Union européenne pour éviter des distorsions de concurrence dans le marché intérieur et des problèmes de compétences étatiques relativement à la protection et au bien-être des animaux.

Les services concernés de la Commission ont pris en compte les observations du comité dans le rapport final d'analyse d'impact.

329. En 2012, le comité a examiné 97 analyses d'impact et émis 144 avis dont 33 % contenaient des observations concernant des questions de subsidiarité[508]. Le comité a, en particulier, émis des observations sur une proposition de directive « concernant la gestion collective des droits d'auteur et des droits voisins[509] ». Le comité a demandé au service chef de file de

[507] *Rapport de la Commission sur la subsidiarité et la proportionnalité*, 19e rapport « Mieux légiférer », 2011, Bruxelles, le 10.7.2012 COM(2012) 373 final.

[508] *Rapport de la Commission sur la subsidiarité et la proportionnalité*, 20e rapport « Mieux légiférer », 2012, Bruxelles, le 30.7.2013 COM(2013) 566.

[509] Proposition de directive du parlement européen et du Conseil concernant la gestion collective des droits d'auteur et des droits voisins et la concession de licences multi

renforcer l'évaluation de l'opportunité du moment choisi, de même que de la nécessité et de la valeur ajoutée de l'action de l'Union européenne au regard de la base juridique proposée (marché unique et diversité culturelle). L'analyse d'impact révisée a approfondi la justification de la nécessité de l'intervention de l'UE, par exemple en expliquant mieux la nature transnationale des problèmes recensés et en montrant une insuffisance des interventions étatiques.

En 2013, le comité a examiné quatre-vingt-dix-sept analyses d'impact et émis cent quarante-deux avis. Il a formulé des observations sur des questions de subsidiarité et de proportionnalité dans plus d'un tiers (34 %) des cas examinés[510]. Il a notamment réclamé que soit approfondie la preuve de la plus-value d'une intervention de l'Union européenne par rapport à celle des États membres et de la CEDH concernant une proposition de directive sur l'aide juridictionnelle provisoire pour les suspects et les personnes poursuivies privées de liberté, ainsi que l'aide juridictionnelle dans le cadre des procédures relatives au mandat d'arrêt européen. Le comité a également réclamé l'approfondissement de la proposition de directive modifiant la directive 2006/112/CE relative au système commun de taxe sur la valeur ajoutée (TVA) en ce qui concerne une déclaration de TVA normalisée.

Le contrôle de la Commission, contrôle a priori, n'est cependant pas infaillible.

C. Un contrôle de la Commission insuffisant à prévenir toute violation de la subsidiarité

330. Le contrôle de la subsidiarité par les institutions européennes peut être orienté dans la mesure où l'analyse la plus approfondie de l'efficacité comparée d'une mesure au niveau de l'Union européenne et au niveau national, pour atteindre un objectif de l'Union européenne, émane du Comité d'analyse d'impact travaillant conjointement avec la Commission européenne. L'analyse de la subsidiarité par la Commission porte principalement sur les coûts induits par la mesure envisagée, s'apparentant à une évaluation de la proportionnalité de l'intervention de l'UE. Il semblerait que les institutions de l'Union européenne soient davantage préoccupées par « le degré d'acceptabilité d'une mesure » aux yeux des observateurs, que par

territoriales de droits portant sur des œuvres musicales en vue de leur utilisation en ligne dans le marché intérieur, COM(2012) 372.

[510] *Rapport de la Commission sur la subsidiarité et la proportionnalité,* 21e rapport « Mieux légiférer », 2013, Bruxelles, le 5.8.2014 COM(2014) 506 final.

la mise en œuvre d'un véritable bilan coûts-avantages de cette mesure comme le nécessiterait une application effective de la subsidiarité.

331. Le Parlement européen a soulevé les insuffisances du contrôle de la subsidiarité par la Commission[511].

332. Il a été reproché à la Commission de privilégier l'aspect centralisateur du principe de subsidiarité plutôt que celui de proximité avec le citoyen (a). Davantage que le principe de subsidiarité, la Commission s'attache à contrôler celui de proportionnalité (b). Enfin, si la Commission n'entend pas remettre en cause l'acquis de l'Union européenne, elle s'autorise à réexaminer des textes sur la base de l'article 5§3 (c).

a. Une application d'abord réservée du principe de subsidiarité

333. Alors que la Commission semble donner à ce principe une interprétation favorable aux compétences de l'Union européenne et que l'on prétend parfois que les services juridiques de la Commission invoquent ce principe pour rassurer[512], elle affirme dans sa communication rechercher une « interprétation authentique du traité de Maastricht ». Il a cependant été reproché à la Commission de profiter à son avantage de l'ambivalence du principe de subsidiarité[513]. Selon Melchior WATHELET, la Commission aurait mis en œuvre une « entreprise d'endiguement du principe de subsidiarité »[514].

---

[511] Voir, à titre d'exemple: Résolution du Parlement européen du 17 mai 2017 sur le rapport annuel 2014 sur la subsidiarité et la proportionnalité (2015/2283(INI))
«7. observe que quelques parlements nationaux ont souligné que, dans certaines propositions législatives de la Commission, la justification de la subsidiarité et de la proportionnalité est incomplète, voire inexistante; invite la Commission à améliorer ses exposés des motifs en fournissant toujours une analyse détaillée, complète et étayée par des faits de ses propositions en ce qui concerne la subsidiarité et la proportionnalité, ce qui aiderait les parlements nationaux à examiner plus efficacement ces propositions;
8. constate que le comité d'analyse d'impact a estimé qu'environ 32 % des analyses d'impact qu'il a examinées en 2014 contenaient une analyse insuffisante des principes de subsidiarité ou de proportionnalité, ou de ces deux principes; observe que ce taux est semblable à ceux des années précédentes et estime, dès lors, que des améliorations pourraient être nécessaires. »

[512] Idée également présente dans Jacques de MAILLARD, *Union européenne et sécurité intérieure : institutionnalisation et fragmentation*, Paris, L'Harmattan, 2007, p. 168s.

[513] Communication de la Commission examinée au Conseil européen d'Edimbourg et Programme législatif de la commission, Edimbourg, 12 décembre 1992, B. C. suppl/93 : 25s.

[514] Melchior WATHELET, « Le principe de subsidiarité et le processus décisionnel au sein de l'Union européenne. », In : « L'Europe de la subsidiarité », Actes des XVIIe Journées juridiques Jean Dabin, Bruxelles, Bruylant, coll. « Centre d'études constitutionnelles et administratives », 2000, 283 p.

b. L'assimilation de la subsidiarité à la proportionnalité par la Commission

334. La Commission semble utiliser le principe de proportionnalité pour pallier le doute quant au résultat du test de la valeur ajoutée. Faute de pouvoir démontrer par des indicateurs qualitatifs et quantitatifs la plus-value apportée par une intervention de l'Union européenne, elle montre que cette dernière n'empièterait pas excessivement sur les compétences étatiques pour poursuivre les objectifs de l'Union européenne.

En tentant d'éviter une règlementation excessive de l'Union européenne[515], la Commission préserve davantage le respect du principe de proportionnalité. Cette évolution, favorable à ce dernier, est perceptible dans les rapports[516] de la Commission au Conseil et au Parlement.

335. Cette tendance est historiquement ancrée dans les habitudes de la Commission. Dès 1995, la Commission semble avoir donné priorité au principe de proportionnalité sur le principe de subsidiarité qui était jusqu'alors au centre du mouvement de réforme. Elle s'intéresse désormais à la qualité et la nature de la norme de l'Union européenne sans se préoccuper réellement du choix de l'auteur et de l'origine de la norme, États ou Communauté.

Selon la Commission[517], la Communauté doit choisir les modes d'action (intervention législative, méthode de reconnaissance mutuelle, recommandations, soutien financier dans le cadre des interventions structurelles, encouragement à la coopération entre États membres dans les divers secteurs d'intérêt commun, adhésion à des conventions internationales) qui laissent le plus de liberté aux États membres, aux opérateurs économiques et commerciaux et aux citoyens européens. La Commission rappelle que la Communauté, si une action législative est nécessaire, doit intervenir sous la forme de directives et que ces dernières ne doivent pas être excessivement détaillées. La Commission présente à nouveau, comme elle l'avait fait lors de conférences intergouvernementales, une véritable hiérarchie des normes, les lois-cadres permettant de définir les

---

[515] Jean-Luc SAURON, «La mise en œuvre retardée du principe de subsidiarité», *Revue du Marché commun et de l'Union européenne*, novembre-décembre 1998, n° 1, p. 655 : propos de Robin Cook en vue de renforcer les liens entre les parlements nationaux, pp. 645-656.

[516] Parlement, Conseil Commission, Déclaration interinstitutionnelle sur la démocratie, la transparence et la subsidiarité complétant le Conseil européen d'Edimbourg, Luxembourg, 25 octobre 1993, Bull. C.E d'octobre 1993, p. 147.

[517] Communication de la Commission examinée au Conseil européen d'Edimbourg et Programme législatif de la commission, Edimbourg, 12 décembre 1992, B. C.

principes de base et les règles essentielles d'une action commune (comme le fait la directive actuelle).

336. Le principe de subsidiarité est excessivement réduit à un exercice d'amélioration[518], de rationalisation, de la législation de l'Union européenne. La simplification de la législation, souvent inutilement détaillée, si elle rejoint l'esprit de la subsidiarité, ne devrait pas être assimilée à cette dernière. On s'interroge sur le meilleur procédé à utiliser et on en oublie le débat relatif à la nécessité même de l'intervention de l'Union européenne[519]. La Commission insiste sur la nécessité d'un accord qui, sur la base de définitions claires et de délimitations précises des compétences, comprendrait des dispositions relatives à l'intensité de l'action de l'Union européenne et des principes de collaboration entre les institutions. La Commission semble avoir dépassé la portée du principe de subsidiarité. En effet, elle s'intéresse aux modalités de mise en œuvre d'une intervention alors que l'article 5§3 vise les conditions et le niveau d'intervention. La Commission rappelle que le citoyen doit être assuré que les décisions sont prises au plus près de lui sans compromettre les avantages d'une action commune.

c. La position de la Commission sur l'applicabilité de la subsidiarité à l'acquis de l'Union européenne

337. L'un des problèmes d'interprétation du principe de subsidiarité consiste à savoir s'il peut justifier la restitution de compétences aux États membres. À la question, posée en 1992 de savoir dans quelle mesure le principe de subsidiarité s'appliquait à la législation déjà en vigueur dans la Communauté[520], la Commission a répondu que les règlementations qui ne correspondaient plus au critère de nécessité pourraient être examinées. Cependant, la Commission entend ne pas remettre en cause l'acquis de l'Union européenne[521]. La subsidiarité a donc vocation à ne s'appliquer qu'à l'avenir. La Commission est libre d'étudier de sa propre initiative les actes de l'Union européenne adoptés sur la base du principe de subsidiarité et de

---

[518] Au sens entendu par le Parlement français, http://www.senat.fr/rap/r96-46/r96-4613.html.

[519] Rapport CSE(95)80, p. 4.

[520] Daniel VIGNES, « Les apports du traité de Maastricht », *RTDE,* avril-juin 1994, vol. 30, n° 2, p. 293.
Question écrite n° 2475/92 de lord O'Hagan(PPE) à la Commission des Communautés européennes (8 oct. 92) (93/C 297/23) : Dans quelle mesure le principe de subsidiarité s'applique-t-il à la législation déjà en vigueur dans la Communauté ?

[521] *Conseil européen d'Edimbourg- Conclusions de la présidence*, Edimbourg, 11-12 décembre 1992.
Conseil européen de Lisbonne- Conclusions de la présidence, Lisbonne, 23 et 24 Mars 2000.

faire aux autres institutions des propositions de révision ou d'abrogation. La Commission européenne a d'ailleurs retiré des propositions qui n'étaient pas assez justifiées, en matière d'efficacité comparée des actions de l'Union européenne ou nationales. Néanmoins, il ne s'agit pas d'une obligation au terme de l'article 5§3[522].

L'application de la subsidiarité par la Commission pourrait, comme celle du Conseil et du Parlement, expliquer l'orientation de l'interprétation jurisprudentielle du principe.

§2. Le contrôle de la subsidiarité par le Conseil et le Parlement

338. Quoiqu'ils ne soient pas sans limites (B), les contrôles du Conseil et du Parlement (A) participent à assurer le renforcement du principe de subsidiarité (B).

A. Le rôle du Conseil et du Parlement dans le contrôle du principe de subsidiarité

339. Le Conseil et le Parlement ne peuvent empêcher la Commission d'émettre une proposition. Cependant, la Commission doit tenir compte des observations du Parlement sur le principe de subsidiarité. Le Parlement et le Conseil doivent examiner la proposition de la Commission afin de vérifier le respect du principe de subsidiarité, ils ne peuvent amender cette proposition qu'en considérant ce principe.

La participation du Parlement au contrôle de la subsidiarité s'explique par son attachement à ce principe avant même sa consécration dans le traité de Maastricht. Dès le 14 février 1984, le Parlement proposait, lors de l'adoption du projet de TUE, une disposition selon laquelle chaque fois que le traité attribue à l'Union une compétence concurrente avec les compétences des États membres, l'action des États membres s'exerce dès lors que l'Union n'a pas pris d'acte normatif; l'Union ne devant intervenir que pour mener les tâches qui peuvent être entreprises en commun d'une manière plus efficace que par les États œuvrant séparément. Le Parlement, rappelant l'importance du principe de subsidiarité, reprendra ces propositions sur le principe de

---

[522] Vladimir CONSTANTINESCO, « Subsidiarité... vous avez dit subsidiarité ? », *RDUE*, 1992, n° 4, p. 227.

subsidiarité dans de nombreuses résolutions[523]. Il propose d'ouvrir le débat sur son interprétation et son application[524]. Dans sa résolution du 18 novembre 1990, le Parlement préconise d'insérer une définition du principe de subsidiarité dans le traité. Le 31 novembre 1990, le Parlement propose l'insertion d'un article 3Bis, plus précis que l'article 164, conférant à la Cour le pouvoir de vérifier qu'une proposition respecte les limites du droit de l'Union européenne. Dans sa résolution du 21 novembre 1992, il recommande la mise en place d'un mécanisme de contrôle du principe, dans le cadre d'une conférence interinstitutionnelle[525].

Le Parlement a rappelé son attachement à la subsidiarité dans de nombreuses résolutions[526].

340. Le Parlement européen a souligné, dans sa résolution du 13 mai 1997, et dans plusieurs de ses rapports depuis 1994 que le principe de subsidiarité constitue une norme juridique contraignante, soumise dans son application concrète à l'interprétation de la Cour de justice; il a plus tard rappelé que la mise en œuvre du principe ne doit pas faire obstacle à l'exercice légitime des compétences exclusives dont dispose l'Union[527].

341. Le règlement du Parlement prévoit dans son article 58[528] que pendant l'examen d'une proposition législative, le Parlement accorde une attention particulière au respect des droits fondamentaux ainsi qu'aux principes de subsidiarité et de proportionnalité. Il s'intéresse en particulier à la valeur ajoutée d'une intervention de l'Union européenne.

Le Parlement peut, désormais, si une commission parlementaire le demande, procéder « à des évaluations de la valeur ajoutée européenne afin d'apprécier les effets potentiels et de recenser les avantages et les inconvénients des propositions formulées dans les rapports législatifs du Parlement ». Il peut désormais également « produire des rapports sur le coût

---

[523] Ce fut notamment le cas lors des résolutions du 23 novembre1989, du 14 décembre1989, du 12 juillet 1990, du 21 novembre1990 et du 18 mai 1995, citées dans « Le principe de subsidiarité. », Parlement européen : fiches techniques. Sur http://www.europarl.europa.eu/ (consulté le 7 novembre 2013)

[524] Traité instituant la Communauté Européenne, *JO* C 321 du 29 décembre 2006, art.220 (ex art.164 du traité de Rome du 25 Mars 1957) prévoit que la Cour assure le respect du droit dans l'interprétation et l'application des traités.

Arrêt de la Cour de justice, Brasserie du pêcheur et Factortame, affaires jointes C-46/93 et C-48/93 (5 mars 1996).

[525] Jurgen SCHWARZE, « Le principe de subsidiarité dans la perspective du droit constitutionnel allemand », *RMCUE*, 1993, vol. 70, n° 615, pp. 24-32.

[526] A titre d'exemple, voir les résolutions du 23 novembre 1989, du 14 décembre 1989, du 12 juillet 1990, du 21 novembre 1990 et du 18 mai 1995.

[527] « Le principe de subsidiarité », Parlement européen : fiches techniques, *Ibid.*

[528] Règlement intérieur du Parlement européen, art. 58.

de l'inaction au niveau de l'UE, sur les domaines qui ne font pas encore l'objet d'une action au niveau de l'Union européenne et dans lesquels une telle action contribuerait grandement à renforcer l'efficacité et à assurer le « bien commun » ». Le Parlement européen, en 2012, a créé une nouvelle direction horizontale, chargée de fournir aux commissions parlementaires un éventail de services plus larges, en matière d'évaluation de l'impact et de la valeur ajoutée européenne. Ces évaluations comprennent l'examen des feuilles de route de la Commission, qui décrivent la politique que celle-ci entend poursuivre et les consultations prévues, ainsi qu'une première appréciation des analyses d'impact de la Commission. À la demande d'une commission parlementaire, il peut être ajouté à ces premières analyses une appréciation détaillée des analyses d'impact de la Commission, des analyses complémentaires portant sur certains aspects des propositions initialement non traités par la Commission et des évaluations de l'impact des amendements envisagés par le Parlement.

De façon plus récente, le Parlement a reconnu dans ses résolutions la nécessité de la précision et du contrôle de la subsidiarité[529].

342. Le principe de subsidiarité se trouverait vidé de son sens véritable s'il était privé de son ambivalence. Le Conseil, institution de l'Union européenne, mais composé de représentants des États membres, pourrait donc occuper une place privilégiée dans l'application de ce principe.

Dans le cadre des procédures législatives, le Conseil veille au respect des principes de subsidiarité et de proportionnalité lors de l'examen des analyses d'impact accompagnant les propositions de la Commission. Le Conseil est invité à vérifier la conformité d'une mesure avec l'article 5TUE, cela dans le cadre d'un examen global et au fond des textes de la Commission. Enfin,

---

[529] Dans sa résolution du 8 avril 2003, le Parlement a recommandé que le règlement des différends se fasse de préférence au niveau politique. Il a repris les propositions de la Convention sur l'avenir de l'Europe relatives à la mise en place du «mécanisme d'alerte précoce» des parlements nationaux en matière de subsidiarité qui fut ensuite repris par le traité de Lisbonne.

Enfin, dans sa résolution du 13 septembre 2012, le Parlement s'est réjouit de l'association plus étroite des parlements nationaux au contrôle des propositions législatives à la lumière des principes de subsidiarité et de proportionnalité et a suggéré l'examen et l'élimination des obstacles entravant la participation des parlements nationaux au mécanisme de contrôle de la subsidiarité. I a en outre proposé d'évaluer l'opportunité de définir, au niveau de l'Union, des critères appropriés permettant de vérifier le respect des principes de subsidiarité et de proportionnalité.

Voir Résolution du Parlement européen du 13 décembre 2012 concernant le rapport annuel 2011 sur les droits de l'homme et la démocratie dans le monde et la politique de l'Union européenne en la matière (2012/2145 (INI).

l'idée d'un débat préalable au Conseil portant sur la bonne application du principe a été suggérée par certains États membres[530].

343. Le Conseil ne peut entreprendre d'action d'harmonisation des normes nationales que si cela est nécessaire à remplir les objectifs du traité; l'adoption d'une position unique des États membres ne justifiant pas l'intervention de l'Union. Enfin, la meilleure action de l'Union doit être étayée par des indicateurs qualitatifs ou quantitatifs. Une action nationale serait contraire aux exigences du traité ou lèserait les intérêts des États membres. Le Conseil peut agir s'il montre qu'une action de l'Union européenne aurait des effets avantageux.

Le Conseil sert en quelque sorte d'intermédiaire entre les institutions de l'Union européenne et les États dans le contrôle de la subsidiarité. L'article 4, troisième alinéa, du protocole n°2, prévoit que le Conseil transmet aux parlements nationaux tous les projets d'actes législatifs, ainsi que les projets modifiés, émanant d'un groupe d'États membres, de la Cour de justice, de la Banque centrale européenne (BCE) ou de la Banque européenne d'investissement (BEI). En contrepartie, l'article 6, deuxième alinéa, du protocole prévoit que le président du Conseil transmet tout avis sur un projet d'acte législatif émanant d'un groupe d'États membres aux gouvernements de ces États membres. Le président du Conseil doit également faire parvenir tout avis sur un projet d'acte législatif émanant de la Cour de justice, de la BCE ou de la BEI à l'institution ou à l'organe concerné (au titre de l'article 6, troisième alinéa, du protocole). En plus de ces obligations imposées par le traité, le secrétariat général du Conseil tient les membres du Conseil informés des avis des États membres sur les projets d'actes législatifs émanant d'autres institutions[531].

C'est au comité des représentants permanents des États membres (Coreper) qu'il appartient de garantir le respect des principes de subsidiarité et de proportionnalité.

---

[530] ANTONIO TIZZANO et DANIEL VIGNES, *Code de l'Union européenne*, *Ibid.*

[531] *Conseil européen d'Edimbourg- Conclusions de la présidence*, Edimbourg, 11-12 décembre 1992.

B. Le perfectionnement du contrôle de la subsidiarité par le Parlement de l'Union européenne

344. L'examen de documents institutionnels semble marquer une clarification progressive du principe de subsidiarité. En 2011, seules trente-deux questions parlementaires posées à la Commission sur douze mille ont porté sur des problèmes liés au respect des principes de subsidiarité et de proportionnalité[532]. La Commission, s'inscrivant dans la lignée des requêtes des autres institutions, a essentiellement demandé un approfondissement des motivations des propositions[533]. En 2012, le Parlement a produit dix évaluations initiales d'analyses d'impact de la Commission, une évaluation détaillée d'une analyse d'impact de la Commission et trois rapports sur la valeur ajoutée européenne[534]. Le Parlement européen a, en 2013, consolidé sa pratique consistant à rédiger des rapports d'initiative législative de soutien fondés sur l'article 225 du TFUE, avec une analyse basée sur des éléments concrets du potentiel de valeur ajoutée européenne. Au total, cinq évaluations accompagnant des rapports d'initiative législative du Parlement européen ont été finalisées en 2013[535]. Ces évaluations concernaient des sujets très divers tels que la gouvernance du marché unique ou les violences faites aux femmes.

C. Les limites du contrôle exercé par le Parlement et le Conseil

345. Le contrôle du principe de subsidiarité par le Parlement (1) et celui du Conseil (2) comportent des limites.

1. Les limites du contrôle exercé par le Parlement

346. Le Parlement européen, qui s'était montré dès le départ plus réservé que le Conseil ou la Commission à l'égard du principe de subsidiarité, n'a

---

532 *Rapport de la Commission sur la subsidiarité et la proportionnalité*, 19e rapport « Mieux légiférer », 2011, Bruxelles, le 10.7.2012 COM(2012) 373 final.

533 Ibidem.

534 *Rapport de la Commission sur la subsidiarité et la proportionnalité*, 20e rapport « Mieux légiférer », 2012, Bruxelles, le 30.7.2013 COM(2013) 566 final.

pas donné suite aux règles, pourtant introduites à son initiative, établies par l'Accord interinstitutionnel : organisation d'un débat annuel, justification des amendements au regard de l'article 5. Le Parlement, lorsqu'il se réfère à ce principe se borne le plus souvent à vérifier que la Commission laisse aux États certaines compétences.

347. Le Parlement semble l'interpréter sous un jour favorable au droit de l'Union européenne [536] : il considère que « l'insertion du principe de subsidiarité dans les traités vise à stimuler l'intervention de la Communauté dans les secteurs qui ne sont pas de sa compétence exclusive », son application ne pourrait « en aucun cas se traduire par un affaiblissement du droit de l'Union européenne[537] ».

Le Parlement européen craint que les directives-cadres « créent un droit incertain, moins contraignant » et en quelque sorte aléatoire[538]. Il regrette de n'être pas davantage consulté et refuse une application du principe de subsidiarité entraînant un affaiblissement de ses compétences.

2. Les risques d'instrumentalisation de la subsidiarité par le Conseil

348. Depuis le Conseil d'Édimbourg, l'idée d'un vote sur la question de la subsidiarité, préalable à la saisine des groupes d'experts du conseil, a été écartée. Le Conseil peut toujours, après discussions au Coreper et en groupe d'expert, rejeter un texte qui violerait le principe de subsidiarité. Encore faut-il, sur le plan pratique, que ce texte n'intéresse pas un groupe d'États. Si un tel groupe était majoritaire, il serait difficile pour la minorité de dénoncer un texte violant le principe de subsidiarité. Le Conseil est en effet souvent le lieu où les États négocient ou échangent des soutiens en vue de politiques nationales. Un État dénonçant un texte sur le fondement du principe de subsidiarité est souvent un État en minorité sur le plan politique[539]. Faute d'être invoquée à temps, la mise en œuvre du principe de subsidiarité est souvent retardée. Il semble que les travaux du Conseil aient été peu influencés par le principe de subsidiarité. L'Allemagne a parfois rappelé

---

[536] Michel PONIATOWSKI, *rapport d'information fait au nom de la délégation du Sénat pour les Communautés européennes*, n° 45, 12, novembre 1992.
Aucune instance de l'Union européenne n'a joué le rôle de gardien de la subsidiarité.

[537] Jean-Luc SAURON, «La mise en œuvre retardée du principe de subsidiarité», *Revue du Marché commun et de l'Union européenne*, novembre-décembre 1998, n° 1, p. 655 : propos de Robin Cook en vue de renforcer les liens entre les parlements nationaux, note 26.

[538] *Ibid.*, notes 28, 29, 30.

[539] *Ibidem.*

dans les débats l'exigence de subsidiarité. Le principe de subsidiarité a, en particulier, été invoqué au sujet de propositions concernant le marché intérieur[540], ce qui n'a pas empêché l'adoption des textes[541]. Le Conseil ne suffit pas à éviter toute violation du principe de subsidiarité[542].

Les gouvernements, soucieux d'assurer une harmonisation de base des législations nationales et locales, peuvent être amenés à soutenir l'action de l'Union européenne au-delà du minimum nécessaire, en particulier lorsqu'il s'agit d'éviter des distorsions du marché interne. À l'inverse, le principe de subsidiarité risque d'être utilisé par les États membres à leurs fins, conduisant à une limitation excessive des compétences de l'Union européenne.

La codification de la subsidiarité peut être perçue comme un moyen de modifier de manière substantielle l'équilibre institutionnel actuel et de bloquer tout développement futur. Le droit de l'Union européenne se limitant désormais à l'intergouvernemental.

---

540 *Directive sur l'étiquetage des chaussures*, http://www.senat.fr/rap/r96-46/r96-46_mono.html, (consulté le 12 juin 2012).

541 *2e et 3e Conférence Intergouvernementale*, les 28 et 29 Octobre 1990 à Rome, http://www.cvce.eu/content/publication/2003/7/10/7524b7cb-7538-4283-a831-da2b7357813a/publishable_fr.pdf, (consulté le 12 juin 12).
Il aurait, sans que cela soit explicitement mentionné, justifié la réduction de dotations prévues et a cherché à encadrer les compétences d'exécution de la Commission par une comitologie contraignante. Dans un seul cas, le Conseil a refusé un programme d'action (programme Pauvreté), bloqué par l'Allemagne au motif que ce type d'action était de la compétence des Länder. Ce programme a pu néanmoins être entrepris car le Parlement européen, qui ayant le dernier mot sur les dépenses non obligatoires, avait dégagé des crédits à cet effet.

542 Ami BARAV, Christian PHILIP, *Dictionnaire juridique des Communautés européennes*, Collection Grands dictionnaires, Paris, PUF, 1993, 1180 p.
Le Conseil peut souvent adopter des actes à la majorité, la Communauté n'est pas limitée à la vie économique. Selon les parlements nationaux, l'unanimité elle-même ne permet pas d'éviter tout excès, le Conseil peut bafouer les compétences des parlements nationaux.

CONCLUSION DU CHAPITRE 1

349. Le fait d'avoir précisé le principe de subsidiarité lors de conférences interinstitutionnelles et de Conseils européens contribue à son renforcement. Les Conseils européens ont, en outre, reconnu l'obligation pour la Commission de justifier toutes ses propositions eu égard à l'application du principe de subsidiarité. Elle doit, en outre, rédiger un rapport annuel à l'attention des autres institutions sur le respect de ce principe. Ces mesures ont montré leur utilité en permettant le réexamen de propositions et de dispositions règlementaires en vigueur. Les Conseils européens ont précisé le test du principe de subsidiarité.

350. Les accords interinstitutionnels ont également contribué à cette précision, en particulier en permettant au principe de subsidiarité de devenir une règle de comportement politique, limitant ainsi la discrétion des institutions dans l'application de ce principe. Le contenu du protocole sur l'application des principes de subsidiarité et de proportionnalité a été influencé par les accords interinstitutionnels.

351. Les Conseils européens et accords interinstitutionnels ont principalement renforcé le contrôle du principe de subsidiarité par la Commission. Il n'en demeure pas moins que le Parlement et le Conseil contrôlent également le respect de la subsidiarité au Cours du processus normatif[543]. La Commission doit tenir compte des observations du Parlement sur le principe de subsidiarité même si le Conseil et le Parlement ne peuvent empêcher la Commission d'émettre un projet. Le Parlement et le Conseil sont liés par le principe de subsidiarité lorsqu'ils amendent une proposition de la Commission.

352. L'expérience canadienne montre qu'une subsidiarité structurelle, sous-jacente au partage des compétences peut être théorisée tardivement. Quoiqu'en droit canadien, les institutions politiques n'aient pas fixé de critères précis d'application de la subsidiarité, la théorisation de la conceptualisation de ce principe a pu contribuer à inspirer les critères identifiés par la Cour suprême. Au Canada, les pouvoirs québécois, avant même les institutions canadiennes, ont largement contribué à la prise de conscience de l'importance de la subsidiarité, participant ainsi à façonner le contexte interprétatif dans lequel se prononce la Cour suprême. Dans l'Union européenne, le développement d'une culture de la subsidiarité au niveau

---

[543] *Conseil* européen d'Edimbourg- Conclusions de la présidence, Edimbourg, 11-12 décembre 1992.

national serait donc susceptible de faciliter son contrôle par la Cour de justice.

353. Les institutions politiques de l'Union européenne participent au renforcement du principe de subsidiarité par la précision des critères de son application, mais aussi par l'instauration de procédures donnant au Comité des Régions et aux chambres des parlements nationaux les moyens de renforcer l'application de ce principe.

CHAPITRE 2. L'INSUFFISANCE DU CONTROLE DE LA SUBSIDIARITE PAR LES INSTITUTIONS POLITIQUES ETATIQUES ET INFRA-ETATIQUES

354. Les institutions politiques étatiques (section1) et infra étatiques (section2) participent à la mise en œuvre de la subsidiarité sans pouvoir éviter toute violation de cette dernière (section 3).

SECTION 1. L'INSUFFISANCE DU CONTROLE DE LA SUBSIDIARITE PAR LES INSTITUTIONS POLITIQUES ETATIQUES

355. L'implication des parlements nationaux dans le contrôle de la subsidiarité présente de multiples avantages. Elle pourrait aboutir à un meilleur respect de ce principe ambivalent dans la pratique. Les parlements nationaux possèdent en effet un intérêt dans l'application descendante de la subsidiarité, ce qui n'est pas le cas des institutions de l'Union européenne. Les parlements représentent les membres de la société civile susceptibles de pâtir d'une harmonisation excessive.

Qui plus est, les parlementaires nationaux détiennent une légitimité démocratique et paraissent ainsi à même de servir de contrepoids aux groupes de pression pesant sur les institutions de l'Union européenne.

356. Si les revendications des parlements nationaux en faveur d'un contrôle du principe de subsidiarité ne sont pas nouvelles (A), les procédures de contrôle instituées par Lisbonne, marquant un net progrès dans ce contrôle (B), ne pourront devenir pleinement opérationnelles qu'après un temps d'adaptation (C).

A. Le principe d'un contrôle du principe de subsidiarité par les parlements nationaux

357. Si les membres des gouvernements, en participant au Conseil des ministres, contrôlent de façon indirecte le respect du principe de subsidiarité, le contrôle direct de ce principe par les parlements nationaux, pleinement concrétisé par le traité de Lisbonne, répondait ainsi à un projet évoqué depuis 1995(1). Le traité d'Amsterdam permettait aux parlements nationaux de contrôler de façon indirecte le principe de subsidiarité, en adhérant à la Conférence des Organes spécialisés dans les affaires communautaires[544] (2).

1. Le projet d'un contrôle du principe de subsidiarité par les parlements nationaux

358. L'idée d'un contrôle du principe de subsidiarité par les parlements nationaux a été évoquée lors de la rencontre de 1995 à Messine. Deux déclarations du Parlement sont relatives au rôle des parlements nationaux, la 13 et la 14[545]. La 13e a été l'occasion pour les parlements de moderniser les mécanismes parlementaires de contrôle de l'activité gouvernementale relative à l'Union européenne. Les parlements ont défendu ce principe lors de l'adoption du projet de traité d'Union européenne[546]. Ils proposaient que soit mentionnée la subsidiarité de l'action de la Communauté par rapport à celle des États membres. « L'action de la Communauté n'est nécessaire qu'en raison du caractère transnational d'une tâche à réaliser »[547].

359. Au niveau national, certains Parlements avaient déjà exercé un contrôle sur la politique de leur gouvernement en matière européenne. La

---

[544] Protocole numéro 1 sur le rôle des parlements nationaux annexé au traité de Lisbonne, 9 mai 2008, JOUE C115/201.

[545] Déclaration n°13 relative au rôle des parlements nationaux dans l'Union européenne et Déclaration n°14 relative au rôle des parlements nationaux dans l'Union européenne.

[546] Le *protocole sur le rôle des parlements nationaux dans l'Union*, annexé au traité CE et au traité UE à Amsterdam, a lui aussi été adapté pour répondre aux exigences d'une plus grande transparence et d'une meilleure transmission des documents.
En matière de coopération interparlementaire, aucune modification n'est apportée concernant le rôle de la Conférence des organes spécialisés dans les affaires de l'Union européenne (COSAC). Cette conférence réunit des Parlementaires nationaux issus des commissions Parlementaires nationales compétentes pour les affaires européennes et conserve la possibilité d'adresser au Parlement européen, au Conseil et à la Commission des contributions qui portent notamment sur la subsidiarité.

[547] *Traité établissant une Constitution pour l'Europe*, 29 Mai 2005, 9e tiret du préambule et article 12.

nouveauté apportée par le protocole issu de la convention interparlementaire[548] consiste à inclure dans le traité de droit originaire un dispositif permettant une information des parlements nationaux et européens ; ces derniers pouvant ainsi exercer un contrôle sur les propositions de la Commission qui porteraient atteinte à la subsidiarité. Grâce à un mécanisme d'alerte précoce, les Parlements deviennent les gardiens de la subsidiarité, ce qui évite la création d'une nouvelle institution prévue à cet effet. Ces garanties parlementaires et nationales au principe de subsidiarité ont pour but de résorber un déficit démocratique[549].

360. Le Conseil européen de juin 2006 a invité la Commission à tenir dûment compte des commentaires formulés par les parlements nationaux, notamment en ce qui concerne les principes de subsidiarité et de proportionnalité[550].

Comme l'a annoncé le président BARROSO, la Commission entend entretenir un dialogue avec les parlements nationaux[551].

La France, l'Allemagne et la Grande-Bretagne ont proposé l'accès à la Cour de justice des structures représentant les collectivités publiques infranationales (Comité des Régions) et les parlements nationaux (COSAC : Conférence des organes spécialisés dans les affaires européennes).

Le Sénat français a proposé de mettre en place une instance spéciale de contrôle, un haut Conseil parlementaire, «composé de délégués des parlements nationaux, qui serait chargé de donner au Conseil des avis sur l'application du principe de subsidiarité »[552]. Face aux réticences de ses homologues, il a proposé, dans un rapport du 23 octobre 1996, d'habiliter la Conférence des organes spécialisés dans les affaires européennes à donner un avis sur la conformité, au regard de la subsidiarité, de textes précis en cours d'examen dont elle serait saisie, soit à la demande du Conseil, soit à la demande des organes spécialisés dans les affaires de l'Union européenne, d'au moins deux « assemblées parlementaires » ne relevant pas du même

---

[548] *Protocole n° 2 sur l'application des principes de subsidiarité et de proportionnalité* annexé au traité de Lisbonne, 9 mai 2008, *JOUE*, C115/201, conformément à la déclaration 23.

[549] Vladmir CONSTANTINESCO, « Les compétences et le principe de subsidiarité » *RTDE*, 2005 41(2), p. 728.

[550] « Le dialogue de la Commission avec les parlements nationaux atteint de nouveaux sommets », Communiqué de presse de la Commission Européenne, Bruxelles, 28 septembre 2009, IP/09/1368.

[551] La *communication de la Commission* « Un projet pour les citoyens – Produire des résultats pour l'Europe », adoptée le lendemain. Les chefs d'Etat et de gouvernement ont approuvé ces démarches visant à rapprocher l'Europe des citoyens.

[552] Michel Poniatowski au nom de la délégation du Sénat pour les Communautés européennes, Rapport d'information n° 45, 12 novembre 1992.

État membre. Depuis 1992, les deux chambres s'interrogent sur les modalités de la mise en place d'un tel projet[553].

361. Le gouvernement français a également proposé, lors de la conférence intergouvernementale de 1996, de confier à une instance émanant des parlements nationaux, prenant appui sur une Conférence des organes spécialisés dans les affaires européennes réformées, la charge de contrôler le respect de la subsidiarité. Le Parlement européen, la Commission et les Parlements de plusieurs États ont, avant de finalement l'approuver, exprimé leurs craintes que cette réforme n'aboutisse à un alourdissement de la procédure. Ce principe soulève également des inquiétudes dans la mesure où il est perçu comme un principe fédéraliste.

362. Enfin, la lettre des chefs d'État allemand et français relative au principe de subsidiarité, quoique sans effets juridiques immédiats, montre les espoirs placés dans ce principe autour de l'année 1998.Dans une lettre du 8 juin 1998, le Président Chirac et le Chancelier Kohl rappelaient, s'adressant à Tony Blair, Président du Conseil européen en exercice, que « L'objectif de la politique européenne n'a jamais été et ne peut être d'édifier un État central européen, c'est-à-dire une Europe organisée de manière centralisée », mais « une Union européenne forte, capable d'agir tout en préservant la diversité des traditions politiques, culturelles et régionales ». Il s'agit de « corriger les excès de la centralisation ».

Ce texte, approuvé le même mois par les quinze États membres, appelle également à « traduire dans les faits le principe de subsidiarité ». Il a été perçu comme une critique implicite des initiatives de la Commission, lesquelles induisent une avancée spectaculaire en matière d'intégration, sans pour autant résorber des lacunes au niveau de la mise en œuvre des instruments, destinés à en garantir l'effectivité.

Ni les textes, ni l'intervention des institutions politiques ne permettant et ne pouvant permettre d'écarter toute incertitude sur le sens et la portée du principe de subsidiarité, son interprétation juridictionnelle apparaît comme inévitable.

---

[553] Christian de la MALENE au nom de la Délégation du Sénat pour l'Union européenne, Rapport d'information n46 sur l'application du principe de subsidiarité, 23 octobre 1996.

2. Le contrôle du principe de subsidiarité dans le traité d'Amsterdam

363. L'annexion au traité d'Amsterdam du « protocole sur l'application des principes de subsidiarité et de proportionnalité » a précisé le rôle des parlements nationaux dans le contrôle de la subsidiarité.

> Selon ce protocole, « pour toute proposition de législation communautaire, les motifs sur lesquels elle se fonde font l'objet d'une déclaration tendant à la justifier en démontrant qu'elle est conforme aux principes de subsidiarité et de proportionnalité ».

Sur la base de ces textes, dix-huit parlements nationaux ou chambres parlementaires, dans quatorze États membres, contrôlaient la législation de l'Union européenne pour sa conformité au principe de subsidiarité. Trois autres parlements nationaux vérifiaient occasionnellement si la législation de l'Union européenne était conforme à la subsidiarité, mais ne le faisaient pas systématiquement. Six autres parlements nationaux, sans participer à ce contrôle, n'écarteraient pas la possibilité de s'y prêter à l'avenir.

364. Le traité d'Amsterdam, avec le protocole sur le rôle des parlements nationaux dans l'Union européenne dispose dans son point II5 que la Conférence des organes spécialisés dans les affaires européennes[554] peut transmettre aux institutions européennes « toutes contributions qu'elle jugerait appropriées sur les activités législatives de l'Union, notamment en ce qui concerne l'application du principe de subsidiarité ». La contribution soumise par la Conférence des organes spécialisés dans les affaires européennes ne lie cependant pas les parlements nationaux. L'impact médiatique des positions de la Conférence des organes spécialisés dans les affaires européennes dépendra de l'adhésion des parlements nationaux à cette structure[555].

B. Le contrôle des parlements nationaux prévu par le traité de Lisbonne

365. Le traité de Lisbonne, en consolidant le protocole sur le rôle des parlements nationaux dans le processus décisionnel et le protocole sur

---

[554] Conférence des organes spécialisés dans les affaires européennes (COSAC).

[555] Marc LE SOLLEU, « Subsidiarité judiciaire et sanctions », Liège, *REA LEA*, 1998, n° 1-2, pp. 108-112.

l'application des principes de subsidiarité et de proportionnalité[556] annexés aux traités, permet le « renforcement des efforts d'information et de transparence vis-à-vis des parlements nationaux » (1). Ils peuvent utiliser cette information pour agir par un mécanisme d'alerte précoce (2) ou en incitant leur gouvernement à saisir la Cour de justice (3).

366. Il permet aux parlements nationaux d'exprimer des réserves formelles quant au respect du principe de subsidiarité dans les projets d'actes législatifs. Les Parlements nationaux veillent également au respect de la subsidiarité lors de la transposition en droit interne des directives[557].

1. L'obligation d'information des institutions de l'Union européenne à l'égard des parlements nationaux

367. Le renforcement du contrôle politique de la subsidiarité prévu par le traité de Lisbonne implique une auto responsabilisation des institutions européennes. Dans cette perspective, le protocole prévoit la transmission par les institutions de l'Union européenne aux parlements nationaux des projets d'actes législatifs[558]. Afin de garantir une meilleure transparence, il précise des obligations plus précises à la charge de la Commission, du Conseil des ministres et de la Cour des comptes en matière de diffusion de l'information. La Commission envoie aussi aux parlements nationaux « le programme législatif annuel ainsi que tout autre instrument de programmation législative ou de stratégie politique qu'elle présenterait au Parlement européen et au Conseil » en plus de la transmission directe des documents de consultation de la Commission. En outre, la Commission doit désormais transmettre directement aux parlements nationaux tous ses projets d'actes législatifs européens en même temps qu'au Parlement européen et au Conseil. Le Conseil des ministres doit envoyer ses ordres du jour et les procès-verbaux des sessions aux gouvernements nationaux ainsi qu'aux parlements

---

[556] Protocole n°1 sur le rôle des Parlements nationaux dans l'Union européenne, octobre 2012, JOUE C 326/1 26, art. 3.
Protocole n°2 sur l'application des principes de subsidiarité et de proportionnalité, annexé au traité de Lisbonne, 9 mai 2008, *JOUE*, C115/201, art. 4.
Ces protocoles reprennent et modifient ceux mis en place à la suite du traité d'Amsterdam.

[557] TFUE (version consolidée), *JOUE* C115 du 9 mai 2008, article 69.

[558] C'est-à-dire les propositions de la Commission, les initiatives d'un groupe d'États membres, les initiatives du Parlement européen, les demandes de la Cour de justice, les recommandations de la Banque centrale européenne et aux demandes de la Banque européenne d'investissement, visant à l'adoption d'un acte législatif européen. En pratique, la quasi-totalité des projets d'actes législatifs émane de la Commission européenne.

nationaux. De même, la Cour des comptes est désormais tenue d'envoyer son rapport annuel à titre d'information aux parlements nationaux. Un délai de six semaines doit être observé entre la transmission d'un projet d'acte législatif aux parlements nationaux et son inscription à l'ordre du jour du Conseil, sauf en cas d'urgence.

Ces informations devraient être transmises simultanément à tous les parlements, une fois leur traduction en toutes les langues de l'Union achevée. Une application anticipée de documents européens est parfois possible[559]. L'information des parlements nationaux favorise le déclenchement d'un mécanisme d'alerte précoce si nécessaire.

2. Le mécanisme d'alerte précoce

368. En vertu de l'article 5§3, 2e alinéa UE, les parlements nationaux veillent au respect du principe de subsidiarité, conformément à la procédure prévue au protocole [560] sur les principes de subsidiarité et de proportionnalité[561]. La principale innovation du protocole sur l'application des principes de subsidiarité et de proportionnalité concernait la création d'un mécanisme de contrôle de l'application du principe de subsidiarité impliquant, directement et pour la première fois, les parlements nationaux[562]. Ce « mécanisme d'alerte précoce »[563], permet aux Parlements d'émettre des réserves formelles quant au respect du principe de subsidiarité dans les projets d'actes législatifs [564] et de dénoncer les risques de violation du

---

559 La transmission directe s'effectue par voie électronique.

560 Protocole n° 2 sur l'application des principes de subsidiarité et de proportionnalité annexé au traité de Lisbonne, 9 mai 2008, JOUE, C115/201.

561 Denys SIMON, « La subsidiarité juridictionnelle : notion gadget ou concept opératoire », *Revue des affaires européennes*, 1998, n° 1, p. 84-94.

562 http://europa.eu/scadplus/Constitution/subsidiarity_fr.htm (consulté le 10 Avril 2012) sur la procédure de contrôle du principe de subsidiarité par les parlements nationaux.

563 Ce mécanisme trouve ses origines dans le TECE.
Traité établissant une Constitution pour l'Europe du 29 Mai 2005, http://www.conseil-constitutionnel.fr/conseil-constitutionnel/francais/documentation/dossiers-thematiques/2005-referendum-traite-Constitution-pour-l-europe/referendum-du-29-mai-2005.42598.html, (consulté le 12 Juin 2012).

564 Travaux Parlementaires, rapport d'informations, Le traité de Lisbonne, http://www.senat.fr/rap/r07-188/r07-18825.html, (consulté le 22 novembre 2013) : « Dans un délai de huit semaines (et non plus six) à compter de la transmission d'un projet d'acte législatif, toute chambre d'un Parlement national peut adresser aux institutions de l'Union un « avis motivé » exposant les raisons pour lesquelles elle estime que le texte ne respecte pas le principe de subsidiarité. Les institutions de l'Union « tiennent compte » des avis motivés qui leur sont adressés. Lorsqu'un tiers des parlements nationaux a adressé un avis motivé à la Commission, le projet doit être réexaminé (pour les textes relatifs à la coopération policière et

principe de subsidiarité par les institutions européennes. À cette fin, les élus nationaux peuvent solliciter des précisions auprès de la Commission européenne s'ils suspectent une violation du principe par un projet d'acte.

369. Tout Parlement national ou toute chambre d'un Parlement national dispose de huit semaines, à compter de la date de transmission d'un projet d'acte législatif en toutes les langues, pour adresser aux présidents du Parlement européen, du Conseil et de la Commission un avis motivé exposant les raisons pour lesquelles il estime que le projet en cause ne respecte pas le principe de subsidiarité.

La Commission doit répondre à tous les avis motivés qu'elle reçoit des parlements nationaux. L'incidence formelle de ces avis sur la procédure législative dépend du nombre d'avis communiqués sur une proposition donnée dans le délai de huit semaines. Le protocole n° 2 prévoit plusieurs seuils, appelés « cartons jaunes » et « cartons oranges»[565].

370. Selon la procédure du « carton jaune», la Commission doit revoir sa proposition si plus d'un tiers des avis des Parlements (une voix par chambre dans les Parlements bicaméraux et deux voix dans les Parlements monocaméraux) sont négatifs (un quart dans le domaine «Justice et affaires intérieures »).Chaque parlement national dispose de deux voix, réparties en fonction du système parlementaire national. Ce seuil est d'au moins un quart lorsqu'il s'agit d'une proposition de la Commission ou d'une initiative émanant d'un groupe d'États membres dans le cadre de l'espace de liberté, de sécurité et de justice.

La procédure du «carton orange» est déclenchée si, dans le cadre de la procédure législative ordinaire, au moins une majorité simple des voix attribuées aux parlements nationaux conteste la conformité d'une proposition législative à la subsidiarité.

à la coopération judiciaire en matière pénale, ce seuil est abaissé à un quart). Dans l'application de cette règle, chaque Parlement national dispose de deux voix ; dans un système bicaméral, chaque chambre dispose d'une voix ; après l'adoption d'un texte, la Cour de justice peut être saisie par un Etat membre d'un recours pour violation du principe de subsidiarité émanant d'un Parlement national ou d'une des chambres de celui-ci. Le recours doit être formellement présenté par le gouvernement d'un État membre, mais le protocole ouvre la possibilité qu'il soit simplement « transmis » par ce gouvernement, l'auteur véritable du recours étant le Parlement national ou une chambre de celui-ci.
Ce mécanisme d'alerte précoce est renforcé par le traité de Lisbonne lorsque le projet d'acte législatif relève de la procédure législative ordinaire : - si un projet d'acte législatif soumis à la procédure législative ordinaire est contesté à la majorité simple des voix attribuées aux parlements nationaux et si la Commission décide de le maintenir, le Conseil et le Parlement doivent se prononcer sur la compatibilité de ce projet avec le principe de subsidiarité; si le Conseil (à la majorité de 55% de ses membres) ou le Parlement (à la majorité simple des suffrages exprimés) donne une réponse négative, le projet est écarté ».

[565] Lettre du président Barroso et de la vice-présidente Wallström du 1er décembre 2009.

La Commission, après avoir réexaminé la proposition, peut décider de la maintenir, de la modifier ou de la retirer. Elle doit motiver sa décision.

Si elle décide de maintenir sa proposition, dans le cadre de la procédure du «carton orange», la question est renvoyée au législateur (le Parlement européen et le Conseil), qui se prononce en première lecture. La Commission doit justifier au préalable, dans un avis motivé adressé au Parlement européen et au Conseil, les raisons pour lesquelles la proposition est conforme au principe de subsidiarité.

Le législateur peut rejeter à la majorité de 55 % des membres du Conseil ou de la majorité simple des voix exprimées au Parlement européen avant la fin de la première lecture, une proposition législative qu'il considérerait comme incompatible avec le principe de subsidiarité.

Ces procédures s'appliquent aux compétences partagées. Elles ne concernent pas les documents non législatifs tels que les communications ou les livres verts[566].

371. Enfin, en vertu de l'accord-cadre du 20 novembre 2010[567], le Parlement et la Commission s'engagent à coopérer dans le domaine des relations avec les parlements nationaux pour faciliter l'exercice par ces derniers de leur pouvoir de contrôle lié au principe de subsidiarité.

Depuis la consolidation de ces protocoles par le traité de Lisbonne, les parlements nationaux peuvent désormais alerter publiquement les institutions européennes, mais aussi leur propre gouvernement, sur tout projet d'acte législatif européen qui ne leur paraîtrait pas respecter le principe de subsidiarité. Les parlements nationaux peuvent en outre demander au gouvernement de leur État la formation un recours en violation de la subsidiarité devant la Cour de justice de l'Union européenne.

372. L'article 8 du protocole n° 2 dispose que la Cour de justice de l'Union européenne est compétente pour se prononcer sur les recours en annulation d'un acte législatif pour violation du principe de subsidiarité, formé conformément aux modalités prévues à l'article 263 TFUE, par un État membre ou transmis par celui-ci conformément à son ordre juridique au nom de son Parlement national ou d'une chambre de ce dernier dans un délai

---

566 *Parlement européen / Conseil de l'Union européenne*, Affaire C-130/10, 19 juillet 2012, §32 sur l'influence du champ d'application de la PESC sur les prérogatives que leur confèrent les protocoles sur leur rôle et sur l'application des principes de subsidiarité et de proportionnalité.

567 Accord-cadre sur les relations entre le Parlement européen et la Commission européenne, 20 novembre 2010, JOUE n° L 304 du 20 novembre 2010.

contentieux de deux mois à compter de la publication de l'acte[568]. Cette disposition apparaît comme un bon compromis entre ceux qui souhaitaient permettre aux régions- surtout à celles disposant de compétences législatives - de saisir la Cour de justice et ceux qui demeuraient attachés au monopole de la représentation de l'État par le gouvernement. Cependant, le recours des parlements nationaux n'est qu'indirect et partant, l'ouverture opérée par le traité de Lisbonne est finalement limitée puisque les Parlements doivent passer par le relais des États membres qui disposaient déjà du droit d'agir en annulation sur ce fondement.

373. Cette disposition, selon laquelle les parlements nationaux peuvent demander à leurs gouvernements de saisir la Cour de justice de l'Union européenne en leurs noms, s'ils considèrent qu'un acte juridique viole le principe de subsidiarité, a été rajoutée au texte du traité constitutionnel européen à l'initiative des Pays-Bas.

Ces procédures permettent d'éviter que la Cour ne prenne des initiatives dépassant ses compétences, mais ne doivent pas pour autant la bloquer dans son action.

374. La question se pose de savoir dans quelle mesure les chambres parlementaires sont dépendantes du gouvernement de leur État pour former un tel recours[569]. Il semble que la compétence d'un gouvernement soit liée dans la mesure où il n'est mentionné que pour la transmission du recours.

Dans les États où les majorités parlementaire et gouvernementale ne coïncident pas toujours, une telle interprétation peut poser un problème pratique dans l'hypothèse où le gouvernement pourrait être contraint de transmettre un recours contre un acte qu'il a lui-même approuvé au Conseil des ministres. Le protocole renvoie au droit des États membres pour transposer cette obligation. Par conséquent, il revient à chaque État d'éviter ce genre de contradiction.

Un contrôle juridictionnel d'origine parlementaire pourrait amener la Cour à opérer un contrôle plus approfondi en raison de la plus grande légitimité de l'auteur de ce recours. De tels recours demeurent possibles même si les parlements s'abstiennent pour l'heure de les mettre en œuvre. L'étendue du contrôle opéré par la Cour lors d'une telle saisine pourrait rétroagir sur la qualité du contrôle parlementaire de la subsidiarité.

---

[568] *TFUE* (version consolidée), *JOUE* C115 du 9 mai 2008, art. 263.

[569] En France par exemple, la Direction des affaires juridiques du ministère des Affaires étrangères assure l'entier suivi de la procédure contentieuse et détient, en pratique, le monopole de représentation de l'État devant les juridictions internationales.

C. Le contrôle des parlements nationaux dans la pratique

375. Les avis des Parlements nationaux ont permis à deux reprises le déclenchement de la procédure du « carton jaune », mais jamais pour l'heure de celle du «carton orange» (1). Les droits nationaux ont dû s'adapter afin de permettre la mise en œuvre de la procédure prévue par le traité de Lisbonne, l'exemple français est emblématique (2). Les Parlements nationaux semblent peu à peu apprivoiser des mécanismes de contrôle (3), et ainsi dépasser certaines de leurs limites.

1. La mise en œuvre du mécanisme d'alerte précoce

La procédure du «carton jaune» a été déclenchée pour la première fois en 2012 [570], concernant la proposition de la Commission en vue d'un règlement du Conseil, relatif à l'exercice du droit de mener des actions collectives dans le contexte de la liberté d'établissement et de la libre prestation de services[571].

La Commission a reçu soixante-dix avis motivés des parlements nationaux durant l'année 2012, ce qui représente une légère augmentation, d'environ neuf pour cent, par rapport à l'année précédente[572]. Comme ce fut le cas en 2010 et 2011, ces avis motivés représentent un peu plus de 10 % du nombre d'avis reçus au total en 2012 par la Commission, dans le cadre de son dialogue politique élargi avec les parlements nationaux[573].

376. L'aspect formel et la motivation de ces soixante-dix avis motivés émis par les parlements nationaux demeurent très variés. Ils ont porté sur vingt-trois propositions de la Commission. La *Proposition de règlement relatif au Fond européen d'aide aux plus démunis* a suscité cinq avis, soit le

---

570 Rapport de la Commission, rapport annuel 2012 sur la subsidiarité et la proportionnalité, COM(2013)0566 final.

571 *Proposition « Monti* II », COM (2012) 130 final.

Des avis motivés ont été émis par 12 chambres des parlements nationaux représentant un total de 19 voix (seuil fixé par le protocole n° 2 = 18).

572 Soixante-quatre avis reçus en 2011.

573 Six-cent-soixante selon le *Rapport de la Commission sur la subsidiarité et la proportionnalité,* 20e rapport « Mieux légiférer », 2012, Bruxelles, le 30.7.2013 COM (2013) 566 final.

plus grand nombre d'avis motivés après la *Proposition Monti II* qui en avait suscité douze. Huit autres propositions ont donné lieu à trois avis motivés chacune. Cette tendance tend à établir une diversité des intérêts politiques des parlements nationaux. Ces derniers ne poursuivent pas les mêmes fins lorsqu'ils choisissent les propositions de la Commission qui seront examinées dans le cadre du mécanisme de contrôle de la subsidiarité et lorsqu'ils apprécient le respect du principe de subsidiarité. Il demeure toujours nécessaire de coordonner les différents parlements nationaux.

L'examen approfondi des avis motivés n'a pas permis à la Commission de constater une violation du principe de subsidiarité. Elle a toutefois choisi de retirer la proposition Monti II le 26 septembre 2012. Des réponses ont été envoyées aux chambres qui avaient présenté un avis et la décision de retrait a été publiée au Journal officiel du 16 avril 2013.

377. En 2013 les parlements nationaux ont pour la seconde fois émis un «carton jaune» dans le cadre du mécanisme de contrôle de la subsidiarité. Ce carton a été émis à l'encontre de la proposition de la Commission de règlement du Conseil portant création du Parquet européen [574]. La Commission a maintenu sa proposition qui, selon elle, n'enfreignait pas le principe de subsidiarité[575].

Les avis motivés reçus en 2013 représentaient également quatorze pour cent du nombre total d'avis reçus par la Commission dans le cadre du dialogue politique plus large avec les parlements nationaux. En effet, en 2012 et 2011, un peu plus de 10 pour cent des avis comportaient une motivation. La forme et la justification des avis motivés avancés par les parlements nationaux en 2013 continuent de varier. Les quatre-vingt-huit avis motivés émis portaient sur trente-six propositions de la Commission. Treize avis motivés portaient sur la proposition relative au Parquet européen[576].

---

[574] *Proposition de règlement du Conseil portant création du Parquet européen*, COM (2013) 534 final.
Comme la proposition concernait le domaine de la liberté, de la sécurité et de la justice, un total de 14 voix (1/4 des 56 voix totales) était requis pour déclencher la procédure. À l'expiration du délai fixé, la Commission avait reçu des avis motivés de 14 chambres représentant 18 voix.

[575] Communication de la Commission au Parlement européen, au Conseil et aux Parlements nationaux relative au réexamen de la proposition de règlement du Conseil portant création du Parquet européen au regard du principe de subsidiarité, conformément au protocole n° 2, COM (2013) 851 final.

[576] Neuf avis motivés ont été émis à propos de la proposition de directive établissant un cadre pour la planification de l'espace maritime et la gestion intégrée des zones côtières. Les parlements nationaux ont également émis sept avis motivés sur la proposition de directive relative au rapprochement des dispositions législatives, réglementaires et administratives des États membres en matière de fabrication, de présentation et de vente du tabac et de ses

378. Un troisième «carton jaune» a été dressé par 14 chambres de 11 États membres en mai 2016 contre la proposition de révision de la directive concernant le détachement de travailleurs. La Commission a considéré que sa proposition n'enfreignait pas le principe de subsidiarité en raison de la nature transfrontalière de la question des travailleurs détachés[577].

2. L'exemple français de mise en œuvre de la procédure prévue par le traité de Lisbonne

379. Comme d'autres pays de l'Union européenne, la France a, ces dernières années, valorisé le rôle du Parlement dans le contrôle du principe de subsidiarité.

Le droit français a été aménagé afin de permettre la saisine de la Cour de justice par l'une des assemblées du Parlement (a). De plus le Sénat a adopté, dès mai 2012, une résolution portant avis motivé sur la conformité au principe de subsidiarité, de la proposition de règlement du Conseil relatif à l'exercice du droit de mener des actions collectives (b).

a. L'ouverture à chaque assemblée d'un recours devant la Cour de justice

380. La loi constitutionnelle n° 2008-103 du 4 février 2008 modifiant le titre XV de la Constitution française permet la mise en œuvre de ce type de recours. L'article 88-6 alinéa 2 de la Constitution a été modifié de manière à permettre à chaque assemblée de former un recours devant la Cour de justice de l'Union européenne contre un acte législatif européen pour violation du principe de subsidiarité. Ce recours est transmis à la Cour de justice de l'Union européenne par le gouvernement. Le Conseil constitutionnel a d'ailleurs validé la résolution modifiant le règlement du Sénat pour mettre en œuvre les dispositions de l'article 88-6 de la Constitution. Celle-ci définit la procédure pour l'adoption, dans un délai maximal de huit semaines, sous forme d'une résolution, des décisions de former un recours devant la Cour de justice au regard du principe de subsidiarité. La résolution précise ainsi le

---

produits, ainsi que sur la proposition de règlement établissant un cadre pour l'accès au marché des services portuaires et la transparence financière des ports. Les avis motivés reçus en 2013 représentaient également quatorze pour cent du nombre total d'avis reçus par la Commission dans le cadre du dialogue politique plus large avec les parlements nationaux. En effet, en 2012 et 2011, un peu plus de 10 pour cent des avis comportaient une motivation.

[577] Commission européenne- Communiqué de presse, Détachement des travailleur: la Commission examine les préoccupations des travailleurs nationaux, Bruxelles, le 20 juillet 2016.

droit ouvert à soixante sénateurs de former un recours contre un acte législatif européen pour violation du principe de subsidiarité (37). Les modalités de mise en œuvre du protocole n° 2 en France suggèrent un élargissement très probable du contentieux lié au respect du principe de subsidiarité par les actes législatifs européens devant la Cour de justice. L'alignement opéré entre la saisine du Conseil constitutionnel et la saisine de la Cour de justice par les Parlementaires français plaide en ce sens; les mêmes causes pouvant avoir les mêmes effets, on peut supposer de nombreuses saisines de la Cour, comme cela a été le cas pour le Conseil constitutionnel à partir de 1974.

b. L'évaluation par le Sénat français de la conformité au principe de subsidiarité d'un règlement

381. Le 22 mai 2012, le Sénat français a adopté une résolution, portant avis motivé sur la conformité au principe de subsidiarité, de la proposition de règlement du Conseil relatif à l'exercice du droit de mener des actions collectives[578].

La Commission s'est, par conséquent, trouvée dans l'obligation de réexaminer son projet.

Le Sénat a considéré que la Commission n'a pas satisfait à l'obligation d'attirer l'attention des parlements nationaux sur la justification du texte au regard du principe de subsidiarité, comme le lui impose l'article 352 § 3 TFUE. De plus, l'article 352 § 3 prévoit qu'il est désormais impossible d'utiliser cette base juridique pour procéder à une harmonisation dans des matières où les dispositions du traité excluent une telle harmonisation. Le Sénat a été suivi par d'autres Parlements ou Chambres, autrichien, belge, tchèque, danois et finlandais en particulier, pour des motifs semblables[579].

---

[578] Cette proposition, relevant du « paquet Monti II », était censée répondre aux inquiétudes suscitées par la jurisprudence de la Cour de justice qui avait semblé subordonner les droits d'action collective des travailleurs au respect des libertés économiques. Ces inquiétudes sont perceptibles dans *Viking*, Affaire C-438/05, 11 décembre 2007 ; *Laval*, Affaire C-341/05, 18 décembre 2007.

[579] Mathieu Le SOUDEER, *Le contrôle du principe de subsidiarité par le Parlement français*, Institut de droit comparé de Paris, Mémoire de Master, 2011.

3. Les limites au contrôle du principe de subsidiarité par les parlements nationaux

382. En premier lieu, les parlements nationaux représentent les intérêts d'une nation et non de l'Union européenne dans son ensemble. Par conséquent, ce principe pourrait être instrumentalisé par les parlementaires pour rééquilibrer des pouvoirs en leur faveur.

383. En second lieu, le caractère ponctuel du mécanisme d'alerte précoce pourrait orienter l'évaluation par les parlementaires de la mesure envisagée.

Parmi les limites pratiques à la mise en œuvre du mécanisme d'alerte précoce par les parlements nationaux, peuvent être mentionnés le manque de familiarité des parlementaires avec ce mécanisme, le manque de temps dont ils disposent. Peuvent également être cités des obstacles matériels : manque de moyens, logiciel de saisine défaillant[580].

Ces limites découlent également des réticences de la Cour de justice à arbitrer un différend entre parlements nationaux et institutions européennes ou entre les chambres d'un parlement national.

384. Le mécanisme d'alerte précoce contribue à politiser le contrôle juridictionnel du principe de subsidiarité. Si les parlements nationaux alertent le législateur européen sur le potentiel non-respect du principe de subsidiarité par un texte, le législateur européen peut décider de le modifier, mais aussi de maintenir sa position après avoir « tenu compte » de l'avis des parlements nationaux. Si la Cour était saisie sur le respect du principe de subsidiarité par ces textes par ces mêmes parlements nationaux, elle pourrait se trouver dans la délicate obligation de trancher un différend politique entre ces derniers et les institutions européennes.

385. La Cour pourrait également avoir à arbitrer un différend entre les deux chambres parlementaires d'un État membre. L'Assemblée nationale et le Sénat français ont, par exemple, adopté une position différente à propos de la proposition de règlement du Parlement européen et du Conseil modifiant le règlement (CE) n° 562/2006, afin d'établir des règles communes relatives

---

[580] Intervention de Arnaud MAGNIER, Conseiller auprès du Secrétariat général aux affaires européennes, Centre d'Etudes et de Recherches Internationales et Communautaires sur Les fonctions de l'identité dans le cadre de l'Union européenne, lors du Colloque L'identité croisée des Etats et de l'Europe à l'Institut Louis Favoreu, organisé par le Groupe d'Etudes et de Recherches Comparées sur la Justice constitutionnelle.

à la réintroduction temporaire du contrôle aux frontières intérieures dans des circonstances exceptionnelles[581].

SECTION 2. L'INSUFFISANCE DU CONTROLE DE LA SUBSIDIARITE PAR LES INSTITUTIONS POLITIQUES INFRA ETATIQUES

386. Depuis les débuts de la construction européenne, la nécessité d'une application du principe de subsidiarité aux régions européennes est mentionnée (A). Le Comité des Régions a instauré un « réseau de monitorage » sur la subsidiarité afin d'en concrétiser l'application (B). Enfin, le traité de Lisbonne a autorisé la saisine de la Cour de justice par le Comité des Régions (C).

A. La nécessité d'une application du principe de subsidiarité aux régions européennes

387. Le principe de subsidiarité régit les relations entre une organisation internationale et des États, entre un État fédéral et des États fédérés, mais également entre un État et des collectivités locales, ou encore entre un État interventionniste et la sphère privée. Le principe de subsidiarité, pour devenir principe directeur, nécessite une structure fédérale même sous l'échelon des États membres. Il nécessite la prise en compte des entités inférieures à l'échelon national. Les institutions européennes constituent un nouvel échelon de pouvoir dans la hiérarchie des niveaux de pouvoir. Elles ne gomment pas les niveaux de pouvoir déjà existants. Le principe de subsidiarité demeure pertinent pour organiser les relations entre les États, les

[581] Résolution européenne de l'Assemblée nationale du 8 nov. 2011 portant avis motivé sur la conformité au principe de subsidiarité de la proposition de règlement du Parlement européen et du Conseil . règl. (CE) n° 562/2006 afin d'établir des règles communes relatives à la réintroduction temporaire du contrôle aux frontières intérieures dans des circonstances exceptionnelles, 8 nov. 2011.
Résolution du Sénat du 21 déc. 2011 sur la proposition de règlement du Parlement européen et du Conseil modif. règl. (CE) n° 562/2006 afin d'établir des règles communes relatives à la réintroduction temporaire du contrôle aux frontières intérieures dans des circonstances exceptionnelles. Cette divergence s'explique en partie par le changement de majorité au Sénat qui a eu lieu le 25 sept. 2011.

régions, les personnes privées et les particuliers. Cependant, l'octroi de pouvoirs aux régions ne doit pas conduire à dépouiller les États de leurs compétences[582].

388. En 1957, l'Allemagne était le seul État membre à être fédéral; les régions belges, par exemple, ne possédaient pas de structures leur donnant un caractère fédéral. La politique de l'Union européenne intéresse les régions dans de nombreux cas : politique régionale, politique des transports, politique sociale, politique de l'environnement, de la recherche et des nouvelles technologies. Elles ont donc établi des antennes à Bruxelles afin de s'informer des activités de la Commission ou du Conseil lors de la préparation de la législation de l'Union européenne.

Les divergences entre les États membres pourraient constituer un obstacle au contrôle du principe de subsidiarité par ces derniers. L'Allemagne souhaiterait préserver les compétences des Länder, la France souhaiterait conserver le pouvoir national de transposer les règlements européens, l'Italie souhaiterait déréglementer[583].

389. Le fait que le juge national soit juge de droit commun de l'application du droit de l'Union européenne a pu renforcer la crainte que le contrôle de ce principe ne soit utilisé pour légitimer les débordements étatiques. Les collectivités locales craignaient d'autant plus de tels excès qu'elles ne pouvaient pas défendre leurs compétences par un recours judiciaire et que le Comité des régions n'intervenait alors à aucun moment[584] dans le contrôle de la subsidiarité par le Conseil[585].

390. La Commission a donc instauré le 24 juin 1988 un conseil consultatif des collectivités régionales et locales [586], composé d'élus

---

[582] Jacques DELORS, *Subsidiarité: défi du changement*, Acte du colloque de l'Institut européen d'administration publique : « La subsidiarité - principe directeur des futures responsabilités en matière de politiques communautaires? », Maastricht, le 21 mars 1991, SPEECH/91/28. « aussi - comme les Länder allemands me l'ont rappelé récemment, et comme la Commission en a retenu la leçon dans son avis du 21 octobre sur l'Union politique, une contrainte permanente dans l'exercice effectif de celles des compétences qui ont été transférées au centre. Mais, d'un autre côté, l'exercice quotidien des compétences ne doit pas se traduire par des excès de pouvoirs qui laisseraient les Etats ou les régions désarmés ».

[583] Igor BERNICE et Vladmir CONSTANTINESCO, « La question des compétences communautaires vue d'Allemage et de France », Paris, *Notre Europa*, Juillet 2002, vol.2, n° 6, 31 p.

[584] Depuis le traité de Lisbonne, il peut saisir la Cour si le principe de subsidiarité n'a pas été pris en compte de façon valable.

[585] TFUE (version consolidée), *JOUE* C115 du 9 mai 2008, art. 15.

[586] Jean-Luc SAURON, «La mise en œuvre retardée du principe de subsidiarité», *Revue du Marché commun et de l'Union européenne*, novembre-décembre 1998, n° 1, p. 655 : propos de Robin Cook en vue de renforcer les liens entre les parlements nationaux.V note 43 p. 652.

régionaux chargés de donner leur avis sur les politiques régionales envisagées par la Commission.

Dans une résolution unanime, les participants d'une conférence sur l'Europe des régions, tenue à Munich les 18 et 19 octobre 1989, ont exigé que trois échelons soient reconnus : la Communauté européenne, l'État nation et enfin les Communautés autonomes (régions, Länder). La réforme des fonds structurels de la Communauté a été introduite par la notion de partenariat à trois niveaux[587]. La Commission européenne, les gouvernements nationaux et les autorités locales ou régionales agissent ensemble pour créer des programmes d'aide de l'Union européenne.

Ceci nécessite que les États renforcent les régions en créant des administrations autonomes avec des tâches indépendantes à accomplir ou ayant leur propre responsabilité

Les 24 et 25 avril 1990, une conférence sur l'Europe des régions s'est déroulée à Bruxelles. L'importance du rôle des régions dans la construction de la maison européenne et la nécessité d'un Parlement à légitimation démocratique, doté de compétences nécessaires, y ont été rappelées.

B. Le lancement par le Comité des Régions d'un réseau de monitorage de la subsidiarité

391. Conformément à l'objet du principe de subsidiarité, le Comité des régions rappelle, à plusieurs reprises, l'importance de conférer des moyens d'action aux collectivités territoriales afin d'équilibrer les rapports entre les niveaux de gouvernement au profit des collectivités les plus proches de l'individu. Les Länder[588] ont obtenu une obligation de l'État de déposer plainte devant la Cour de justice si un land ou une région le demande.

---

[587] Kurt SCHELTER, « La subsidiarité : principe directeur de la future Europe », *RMCUE*, février 1991, n° 844, pp.138-140.

[588] L'article 30 de la Loi fondamentale allemande donne une compétence de principe aux Länder, l'article 72 prévoit, quant à lui, que les Länder sont habilités dans le cadre des compétences concurrentes à légiférer tant que le *Bundestag* n'use pas de son pouvoir législatif. Le *Bundestag* peut intervenir lorsqu'une question ne peut être résolue efficacement par les différents Länder, lorsque la législation d'un land peut porter atteinte aux intérêts d'un autre ou à l'ensemble ou lorsque l'exige la sauvegarde de l'unité économique et juridique de la fédération. Depuis la révision de 1992 à la suite du traité de Maastricht, la loi fondamentale contient une mention expresse du principe de subsidiarité (article 23-1), plutôt conçu comme un frein à l'extension des compétences communautaires, un droit de saisine de la Cour de justice au bénéfice du Comité des Régions a été invoqué sans succès par les Länder.

Les 1er et 2 juin 1995, lors d'une rencontre à Messine pour préparer 1996[589], le problème d'inclure les régions dans l'article 3B a été abordé. Si les institutions ne voulaient pas modifier l'article 3B, les États, particulièrement ceux dotés d'une structure fédérale, ainsi que le Comité des régions, ont exprimé leurs craintes de voir les régions ignorées par le principe de subsidiarité tel que formulé à l'article 3B[590]. Le Conseil a soulevé la nécessité d'appliquer la subsidiarité aux collectivités locales[591], car elles n'ont pas à leur disposition les concepts, les procédures et l'organisation dont bénéficient les autres régions[592].

Lors du traité d'Amsterdam, l'Allemagne, l'Autriche et la Belgique ont à nouveau mentionné les intérêts des régions dans une déclaration[593].

392. Le livre blanc[594], élaboré par le Conseil des Communes et des Régions d'Europe (CCRE) le 29 mars 2001, rappelle le souhait de régions, dotées de pouvoirs législatifs au niveau national, d'accroître leur participation au processus de décision formel, conformément au principe de subsidiarité[595]. Le CCRE rappelle que si un cadre est mis en place pour mobiliser les partenaires locaux et régionaux, il devra respecter le principe de subsidiarité[596].

---

589 Rapport de ce groupe présenté lors du conseil européen de Madrid, Madrid, 15 et 16 décembre 1995.

590 Pierre-Alexis FERAL, « Le principe de subsidiarité à la lumière du traité d'Amsterdam », *RAE LEA*, 1998, n° 1 et 2, pp. 76-82.
Le Comité des Régions s'est réuni les 9 et 10 mars 94 : les pouvoirs publics n'interviennent pas lorsque les citoyens peuvent le faire effectivement, la Commission est invitée à « tenir dûment compte de la nécessité de faire en sorte que toute charge financière ou administrative, incombant (…) aux autorités locales, soit la moins élevée possible et à la mesure de l'objectif à atteindre. Un rapport annuel sur l'application de 3B lui sera présenté » proposait de formuler les régions et collectivités locales, pas de clause de caducité, pas de liste des compétences des états et de l'Union.

591 *Subsidiarité et collectivités locales,* Question n E 2936/93 de M Victor Arbeloa Muru (PSE) au conseil des Communautés européennes, *RTDE*, 1994, n30 (1), p. 332, (18 octobre 93), (94/C 102/08).

592 Question n 2475 de lord O'Hagan (PPE) à la Commission des Communautés européennes et Réponse donnée par Jacques Delors au nom de la Commission le 24 septembre 1993, *Revue trimestrielle de droit européen*, 1994, n30 (1), p. 138, (24 78 octobre 1992) (2493/C 2297/2423).

593 Traité d'Amsterdam, 2 octobre 1997, *JOCE* du 10 novembre 1997, C 340/1.

594 Conseil des Communes et Régions d'Europe, « Un livre blanc sur la gouvernance européenne, approfondir la démocratie, une plus grande implication des Collectivités Locales et Régionales », Bruxelles, 29 mars 2001.

595 Ibid. p. 13.

596 Ibid. p. 16.

Le président du Comité des régions, Peter STRAUB, a rencontré le 13 juillet 2004, à Paris, le président du Sénat français, Christian Poncelet, afin de préparer la mise en œuvre en France du nouveau système de contrôle de la subsidiarité prévu par la Constitution européenne. Ce système de contrôle confère au Comité des Régions et aux parlements nationaux des compétences nouvelles dans le contrôle de la mise en œuvre du principe de subsidiarité[597].

393. La première assise sur la subsidiarité a été organisée le 27 mai 2004[598] par le Comité des Régions dans un lieu symbolique, le *Bundesrat*[599] de Berlin. L'objectif de ces assises est de faire progresser le processus constitutionnel ouvert à Laeken. Il s'agit en particulier de mettre en place un dispositif d'évaluation et de contrôle du principe de subsidiarité[600]. Ces premières assises posent des questions essentielles sur l'avenir de l'Europe et sur la contribution du Comité des Régions aux travaux de la Convention européenne. Les autorités politiques locales ou régionales, en acquérant un rôle politique, ont contribué à redéfinir le principe de subsidiarité.

Eric PHILIPART, membre de la task force de la Commission sur la subsidiarité, a soulevé les risques d'un contrôle du principe de subsidiarité, un tel contrôle risquant d'être considéré comme un système de punition. Gottfried KNEIFEL, représentant du Parlement autrichien, a exprimé des positions similaires.

Cette approche de la Commission a été critiquée par le Comité des Régions. Manfred DAMMEYER, ancien Président du Comité des Régions, a déclaré

---

[597] Rencontre au Sénat entre Peter STRAUB et Christian PONCELET sur la subsidiarité, Comité des Régions, 13 juillet 2004, COR/04/58.

[598] Moment clé de l'agenda politique européen: à la veille des élections européennes du 13 juin et du Conseil européen du 17 juin, qui pourrait marquer un pas décisif vers l'adoption d'une Constitution pour les Européens.

[599] Jurgen SCHWARZE, « Le principe de subsidiarité dans la perspective du droit constitutionnel allemand », *RMCUE*, 1993, vol. 70, n° 615, pp. 24-32.
La loi fondamentale allemande fait en effet implicitement référence au principe de subsidiarité qui est l'une des bases de l'organisation de la République fédérale d'Allemagne et s'applique dans le cadre de la répartition des compétences entre les Länder et la Fédération. De plus, ce sont les Länder allemands qui, les premiers, se sont mobilisés pour imposer dans le processus de réforme de l'Union la problématique de la répartition des compétences et du respect du principe de subsidiarité.

[600] Premières Assises sur la subsidiarité organisées par le Comité des Régions au Bundesrat : un ultime appel pour une Constitution européenne, Référence : COR/04/48 Date: 25/05/2004.
Ces assises réunirent les protagonistes politiques des principales institutions européennes, nationales ou régionales concernées par ce projet de Constitution autour des membres de la Commission des affaires constitutionnelles du Comité des Régions. : M. Ingo FRIEDRICH, Vice-président du Parlement européen, M. Antonio DE LECEA, membre du cabinet du président.

que le Comité des Régions ne saurait être « considéré comme subordonné » à la Commission. Eberhardt SINNER, ministre bavarois des Affaires européennes, a quant à lui, rappelé que le principe de subsidiarité a été violé « à maintes reprises » et qu'on assistait à un « déficit de subsidiarité ».

394. La question s'était posée de savoir si le Comité des Régions devait être autorisé à déposer un recours contre la Commission devant la Cour de justice en cas de violation du principe de subsidiarité. Hans KAISER,Isidoro GOTTARDO et José María MUÑOA GANUZA, délégué du Président du gouvernement basque pour les relations extérieures, considéraient qu'un tel recours serait utile, mais devrait être utilisé avec parcimonie.

Selon Francis Jacobs, avocat général de la Cour de justice, le protocole sur l'application des principes de subsidiarité et de proportionnalité, annexé au projet de Constitution, constitue une « innovation considérable » du système juridique de l'Union. « Il s'agit, a priori, de l'unique cas où un organe autre que les États membres et les trois institutions politiques (le Parlement, le Conseil et la Commission) dispose d'un droit de recours devant la Cour qui ne se limite pas à la défense de ses propres prérogatives. Il semblerait que le Comité des régions puisse présenter des affaires de nature tout à fait générale relatives au principe de subsidiarité », a-t-il indiqué à titre personnel[601].

395. Le Comité des Régions a, dans son avis « Mieux légiférer » d'octobre 2005, élaboré par son actuel Président Michel DELEBARRE, prévu l'instauration d'un réseau d'autorités locales et régionales. Ce réseau a été testé en 2005 et 2006. Il permet aux instances politiques des régions et autorités locales, chargées dans soixante-dix pour cent des cas de mettre en œuvre la législation européenne, de recevoir directement les propositions législatives de la Commission européenne et de se faire davantage entendre.

Comme l'a déclaré Michel Delebarre, « l'Europe se construit dans les régions et les villes. Le réseau de monitorage de la subsidiarité leur permettra de nourrir le débat européen et, ce faisant, d'accroître la légitimité des politiques européennes auprès de nos populations ». Ce réseau permet entre autres de matérialiser le principe de subsidiarité. Chaque année, le bureau du Comité et la Commission déterminent les réseaux prioritaires soumis au réseau sur la subsidiarité.

396. Le 27 Juin 2007, le Comité des Régions, soutenu par le Conseil européen[602], a réaffirmé que la subsidiarité et la proportionnalité seraient des

[601] Francis JACOBS, avocat général de la CJUE, (Février 2002-Juillet 2003). « Convention sur l'avenir de l'Union européenne ».

[602] Mandat donné par le dernier Conseil Européen à la Conférence Intergouvernementale chargée de se pencher sur la réforme des institutions de l'Union.

principes clés de la réforme des institutions européennes[603]. Il a rappelé la nécessité de rendre ces principes effectifs par des mesures concrètes.

Le Comité des Régions rappelle dans sa déclaration d'Oulu : « bien gouverner aujourd'hui en Europe » que le principe de subsidiarité devrait « renforcer l'efficacité des politiques européennes à travers plus de décentralisation, de démocratie, de transparence et de participation »[604]. Son livre blanc mentionne que « le principe de subsidiarité et de proximité sont les fondements d'un système moderne de gouvernance », le principe de subsidiarité étant l'un des sept principes fondateurs d'un nouveau modèle de gouvernance européenne.

397. Dans le mandat attribué par le Conseil européen à la Conférence Intergouvernementale chargée de se pencher sur la réforme des institutions de l'Union, l'importance du principe de subsidiarité est clairement rappelée, conformément à la demande du comité des régions d'inclure les collectivités territoriales dans ce principe.

Le Conseil européen de juin 2006 a invité dans ses conclusions la Commission à tenir compte des commentaires formulés par les parlements nationaux, notamment concernant les principes de subsidiarité et de proportionnalité[605].

398. Le Comité des régions a lancé un appel à candidatures pour son réseau de monitorage de la subsidiarité[606]. Les partenaires de ce réseau sont les instances politiques des collectivités locales et régionales, les gouvernements et parlements régionaux avec ou sans pouvoir législatif, les conseils des grandes agglomérations ou des villes de taille moyenne, les associations de collectivités territoriales ou encore les parlements nationaux. Les candidatures sont évaluées deux à trois fois par an par le Bureau du Comité des Régions.

---

[603] « Le Comité des Régions lance un appel à candidature pour son réseau de monitorage de la subsidiarité », Communiqué de presse de la Commission Européenne, Bruxelles, 27 juin 2007, COR/07/92.

[604] Conseil des Communes et Régions d'Europe, « Un livre blanc sur la gouvernance européenne :

approfondir la démocratie, une plus grande implication des Collectivités Locales et Régionales », Bruxelles, 29 mars 2001.

[605] « Le dialogue de la Commission avec les parlements nationaux atteint de nouveaux sommets », Communiqué de presse de la Commission Européenne, Bruxelles, 28 septembre 2009, IP/09/1368.

[606] « Le Comité des Régions lance un appel à candidature pour son réseau de monitorage de la subsidiarité », Communiqué de presse de la Commission Européenne, Bruxelles, 27 juin 2007, COR/07/92.

Ce réseau, opérationnel depuis 2007, a pour objectif « de donner aux collectivités territoriales et à leurs structures politiques (assemblées, exécutifs, associations, etc.) la possibilité de conduire des débats politiques au sujet de l'Union européenne et de ses propositions; d'alimenter le travail politique du Comité des régions; d'être un forum d'échanges entre les partenaires du réseau, le Comité des Régions et la Commission européenne; de « matérialiser » l'application du principe de subsidiarité ». Il devrait, en outre, accroître la légitimité des politiques européennes auprès des populations.

399. La mise en œuvre de ce réseau pourrait en pratique avoir amélioré le contrôle de la subsidiarité. En 2010 déjà, Mercedes Bresso, présidente de la Commission, lançait un appel en faveur d'une « coalition » des États contre la violation potentielle des règles relatives à la subsidiarité[607], alors que la Commission européenne avait émis une proposition visant à imposer des sanctions budgétaires aux pays présentant des déficits excessifs. La saisine de la Cour de justice ne devrait selon elle intervenir qu'en dernier recours. Mme Bresso entendait ainsi mettre en œuvre la fonction de garant de la subsidiarité, octroyée au CdR par le traité de Lisbonne. Mme Bresso a rappelé dans son avis sur la communication de la Commission que le réseau de monitorage de la subsidiarité du CdR, englobant de nombreux parlements, se prononcerait sur les violations éventuelles de la subsidiarité. Les Parlements nationaux ont été encouragés à rejoindre ce réseau de monitorage. En 2011, la présidente du Comité des Régions rappelait que les analyses d'impact des propositions de la Commission sur les territoires et régions européens devaient renforcer l'efficacité et la légitimité du droit de l'Union européenne et que le mécanisme d'alerte précoce devait ainsi être conçu comme une opportunité pour l'Union.

400. En 2012, le Comité de Régions a renforcé la structure de gouvernance du monitorage de la subsidiarité afin de le mettre en œuvre tout au long du processus décisionnel de l'UE[608]. Cette réforme associa les institutions européennes et nationales à ce monitorage et renforçait la capacité du CdR à saisir la Cour de justice. Le nombre de ses membres et sa base de représentation a continué d'augmenter en 2012, avec l'adhésion de parlements et de gouvernements régionaux en particulier. Le Réseau de monitorage de la subsidiarité (RMS) comptait 141 partenaires à la fin de 2012. « Les consultations des partenaires du RMS sont le principal outil opérationnel utilisé par les rapporteurs du CdR au cours de l'élaboration des projets d'avis. Les consultations ont été au nombre de trois en 2012 et ont

---

[607] Communiqué de presse du Comité des Régions, COR/10/56, Bruxelles, le 16 juillet 2010.

[608] Rapport de la Commission sur la subsidiarité et la proportionnalité, 20e rapport « Mieux légiférer », 2012, Bruxelles, le 30.7.2013 COM(2013) 566 final.

porté sur le mécanisme pour l'interconnexion en Europe, sur le septième programme d'action pour l'environnement et sur l'exercice du droit de mener des actions collectives dans le contexte».

Un groupe de pilotage de la subsidiarité a été mis en place afin d'assurer la gouvernance politique du monitorage de la subsidiarité par le Comité de Régions. Ce groupe coordonne les activités de monitorage de la subsidiarité. Il en assure le suivi politique tout au long de l'année. Il est chargé de mettre en avant les priorités annuelles en matière de subsidiarité et de présenter des propositions concernant l'utilisation des procédures et des outils du Réseau de monitorage de la subsidiarité les plus appropriés pour appuyer les travaux des rapporteurs du Comité de Régions dans le cadre du processus législatif. Les activités de monitorage de la subsidiarité par le Comité de Régions commencent désormais la phase prélégislative. 16 experts dans le domaine de la subsidiarité, membres du Réseau de monitorage de celle-ci, facilitent les activités de monitorage. Le groupe, réuni pour la première fois le 25 octobre 2012, a sélectionné les initiatives à soumettre en priorité à un monitorage. Sur cette base, le bureau du CdR a adopté, le 30 janvier 2013, le programme de travail sur la subsidiarité qui couvre quatre initiatives inscrites au programme de travail de la Commission pour 2013[609] ».

401. En 2013, le Comité des régions a adopté et mis en œuvre son premier programme de travail sur la subsidiarité, comprenant cinq initiatives, sélectionnées dans le programme de travail de la Commission européenne sur la base de critères convenus, et devant faire l'objet d'un suivi particulièrement attentif en matière de subsidiarité.

En plus du programme de travail de la Commission, le groupe d'experts de la subsidiarité a été consulté pour l'élaboration de l'avis d'initiative du Comité des Régions portant sur « la décentralisation dans l'Union européenne et la place de l'autonomie locale et régionale dans l'élaboration des politiques de l'Union européenne et leur mise en œuvre».

Le Comité des Régions a poursuivi le développement d'un outil en ligne pour les régions disposant de pouvoirs législatifs à l'appui du monitorage de

---

[609] La facturation électronique dans le domaine des marchés publics, une « ceinture bleue » pour un marché unique du transport maritime, la révision de la politique et de la législation dans le domaine des déchets et le cadre d'évaluation des questions liées à l'environnement, au climat et à l'énergie visant à permettre une extraction sûre et sécurisée des hydrocarbures non conventionnels, ainsi que la mobilité urbaine (celle-ci n'est pas inscrite au programme de travail de la Commission pour 2013, mais cette dernière a annoncé son intention de publier, d'ici la fin de l'année, une communication sur la dimension urbaine de la politique des transports de l'UE).

la subsidiarité[610]. Il continue de veiller au bon fonctionnement du système d'alerte précoce et au respect des bonnes pratiques; il a publié une étude intitulée « Le système d'alerte précoce sur la subsidiarité découlant du traité de Lisbonne, le rôle des parlements régionaux disposant de pouvoirs législatifs et des autres autorités infranationales».

Le Comité des Régions a émis dans certains avis en 2013 des craintes quant à la conformité d'initiatives législatives de l'Union européenne avec les principes de subsidiarité et de proportionnalité. C'est le cas dans son avis sur la proposition de directive établissant un cadre pour la planification de l'espace maritime et la gestion intégrée des zones côtières, dans son avis sur la proposition de règlement sur les contrôles officiels et dans son avis sur la proposition de directive en matière de fabrication, de présentation et de vente du tabac et de ses produits, en ce qui concerne les recours aux actes délégués.

Enfin, le Comité des régions publie chaque année un rapport sur la subsidiarité.

C. La possibilité pour le Comité des Régions de former un recours pour violation du principe de subsidiarité

402. Le protocole n° 2 prévoit en outre que, conformément aux modalités prévues par l'article 263 TFUE[611], les recours pour violation, par un acte législatif, du principe de subsidiarité, peuvent aussi être formés par le Comité des régions contre des actes législatifs pour l'adoption desquels le traité sur le fonctionnement de l'Union prévoit sa consultation. Le Comité des Régions est érigé en requérant semi-privilégié par le traité de Lisbonne[612]. Cette évolution se justifie en particulier par la prise en compte des actions régionales et locales. L'absence de contentieux en la matière ne permet toutefois pas de répondre à la question de savoir si, pour défendre le principe de subsidiarité, le Comité des régions reste tributaire de l'obligation de justifier son intérêt à agir pour la défense de ses prérogatives. Cette condition n'est pas mentionnée par le protocole, ce qui serait susceptible de permettre au Comité des régions d'accroître sa faculté d'exercer de tels recours.

---

[610] Le CdR a complété cet outil REGPEX par l'ajout d'une carte interactive des régions disposant de pouvoirs législatifs et d'un descriptif de chaque parlement régional.

[611] TFUE (version consolidée), *JOUE* C115 du 9 mai 2008, art.263.

[612] TUE (version consolidée), 12 décembre 2017 (Lisbonne),*JOUE*n°C115/15 du 9 mai 2008, art. 9.

CONCLUSION DU CHAPITRE 2

403. Les institutions politiques de l'Union européenne participent au renforcement du principe de subsidiarité par la précision des critères de son application, mais aussi par l'instauration de procédures donnant au Comité des Régions et aux chambres des parlements nationaux les moyens de renforcer l'application de ce principe. Divers indicateurs quantitatifs semblent attester d'un tel progrès. Le rôle des institutions politiques de l'Union européenne dans le contrôle de la subsidiarité s'avère donc essentiel.

404. Le contrôle du principe de subsidiarité par les institutions politiques de l'Union européenne, aussi nécessaire et efficace soit-il, ne suffit pas à éviter toute violation de ce dernier. L'imprécision des critères de la subsidiarité permet une limitation de son contrôle par les institutions politiques. Les institutions européennes, et la Commission en particulier, confondent parfois subsidiarité et proportionnalité. En assimilant le respect du principe de subsidiarité à des considérations d'efficacité, elles privilégient la protection de l'acquis communautaire au respect d'autres impératifs. Ces obstacles structurels pourraient être surmontés par l'usage.

405. La fonction politique des institutions de l'Union européenne limite durablement l'efficacité du contrôle d'un principe ambivalent et dynamique. Une certaine latitude dans l'interprétation de la subsidiarité demeure irréductible. Par conséquent, seul un acteur totalement neutre serait en mesure de donner à ce principe toute sa portée. Or, la Commission et le Parlement pourraient avoir un intérêt à interpréter le principe de subsidiarité de façon ascendante. Les rapports de forces au sein du Conseil le rendant également impropre à assurer un contrôle efficace de la subsidiarité. Le Comité des Régions pourrait être enclin à privilégier une interprétation descendante de ce principe. Il semble difficile d'attendre d'institutions politiques qu'elles limitent leurs propres interventions sans y être contraintes.

406. La démonstration des limites du contrôle politique de la subsidiarité confirme la pertinence d'une comparaison avec le système canadien, où la subsidiarité est d'origine jurisprudentielle.

CONCLUSION DU TITRE II

407. Les Conseils européens et accords interinstitutionnels ont affiné les critères d'application, in concreto, de la subsidiarité et précisé la procédure pour en perfectionner le contrôle. La Commission doit justifier ses initiatives législatives au regard de la subsidiarité. Elle doit démontrer la nécessité de son intervention en se fondant sur des critères tant quantitatifs, dimension de l'action envisagée, que qualitatifs, objectifs de l'action. Une "fiche de la subsidiarité", prévue par les protocoles sur l'application des principes de subsidiarité et de proportionnalité, devrait concourir à cela. De plus, la Commission doit faire un rapport annuel au Parlement et au Conseil sur l'application de ce principe. Le contrôle a priori du principe de subsidiarité par les institutions politiques de l'Union européenne, l'ouverture d'une saisine par le Comité des Régions de la Cour de justice pour violation du principe de subsidiarité, l'instauration du mécanisme d'alerte précoce à la disposition des parlements nationaux, sont autant de procédures susceptibles d'améliorer le respect du principe de subsidiarité.

408. Il semble que l'évaluation par les institutions politiques de la nécessité de leur intervention soit influencée par des considérations périphériques à l'évaluation de la subsidiarité. En pratique, les institutions veillent ainsi à la communicabilité de la mesure à l'opinion publique. La subsidiarité apparaît comme un moyen de légitimation démocratique. Leurs justifications semblent en cela essentiellement quantitatives; il s'agit de ne pas bouleverser l'équilibre institutionnel, d'assurer la cohérence de l'action par rapport à la globalité de l'action de l'Union européenne, et en particulier de la règle de minimis. L'analyse de la subsidiarité par la Commission, par exemple, porte principalement sur les coûts induits par la mesure envisagée, s'apparentant à une évaluation de la proportionnalité de l'intervention de l'UE. Par ailleurs, si la Commission a accepté le principe d'un réexamen des propositions ne correspondant plus au critère de nécessité, elle n'en recherche pas moins à préserver l'acquis de l'Union européenne. Le respect de la subsidiarité requiert néanmoins une référence précise et argumentée aux moyens à la disposition de chaque niveau de pouvoir pour atteindre un objectif.

409. Si diverses institutions de l'Union participent au contrôle de la subsidiarité, toutes possèdent un intérêt commun au développement des compétences de l'Union européenne. La poursuite efficace des objectifs de l'Union est essentiellement conçue comme nécessitant une centralisation du droit.

410. Le contrôle de la subsidiarité par les Parlements nationaux pourrait, pour sa part, progressivement gagner en efficacité si les parlementaires parvenaient à "apprivoiser" ce principe ainsi que le fonctionnement du mécanisme d'alerte précoce. Le Comité des Régions pourrait contribuer à un contrôle plus effectif de la subsidiarité si les conditions d'un recours en violation de la subsidiarité par cette institution étaient précisées.

411. Ce titre permet en outre de confirmer la pertinence de la comparaison entre les systèmes canadien et européen. La participation des institutions politiques de l'Union européenne à la définition et au contrôle de la subsidiarité, contrastant avec le silence des institutions politiques fédérales canadiennes, pourrait être considérée comme un obstacle majeur à la comparaison. Néanmoins l'intervention de pouvoirs politiques n'a pas pour effet de rendre superflu tout contrôle juridictionnel approfondi de la subsidiarité. La doctrine institutionnelle ne suffit pas à préciser tous les aspects de la subsidiarité. De plus, l'application de la subsidiarité nécessite une référence au contexte, évolutif, de sa mise en œuvre, ce qui rend opportun son contrôle juridictionnel. Enfin, seule la Cour de justice est en mesure de reconnaître la force contraignante des accords interinstitutionnels.

CONCLUSION DE LA PREMIÈRE PARTIE

412. Cette partie, en plus de montrer le caractère indispensable d'un contrôle juridictionnel de la subsidiarité pour assurer un exercice démocratique et efficace de compétences non exclusives, soulève la nécessité d'une précision de ces critères d'application. Les tests encadrant l'application de mécanismes de subsidiarité permettent en effet d'éviter qu'ils ne soient appliqués de façon arbitraire.

413. Les institutions de l'Union européenne participent à conférer au contrôle du principe de subsidiarité un cadre prédéterminé en en précisant les contours et en octroyant aux institutions politiques des pouvoirs toujours plus grands dans le contrôle de la subsidiarité.

414. Cependant, ni les critères de la subsidiarité établis par les institutions européennes, ni les tests proposés par la jurisprudence canadienne dans l'interprétation de la clause de commerce et de la clause paix, ordre et bon gouvernement, ne suffisent à rendre superflu un contrôle juridictionnel. Pour déterminer dans quel sens joue la subsidiarité, ascendant ou descendant, son interprète doit comparer la capacité à agir des pouvoirs en présence. Pour ce faire, il doit se référer à des éléments de contexte dont le contrôle juridictionnel permet de renforcer la neutralité.

415. Nous verrons dans une seconde partie que la volonté des institutions politiques de l'Union européenne de limiter le rôle de la Cour de justice dans l'interprétation de la subsidiarité transparaît dans sa jurisprudence. Toute influence contextuelle trop évidente s'y trouve camouflée par des considérations formelles.

416. Le caractère substantiel de ce contrôle semble partiellement admis en droit canadien; nous rechercherons les obstacles à un tel contrôle en droit de l'Union européenne.

DEUXIÈME PARTIE. LA LIMITATION DU CONTRÔLE JURIDICTIONNEL DE LA SUBSIDIARITÉ

417. La composante juridictionnelle du contrôle de la subsidiarité s'avère indispensable à son application effective, d'où la nécessité d'en cerner les contours. Pour perfectionner le contrôle juridictionnel de la subsidiarité, il s'agit d'identifier les causes le limitant puis de rechercher s'il existe un décalage entre sa portée potentielle et sa mise en œuvre effective.

418. Dans cette visée, nous analyserons l'interprétation par la Cour de justice et la Cour suprême de la subsidiarité dans son contexte social et normatif. Sur un plan théorique, nous rechercherons comment l'analyse systèmale et la nouvelle rhétorique de PERELMAN permettent d'envisager, sous des angles complémentaires, l'interprétation juridictionnelle de la subsidiarité. La décision du juge apparaît, en effet, largement déterminée par sa volonté de se légitimer auprès des institutions politiques et des justiciables.

419. Le contrôle juridictionnel de la subsidiarité se trouve limité par l'indétermination de ses critères de mise en œuvre (titre I), alimentant les réticences des juridictions à assumer pleinement leur pouvoir de contrôle de ce principe (titre II).

TITRE I. LA LIMITATION DU CONTROLE JURIDICTIONNEL DE LA SUBSIDIARITE PAR L'IMPRECISION DE SES CRITERES

420. Nous rechercherons dans ce titre dans quelle mesure, en pratique, le contrôle juridictionnel de la subsidiarité se trouve limité par l'imprécision de ses critères d'applications.

421. Si la subsidiarité impose de se demander « dans quel domaine il s'agit, au nom de l'égalité, de l'opportunité et de la sécurité juridique, de prévoir des règles uniques et contraignantes », la jurisprudence en matière de partage des compétences permet d'observer que les Cours laissent en pratique aux institutions politiques le soin de se prononcer sur l'opportunité d'une intervention de l'entité englobante.

422. En effet, si la coordination des compétences de l'Union européenne et des compétences étatiques nécessite une évaluation concrète de chacune d'entre elles, les critères d'application de la subsidiarité apparaissent insuffisants à trancher lorsque les capacités d'action de l'Union et des États sont équivalentes.

423. La Cour de justice pourrait émettre davantage de réticences encore que la Cour suprême dans la mesure où le contrôle politique de la subsidiarité est plus élaboré en droit de l'Union européenne. Le juge, contraint de trancher, ne fait pas explicitement référence à l'imprécision de la subsidiarité. Il demeure par conséquent difficile de déterminer avec certitude dans quelle mesure l'imprécision des critères de la subsidiarité limite son contrôle juridictionnel.

424. La subsidiarité est un principe dont l'application pratique peut diviser. Les limites intrinsèques de sa justiciabilité transparaissent dans la jurisprudence, certaines découlent de son ambivalence (chapitre 1) et des rapports incertains entre subsidiarité et proportionnalité (chapitre 2).

CHAPITRE 1. LA DIFFICULTE POUR LES COURS DE CONTROLER UN PRINCIPE AMBIVALENT

425. Nous rechercherons si le caractère ambivalent de la subsidiarité, pouvant bénéficier tantôt à l'entité englobante, tantôt à une entité décentralisée, constitue en pratique une limitation au contrôle juridictionnel de la subsidiarité.

426. L'observation de la jurisprudence de la Cour de justice et de la Cour suprême en la matière tend à indiquer que la Cour se trouve confrontée à deux difficultés principales : l'identification de l'objectif poursuivi par la norme contrôlée d'une part (section 1) et l'évaluation de la capacité à agir de chaque niveau de gouvernement d'autre part (section 2).

SECTION 1. L'IDENTIFICATION DE L'OBJECTIF POURSUIVI PAR UNE NORME

427. De l'identification de l'objectif poursuivi par la norme, identification de la base juridique en droit de l'Union européenne et du caractère véritable en droit canadien, dépendent à la fois le champ d'application de la subsidiarité, cette dernière ne s'appliquant que si la norme examinée appartient à un domaine de compétence partagée, et l'évaluation de la capacité à agir de chaque niveau de gouvernement.

La Cour de justice semble exercer un certain pouvoir d'appréciation dans l'identification de l'objectif poursuivi par une norme. Dans certaines décisions, la Cour fait explicitement mention de la nécessité d'identifier l'objectif de la norme examiné. Tel n'est pas toujours le cas. Ainsi, dans *British American Tobacco Product*, la Cour explicite-t-elle dans ses motifs la nécessité d'une identification de l'objectif poursuivi par la directive, protection de la santé publique ou du bon fonctionnement du marché intérieur, mais il n'en est rien dans Fundación Gala-Salvador Dalí et VEGAP où la Cour semble tenir pour acquis que les normes attaquées, ne s'intéressent à l'art et à la culture que pour assurer le bon fonctionnement du Marché commun.

428. La Cour de justice interprète largement le respect du principe de subsidiarité lorsqu'elle reconnaît le bon fonctionnement du marché intérieur comme base juridique de l'intervention de l'Union européenne (§1). L'évaluation de la capacité à agir dans le domaine environnemental, matière composite en droit canadien comme en droit de l'Union européenne, dépend également du caractère véritable de la norme (§2).En droit canadien, la Cour suprême est confrontée à un problème semblable lorsqu'elle doit rechercher si la norme examinée relève de la compétence provinciale ou de la compétence fédérale en vertu de la théorie de l'intérêt national. Elle doit ainsi trancher entre compétence provinciale en matière de zonage et compétence fédérale en matière d'aéronautique (§3) ou encore entre protection de la santé publique et l'application de la théorie de l'intérêt national (§4).

§1. L'identification du marché intérieur comme base juridique

429. En droit de l'Union européenne, l'identification de l'objectif poursuivi par une norme dans le domaine du marché intérieur est parfois problématique. La Cour ne se prononce sur la capacité à agir des États qu'après avoir observé si l'objectif véritable de la directive est de préserver l'harmonie du Marché commun[613].

Nous nous interrogerons sur l'identification par la Cour de justice de l'objectif poursuivi par la norme contrôlée dans l'arrêt British American Tobacco Product [614] (A), arrêt déterminant dans l'interprétation de la subsidiarité puisque la Cour y fixe les conditions de l'intervention de l'Union européenne, et dans l'arrêt Vodafone (B).

---

[613] *Alliance for Natural Health e.a.*, affaires C-154/04 et C-155/04, 12 juillet 2005.
Selon le juge, laisser aux Etats membres le soin de réglementer le commerce des compléments alimentaires « verrait se perpétuer l'évolution hétérogène des réglementations nationales et, partant, les obstacles aux échanges entre Etats membres et les distorsions de concurrence en ce qui concerne ces produits ».

[614] *British American Tobacco Investments et Imperial Tobacco*, Affaire C-491/01, 10 décembre 2002.

A. La distinction entre Marché commun et protection de la santé publique

430. L'identification de la base juridique d'une norme influe sur la subsidiarité d'une part en déterminant l'applicabilité de la subsidiarité et d'autre part, sur quel fondement doit être évaluée la capacité à agir de chaque niveau de pouvoir.

La protection de la santé publique est reconnue dans cet arrêt comme un moyen pour le législateur d'assurer l'harmonisation du marché intérieur. Pour comprendre en quoi l'identification du fondement de l'intervention de l'Union européenne est décisive dans l'issue de cet arrêt, encore faut-il en retracer les faits.

431. Des fabricants de produits du tabac établis au Royaume-Uni, limités dans leur activité par la *directive 2001/37/CE* du Parlement européen et du Conseil, du 5 juin 2001, relative au rapprochement des dispositions législatives, réglementaires et administratives des États membres en matière de fabrication, de présentation et de vente des produits du tabac (JO L 194, p. 26), ont saisi la juridiction de renvoi d'une demande, en vue d'être autorisés à exercer un recours en contrôle de légalité (*judicial review*) de « l'intention et/ou l'obligation» du gouvernement du Royaume-Uni de transposer la directive en soulevant sept moyens d'invalidité à l'encontre de celle-ci. La High Court of Justice (*England &C Wales*), Queen's Bench Division (*Administrative Court*) a accordé cette autorisation et a décidé de surseoir à statuer et de poser à la Cour des questions préjudicielles portant sur la validité et l'interprétation de la directive.

432. L'application du principe de subsidiarité à la directive dépend donc de son objectif principal. La directive n'entre dans la compétence du législateur de l'Union européenne que si son objectif est l'harmonisation du Marché commun, comme le soutiennent les gouvernements du Royaume-Uni, belge, français, irlandais, italien, néerlandais et suédois, ainsi que le Parlement, le Conseil et la Commission[615]. La Cour reconnaît que tel est bien l'objectif de la directive[616]. La protection de la santé publique ne serait qu'un objectif accessoire. La Cour partage l'opinion de l'avocat général, selon lequel l'objectif de la directive serait de préserver l'harmonie du Marché commun.

[615] *Alliance for Natural Health e.a.*, Affaires C-154/04 et C-155/04, 12 juillet 2005, §56 57.

[616] *Ibid.*, §6181.

La Cour interprète largement le champ d'application du principe de subsidiarité dans la mesure où elle a reconnu à maintes reprises que ce principe pouvait être invoqué par un particulier au soutien d'une demande de renvoi préjudiciel en appréciation de la validité d'une directive, quand bien même le délai fixé pour sa transposition n'aurait pas expiré[617].

La Cour relève que l'acte législatif relatif à la commercialisation des compléments alimentaires a pour objectif d'éliminer les entraves résultant des divergences entre les règles nationales en ce qui concerne les vitamines, tout en assurant un niveau de protection élevé en matière de santé des personnes.

433. Si la Cour avait reconnu la protection de la santé publique comme base juridique, le principe de subsidiarité ne se serait pas davantage appliqué. En effet, l'harmonisation des dispositions législatives et réglementaires des États membres est exclue pour l'article 152CE[618]. Les requérants au principal, remettant en question la base juridique invoquée par le législateur, considéraient en effet que la directive n'était pas nécessaire à l'harmonisation du Marché commun, des directives visant à éliminer les entraves aux échanges des produits du tabac ayant déjà été prises[619]. Quoique la protection de la santé publique n'apparaisse au regard de la directive et selon la Cour que comme un objectif secondaire, les requérants au principal affirment : « Qu'il n'aurait été apporté aucune preuve de l'impossibilité pour les États membres d'adopter les mesures de protection de la santé publique qu'ils jugeaient nécessaires[620] ». L'objet principal de la directive serait donc la protection de la santé publique, objectif n'entrant pas dans la compétence de l'Union européenne[621].

434. La Cour interprète largement le champ d'application du principe de subsidiarité, considérant le marché intérieur comme base de l'intervention communautaire plutôt que la santé, mais aussi plutôt que l'établissement des règles de concurrence. En effet, si le marché intérieur est une compétence partagée, l'établissement des règles de concurrence, nécessaires au fonctionnement du marché intérieur, est une compétence exclusive que le principe de subsidiarité ne permet pas de contrôler. Cette dernière compétence, reconnue par le traité de Lisbonne, a d'abord été dégagée par la

---

617 François MARIATTE, « Principes généraux du droit communautaire », *JCE*, février 2003, n° 2, Commentaire 42.

618 *British American Tobacco Investments et Imperial Tobacco*, Affaire C-491/01, 10 décembre 2002, §54.

619 *Ibid.*, point 46, §174.

620 *British American Tobacco Investments et Imperial Tobacco*, Affaire C-491/01, 10 décembre 2002, §174.

621 *Ibid.*, §42.

jurisprudence[622]. La Cour, dans *British American Tobbacco product*[623], accepte donc de se prononcer sur le respect du principe de subsidiarité, ce qu'elle aurait pu éviter en prouvant que l'intervention de l'Union européenne se limitait à des règles de concurrence. Dans les décisions étudiées, la Cour pourrait considérer que les normes nationales contestées sont des règles de concurrence. La Cour privilégie l'assomption la plus évidente selon laquelle les normes concerneraient le Marché commun, à celle, plus discutée, selon laquelle il s'agirait de règles de concurrence, alors même que cette seconde interprétation lui permettrait d'éviter de se prononcer sur le respect par la norme de l'Union européenne du principe de subsidiarité[624].

435. La distinction entre l'établissement des règles de concurrence nécessaires au fonctionnement du marché intérieur de compétence exclusive et le marché intérieur, de compétence partagée[625], sera reconnue par le traité de Lisbonne, mais ne sera pas invoquée par les parties dans la jurisprudence ultérieure. La Cour préférera en effet appliquer par analogie la solution de l'arrêt *British American Tobacco Product* dans des affaires ultérieures telles qu'*Alliance for Natural Health e.a et National Association of Health Stores e.a*[626]. Dans cette affaire, la Cour devait se prononcer sur la validité d'une directive relative au commerce de compléments alimentaires. Les relations entre harmonisation du Marché commun et protection de la santé publique s'y posaient donc dans des termes similaires à ceux de l'arrêt *British American Tobacco Product*[627].

L'identification de l'objectif poursuivi par une norme, en l'espèce le maintien de l'harmonie dans le Marché commun ou la protection de la santé publique, est en outre déterminante dans l'évaluation de la nécessité de l'intervention de l'Union européenne. Appréhendée de façon abstraite, l'incapacité des États à assurer seuls le bon fonctionnement du marché apparaît plus facile à établir que leur incapacité à préserver la santé publique. Le Marché commun, contrairement à la santé publique, nécessite une réglementation commune.

---

[622] *Schul*, Affaire 15/81 du 5 mai 1982.

[623] *British American Tobacco Investments et Imperial Tobacco*, Affaire C-491/01, 10 décembre 2002.

[624] *MitteldeutscheFlughafen AG et Flughafen Leipzig-Halle GmbH/Commission*, Affaire C-288/11 P, 19 décembre 2012, §79.
La Cour reconnaît dans cet arrêt que « l'appréciation de la compatibilité d'une aide avec le Marché commun relevant de sa compétence exclusive, (...) le Tribunal a considéré à bon droit que la Commission ne saurait avoir porté atteinte au principe de subsidiarité ».

[625] TFUE (version consolidée), *JOUE*C115 du 9 mai 2008, art.3 al 1b.

[626] *Alliance for Natural Health e.a.*, Affaires C-154/04 et C-155/04, 12 juillet 2005.

[627] *Ibid.*, §106.

B. La référence à l'objectif poursuivi par les traités et non par le règlement

436. Une intervention de l'Union européenne respecte le principe de subsidiarité si elle s'est avérée nécessaire à la réalisation d'un objectif de l'Union européenne[628].

L'affaire *Vodafone* découle d'une question préjudicielle, posée par la High Court à la Cour de justice, sur la validité d'un règlement concernant l'itinérance sur les réseaux publics de téléphonie mobile à l'intérieur de la communauté, à l'occasion d'un litige entre opérateurs de téléphonie mobile. Concernant la base juridique, la Cour reconnaît que le règlement vise bien au bon fonctionnement du Marché commun même si la protection des consommateurs est déterminante dans les choix opérés[629].

437. L'affaire *Vodafone* fournit à l'avocat général une occasion de rappeler que les objectifs mentionnés dans la norme de l'Union européenne visée, du règlement en l'espèce, ne sont pas décisifs dans le contrôle de la subsidiarité[630]. Autrement dit, la Cour pourrait contrôler la capacité à agir de l'Union européenne pour atteindre un objectif du droit originaire autre que celui explicitement poursuivi par la norme de droit dérivé qui le met en œuvre. L'objectif apparent d'un règlement ou d'une directive ne serait pas toujours l'objectif que ces normes visent en effet et serait par conséquent susceptible d'un contrôle.

438. L'avocat général semble, dans cette partie de l'argumentation, distinguer les objectifs de la norme de l'Union européenne contestée de ceux des traités. En effet, la norme de l'Union européenne contestée, le règlement en l'espèce, peut poursuivre des objectifs dépassant ceux des traités. Le contrôle du principe de subsidiarité devrait dans ce cas se fonder sur la capacité des États à atteindre les objectifs des traités et non sur la capacité des États à atteindre les objectifs de la norme de l'Union européenne. L'avocat précise que « l'appréciation à effectuer au regard du principe de subsidiarité ne porte pas sur l'objectif poursuivi, mais sur la nécessité d'une action de la Communauté pour atteindre cet objectif ». Par conséquent, si le règlement poursuit un objectif dépassant les objectifs des traités, la nécessité

---

[628] *Vodafone*, Affaire C-58/08, 8 juin 2010.
30(…). Certains objectifs de la Communauté (qui justifient en soi l'existence d'une compétence de l'Union européenne) peuvent être mieux réalisés par les Etats membres (avec la conséquence que l'exercice de cette compétence ne se justifie pas).

[629] Fabrice PICOD, « Contrôle du respect de la base juridique, de la proportionnalité et de la subsidiarité », *Sem.jur.*, 21 Juin 2010, n° 25, p. 703.

[630] *Vodafone*, Affaire C-58/08, 8 juin 2010, §29, 30.

d'une intervention de l'Union européenne doit bien être appréciée au regard des objectifs des traités et non du règlement. Suivant le même raisonnement, la Cour admet l'applicabilité de la subsidiarité dans *British american Tobbaco Product.*

Une fois reconnus comme objectifs de la directive, la poursuite d'un objectif des traités, le bon fonctionnement du marché intérieur, la Cour s'y réfère pour justifier l'application dans un sens ascendant de la subsidiarité.

En l'espèce, l'intervention communautaire semblait justifiée. Le législateur bénéficie d'un pouvoir d'appréciation étendu dans le choix des moyens utilisés pour atteindre un objectif. Il aurait choisi la seule option susceptible de véritablement assainir les politiques des prix des opérateurs. L'inefficacité des autorités nationales, responsables jusqu'à l'adoption du règlement contesté, à modifier les pratiques des opérateurs, montre la nécessité d'une approche commune[631].

439. Pourtant, d'une façon plus générale, la référence régulière au bon fonctionnement du marché intérieur pourrait biaiser l'interprétation juridictionnelle de la subsidiarité. La doctrine considère parfois que l'interprétation de la Cour s'inscrit dans ce que l'on pourrait qualifier de « constitutionnalisme de marché »[632]. Peu de mesures nationales ne sont pas de nature à entraver cet objectif dans le droit des libertés de circulation. La doctrine de la nécessité, comme l'illustre la théorie des compétences implicites, s'avère d'une grande efficacité. Cet objectif, ayant servi à élargir le champ d'application du droit de l'Union, est mobilisé pour justifier l'exercice de ses compétences. Cela se comprend aisément lorsque l'on considère que l'instauration d'un libre marché constitue l'une des vocations initiales de la construction européenne. La doctrine de la nécessité, comme auparavant la théorie des compétences implicites, permet un développement des compétences de l'Union européenne. De façon quelque peu surprenante, la Cour pourrait étendre le champ d'application du droit communautaire en interprétant extensivement le champ d'application du principe de subsidiarité.

440. L'idée selon laquelle la Cour rattacherait autant que possible les interventions de l'Union européenne au marché intérieur est à nuancer. En effet, les relations de travail, influant sur le marché intérieur, constituent un contre-exemple. Le principe de subsidiarité est applicable aux relations de travail dans la mesure où la politique sociale est une compétence partagée de

---

[631] Valérie MICHEL, « Téléphonie mobile : harmonisation du prix des services d'itinérance », JCE, n8-9, Août Septembre 2010, 1168-8384, commentaire 262.

[632] Loic AZOULAI, « Le rôle constitutionnel de la Cour de justice des Communautés européennes tel qu'il se dégage de sa jurisprudence », *RTDE*, 2008, n° 1, p. 29, §88 à 90.

l'Union européenne. Quoique les relations de travail puissent avoir des effets sur le marché intérieur[633], la Cour ne se réfère pas à la nécessité d'assurer le bon fonctionnement de ce dernier dans les arrêts *Commission/Allemagne*[634] et *RU c. Conseil.*

§2. L'applicabilité de la subsidiarité à l'environnement en droit canadien

441. En droit canadien, comme en droit de l'Union européenne, l'environnement est un agrégat de différents domaines de compétences. La question de savoir si la subsidiarité s'applique à l'environnement implique l'identification des objectifs visés par la norme. Alors que, en raison de l'intervention des institutions politiques, cette question demeure pour l'heure théorique en droit de l'Union européenne, elle se pose régulièrement en droit canadien.

Pour comprendre l'application juridictionnelle de la subsidiarité en matière environnementale, encore faut-il revenir sur le partage constitutionnel des compétences en la matière.

Le partage des compétences en matière environnementale semble « figé», car la Loi constitutionnelle de 1867 dresse une liste de compétences établie à une époque où l'expression « protection de l'environnement » n'existait pas. La compétence environnementale est divisible en enjeux pouvant être rattachés aux compétences fédérales ou provinciales. Le nouvel article 92 A, inséré en 1982[635], confirme essentiellement la compétence provinciale en matière d'exploitation des ressources naturelles, mais ne résout pas l'ensemble du problème de la répartition des compétences environnementales. En tant que sujet large et diffus, l'environnement

---

[633] *Disparités institutionnelles et flexibilité des marchés du travail dans l'Union européenne*, Loïc Cadiou, Stéphanie Guichard et Mathilde Maurel, COMPARAISONS INTERNATIONALES, ÉCONOMIE ET STATISTIQUE N° 332-333, 2000-2/3 : « La comparaison des institutions du marché du travail dans les pays de l'Union européenne fait ressortir une grande diversité de fonctionnement et de régulation. Celle-ci constitue une source potentielle de divergence entre pays européens. À ce titre, elle pourrait être un obstacle au bon fonctionnement de l'Union Économique et Monétaire et nécessiter une certaine harmonisation. Toutefois, cette disparité institutionnelle doit pour cela effectivement conduire à des différences dans la formation des salaires et de d'emploi. Or, l'analyse empirique de l'ajustement des salaires et de l'emploi au niveau macro-économique donne une vision a priori plus homogène des situations entre pays ».

[634] Commission des Communautés européennes contre République fédérale d'Allemagne, Affaire C-103/01, 22 mai 2003, §47.

[635] *Loi constitutionnelle de 1982*, [Annexe B de la Loi de 1982 sur le Canada (R-U), 1982, c 11 (R-U.)].

nécessite une collaboration des deux paliers de gouvernement. L'inscription dans la Constitution de règles de répartition spécifiques à cette matière pourrait avoir pour effet de rigidifier à l'excès ce partage et de le rendre inadapté aux capacités réelles d'intervention de chaque niveau de gouvernement. Ce partage demeure donc déterminé par la pratique des gouvernements provinciaux et du gouvernement national. Les chevauchements de compétences en la matière se traduisant parfois par un parallélisme des compétences fédérales et provinciales, la protection de l'environnement est ainsi devenue un champ de prédilection pour le développement du fédéralisme coopératif et la voie de la collaboration. L'internationalisation de cet enjeu due à la prise de conscience de risques tels que les pluies acides ou la fonte des glaces de l'Arctique a favorisé une intervention fédérale croissante dans un domaine longtemps essentiellement encadré par les Provinces en raison de la nature originellement locale des problèmes environnementaux.

La référence à la capacité à agir des niveaux de gouvernement semble donc au premier abord superflu pour déterminer la compétence de chacun. En effet, en l'état actuel du droit, les deux niveaux de gouvernement peuvent être, a priori, compétents dans le domaine de l'environnement. Or le droit fédéral prime sur le droit provincial en cas de conflit, quelle que soit la capacité à agir de chaque gouvernement. La compétence provinciale peut être limitée par une intervention fédérale dans la mesure où les deux compétences entreraient en conflit[636].

En raison des compétences que lui reconnaît l'article 92 de la Loi constitutionnelle de 1867 [637], le gouvernement provincial possède une meilleure capacité à agir pour poursuivre de nombreux objectifs tels que, par exemple, la protection de la biodiversité. Cependant, dans l'hypothèse même d'une meilleure capacité à agir provinciale, le gouvernement provincial n'est pas nécessairement compétent, ou, à tout le moins, ses lois ne sont pas

---

[636] La législation fédérale primera si les deux législations sont valides. La législation provinciale est déclarée inopérante dans la mesure de l'incompatibilité. Comme le montre l'arrêt *Canada Ltée (Spraytech, Société d'arrosage) c. Hudson (Ville)*, une loi provinciale peut comporter des peines plus sévères sans pour autant être invalide.
Il y a incompatibilité lorsqu'il est impossible, en présence de deux lois dans le même domaine et s'appliquant aux même personnes, de s'y conformer simultanément.

[637] *Loi constitutionnelle de 1867*, 30 et 31 Vict., c. 3 (R.U.).
Les matières énumérées à l'article 92 ont assuré aux provinces la reconnaissance d'une vaste compétence en matière de protection de l'environnement sur leur territoire :
92(16), 92(13) affaires de nature locale ou privée, 92 (10) entreprise et ouvrages locaux, 92(5) administration et vente de terres publiques appartenant à la province et aux ressources naturelles s'y trouvant *Entreprise de rebuts Sanipian c.Québec* (Procureur général) (1995), R.J.Q. 821 (CS) La compétence en matière de propriété et droits civils est particulièrement importante (art. 92 (13)), de même que celle visant toutes les matières d'une nature locale ou privée (art. 92 (16).

toujours applicables. C'est notamment le cas lorsque son intervention affecte des activités et entreprises fédérales.

442. Le Parlement fédéral peut légiférer en matière d'environnement lorsqu'il s'agit de mesures accessoires à l'exercice d'une compétence qui lui est conférée par la Constitution. C'est le cas par exemple de la protection du poisson et des pêcheries côtières et intérieures (art. 91 (12), de la préservation de la qualité de l'environnement sur les terres réservées aux Indiens (91 (24)), de la pollution qui résulte de la navigation et du commerce maritime (91(10)). Le gouvernement fédéral n'est pas limité par le principe de subsidiarité lorsqu'il légifère de façon accessoire ou dans le cadre de sa capacité de conclure des traités internationaux. Le principe de subsidiarité ne s'applique pas non plus lorsque le fédéral intervient dans le cadre de ses compétences en matière de droit criminel, comme ce fut le cas dans *La Reine c Hydro Québec*[638].

443. Un mécanisme de subsidiarité n'en est pas moins applicable lorsque le gouvernement fédéral agit sur le fondement de la doctrine de l'intérêt national. C'est en tout cas ce que laisse entendre l'argumentation de la Cour dans l'arrêt *Crown Zellerbach*[639]. Dans l'affaire *Crown Zellerbach*, l'intimé avait, dans le cadre de son exploitation de bois, enfoui des résidus de bois dans les eaux territoriales de Colombie-Britannique, ce qui était interdit par le §4(1) de la *Loi sur l'immersion de déchets en mer*. La Cour devait se prononcer sur l'applicabilité de cette disposition aux eaux provinciales autres que les eaux douces. Elle dut se poser la question de savoir si la pollution de la mer était une question d'intérêt national relevant de la compétence législative du Parlement en matière de paix, d'ordre et de bon gouvernement du Canada. Selon le juge de première instance et la Cour d'appel, le §. 4(1) de la loi outrepassait la compétence du Parlement.

444. La Cour suprême considère dans *Crown Zellerbach* que la loi attaquée entre dans le champ de la compétence fédérale en matière de paix, ordre et bon gouvernement. La dissidence, pour sa part, estime que le Parlement a excédé son domaine de compétence.

Majorité et dissidence utilisent le même type d'arguments, elles en tirent des conclusions différentes. Opinions majoritaires et dissidentes interprètent la théorie de l'intérêt national de façon téléologique, à la lumière des objectifs d'équilibre des compétences; elles recourent toutes deux à une argumentation systémique. Toutes deux reconnaissent la nécessité de concilier les compétences fédérales et provinciales. Cependant, la mise en œuvre de cette conciliation donne lieu à des interprétations contradictoires.

---

638 *R. c. Hydro Québec*, [1997] 3 S.C.R. 213.
639 *R. c. Crown Zellerbach Canada Ltd.*, [1988] 1 R.C.S. 401.

La principale divergence entre opinion majoritaire et dissidente porte sur la pertinence du précédent *Pronto.* Pour se prononcer sur l'applicabilité de cette décision, les Cours recherchent les conséquences pratiques de son application. La dissidence ne montre pas en quoi la distinction entre entreprise et ouvrage permet d'écarter le précédent *Pronto.* L'opinion majoritaire recherche les conséquences de la non-application des précédents, mais sans se référer expressément au ratio dividende de ce précédent. Ainsi, la mention de la décision apparaît comme un argument d'autorité. La Cour ne raisonne pas vraiment par analogie. La véritable divergence entre majorité et opposition semble résulter davantage de l'objectif privilégié: équilibre des pouvoirs ou efficacité législative. Le choix entre ces objectifs est partiellement déterminé par la conception du partage des pouvoirs de l'interprète ainsi que par des considérations pratiques sur la possibilité de distinguer la compétence fédérale sur l'énergie atomique et la compétence provinciale en matière de relation de travail des employés des centrales nucléaires.

§3. La distinction entre règlement de zonage et aéronautique

445. En considérant que la disposition contestée n'est pas un règlement de zonage, mais vise l'aéronautique, la Cour entraîne la non-application à l'espèce de la clause paix, ordre et bon gouvernement; il n'est pas nécessaire pour la Cour de s'interroger sur la capacité d'action des Provinces puisqu'elles ne sont pas compétentes.

Dans l'affaire *Johanesson*[640], Konnie JOHANNESSON avait acheté des terres près de la rivière rouge afin d'y construire un terrain d'atterrissage. Les voisins ont porté plainte afin d'empêcher la construction de ce terrain qui serait contraire à la Loi sur les municipalités[641] par laquelle le Manitoba encadre la construction d'aérodrome. Pour cela, la Cour doit d'abord établir si l'aéronautique est dans tous ses aspects une matière de compétence fédérale puis si les Provinces peuvent adopter un règlement de zonage. Selon le procureur du Manitoba, la *Loi sur les municipalités*, intra vires, n'entrerait pas en conflit avec la législation fédérale est serait donc applicable.

446. La Cour considère que le Parlement aurait occupé le terrain normatif, la Loi sur les municipalités serait donc ultra vires. Le fait que la loi fédérale régule l'octroi de licences de navigation et la régulation de tous les

---

[640] *Johannesson v. Municipality of West St. Paul*, [1952] 1 S.C.R. 292.

[641] *Loi sur les municipalités*, RSM 1940, c.141 est ultra vires.

aérodromes et aéroports, entre autres, prouve que le Parlement a envahi le terrain.

La Cour se réfère au critère énoncé dans l'arrêt *Ontario c Canada Temperence Federation*[642] pour établir que l'affaire a été « au-delà des préoccupations ou des intérêts locaux ou provinciaux et doit par sa nature même constituer une préoccupation pour le Dominion dans son ensemble».Les juges s'accordent pour dire que la compétence fédérale en matière de « paix, d'ordre et de bon gouvernement » doit être reconnue lorsqu'une matière n'entre pas dans la liste des compétences provinciales prévues à l'article 92(A) et lorsque cette matière a atteint une telle importance qu'elle affecte le corps politique de la nation[643]. Autrement dit, l'identification du caractère véritable de la loi, aéronautique de compétence fédérale ou règlement de zonage de compétence provinciale[644], détermine donc le déclenchement de la théorie de l'intérêt national, mécanisme de subsidiarité.

Le désaccord entre les parties porte sur le caractère véritable de la *Loi sur les municipalités* et sur la meilleure façon de préserver l'équilibre des compétences.

Selon la Cour et l'appelant, JOHANNESSON, la norme contestée serait une tentative de la province d'empêcher l'exercice de l'exploitation des aérodromes commerciaux au sein de la municipalité déguisée en règlement de zonage[645].

447. La Cour se réfère entre autres à la jurisprudence relative à la compétence fédérale en matière de paix, ordre et bon gouvernement pour montrer la compétence fédérale en matière d'aéronautique[646]. Elle se fonde sur la jurisprudence pour déterminer dans quelle condition une matière

---

[642] *Ontario c Canada Temperance Federation*, 1984 CanlII 36 (CSC), (1948) R.C.S 248.

[643] *Johannesson v. Municipality of West St. Paul*, [1952] 1 S.C.R. 292 [Page 301].
Opinion dissidente « Under the « peace, order and good government » clause the Dominion derives legislative power under two propositions : 1. That matter is not within any of the enumerated heads of s. 92 ; or 2. That the matter has attained such paramount national importance as to affect the body politic of the nation. Leaving aside the question of aeronautics generally and dealing only with the subject matter of s. 921, what is there dealt with is directly withi92 (13) or (16) and the Dominion could therefore acquire no authority under the first proposition. Dealing with the second proposition, jurisdiction under it can arise only when Parliament has legislated on a matter and thus by inference indicated that it has acquired such proportions as to be of paramount. ».

[644] *Ibid.,*, p. 300.

[645] *Ibid.,*p. 329.

[646] *Ibid.,*, p. 328, 329.

atteint des dimensions nationales[647]. Elle ne cherche pas, en l'espèce, à concilier cette compétence fédérale avec une législation provinciale, comme le demande l'intimé, dans la mesure où elle ne reconnaît aucune compétence provinciale pour adopter la norme contestée.

448. À l'inverse, selon la municipalité de West St Paul, intimée, et le procureur du Manitoba, la législation provinciale relève de la compétence provinciale sur la propriété et les droits civils. La loi provinciale serait une loi de zonage et, par conséquent, valide puisqu'elle entrerait dans la compétence provinciale en matière de propriété et de droit civil[648].

§4. L'influence sur la subsidiarité de l'identification de l'objet d'une loi dans le domaine biomédical

449. L'application de la subsidiarité dépend du domaine de la loi : compétence fédérale en matière criminelle, compétence partagée en matière de droit criminel ou application de la théorie de l'intérêt national. Le *Renvoi relatif à la loi sur la procréation assistée*[649], où la Cour reconnaît le principe de subsidiarité comme un principe d'interprétation du partage des compétences, le montre.

L'argumentation des juges montre que les méthodes interprétatives employées pour identifier le caractère véritable de la loi jouent un rôle déterminant dans l'application de la subsidiarité.

À la demande de la « Commission Baird », portant sur la procréation assistée, le gouvernement fédéral avait adopté en 2004 la *Loi sur la procréation assistée*[650]. Dans un renvoi adressé à la Cour d'appel du Québec, le procureur général du Québec a soutenu que si certaines dispositions de la loi étaient valides, car elles s'inscrivaient dans le cadre de la compétence fédérale en matière criminelle, les autres excédaient cette compétence. La Cour d'appel du Québec a considéré que la raison d'être véritable des articles 8 à 19, 40 à 53, 60, 61 et 68 était la réglementation de la pratique médicale et de la recherche liée à la procréation assistée; ces articles excéderaient par conséquent la compétence fédérale. Selon les juges LEBEL, DESCHAMPS, ABELLA et ROHSTEIN, les articles 8 à 19, 40 à 53, 60, 61 et 68 de la Loi excèdent la compétence législative conférée au Parlement du

---

647 *Ibid.*,p. 309.

648 *Ibid.*,, p. 301, 302.

649 Renvoi relatif à la Loi sur la procréation assistée, [2010] 3 R.C.S. 457.

650 *Ibid.*,, [2010] 3 R.C.S. 457.

Canada par la *Loi constitutionnelle de 1867*. Selon la juge en chef MCLACHLIN et les juges BINNIE, FISH et CHARRON, les articles contestés sont constitutionnels.

La décision de la Cour sera donc déterminée par l'opinion, intermédiaire, du juge Cromwell. Selon lui, les articles 10, 11, 13, 14 à 18, les paragraphes 40(2), (3), (3.1), (4) et (5), et les paragraphes 44(2) et (3), sont inconstitutionnels. Pour ce qui est des articles 8, 9, 12, 19 et 60, les paragraphes 40(1), (6) et (7), les articles 41 à 43, le §44(1) et (4), les articles 45 à 53, ainsi que les articles 61 et 68, sont en revanche constitutionnels.

450. Ces juges considèrent que le principe de subsidiarité ne s'applique que dans la mesure où le caractère flou du partage des compétences le nécessite. En considérant ainsi le principe de subsidiarité, plutôt qu'un principe fondant le partage des compétences en système fédéral, ils conçoivent sa portée de façon restrictive. Ils favorisent, ce faisant, la prévisibilité du droit.

Cette idée selon laquelle le principe de subsidiarité s'applique dans la mesure où un doute subsiste sur le partage des compétences est partagée par les juges MCLACHLIN, BINNIE, FISH et CHARRON[651]. Les juges LEBEL, DESCHAMPS, ABELLA et ROHSTEIN paraissent réticents à se prononcer en faveur de son application: « Le principe de subsidiarité ne s'applique que dans la mesure (...) ».Les juges MCLACHLIN, BINNIE, FISH et CHARRON n'excluent pas l'applicabilité du principe de subsidiarité: « si le principe de subsidiarité devait s'appliquer ».

La Cour cherche par l'identification de l'intention du législateur, à « préserver les intérêts collectifs et individuels » visés par la Commission Baird. Les juges se réfèrent au test de l'arrêt *General Motors of Canada* sans pour autant que cela soit déterminant. Les juges sont divisés sur la façon dont la Commission Baird permet de déterminer sur quel pouvoir s'est fondé le Parlement pour légiférer sur la procréation assistée.

451. Les juges LEBEL, DESCHAMPS, ABELLA et ROTHSTEIN considèrent que selon la Commission Baird, le fédéral pouvait intervenir dans le cadre de son pouvoir de légiférer pour la paix, l'ordre et le bon gouvernement[652]. L'argument est psychologique; la référence aux travaux préparatoires permet de déterminer l'intention du législateur. La référence aux raisons concrètes

[651] Renvoi relatif à la Loi sur la procréation assistée, [2010] 3 R.C.S. 457, §273.
[652] Ibidem

justifiant la loi permet de trancher entre deux interprétations plausibles de la loi[653] et d'identifier le fondement de la compétence fédérale.

De façon paradoxale, les juges LEBEL, DESCHAMPS, ABELLA et ROTHSTEIN mentionnent cette intention de la commission de légiférer pour la paix, l'ordre et le bon gouvernement dans le but d'écarter la compétence fédérale au profit de la compétence provinciale, ce fondement n'étant pas approprié en l'espèce[654]. En effet, ils montrent que les dispositions attaquées ont été prises dans le cadre des compétences fédérales de légiférer pour la paix, l'ordre et le bon gouvernement et afin d'écarter la compétence criminelle du fédéral. Ils établissent ensuite que le fédéral ne pouvait en réalité pas intervenir sur la base de son pouvoir de légiférer pour la paix, l'ordre et le bon gouvernement.

452. Les juges LEBEL, DESCHAMPS, ABELLA ET ROTHSTEIN rappellent que pour déterminer l'objet d'une loi, il faut se référer à son texte, mais aussi au contexte de son adoption[655]. LEBEL, DESCHAMPS, ABELLA et ROTHSTEIN utilisent un argument psychologique[656], en considérant que « l'opinion de la Commission sur la nécessité de recourir à la compétence fédérale générale pour la paix, l'ordre et le bon gouvernement soit fondée ou non, elle semblait partagée par les intervenants de l'époque »[657]. Ces juges préfèrent se référer à cette volonté plutôt qu'à la substance des arguments avancés par la Commission, arguments visant à établir la nécessité pratique d'une intervention fédérale[658].

La juge en chef MCLACHLIN et les juges BINNIE, FISH et CHARRON tirent des conclusions opposées de l'étude de la Commission Baird[659]. L'objet même du rapport, politique, est de montrer l'importance de l'intervention du Parlement; l'argumentation de ce rapport montrant le bien-fondé de

---

653 Charles PERELMAN, *La nouvelle rhétorique, Traité de l'argumentation*, Paris, PUF, 1958, pp. 55- 59.

654 Renvoi relatif à la Loi sur la procréation assistée, [2010] 3 R.C.S. 457, §204.

655 Ibidem

656 Selon la classification de Perelman, un argument psychologique désigne la référence à l'intention du législateur.
Charles PERELMAN, *La nouvelle rhétorique, Traité de l'argumentation*, Paris, PUF, 1958, pp. 55 à 59.

657 Renvoi relatif à la Loi sur la procréation assistée, [2010] 3 R.C.S. 457, §253.
mai 2001, 11 : 35; voir aussi Débats de la Chambre des communes, 21 mai 2002, 27 mai 2002 et 28 janvier 2003).

658 *Ibid.*, §204.

659 *Ibid.*, [2010] 3 R.C.S. 457, §207.
Certes, dans son rapport, la Commission Baird renvoie aux aspects positifs des techniques de procréation assistée, mais cela n'établit pas que ces avantages sont l'objet central des mesures prises par le Parlement.

l'intervention fédérale ne prouve donc en rien que l'intention du fédéral ait été d'intervenir sur le fondement de ses pouvoirs pour assurer la paix, l'ordre et le bon gouvernement[660].

453. Le juge Cromwell se réfère, selon un argument historique, à la tradition pour identifier une intervention fédérale en matière criminelle[661]. L'argument historique admet que le législateur est conservateur. Ce dernier, s'il n'est pas intervenu pour modifier la loi, reste fidèle à la façon dont il a voulu régler une matière[662]. Cet argument permet également d'assurer la cohérence du système.

La référence aux travaux de la Commission Baird ne permet pas d'identifier l'intention du législateur, ni la meilleure façon de poursuivre un objectif pragmatique d'efficacité. L'argumentation systématique des juges, pas plus que leur argumentation psychologique, ne permet de trouver de consensus sur la nature de la loi contestée. La référence au contenu des articles contestés ne rassemble pas davantage les opinions[663].

Les divergences des opinions des juges pourraient également découler des différentes définitions qu'ils donnent au droit criminel. Or, ils ne précisent pas les fondements de la définition qu'ils attribuent à cette notion. Il demeure possible que ces différentes approches du droit criminel traduisent des perceptions différentes du fédéralisme ou de la société et, par conséquent, de la subsidiarité. Cela n'apparaît pas dans l'argumentation des juges. De plus, il demeure difficile d'identifier les variables déterminantes essentielles d'une majorité claire dans le Renvoi relatif à la loi sur la procréation assistée. Cette décision se présente en effet comme un compromis entre opinions.

---

660 Renvoi relatif à la Loi sur la procréation assistée, [2010] 3 R.C.S. 457, §29.

661 *Ibid.*, §291 « Je conclus que les art.8, 9 et 12, eu égard à leur objet et à leur effet, interdisent des activités néfastes liées à la procréation assistée et qu'ils relèvent traditionnellement de la compétence législative fédérale en matière de droit criminel ».

662 Charles Perelman, *La nouvelle rhétorique, Traité de l'argumentation*, Paris, PUF, 1958, pp. 55- 59.

663 Renvoi relatif à la Loi sur la procréation assistée, [2010] 3 R.C.S. 457, §288.

CONCLUSION DE LA SECTION 1

454. L'identification de l'objectif poursuivi par la norme paraît sans influence notable sur le contrôle de la subsidiarité.

Dans *British American Tobacco Product*, la Cour de justice reconnaît le bon fonctionnement du Marché commun comme base juridique de l'intervention communautaire. En choisissant cette base plutôt que la protection de la santé ou l'établissement de règles de concurrence, la Cour permet l'application du principe de subsidiarité. Les arrêts où le choix de la base juridique limite l'application de la subsidiarité demeurent rares[664].

455. La Cour suprême, pour sa part, permet l'application de mécanismes de subsidiarité en reconnaissant que la loi sur les municipalités relève de la compétence fédérale en matière d'aéronautique et non de la compétence provinciale en matière de zonage. Elle permet également l'application du principe de subsidiarité en reconnaissant dans le *Renvoi relatif à la loi sur la procréation assistée* une intervention fédérale fondée sur la théorie de l'intérêt national. En effet, la subsidiarité ne se serait pas appliquée si la compétence exclusive du fédéral en matière criminelle ou la compétence exclusive des Provinces en matière de santé avait été reconnue.

SECTION 2. L'EVALUATION DE LA CAPACITE A AGIR DES NIVEAUX DE POUVOIR

456. L'étude de l'application du critère de l'incapacité provinciale par la Cour suprême du Canada est susceptible d'inspirer un affinement du test d'efficacité comparative en droit de l'Union européenne. La référence au critère de l'incapacité provinciale est en effet nécessaire, en droit canadien, à l'application de la théorie de l'intérêt national et à celle de la clause de commerce. Pour qu'une question revête un intérêt national, « l'omission d'une province de s'occuper efficacement des aspects intra provinciaux de la question pourrait avoir un effet préjudiciable sur des intérêts extra

[664] *Aquitaine/Commission*, Affaire C-521/09 P,29 septembre 2011.

provinciaux »[665]. La mise en œuvre de la clause de commerce, pour sa part, implique également que la loi soit « d'une nature telle que la Constitution n'habiliterait pas les provinces, conjointement ou séparément, à l'adopter »[666]. Dans les deux cas, le critère doit être interprété de façon abstraite[667].

457. Nous avons donc recherché donc quels éléments étaient pris en compte par la Cour de justice et la Cour suprême pour évaluer la capacité à agir.

Les décisions jusqu'alors rendues par la Cour de justice et la Cour suprême sur la subsidiarité peuvent être regroupées par domaines de compétences: marché intérieur (*sous-section* 1), relations de travail (*sous-section* 2), environnement (*sous-section* 3), aéronautique (*sous-section* 4) et recherche biomédicale (*sous-section* 5).

Sous-section 1. L'évaluation de la capacité à agir dans le domaine du marché intérieur

458. Alors que la Cour de justice de l'Union européennes réfère au texte de la directive pour constater la plus-value de l'intervention de l'Union européenne (§1), la Cour suprême du Canada procède à un contrôle plus approfondi (§2).

§1. La capacité à agir dans le domaine du marché intérieur en droit de l'Union européenne

459. Le Marché commun n'apparaît jamais comme un sujet de législation totalement indépendant; il se retrouve tantôt lié à des objectifs de protection de la santé publique (A), au domaine de la téléphonie mobile (B) ou à celui de l'art et de la culture (C). Dans une affaire relative à la présentation et à la

---

665 *R. c. Crown Zellerbach Canada Ltd.*, [1988] 1 R.C.S. 401.
Cela rejoint le cinquième critère du test de General *Motors of Canada Ltd. c. City National Leasing*, [1989] 1 R.C.S. 641.

666 Quatrième critère du test *de General Motors of Canada Ltd. c. City National Leasing*, [1989] 1 R.C.S. 641.

667 *Renvoi relatif à la Loi sur les valeurs mobilières*, [2011] 3 R.C.S. 837, p. 127.

vente de tabac, la Cour de justice a confirmée la d'une évaluation concrète de la capacité à agir des États (D).

A. La capacité des États à assurer le bon fonctionnement du Marché commun dans le domaine de la santé publique

460. Pour montrer que la directive respecte le principe de subsidiarité, il s'agit selon le test de la valeur ajoutée, de montrer que des divergences de législations pourraient engendrer des distorsions dans le Marché commun rendant nécessaire une intervention de l'Union européenne.

Les requérants au principal et les gouvernements luxembourgeois et allemands (2) n'évaluent pas la nécessité d'une intervention communautaire de la même façon que la Cour (1).

1. L'évaluation de la capacité à agir par la Cour de justice

461. La Cour se contente de citer la directive pour établir que l'absence d'intervention de l'Union européenne pourrait créer des distorsions dans le Marché commun[668].

La Cour ne procède pas à un contrôle des faits mentionnés par la directive; à savoir le progrès scientifique relatif aux effets du tabac, progrès susceptible de provoquer des évolutions législatives nationales desquelles résulterait une distorsion du Marché commun et justifiant une nouvelle intervention de l'Union européenne. Un examen des faits semble d'autant plus superflu dans la mesure où l'objectif visé est le bon fonctionnement du Marché commun et non la protection de la santé publique. Dès lors, seule importe une perception subjective de la nocivité du tabac; cette perception seule ayant un impact sur le marché. La question se pose de savoir si des considérations législatives factuelles sont susceptibles d'un contrôle de la Cour. L'argumentation des gouvernements allemand et luxembourgeois repose, en effet, sur une remise

[668] *British American Tobacco Investments et Imperial Tobacco*, Affaire C-491/01, 10 décembre 2002, §9.

en question des liens entre fabrication et commercialisation de cigarettes exposées par le législateur[669].

Elle considère qu'une nouvelle intervention du législateur de l'Union européenne en vue d'harmoniser les législations, ne résulte pas nécessairement de découvertes scientifiques, mais pourrait aussi résulter d'évolutions politiques[670]. L'importance accrue accordée à la lutte contre le tabagisme rendrait possible une telle intervention.

462. La Cour fonde la nécessité de l'intervention européenne sur le seul test de la valeur ajoutée. Elle fusionne les deux critères de la plus-value européenne et de l'insuffisance de l'exercice de la compétence nationale. L'action européenne étant plus efficace, l'action étatique est nécessairement insuffisante; il devient donc superflu d'examiner son efficacité.

La Cour, pour montrer la nécessité d'une intervention de l'Union européenne, affirme que laisser aux États membres le soin de règlementer le commerce des compléments alimentaires « verrait se perpétuer l'évolution hétérogène des règlementations nationales et, partant, les obstacles aux échanges entre États membres et les distorsions de concurrence en ce qui concerne ces produits ». Autrement dit, la Cour déduit l'inefficacité de l'action étatique de la plus-value de l'action européenne, alors que ces deux critères devraient être distingués.

463. L'avocat général se réfère, de façon similaire, à l'efficacité d'une intervention des États membres pour établir la nécessité d'une intervention de l'Union européenne[671]. À ce contrôle du test d'efficacité comparative, s'ajoute la référence, plus étonnante dans le cadre du contrôle de la subsidiarité, aux dommages économiques que pourraient subir les États membres en l'absence d'intervention de l'Union européenne[672]. La question se pose du bien-fondé de cette référence dans la mesure où il ne s'agit pas directement d'un objectif de l'Union européenne.

---

669 *British American Tobacco Investments et Imperial Tobacco*, Affaire C-491/01, 10 décembre 2002, §47.

670 §204, §80
Au demeurant, l'évolution des connaissances scientifiques n'est pas le seul motif pour lequel le législateur de l'Union européenne peut décider d'adapter la législation de l'Union européenne puisqu'il lui appartient, dans l'exercice du pouvoir discrétionnaire dont il dispose en la matière, de tenir compte également d'autres considérations, telles que l'importance accrue accordée au plan politique et social à la lutte contre le tabagisme.

671 Conclusion de l'avocat général dans *British American Tobacco Investments et Imperial Tobacco*, Affaire C-491/01, 10 décembre 2002, §159.

672 *British American Tobacco Investments et Imperial Tobacco*, Affaire C-491/01, 10 décembre 2002, §163.

2. L'interprétation de la nécessité d'une intervention de l'Union européenne par les requérants

464. Selon les requérants au principal, soutenus par les gouvernements allemand et luxembourgeois, une intervention de l'Union européenne ne serait pas nécessaire pour atteindre les objectifs visés [673], la directive excèderait les compétences de l'Union européenne. La Cour ne pourrait contrôler cette nécessité sans examiner le lien entre fabrication et commercialisation des cigarettes et par conséquent sans examen des faits.

465. Le Tribunal de première instance, au contraire, a pris en compte des éléments de preuves factuelles. La société requérante, composante du groupe *British American Tobacco Product*, a demandé à la Commission, sur le fondement de la décision relative à l'accès du public aux Commissions[674], la communication des documents pris en compte pour présenter sa proposition de directive [675] relative au rapprochement des dispositions législatives, réglementaires et administratives des États membres en matière de fabrication, de présentation et de vente des produits de tabac [676]. Elle sollicitait, entre autres, la communication de l'ensemble des travaux de recherche scientifique utilisés[677]. La commission a indiqué au Tribunal que ces documents étaient les seuls disponibles et l'a invité à s'adresser à un expert désigné pour ce dossier. La commission avait communiqué à la requérante, à la première demande, les recommandations du comité d'experts cancérologues concernant le tabac. La requérante a été condamnée par le Tribunal à supporter l'ensemble des dépens[678].

[673] *Ibid.,*, §43.

[674] Règlement (CEE) n384/85 de la Commission, 14 février 1985, *JOCE* NL46, p. 58.

[675] *Communication de la commission des communautés européennes*, Bruxelles, 16 novembre 1999, COM 594.

[676] JO C 150 E du 30.5.2000, p. 43.

François MARIATTE, « Conséquences contentieuses d'une communication en cours d'instance », *Europe*, août 2002, n° 8-9, p. 15.

[677] Elle sollicitait en particulier les comptes rendus d'examens par l'institution de ces travaux et les PV des réunions des différents comités d'experts intervenus portant évaluation de ces travaux, ainsi qu'une communication au Conseil et au Parlement du 18 décembre 96 sur le rôle actuel et projeté de la Communauté dans la lutte contre la consommation du tabac et une liste des communications scientifiques consultées par ses services lors de l'élaboration de la proposition de directive.

[678] Le tribunal a, d'une part, rejeté le recours comme étant non fondé en ce qui concerne les PV des réunions des comités d'experts et d'autre part, comme étant devenu sans objet en ce qui concerne les autres documents sollicités.

Cet arrêt montre l'intérêt du tribunal pour le comportement de la commission, cette dernière ayant tardé autant que possible à lui fournir les pièces demandées.

B. L'évaluation de la capacité des États à assurer le bon fonctionnement du marché intérieur dans le domaine de la téléphonie mobile

466. Le législateur européen a « instauré une approche commune, afin notamment de contribuer au fonctionnement harmonieux du marché intérieur, permettant à ces opérateurs d'agir dans un seul cadre réglementaire cohérent ».À cette fin, le pouvoir de taxation des États est limité. Si la décision *Vodafone* permet aux États de réclamer aux opérateurs de téléphonie mobile des redevances pour l'utilisation privative ou l'exploitation du domaine public[679], la Cour a précisé que les États ne pourraient percevoir davantage que les taxes et redevances sur la fourniture de réseaux et de communications prévues par la directive[680].

Dans cette perspective, la nécessité de l'intervention du législateur de l'Union européenne relative aux prix de gros est présentée comme évidente par la Cour[681] alors que celle relative au prix de détail soulève le débat.

L'avocat général, se fondant sur les éléments de faits apportés par les parties demanderesses, s'interroge sur la nécessité d'une intervention de l'Union européenne dans le domaine des prix de détail (1), il donne des arguments visant à étayer la compétence de l'Union européenne (2). L'argumentation de la Cour apparaît plus laconique (3).

---

679 Fabienne GAZIN, « Directive 2002/20/CE sur l'autorisation de réseaux et de services de communications électroniques », *Europe*, novembre 2002, n° 11, p. 37.

680 Parlement et Conseil, Directive « cadre » relative à un cadre réglementaire commun pour les réseaux et services de communications électroniques, Bruxelles, 7 mars 2002, JOCE n L108-33 du 24 mai 2002, p. 21.
La Cour a limité la redevance aux seuls propriétaires du réseau de télécommunications électroniques. L'application de la redevance aux opérateurs qui se contentent d'avoir accès au réseau et de l'utiliser serait contraire à la directive du 7 Mars 2002 relative à l'autorisation de réseaux et de services de communications électroniques.

681 *Vodafone*, Affaire C-58/08, 8 juin 2010.

1. *La référence de l'avocat général à la capacité objective d'intervention des États*

467. L'avocat général remet en question la nécessité d'une intervention de l'Union européenne régulant les prix de détail pour assurer l'harmonisation du Marché commun. L'avocat général prend en compte la position des parties. En affirmant «qu'ainsi que l'expliquent les parties demanderesses, il semblerait que les autorités nationales de régulation soient en meilleure position pour se prononcer sur la nécessité de contrôles des prix »[682], l'avocat général procède à un contrôle des faits énoncés par le législateur de l'Union européenne, car ces faits ont un impact direct sur le Marché commun. Il se réfère à des considérations factuelles pour montrer les lacunes de l'argumentation du législateur[683]. Il reviendrait, selon lui, au législateur de prouver la nécessité de l'intervention de l'Union européenne: « le législateur de l'Union européenne devrait développer une argumentation à l'appui d'une telle thèse, et il n'y parviendrait pas ».

Bien qu'il montre les lacunes de la motivation de l'Union européenne, l'avocat général considère comme la Cour que la directive n'enfreint pas le principe de subsidiarité.

468. L'avocat général rappelle que l'intention du législateur n'est pas décisive. Seule la nécessité objective d'une intervention du législateur importe[684].

L'avocat général semble ici prendre en compte la nécessité de l'intervention de l'Union européenne pour atteindre un objectif, davantage que l'efficacité comparée des interventions étatiques et de l'Union européenne[685], se montrant ainsi plus exigeant que la Cour dans le contrôle de la subsidiarité.

---

[682] *Ibid.,*, point 31.

[683] *Ibid.,*,§ 28, 31.

[684] Ibidem

[685] Conclusions de l'avocat général Poiares Maduro du 1er oct. 2009 sur *Vodafone*, Affaire C-58/08, 8 juin 2010.

2. *L'argumentation de l'avocat général montrant la nécessité d'une intervention de l'Union européenne*

469. Il développe deux considérations justifiant aux yeux du législateur de l'Union européenne son intervention, la nécessité d'agir dans de brefs délais d'une part (a) et la reconnaissance de la nature transfrontalière d'autre part (b). En outre, il montre que la directive poursuit de façon annexe un autre objectif, celui de favoriser l'égalité des chances, même si cet objectif n'est pas mentionné par la Cour.

a. L'efficacité conçue comme une action diligente

470. L'efficacité législative nécessite qu'il faille « imposer en temps utile des taux maximaux afin de garantir que les objectifs du règlement (soient) atteints », le règlement sur l'itinérance devant expirer trois ans après son adoption[686].

L'efficacité est ainsi liée à la célérité de l'action de l'Union européenne pour atteindre les objectifs visés, ce qui n'est pas sans rappeler la théorie de l'urgence en droit canadien[687].

L'intervention dans le domaine des prix de détail devrait permettre d'améliorer l'efficacité du droit de l'Union européenne dans la mesure où le législateur intervient dans le domaine des prix de gros[688]. La législation est prise comme un tout, l'intervention du législateur dans le domaine des prix de gros et dans celui des prix de détail allant de pair. La question se pose dès lors de savoir si, le critère d'indivisibilité applicable à la théorie de l'intérêt national[689] en droit canadien, ne pourrait pas être transposé au droit de l'Union européenne, ce critère permettant d'assurer l'ambivalence du

---

686 *Vodafone*, Affaire C-58/08, 8 juin 2010.
D'un autre côté, eu égard au fait que le règlement sur l'itinérance devait expirer trois ans après son adoption, l'argument selon lequel il fallait imposer en temps utile des taux maximaux afin de garantir que les objectifs du règlement seraient atteints est de quelque poids. Il est lié à des considérations d'efficacité législative.

687 Sur la théorie de l'urgence, voir le § « les mécanismes de subsidiarité en droit canadien ».

688 *Vodafone*, Affaire C-58/08, 8 juin 2010.
À la lumière de la nécessité d'une intervention de la Communauté au niveau des prix de gros, il serait loisible de soutenir qu'il est en même temps plus expédient et plus approprié de réglementer simultanément les prix de détail. Les prix de gros pourraient être fixés à la lumière des prix de détail envisagés et inversement, et les consommateurs pourraient voir immédiatement les effets de l'intervention de la Communauté.

689 Critère utilisé par la Cour dans *R. c. Crown Zellerbach Canada Ltd.*, [1988] 1 R.C.S. 401.

principe de subsidiarité en rétablissant l'équilibre entre efficacité et nécessité de l'intervention de l'Union européenne.

471. L'avocat général évoque en outre la perception de l'action de l'Union européenne par les citoyens de l'Union européenne « les consommateurs pourraient voir immédiatement les effets de l'intervention de la Communauté », le principe de subsidiarité permet en effet d'assurer une démocratie de proximité.

L'avocat général se réfère à l'intention du législateur de l'Union européenne pour développer cet argument.

b. L'argument de la nature transfrontalière

472. Le second argument invoqué par l'avocat général pour étayer le respect du principe de subsidiarité« découle toutefois de la nature transfrontalière de l'activité économique qu'il s'agit de réglementer »[690]. L'argument tiré de la nature transfrontalière n'est pas envisagé de façon autonome. Cet argument, comme le précédent, met l'accent sur l'aspect efficacité du principe de subsidiarité, davantage que sur la nécessité de l'action de l'Union européenne.

L'argumentation de l'avocat général repose sur des probabilités factuelles « on pourrait s'attendre à ce que, au moment de réguler ce marché, les régulateurs nationaux mettent l'accent sur les coûts, et d'autres aspects, des communications nationales, plutôt que sur les prix de l'itinérance. C'est la Communauté qui, en raison de la nature transfrontalière de l'itinérance, a un intérêt spécial à protéger cette activité économique et à la promouvoir ».

L'avocat général SHARPSTON raisonne par induction pour établir que l'action de la Communauté est nécessaire lorsque « les processus démocratiques au sein des États membres ne parviennent pas à protéger une activité transfrontalière (41) ».

Il indique dans ses conclusions que certains opérateurs pourraient avoir à payer une double redevance, ce qui serait contraire à l'égalité des chances. Les opérateurs de téléphonie mobile, partout dans l'Union européenne, pourraient former des recours en restitution de taxes indûment perçues.

Alors que la Cour suprême du Canada ne conçoit la capacité à agir provinciale que de façon abstraite, la Cour de justice ne semble procéder à un contrôle factuel que lorsque les faits ont un lien avec la nécessité d'une

[690] *Vodafone*, Affaire C-58/08, 8 juin 2010, §33, 34.

intervention de l'Union européenne. Ainsi appréhende-t-elle les faits de façon subjective dans *Natural Health* et de façon objective dans *Vodafone*[691].

3. Le laconisme de l'argumentation de la Cour

473. La Cour, sans reprendre l'ensemble de l'argumentation de l'avocat général, reconnaît une interdépendance entre les prix de détail et les prix de gros, interdépendance rendant nécessaire une intervention de l'Union européenne au niveau des prix de détail afin de maintenir le fonctionnement harmonieux du marché de l'Union européenne. La Cour reconnaît le large pouvoir d'appréciation dont dispose le législateur de l'Union européenne. La Cour se fonde sur le texte du règlement pour établir cette interdépendance[692] et le respect du principe de subsidiarité. Le législateur constate que l'obligation d'information renforce l'effet utile de la fixation de plafonds des prix et que « les effets de l'approche commune réalisée par le règlement dont l'objectif poursuivi peut être mieux réalisé au niveau communautaire »[693].

474. La Cour considère que l'objectif du règlement est « notamment de contribuer au fonctionnement harmonieux du marché intérieur ». C'est sur cet objectif que se fonde la compétence du législateur de l'Union européenne[694].

La Cour rappelle que le législateur européen, soucieux de préserver la concurrence entre opérateurs de réseau mobile, a « instauré une approche commune, afin notamment de contribuer au fonctionnement harmonieux du marché intérieur, permettant à ces opérateurs d'agir dans un seul cadre règlementaire cohérent ». L'objectif poursuivi peut être mieux réalisé au niveau européen en raison des effets de l'approche commune instaurée par le règlement. Une fois encore la mesure européenne est justifiée par sa raison d'être : son application à tous les États membres[695].

---

[691] *Vodafone*, Affaire C-58/08, 8 juin 2010.

[692] *Ibid.*, §77, à 79.

[693] Fabrice PICOD, « Contrôle du respect de la base juridique, de la proportionnalité et de la subsidiarité », *Sem.jur.*, 21 Juin 2010, n° 25, p. 703.

[694] *Vodafone*, Affaire C-58/08, 8 juin 2010.
76. À cet égard, il y a lieu de rappeler que le législateur de l'Union européenne, soucieux de préserver la concurrence entre opérateurs de réseau mobile, a, par l'adoption du règlement n°717/2007, instauré une approche commune, afin notamment de contribuer au fonctionnement harmonieux du marché intérieur, permettant à ces opérateurs d'agir dans un seul cadre réglementaire cohérent.

[695] Loic AZOULAI, « Le rôle constitutionnel de la Cour de justice des Communautés européennes tel qu'il se dégage de sa jurisprudence », *RTDE*, 2008, n° 1, p. 29.

Alors que la Cour suprême du Canada ne conçoit la capacité à agir provinciale que de façon abstraite, la Cour de justice ne semble procéder à un contrôle factuel que lorsque les faits ont un lien avec la nécessité d'une intervention de l'Union européenne. Ainsi appréhende-t-elle les faits de façon subjective dans *Natural Health* et de façon objective dans *Vodafone*[696].

C. L'évaluation de la nécessité d'une intervention de l'Union européenne pour éviter une distorsion de la concurrence dans le domaine de l'art et de la culture

475. Dans les décisions *Fundación Gala-Salvador Dalí* et *VEGAP* et dans *Commission/Portugal*, la Cour reconnaît la nécessité d'une intervention de l'Union européenne pour éviter une distorsion de la concurrence dans le domaine de l'art et de la culture.

Elle se fonde sur l'existence de disparités entre les législations nationales pour prouver la nécessité d'une intervention de l'Union européenne dans les domaines où des distorsions dans le Marché commun pourraient résulter de ces disparités dans l'arrêt *Fundación Gala-Salvador Dali*[697]. Elle ne précise pas comment évaluer l'impact des disparités entre les législations nationales sur le Marché commun.

Pour autant, la disposition française autorisant le droit de suite aux héritiers légaux n'est pas considérée comme incompatible avec la directive. Il reviendra au juge espagnol de se prononcer sur l'applicabilité du droit français. Cette décision favorise la complémentarité entre le droit national, le droit de l'Union européenne et le droit international[698].

476. Dans l'arrêt *Commission/Portugal*, la Cour raisonne par analogie. Elle considère que « les droits exclusifs conférés par la propriété littéraire et artistique sont de nature à affecter les échanges de biens et de services ainsi que les rapports de concurrence à l'intérieur de la Communauté ». Elle ne précise pas quel est le lien entre« les droits exclusifs conférés par la propriété littéraire et artistique » et « les échanges de biens et de services »[699], mais se fonde sur un argument jurisprudentiel.

---

[696] *Vodafone*, Affaire C-58/08, 8 juin 2010.

[697] *Fundación Gala-Salvador Dalí et VEGAP*, affaire C-518/08, 15 avril 2010, §15.

[698] Laurence IDOT, « Propriété intellectuelle », *JCE*, Juin 2010, n° 6, commentaire 216, pp. 1663-8184.

[699] *Commission/Portugal*, Affaire C-53/05, 6 juillet 2006, §29 à 32.

La Cour, rejetant les justifications proposées par le Portugal, constate son manquement[700]. Plutôt que de montrer quelles sont les similitudes entre le cas cité et l'affaire nouvelle, selon une méthode analogique, la Cour généralise par une induction amplifiante : la solution de l'arrêt cité, ce qui affaiblit la fiabilité de son raisonnement.

D. La prise en compte de la dimension transfrontalière de la coopération administrative en matière de TVA

477. Dans l'arrêt *Commission/Allemagne*, la Cour invoque la dimension transfrontalière de la coopération administrative en matière de TVA pour étayer le respect par le règlement du principe de subsidiarité[701]. Comme dans *Vodafone*, la référence à la dimension transfrontalière est déterminante.

La Cour constate que la coopération des administrations nationales instituée par le règlement est essentielle. Elle contribuerait à une réduction des fraudes et à la perception effective des recettes de TVA et, symétriquement, au maintien des ressources de TVA et à la préservation de l'équilibre général des ressources propres de l'Union[702].

Elle repousse l'argumentation de l'Allemagne fondée sur la subsidiarité « à supposer même que le principe de subsidiarité doive s'appliquer en l'espèce, la dimension transfrontalière de la coopération administrative en matière de TVA, instituée par le règlement, conduirait en tout état de cause à considérer que le contrôle litigieux est conforme audit principe. Un tel contrôle permet en effet de veiller au bon fonctionnement de la coopération à laquelle participent les administrations de l'ensemble des États membres, bon fonctionnement dont dépend pour partie l'aptitude de chacune des administrations à lutter contre la fraude et l'évasion fiscale sur leur propre territoire; ledit contrôle sera nécessairement mieux réalisé de manière centralisée, au niveau de la Communauté, par la Cour des comptes puisque sa compétence s'étend à l'ensemble des États membres ».

---

[700] François MARIATTE, « Vice de transposition de la directive droit de location et de prêt au Portugal », *JCE*, octobre 2006, n° 10, commentaire 284, p. 20.

[701] *Commission/Allemagne*, Affaire C-539/09, 15 novembre 2011.

[702] Anne RIGAUX, « Refus de vérification de la Cour des Comptes », *JCE*, Janvier 2012, n° 1, commentaire 9, p. 20.

E. L'évaluation concrète de la capacité à agir des États dans le domaine de la vente de tabac

478. Dans son arrêt relatif à l'affaire *Philipp Morris*[703], la Cour de justice a réaffirmé qu'elle devait vérifier «si le législateur de l'Union pouvait considérer, sur la base d'éléments circonstanciés, que l'objectif poursuivi par l'action envisagée pouvait être mieux réalisé au niveau de l'Union».

§2. La capacité à agir dans le cadre de la clause de commerce

479. City National Leasing reproche à General Motors (GM) d'avoir accordé un taux d'intérêt « préférentiel » subventionné à ses concurrents lors de leurs acquisitions de véhicules GM. La Cour doit, dès lors, se prononcer sur la compétence du Parlement pour adopter la *Loi relative aux enquêtes sur les coalitions en vertu de l'article 91(2)* [704]. La question porte plus particulièrement sur la constitutionnalité de l'article 31.1 de la loi relative aux enquêtes sur les coalitions. En première instance, le juge avait considéré que l'article 31.1 était de la compétence des Provinces sur les échanges et le droit civil et n'était pas vraiment essentiel à l'efficacité des lois relatives aux enquêtes sur la coalition[705]. La Cour d'appel de l'Ontario a partiellement accueilli l'appel. La Cour suprême reconnaît pour sa part la constitutionnalité de cet article en se fondant sur la compétence générale du fédéral en matière de commerce pour reconnaître la compétence fédérale.

480. Se fondant sur une interprétation fonctionnelle de l'article 91(2), la Cour suprême détermine dans l'arrêt *General Motors of Canada* les critères de la compétence générale du Parlement fédéral en matière d'échanges et de commerce, ces critères permettent d'évaluer la capacité à agir provinciale dans une dynamique de subsidiarité.

---

[703] *Phillip Morris*, C-547/14, EU:C:2016:325, point 218.

[704] Loi relative aux enquêtes sur les coalitions, S.R.C. 1970.

[705] Le juge Rosenberg, cite dans *General Motors of Canada Ltd. c. City National Leasing*, [1989] 1 R.C.S. 641, II. :
« Manifestement, l'article 31.1 ne fait pas partie du système complexe mis en place par la Loi. Il n'est tributaire d'aucune conclusion de la part du Directeur ou de la Commission. La Loi s'est appliquée pendant plus de 75 ans sans une telle disposition. On ne peut en justifier l'existence pour le motif qu'elle serait une composante *essentielle* d'un système administratif mis en place par la Loi ».

Dans *General Motors of Canada Ltd. c. City National Leasing*[706], la Cour a ajouté aux critères de *Vapor Canada* de nouveaux critères. Ces derniers mettent l'accent sur la nécessité pour le fédéral de détenir des compétences suffisamment étendues pour atteindre les objectifs constitutionnels qu'il poursuit. Ils visent à évaluer la capacité à agir des provinces et sont directement inspirés par le principe de subsidiarité[707] : « la loi devrait être d'une nature telle que la Constitution n'habiliterait pas les provinces, conjointement ou séparément, à l'adopter, et l'omission d'inclure une seule ou plusieurs provinces ou localités dans le système législatif compromettrait l'application de ce système dans d'autres parties du pays ».

Dans le *Renvoi relatif à la Loi sur les valeurs mobilières*, la Cour se montre plus exigeante dans l'application de ces critères. La reconnaissance de l'incapacité provinciale ne suffit pas à prouver la compétence fédérale. Encore faut-il que l'intervention fédérale respecte les compétences provinciales, ce qui, nous le verrons, n'est pas sans rappeler le principe de proportionnalité.

Sous-section 2. L'évaluation de la capacité à agir des États membres dans le domaine des relations de travail

481. Dans les décisions *R.U. c/Conseil* et dans *Commission/Allemagne*, la Cour se limite à un contrôle purement formel de la capacité à agir.

---

706 *General Motors of Canada Ltd. c. City National Leasing*, [1989] 1 R.C.S. 641.

707 *Ibid.*,La Cour a proposé plusieurs critères de validité d'une loi en vertu du deuxième aspect de la compétence en matière d'échanges et de commerce : 1) la mesure législative contestée doit s'inscrire dans un système général de réglementation, 2) le système doit faire l'objet d'une surveillance constante par un organisme de réglementation, 3) la mesure législative doit porter sur le commerce dans son ensemble plutôt que sur un secteur en particulier, 4) la loi devrait être d'une nature telle que la Constitution n'habiliterait pas les provinces, conjointement ou séparément, à l'adopter, et 5) l'omission d'inclure une seule ou plusieurs provinces ou localités dans le système législatif compromettrait l'application de ce système dans d'autres parties du pays. Ces indices ne constituent pas une liste exhaustive de caractéristiques qui tendent à caractériser une loi générale en matière d'échanges et de commerce et la présence ou l'absence de l'un ou l'autre de ces critères n'est pas nécessairement concluante. Chaque fois que la compétence générale en matière d'échanges et de commerce est invoquée comme fondement de constitutionnalité, un examen méticuleux de chaque cas demeure approprié.

La Cour a pour volonté l'élévation du niveau de protection de la sécurité et de la santé des travailleurs dans *R.U. c/Conseil* de l'Union européenne. Or, l'objectif de cette directive, l'harmonisation du niveau de protection de la sécurité et de la santé des travailleurs dans *R.U. c/Conseil* de l'Union européenne, nécessite sa réalisation au niveau communautaire[708]. Dans cet arrêt, la Cour contrôle la nécessité d'une intervention communautaire pour atteindre l'objectif poursuivi par la norme. L'article 5 du traité et la jurisprudence ultérieure de la Cour[709]semblent pourtant indiquer que c'est à la lumière d'un objectif des traités que doit être contrôlé le principe de subsidiarité.

La Cour se fonde sur l'opinion du Conseil pour constater la nécessité d'une intervention de l'Union européenne pour améliorer la santé et la sécurité des travailleurs[710]. L'avocat général se contente d'affirmer que « le principe même du déclenchement de l'action de l'Union européenne pour les domaines couverts par la directive litigieuse ne saurait être contesté. L'initiative n'aurait pu en revenir aux seuls États membres », pour établir la nécessité de l'intervention de l'Union européenne[711].

482. L'Allemagne avançant des arguments montrant l'efficacité pratique d'une intervention étatique dans *Commission/Allemagne*[712], tente d'établir que les directives attaquées enfreignent le principe de subsidiarité « les dispositions de l'article 118 A, lues dans le contexte du principe de subsidiarité, tel que formulé à l'article 3 B, premier alinéa, du traité CE, feraient obstacle à ce qu'il serve de fondement à des prescriptions autres que minimales » [713] .Elle rappelle ensuite l'efficacité du système national. L'efficacité invoquée par l'Allemagne, celle du système national « dans le domaine de la législation en matière de protection des données » s'oppose à l'efficacité de l'action de l'Union européenne pour atteindre les objectifs des

---

708 D.R., « Compétences communautaires », *JCE*, n1 Janvier 1997, commentaire 1, p. 7.

709 Conclusions de l'avocat général Poiares Maduro du 1er oct. 2009 sur *Vodafone*, Affaire C-58/08, 8 juin 2010.

710 *Royaume-Uni de Grande-Bretagne et d'Irlande du Nord contre Conseil* de l'Union européenne, Affaire C-84/94, 12 novembre 1996, §47.

711 Conclusions de l'avocat général Léger présentées le 12 mars 1996. - *Royaume-Uni de Grande-Bretagne et d'Irlande du Nord contre Conseil de l'Union européenne*, Affaire C-84/94, 12 novembre 1996, §128, 129.

712 Commission des Communautés européennes contre République fédérale d'Allemagne, Affaire C-103/01, 22 mai 2003, §53.

713 Conclusions de l'avocat général Léger présentées le 12 mars 1996. - *Royaume-Uni de Grande-Bretagne et d'Irlande du Nord contre Conseil de l'Union européenne*, Affaire C-84/94, 12 novembre 1996, §20.

traités[714]; cette dernière seule étant prise en compte dans le contrôle du respect du principe de subsidiarité.

483. La Cour ne remet pas en question les arguments avancés par l'Allemagne. Sans se prononcer sur l'efficacité d'une action allemande, elle se réfère à l'efficacité de l'action européenne. La divergence entre les opinions majoritaires et dissidentes découle des éléments de preuves pris en compte dans le contrôle de la subsidiarité et de la proportionnalité. Alors qu'elle le pourrait, la Cour se réfère peu au texte ou à une argumentation *ab exemplo*. Cette décision semble, par conséquent, principalement surdéterminée. La Cour motive sa décision comme si, prédéterminée, elle résultait d'une interprétation téléologique des traités. Elle interprète la subsidiarité à la lumière de l'objectif pragmatique de protection des travailleurs et de l'objectif systémique de respect du principe de proportionnalité. Néanmoins, elle ne fournit pas d'argument pour répondre aux parties et étayer la plus-value de l'action de l'Union européenne pour atteindre et protéger les travailleurs. Concernant le principe de proportionnalité, il n'est respecté que si le principe de subsidiarité l'est. Ces deux principes ne s'appliquent pas de façon alternative.

Cette décision pourrait avoir été influencée par la volonté de l'interprète de privilégier la compétence de l'Union européenne. Le choix entre ces éléments de preuve pourrait révéler une divergence de conception du partage des compétences entre l'Allemagne et le Conseil. Alors que la Cour, en se référant à l'efficacité de l'action européenne, privilégie une application ascendante par le test de la valeur ajoutée; l'Allemagne, en se référant à l'efficacité de l'action nationale, privilégie une application descendante de la subsidiarité. L'influence des objectifs poursuivis par l'interprète serait moindre si les critères d'application du principe de subsidiarité étaient plus précis.

---

[714] Commission des Communautés européennes contre République fédérale d'Allemagne, Affaire C-103/01, 22 mai 2003.
Il serait contraire à cette exigence d'obliger la République fédérale d'Allemagne à adopter un système étranger à son ordre juridique et, ainsi, à abandonner un système de contrôle efficace qui aurait fait ses preuves depuis presque trente ans et qui aurait été un exemple dans le domaine de la législation en matière de protection des données, dont le rayonnement aurait été bien plus que national.

Sous-section 3. L'évaluation de la capacité à agir des niveaux de gouvernement dans le domaine de l'environnement

484. En droit de l'Union européenne, c'est en matière d'environnement que la Cour appliqua pour la première fois le principe de subsidiarité (§1). En droit canadien, la Cour suprême contribue à préciser les critères d'évaluation de la capacité à agir de chaque niveau de pouvoir (§2).

§1. La capacité à agir en droit de l'environnement en droit de l'Union européenne

485. Après avoir montré l'influence de la jurisprudence de la Cour sur le principe de subsidiarité en droit de l'environnement (A), nous examinerons l'interprétation du test de la valeur ajoutée dans ce domaine (B).

A. L'influence de la jurisprudence de la Cour sur les actes environnementaux

486. Une des premières applications du principe de subsidiarité en droit de l'Union européenne remonte à l'arrêt *Kramer* de 1976 où il est dit « que la conservation des ressources biologiques de la mer ne peut être assurée de manière à la fois efficace et équitable qu'à travers une réglementation engageant tous les États intéressés, y compris les pays tiers »[715].

La Cour a ainsi justifié la capacité de la Communauté à conclure une convention internationale en matière de pêche[716]. La Communauté serait, par exemple, seule à même de lutter contre l'effet de serre, la détérioration de la couche d'ozone ou encore de préserver la propreté de la mer du Nord et des fleuves.
D'un autre côté, la jurisprudence de la Cour de justice a pu inciter les institutions de l'Union européenne à respecter les compétences étatiques concernant les actes environnementaux.

---

[715] *Kramer*, Affaires jointes 3-4 et 6/76, 14 juillet 76.

[716] Jean-Philippe DEROSIER, « La dialectique centralisation/décentralisation Recherche sur le caractère dynamique du principe de subsidiarité », *RIDC*, 2007, vol. 59, n°1, pp. 107-140.

Quoique cela soit relativement rare, certaines initiatives de l'Union européenne adoptées sur la base de l'article 192 TFUE, notamment en ce qui concerne la lutte contre la pollution marine ou la décontamination marine, ont été écartées au motif que l'action des États était aussi efficace. Au nom de la subsidiarité, le Conseil et le Parlement seraient parvenus à réduire, au cours de la dernière législature, le niveau de protection découlant de normes de l'Union européenne adoptées dans le courant des années 1980 et ayant fait l'objet d'une interprétation stricte de la part de la Cour de justice.

487. La Cour de justice avait, par exemple, jugé dans un arrêt *Van de Walle* que le producteur d'un produit à l'origine de déchets était tenu de prendre en charge la décontamination de ces derniers. Afin de réagir au mécontentement des États membres et des secteurs économiques concernés, le législateur de l'Union fit volte-face et assouplit les exigences posées par la directive[717].

B. L'application du test de la valeur ajoutée aux politiques environnementales

488. Il s'agit de déterminer les conditions caractérisant un dépassement des frontières étatiques (1) ainsi que les situations d'urgence d'une intervention (2), toutes deux caractérisant une valeur ajoutée de l'action de l'Union européenne.

1. Le caractère transfrontalier d'une matière

489. Les écosystèmes étant interconnectés, les limites étatiques semblent sans aucune pertinence dans le traitement de problèmes environnementaux. La biosphère, les espèces, végétales ou animales, les cours d'eau, la pollution, ne connaissent pas les frontières, particulièrement lorsqu'elles ne sont pas géographiques.

Dans cette perspective, la Cour de justice a considéré la protection des oiseaux migrateurs comme un problème de nature transfrontalière

---

[717] D'une part, les sols contaminés échappent au champ d'application de la nouvelle directive, alors que, d'autre part, la responsabilité obligatoire du producteur de produits a été supprimée au profit d'un principe plus flou, celui de la responsabilité élargie du producteur – laquelle porte sur l'usage qui sera fait de ses produits lorsque ceux-ci se transformeront en déchets 23. Il en résulte que la décontamination des sols ne tombe désormais plus sous le coup des obligations de gestion des déchets et que le régime de responsabilité rétrospective des producteurs à la fin de vie de leurs déchets est fortement atténué.

nécessitant des responsabilités partagées pour les États membres [718]. L'obligation d'atteindre un niveau élevé de protection, conformément aux obligations de droit primaire, démontre la valeur ajoutée du processus d'harmonisation.

490. Par ailleurs, l'absence d'une politique environnementale commune se traduirait par d'importantes distorsions de concurrence fragilisant le marché intérieur. Le coût élevé de la mise en œuvre des mesures d'épuration, de décontamination, de dépollution, de remise en état requiert que tous les États membres soient placés sur un pied d'égalité pour faire face à ces charges financières, ce qui se traduit notamment par l'imposition des responsables de ces pollutions.

2. L'urgence de l'intervention de l'Union européenne

491. L'urgence de lutter contre le changement climatique pourrait, a priori, justifier une intervention de l'Union européenne homogène et complète. En effet, l'objectif posé par le préambule de la *directive 2004/101/CE*: l'établissement d'un lien entre les mécanismes prévus par le protocole de Kyoto et le système de l'Union européenne ne peut être accompli de manière suffisante par les États membres agissant individuellement, et peut donc, en raison des dimensions et des effets de la présente directive, être mieux réalisé au niveau de l'Union européenne. La Communauté peut prendre des mesures, conformément au principe de subsidiarité consacré à l'article 5 TUE.

492. Le Tribunal a, pour sa part, estimé que l'État membre dispose « d'une certaine marge de manœuvre pour choisir les mesures qu'il considère comme les mieux adaptées pour atteindre, dans le contexte spécifique du marché énergétique national »[719], le résultat prescrit par ladite

[718] *Commission c. France*, Affaire C-252/85, 27 avril 1988, Rec., p. I-2243, point 9.

[719] *Allemagne c. Commission*, Affaire T-374/04, 7 novembre 2007, Rec., p. II-4431, point 79 ; *Estonie c. Commission*, Affaire T-263/07, p. 23 septembre 2009, point 53. Notons toutefois qu'à la suite de l'adoption du paquet « énergie-climat », ce système a été modifié. Désormais, le rôle de la Commission est nettement plus proactif. Il lui appartient en effet de publier la quantité totale de quotas pour l'ensemble de la Communauté en 2013, ce qui fut fait par décision du 22 octobre 2010 (Décision 2010/634/UE de la Commission du 22 octobre 2010 adaptant la quantité de quotas à délivrer pour l'ensemble de l'Union pour 2013 dans le cadre du système d'échange de quotas d'émission de l'Union européenne et abrogeant la décision 2010/384/UE, JO, 23 octobre 2010, L 279, p. 34).

directive. L'État disposait donc d'une certaine liberté lorsqu'il élaborait son plan national d'allocation de CO2, pour la période 2008-2012.

Selon le Tribunal, le respect du principe de subsidiarité implique, pour la Commission, une application rigoureuse de l'obligation de prouver que les plans nationaux d'allocation de CO2 étaient contraires aux obligations prévues par la *directive 2004/101/CE*[720].

§2. La capacité à agir en droit canadien de l'environnement

493. L'arrêt *Crown Zellerbach* [721] permet d'observer l'œuvre de mécanismes de subsidiarité dans la doctrine de l'intérêt national et plus particulièrement dans l'évaluation de la capacité à agir des provinces (A). C'est par ailleurs dans le domaine de l'environnement, dans l'arrêt *Canada Ltée* (Spraytech, Société d'arrosage) *c. Hudson* (Ville), que la Cour suprême a explicitement reconnu que le principe de subsidiarité constituait une règle d'interprétation des compétences (B).

A. L'évaluation de la capacité à agir provinciale en droit de l'environnement

494. La Cour devait, dans l'affaire *Crown Zellerbach*, déterminer si en vertu de la théorie de l'intérêt national, une loi fédérale pouvait s'appliquer à des eaux provinciales.

La Cour a dû se poser la question de savoir si la pollution de la mer était une question d'intérêt national relevant de la compétence législative du Parlement en matière de paix, d'ordre et de bon gouvernement du Canada. En cette occasion, les juges appliquent les critères de la théorie de l'intérêt national.

L'interprétation du critère d'unicité prend en compte l'effet sur les intérêts extra-provinciaux de l'omission d'une province de s'occuper efficacement du contrôle des aspects intraprovinciaux de la question. Les juges majoritaires interprètent le critère d'unicité de façon à favoriser la mise en œuvre d'un droit luttant efficacement contre la pollution des eaux et recherchent donc les effets potentiels de la négligence d'une Province(2). Une telle interprétation de la capacité à agir pourrait, selon la dissidence, conduire à une utilisation abusive de la théorie de l'intérêt national (1).

---

[720] *Estonie c. Commission*, Affaire T-263/07, p. 23 septembre 2009, point 52.

[721] *R. c. Crown Zellerbach Canada Ltd.*, [1988] 1 R.C.S. 401.

1. La remise en cause par la dissidence d'une conception in abstracto de la capacité à agir provinciale

495. Le critère de l'incapacité provinciale est conçu in abstracto. Le juge Le Dain ne cherche pas à savoir si la Colombie-Britannique s'est convenablement occupée de la pollution marine dans les eaux de son territoire. Il suffit que la négligence d'une province puisse potentiellement entraîner des dommages sur les autres pour que ce critère soit satisfait même si en pratique les provinces assument convenablement leurs responsabilités. Ainsi conçu, le critère de l'intérêt national ne permet pas vraiment de limiter les utilisations de la théorie qui le promeut[722]. De plus, l'interprétation de l'impact de la compétence fédérale sur les pouvoirs provinciaux peut donner lieu à des appréciations subjectives et difficilement prévisibles.

496. Par conséquent, pour mieux préserver l'équilibre des compétences, la dissidence se réfère à un critère plus exigeant. Dans une optique comparable à celle de la Cour de justice lorsqu'elle examine la nécessité d'une intervention de l'Union européenne pour atteindre un objectif, l'opinion dissidente se réfère aux pouvoirs dont dispose le gouvernement fédéral pour atteindre l'objectif visé. Elle considère pour sa part que « le Parlement jouit déjà de pouvoirs étendus pour remédier à des conditions qui entraînent la pollution du milieu marin partout où elles se présentent »[723]. Alors que l'évaluation de la capacité à agir provinciale ne peut se faire que de façon abstraite, la dissidence ne se réfère pas seulement à des éléments abstraits pour établir la capacité du Parlement fédéral à intervenir sur d'autres fondements. Elle mentionne le partage constitutionnel des compétences, mais prend également en compte des éléments techniques et économiques.

Cette référence aux moyens à la disposition du Parlement fédéral pour résoudre un problème n'est pas sans évoquer le test d'efficacité comparative en droit de l'Union européenne.

---

[722] *R. v. Crown Zellerbach Canada Ltd.*, [1988] 1 S.C.R. 401, pp. 482, 457, opinion du juge La Foret.

[723] Ibid., §6.

2. *L'évaluation des effets de l'abstention d'une Province par la majorité*

497. La Cour considère que l'omission d'une province de s'occuper efficacement de la pollution des eaux pourrait avoir des conséquences extra provinciales.

La Cour reconnaît l'incapacité des provinces dès lors que l'omission d'une province de s'occuper efficacement des aspects intra provinciaux d'une question pourrait affecter l'ensemble du pays. La Cour rappelant une fois de plus les fondements de la théorie de l'intérêt national, reconnue par la jurisprudence et la doctrine[724] montre le lien entre les aspects intra et interprovinciaux d'une question évoluant sans cesse, l'incapacité provinciale, et par conséquent, l'intérêt national d'une question, doivent être interprétés de façon dynamique : « Ainsi, le juge Estey a considéré que la théorie de l'intérêt national énoncée dans l'arrêt Canada Temperance Federation visait non pas le cas d'une nouvelle matière qui n'existait pas à l'époque de la Confédération, mais celui d'une matière qui, au départ, pouvait avoir été d'intérêt local ou provincial, mais qui avait revêtu par la suite un intérêt national »[725].

La référence de la Cour suprême à l'intérêt national peut être comparée à la référence de la Cour de justice au bon fonctionnement du Marché commun. Dans les deux cas, la mise en œuvre d'une norme commune vise à pallier l'incapacité d'entité isolée à atteindre un objectif.

498. L'application du critère de l'unicité dépend des objectifs de la norme contrôlée. Les effets d'une non-intervention de la province sont recherchés: « La pollution des mers, à cause de son caractère et de ses incidences extra provinciales surtout, mais aussi internationales, est manifestement une matière qui intéresse le Canada tout entier »[726].

---

[724] *R. v. Crown Zellerbach Canada Ltd.*, [1988] 1 S.C.R. 401 : « 34 (…) Il a mentionné cette catégorie comme étant « une question d'intérêt national transcendant le pouvoir des autorités locales d'y faire face par voie législative », et a cité à l'appui de cette formulation du critère un passage de l'ouvrage du professeur Hogg, intitulé Constitutional Law of Canada(1977), à la p. 261, où l'on dit que [TRADUCTION] : « l'élément le plus important de la dimension nationale ou de l'intérêt national est le besoin d'une loi nationale, but qu'une action concertée des provinces ne peut atteindre de façon réaliste, car le défaut de coopération de l'une d'elles entraînerait des conséquences graves pour les habitants des autres provinces. » 35. Dans l'arrêt Schneider, où la Cour a jugé à l'unanimité que l'Heroin Treatment Act de la Colombie-Britannique était constitutionnelle, l(…) ».

[725] R. v. Crown Zellerbach Canada Ltd., [1988] 1 S.C.R. 401, §35.

[726] Ibid., §3.

De même, en droit de l'Union européenne, subsidiarité et proportionnalité sont-ils contrôlés à la lumière des objectifs poursuivis par la norme contrôlée. Ce n'est qu'en se référant à un tel objectif que l'on peut déterminer si un instrument contraint excessivement les États.

B. La référence explicite au principe de subsidiarité

499. Dans *Canada Ltée (Spraytech, Société d'arrosage) c. Hudson (Ville)*, la Cour [727] invoque de façon explicite le principe de subsidiarité.

Les appelantes, des entreprises d'aménagement paysager et d'entretien utilisaient régulièrement, dans le cadre de leurs activités commerciales, des pesticides conformes à la Loi sur les produits antiparasitaires du gouvernement fédéral et détenaient les permis requis par la Loi sur les pesticides du Québec. La société Spratchey exerçait, entre autres, son activité dans la ville intimée qui a, en 1991, adopté le règlement 270, qui limite l'utilisation des pesticides sur son territoire à des endroits précis et aux activités énumérées. La définition de pesticide contenue dans le règlement 270 est la réplique exacte de celle adoptée dans la Loi sur les pesticides. En 1992, les appelantes ont été accusées d'avoir utilisé des pesticides contrairement au règlement 270. Elles ont introduit une requête en jugement déclaratoire demandant à la Cour supérieure de déclarer inopérant le règlement 270 et ultra vires le pouvoir de la Ville. La Cour supérieure a rejeté cette requête, ce qui fut confirmé par la Cour d'appel[728].

500. L'aspect descendant de la subsidiarité est pleinement reconnu dans cette décision; la proximité entre la prise de décision et le citoyen y apparaît comme une garantie d'efficacité législative : « Ce principe veut que le niveau de gouvernement le mieux placé pour adopter et mettre en œuvre des législations soit celui qui est le plus apte à le faire, non seulement sur le plan de l'efficacité, mais également parce qu'il est le plus proche des citoyens touchés et, par conséquent, le plus sensible à leurs besoins, aux particularités locales et à la diversité de la population ». En l'espèce, la ville a étoffé la réglementation fédérale des produits antiparasitaires en limitant davantage l'utilisation de certaines substances, ce qui permet d'envisager sa capacité à agir. La Cour ne précise pas la source exacte de ce principe, si ce n'est une sorte de « coutume » : « cette instance surgit à une époque où les questions

---

[727] *Canada Ltée* (Spraytech, Société d'arrosage*) c. Hudson* (Ville), [2001] CSC 40, §3.

[728] Ibidem

de gestion des affaires publiques sont souvent examinées selon le principe de la subsidiarité ».

Sous-section 4. L'évaluation de la capacité à agir en matière d'aéronautique

501. L'affaire *Luxembourg c/* Parlement et Conseil[729] résulte d'un recours en annulation de la *directive 2009/12/CE* du Parlement européen et du Conseil, du 11 mars 2009, sur les redevances aéroportuaires (JO L 70, p. 11), au motif qu'elle constituerait une violation des principes d'égalité de traitement, de proportionnalité et de subsidiarité. Il serait selon le Luxembourg, injustifié d'appliquer la directive au plus grand aéroport de chaque État membre tel que l'aéroport Luxembourg-Findel. En effet, l'aéroport de Luxembourg-Findel, ne risquerait pas d'abuser d'une position dominante à l'égard des opérateurs.

Alors que la Cour répond directement à l'argumentation luxembourgeoise (§1), l'avocat général montre le respect du principe de subsidiarité par la directive en se fondant sur le caractère transnational de l'aéronautique, ce qui n'est pas sans rappeler le raisonnement de la Cour suprême du Canada sur des questions semblables (§2).

§1. Le désaccord entre les requérants et la Cour de justice sur la pertinence d'une analogie

502. Le Luxembourg considère que l'application de la directive au plus grand aéroport de chaque État membre serait contraire au principe de subsidiarité. Il évalue ainsi de façon concrète la capacité à agir des États. Selon la Cour, elle serait pourtant nécessaire.

Le Luxembourg utilise le raisonnement analogique pour montrer que l'application de la directive au plus grand aéroport de chaque État membre n'est pas nécessaire : « des aéroports ayant pourtant une taille supérieure à celle de l'aéroport de Luxembourg-Findel sont exemptés du respect des

---

[729] *Grand-Duché de Luxembourg contre Parlement* européen et Conseil de l'Union européenne, Affaire C-176/09, 12 mai 2011.

obligations découlant de la *directive 2009/12*[730] ». Le Luxembourg considère que les aéroports ayant une qualité commune quant à la taille du trafic occasionné devraient recevoir un même traitement, la non-application de la directive. Cependant, il ne suffit pas que deux objets possèdent une qualité commune pour qu'un même traitement leur soit octroyé. Encore faut-il que cette qualité soit déterminante dans le traitement visé. Or le Luxembourg n'a pas montré le lien entre le trafic d'un aéroport et la réalisation des objectifs poursuivis par la directive.

503. Une distinction permet d'écarter une analogie. Ainsi la Cour a-t-elle procédé en montrant les lacunes de l'argumentation luxembourgeoise[731]. En effet, selon le Luxembourg l'application d'une même directive au plus grand aéroport de chaque État membre et aux aéroports enregistrant un trafic de plus de cinq millions de passagers enfreindrait le principe d'égalité de traitement en traitant de façon analogue des situations différentes.

La Cour propose en quelque sorte une analogie alternative en montrant la qualité commune de ces deux catégories d'aéroport. Elle rappelle que la qualité de plus grand aéroport d'un État était une caractéristique essentielle rendant nécessaire l'application de la directive[732], ce qu'elle a montré plus tôt dans son raisonnement[733]. Ces aéroports jouiraient en effet d'une position privilégiée dans leur rapport avec leurs usagers. La Cour justifie ainsi une différence de traitement entre des aéroports de trafic équivalent.

504. L'argumentation de l'avocat général ne répond que partiellement à l'argument analogique du Luxembourg[734]. Il évoque rapidement la nécessité d'appliquer aux aéroports principaux de chaque État membre la directive : « Si la tâche consistant à réglementer les redevances aéroportuaires dans leurs aéroports « principaux » enregistrant un trafic annuel inférieur à 5 millions de mouvements de passagers, était laissée aux États membres, cela provoquerait une évolution divergente des réglementations nationales ». L'avocat général ne s'étend cependant pas sur la nature exacte des

---

730 *Grand-Duché de Luxembourg contre Parlement européen et Conseil de l'Union européenne*, Affaire C-176/09, 12 mai 2011, §33 52, 73 voir aussi Conclusions de l'avocat général Mengozzi présentées le 16 décembre 2010.

731 Marie MESTHER, « Transports aériens », JCE, n7 Juillet 2011, commentaire 257.

732 *Grand-Duché de Luxembourg contre Parlement* européen et Conseil de l'Union européenne, Affaire C-176/09, 12 mai 2011, §108.

733 *Ibid.*, §44 à 46, 54, 82.

734 Conclusions de l'avocat général Mengozzi présentées le 16 décembre 2010. Dans *Grand-Duché de Luxembourg contre Parlement européen et Conseil de l'Union européenne*, Affaire C-176/09, 12 mai 2011, §109.

divergences pouvant résulter de la réglementation nationale des plus grands aéroports de certains États membres.

§2. La mise en exergue du caractère transnational de l'aéronautique en droit de l'Union européenne et en droit canadien

505. En droit de l'Union européenne comme en droit canadien, on peut observer une assimilation du caractère transnational de l'aéronautique à une incapacité étatique ou provinciale d'agir.

Dans l'affaire *Grand-Duché de Luxembourg contre Parlement européen et Conseil de l'Union européenne*, l'avocat général se réfère, sans transition, à la nature transnationale de l'activité réglementée plutôt que de détailler le lien entre le rang national occupé par l'aéroport et la nécessité d'appliquer la directive pour éviter des divergences : « (...)On ne doit pas non plus négliger le fait que le trafic aérien est, par sa nature même, une activité largement transnationale et que, en général, elle se prête donc peu à être réglementée au niveau de chaque État membre »[735]. Ce dernier argument semble sans lien avec le début du paragraphe où l'avocat général conteste l'analogie proposée par le Luxembourg.

506. L'argument tiré de la nature transnationale de l'aéronautique ne s'oppose pas directement à l'argumentation luxembourgeoise. En effet, comme la Cour l'affirme elle-même, le Luxembourg ne semble pas contester l'ensemble de la directive[736], mais seulement son applicabilité à une certaine catégorie d'aéroport. Par « l'argument transnational » l'avocat général confirme la nécessité de la directive établie plus tôt ; celle-ci permettant d'éviter que les compagnies aériennes ne soient victimes d'abus de la part des gestionnaires des aéroports[737]. Cependant, si le raisonnement de la Cour montre le lien entre le rang occupé par un aéroport dans un État membre et

---

[735] Conclusions de l'avocat général Mengozzi présentées le 16 décembre 2010, 109.

[736] *Grand-Duché de Luxembourg contre Parlement européen et Conseil de l'Union européenne*, Affaire C-176/09, 12 mai 2011, §75 Le Parlement considère que la requête ne semble pas critiquer l'existence même de l'intervention du législateur de l'Union.

[737] Conclusions de l'avocat général Mengozzi présentées le 16 décembre 2010.
En ce qui concerne la directive en cause en l'espèce, j'ai déjà eu l'occasion de souligner(36) que, sur le fondement de l'article 80, §2, CE, elle établit des principes communs pour la perception de redevances aéroportuaires dans les aéroports de la Communauté afin d'éviter que les entités gestionnaires des aéroports commettent des abus vis-à-vis des compagnies aériennes.

les risques d'abus pour les compagnies aériennes[738], ce lien n'est pas établi par l'avocat général. Ces arguments montrent la nécessité d'une intervention de l'Union européenne, ils ne montrent pas que la compétence de l'Union européenne ne peut coexister avec celle des États sur les points n'entrant pas en contradiction. L'avocat général n'a pas établi que l'action conjointe des États et de la Communauté serait néfaste à la poursuite efficace d'objectifs de l'Union européenne[739].

507. Alors que dans certains domaines tels que la réalisation du marché intérieur, la Cour interprète le principe de subsidiarité à la lumière d'objectifs concrets, elle s'abstient de rechercher quel droit serait le plus efficace dans la décision *Luxembourg c/ Conseil*. La principale divergence entre la Cour et le Luxembourg porte sur la nécessité d'une intervention de l'Union européenne pour les aéroports enregistrant un trafic annuel inférieur à cinq millions de mouvements de passagers. Les juges majoritaires et les juges dissidents se réfèrent au même argument. Leur désaccord porte sur la possibilité d'établir une analogie entre tous les aéroports enregistrant un trafic annuel inférieur à cinq millions de mouvements de passagers, qu'ils aient ou non la position d'aéroport principal de l'État dans lequel ils se trouvent. La Cour n'écarte pas explicitement l'analogie entre tous les aéroports enregistrant un trafic annuel inférieur à cinq millions de passagers. La Cour se réfère à la position occupée par un aéroport dans l'État dans lequel il se trouve, plutôt qu'au nombre de passagers empruntant annuellement l'aéroport pour identifier le droit applicable. La Cour ne justifie pas son choix de privilégier une caractéristique plutôt qu'une autre. Elle ne caractérise pas les divergences susceptibles de résulter de l'application de lois distinctes aux aéroports principaux des différents États membres. Pour ce faire, la Cour aurait pu rechercher la raison d'être de la directive et montrer que le nombre d'usagers ne constitue pas une caractéristique pertinente pour établir une analogie. Elle motiverait ainsi son choix d'écarter l'argument par analogie proposée par le Luxembourg, évitant ainsi d'éventuelles revendications ultérieures plus approfondies que celles du Luxembourg. La Cour évite de se prononcer *ultra pepita*, elle se borne à répondre à l'argumentation luxembourgeoise sans rechercher elle-même des éléments de preuves pour se prononcer sur la nécessité d'une intervention de l'Union européenne. Sa décision semble principalement surdéterminée. Le travail d'interprétation de la Cour se limite au strict nécessaire, ce qui lui permet de préserver les compétences de l'Union européenne.

---

[738] *Grand-Duché de Luxembourg contre Parlement européen et Consei*l de l'Union européenne, Affaire C-176/09, 12 mai 2011, §46 47.

[739] Ce raisonnement se rapproche de celui ayant inspiré le critère unicité en droit canadien.

508. En droit canadien, le raisonnement est similaire. La Cour suprême du Canada, dans *Johannesson*[740] puis dans *Lacombe*[741], fonde la compétence fédérale en matière d'aéronautique sur la nécessité pratique d'une intervention fédérale dans le domaine de l'aéronautique pour sauvegarder l'intérêt national.

Le juge LOCKE pour montrer que l'aéronautique constitue une préoccupation pour le Canada dans son ensemble, insiste sur l'essor rapide du trafic aérien depuis la Seconde Guerre mondiale, sur l'importance de ce trafic pour l'épanouissement du pays et la mise en valeur des ressources nationales et sur la nécessité de ne pas diviser ce domaine de législation[742].

Sous-section 5. L'évaluation de la capacité à agir en matière de procréation assistée

509. Dans le *Renvoi relatif à la Loi sur la procréation assistée,* l'ensemble des juges reconnaît que le principe de subsidiarité a pour vocation de garantir l'intervention du niveau de gouvernement le plus efficace[743]. La subsidiarité en droit canadien, selon cette interprétation, ne permettrait donc pas l'intervention du niveau de gouvernement compétent le plus proche du citoyen. La Cour privilégie le critère de l'efficacité à celui de l'efficience; les moyens employés par un niveau de gouvernement pour atteindre un objectif importent peu, seule est déterminante sa capacité à atteindre cet objectif.

---

[740] *Johannesson v. Municipality of West St. Paul*, [1952] 1 S.C.R. 292.

[741] *Québec* (Procureur général) *c. Lacombe*, [2010] CSC 38.

[742] *Renvoi sur l'aéronautique* [1932] A.C. 54.
Le fait que vingt ans plus tôt, dans le *Renvoi sur l'aéronautique* le Comité judiciaire du Conseil privé ait fondé la compétence fédérale dans ce domaine sur l'article 132 de la *Loi constitutionnelle de 1867*, qui l'autorise à légiférer pour mettre en œuvre les « traités d'empire » conclus par la Grande-Bretagne confirme l'idée que la position de la Cour se fonde sur des considérations pratiques. La première loi fédérale sur l'aéronautique était destinée à mettre en œuvre les obligations découlant d'une Convention internationale de 1919 dont l'empire britannique était partie. Le Comité judiciaire avait accessoirement invoqué les §2, 5 et 7 de l'article 91 de la Loi constitutionnelle de 1867 (les échanges et le commerce, le service postal et la défense) ainsi que le pouvoir général du Parlement canadien. L'article 132 ne s'appliquant pas au Canada souverain, il est devenu nécessaire de trouver un autre fondement à la compétence fédérale en matière d'aéronautique.

[743] Renvoi relatif à la Loi sur la procréation assistée, [2010] 3 R.C.S. 457, §69, 70, 183.

L'efficacité semble donc, sur le plan théorique, déterminante dans la mise en œuvre de la subsidiarité. Pourtant les éléments examinés par les juges dépassent ce seul critère. Les juges souscrivant à l'opinion des juges LeBel et Deschamps vérifient si la question examinée dépasse les frontières de la province. Pour autant, est-il impossible que les provinces seules règlent une question ayant des effets transfrontaliers? Cette interprétation de la subsidiarité par les juges canadiens peut être rapprochée de celle de la Cour de justice en droit de l'Union européenne, déduisant du caractère transfrontalier du marché intérieur la nécessité d'uniformité de la législation en la matière.

510. Par ailleurs, influencés sans doute par les premières interprétations de la théorie des dimensions nationales, les juges prennent soin de rappeler l'importance capitale de la question qu'ils entendent résoudre. Se référant aux conclusions de la commission Baird, ils soulignent « l'importance de la recherche, du développement et de l'utilisation des nouvelles techniques de reproduction pour l'ensemble de la société canadienne ». Il s'agit de « sauvegarder les intérêts individuels et collectifs»[744]. Pourtant, le caractère essentiel d'une question ne prouve en rien la moindre efficacité d'une intervention provinciale.

---

[744] Renvoi relatif à la Loi sur la procréation assistée, [2010] CSC 61, § 204.

CONCLUSION DU CHAPITRE 1

511. L'évaluation de la capacité d'action des niveaux de gouvernements, davantage que l'identification de la base juridique d'une norme, semble constituer une entrave au contrôle juridictionnel de la subsidiarité.

512. La Cour de justice réduit la portée de la subsidiarité lorsqu'elle assimile le test d'efficacité comparative et le test de la valeur ajoutée, privilégiant ainsi l'efficacité à une interprétation stricte de la capacité d'action des États[745]. La jurisprudence de la Cour suprême s'inscrit dans une optique similaire en droit canadien. Elle considère, dans l'arrêt *Spratchey* que: « ce principe veut que le niveau de gouvernement le mieux placé pour adopter et mettre en œuvre des législations soit celui qui est le plus apte à le faire ». Elle adopte une position similaire dans le *Renvoi relatif à la loi sur la procréation assistée*[746].

513. Si l'incapacité provinciale et la plus grande efficacité fédérale sont, sans être conçus de façon étanche[747], distinguées dans le test de l'arrêt *General Motors of Canada (GMC)*, elles sont assimilées dans le test de l'intérêt national[748].

514. Plus encore que la nature du lien entre efficacité et capacité à agir, la question des critères d'évaluation de la capacité à agir pose problème. La jurisprudence doit encore déterminer si le caractère transfrontalier d'un sujet ou la plus grande célérité[749] d'une intervention de l'entité englobante entraînent nécessairement l'incapacité d'action des entités englobées.

---

[745] *British American Tobacco Investments et Imperial Tobacco*, Affaire C-491/01. La Cour fusionne les deux critères de la plus-value européenne et de l'insuffisance de l'exercice de la compétence nationale. L'action européenne étant plus efficace, l'action étatique est nécessairement insuffisante ; il devient donc superflu d'examiner son efficacité.

[746] Renvoi relatif à la Loi sur la procréation assistée, [2010] 3 R.C.S. 457. Derrière ce principe se profile l'idée que le gouvernement le plus proche des administrés dans un domaine est le plus apte à y exercer son pouvoir.

[747] *General Motors of Canada Ltd. c. City National Leasing*, [1989] 1 R.C.S. 641, p. 49. Ces indices ne constituent pas cependant une liste exhaustive de caractéristiques qui tendent à caractériser une loi générale en matière d'échanges et de commerce. La présence ou l'absence de l'un de ces cinq critères n'est pas non plus nécessairement concluante.

[748] La Cour reconnaît l'incapacité des provinces dès lors que l'omission d'une province de s'occuper efficacement des aspects intra-provinciaux d'une question pourrait affecter l'ensemble du pays.

[749] La nécessité d'une intervention diligente caractérise en droit de l'Union européenne l'incapacité étatique de façon comparable à la théorie de l'urgence en droit canadien.

515. Dans le *Renvoi relatif à la loi sur la procréation assistée*, alors que certains juges avaient invoqué ce caractère, la Cour suprême confirme qu'il n'implique pas nécessairement la compétence fédérale. La Cour de justice s'y réfère souvent comme indice de l'incapacité étatique. L'avocat général dans l'affaire *Luxembourg c. Conseil* ou la Cour dans *Commission/Allemagne*[750], mentionnent ainsi le caractère transnational du trafic aérien comme indice de la règlementation communautaire[751]. C'est également le cas en matière de Marché commun où la Cour fonde la nécessité d'une intervention de l'Union européenne sur l'opportunité de mettre en place un régime uniforme.

Il suffit à la Cour d'établir qu'une divergence nationale constituerait une insuffisance étatique pour établir la nécessité d'une intervention de l'Union européenne. Dans une perspective similaire, la Cour de justice reconnaît la compétence de l'Union européenne lorsque l'absence d'intervention de cette dernière pourrait créer des effets de distorsion[752]. La Cour associe la nécessité de l'intervention de l'Union européenne à l'uniformité de l'intervention; or l'Union est nécessairement mieux à même d'assurer l'uniformité du droit. Ce raisonnement permet à la Cour de reconnaître de façon quasi-systématique la compétence de l'Union.

516. Alors qu'une évaluation abstraite de la capacité à agir provinciale est privilégiée[753] en droit canadien, tel n'est pas toujours le cas en droit de l'Union européenne. La Cour de justice, considère dans *British American Tobacco Product* qu'une nouvelle intervention du législateur de l'Union européenne en vue d'harmoniser les législations ne résulte pas nécessairement de découvertes scientifiques, mais pourrait aussi découler d'évolutions politiques[754]. Elle revient au contraire sur une conception plus

---

[750] *Commission/Allemagne*, Affaire C-539/09, 15 novembre 2011, 48. Un contrôle des situations transfrontalières visées par le règlement n°1798/2003 pourrait en effet aisément intervenir au moyen d'une action commune de ces dernières.

[751] Dans *Vodafone* au contraire, le caractère transnational de l'activité est proposé comme une preuve par l'avocat général.
Vodafone, Affaire C-58/08, 8 juin 2010 : « 33. L'argument décisif découle toutefois de la nature transfrontalière de l'activité économique qu'il s'agit de réglementer ».
Et plus loin : « On ne doit pas non plus négliger le fait que le trafic aérien est, par sa nature même, une activité largement transnationale et que, en général, elle se prête donc peu à être réglementée au niveau de chaque État membre ».

[752] *Fundación Gala-Salvador Dalí et VEGAP*, Affaire C-518/08, 15 avril 2010.

[753] *General Motors of Canada Ltd. c. City National Leasing*, [1989] 1 R.C.S. 641.

[754] *British American Tobacco Investments et Imperial Tobacco*, Affaire C-491/01, 10 décembre 2002.

abstraite de la capacité à agir dans *Luxembourg c. Conseil*, lorsqu'elle écarte l'analogie proposée par le Luxembourg[755]. La Cour de justice, se contente le plus souvent de se référer à la justification du principe de subsidiarité par les institutions de l'Union européenne pour y reconnaître la justification de l'intervention communautaire.

517. L'application du critère de la capacité à agir ne suscite pas tant les divergences d'interprétation de la subsidiarité que l'étendue de l'intervention de chaque niveau de pouvoir.

---

80 Au demeurant, l'évolution des connaissances scientifiques n'est pas le seul motif pour lequel le législateur de l'Union européenne peut décider d'adapter la législation de l'Union européenne puisqu'il lui appartient, dans l'exercice du pouvoir discrétionnaire dont il dispose en la matière, de tenir compte également d'autres considérations, telles que l'importance accrue accordée au plan politique et social à la lutte contre le tabagisme.

[755] *Grand-Duché de Luxembourg contre Parlement européen et Conseil* de l'Union européenne, Affaire C-176/09, 12 mai 2011.

CHAPITRE 2. LE CARACTERE FLOU DE LA LIMITE ENTRE SUBSIDIARITE ET PROPORTIONNALITE

518. Nous rechercherons si une confusion entre subsidiarité et proportionnalité constitue en pratique une limitation au contrôle juridictionnel de la subsidiarité.

519. L'analyse de sa jurisprudence permet de montrer que la Cour de justice de l'Union européenne opère parfois une confusion entre le principe de subsidiarité et celui de proportionnalité. Ces deux principes ne peuvent être isolés puisque l'évaluation de l'efficacité des niveaux de gouvernement renvoie aux moyens d'action dont ils disposent.

520. En droit canadien, la confusion entre nécessité de l'intervention de l'entité fédérale (relevant d'une dynamique de subsidiarité) et l'étendue de son intervention (relevant d'une dynamique de proportionnalité) est limitée par l'application de théories distinctes. Si la théorie de l'intérêt national repose, comme le principe de subsidiarité en droit de l'Union, sur l'incapacité d'action des entités décentralisée elle s'en distingue dans la mesure où la seule plus-value de l'intervention fédérale ne suffit à la déclencher. Lorsque la Cour suprême du Canada, reconnait que le pouvoir fédéral est intervenu en application de la théorie de l'intérêt national, il admet l'unicité d'une matière, assimilée par une interprétation majoritaire à l'incapacité d'action des provinces. Il devient par conséquent superflu de s'interroger sur l'étendue de l'intervention fédérale. Nous verrons que la jurisprudence de la Cour suprême du Canada a abordé la question du lien entre la nécessité de l'intervention de l'entité fédérale et l'étendue de son intervention puisque certains juges distinguent unicité d'une matière et incapacité d'action des provinces.

521. La Cour suprême de Canada applique un raisonnement comparable au principe de proportionnalité lorsqu'elle évalue la justification d'une intervention du pouvoir fédéral dans un domaine de compétence provinciale, par la doctrine des compétences accessoires.

522. La Cour Suprême a néanmoins du préciser le lien entre l'évaluation de la nécessité de l'intervention fédérale et l'évaluation de l'étendue de l'action lors de son contrôle de la mise en œuvre de la clause de commerce qui implique une interrogation à la fois sur la nécessité de l'intervention de l'entité fédérale et sur l'étendue de son action. L'application du critère dynamique de l'intégration du test posé dans *GMC* nécessite d'abord une

évaluation de l'empiètement d'une disposition, puis la recherche du lien fonctionnel de cette disposition à la norme, relevant d'une dynamique de proportionnalité.

523. Nous rechercherons si la confusion entre subsidiarité et proportionnalité provoque une limitation conjoncturelle du principe de subsidiarité. Nous serons dans cette perspective amenés à nous référer au droit originaire de l'Union européenne et au droit constitutionnel canadien afin de préciser les relations entre ces deux principes.

Les jurisprudences de la Cour de justice et de la Cour suprême rappellent que la distinction entre la nécessité de l'intervention de « l'entité englobante » et de l'étendue de son intervention, quoique subtile, demeure possible (section 1). La question de la nécessité de l'intervention de « l'entité englobante » est, par conséquent, souvent assimilée à celle de l'étendue de son intervention (section 2).

SECTION 1. LA DISTINCTION ENTRE SUBSIDIARITE ET PROPORTIONNALITE

524. Une évaluation distincte de ces deux principes favorise le respect de la subsidiarité.

En droit de l'Union européenne, le principe de subsidiarité conditionne le déclenchement de l'intervention de l'Union européenne et le principe de proportionnalité détermine l'étendue de cette intervention (§1). Le test posé en droit canadien dans l'arrêt *General Motors of Canada* remplit ces fonctions (§2).

§1. La distinction entre subsidiarité et proportionnalité en droit de l'Union européenne

525. Que ce soit dans le domaine du Marché commun, ou des relations de travail, la Cour de justice revient régulièrement sur la distinction entre subsidiarité et proportionnalité, distinction explicitée par le protocole relatif à l'application des principes de subsidiarité et de proportionnalité.

Dans *British American Tobacco Investments* et *Imperial Tobacco*, après avoir reconnu que l'objectif de l'action pouvait être mieux réalisé au niveau de l'Union européenne[756], la Cour affirme que l'intensité de l'action n'a pas « excédé la mesure nécessaire pour atteindre l'objectif que cette action vise à réaliser »[757]. Le contrôle de la subsidiarité et de la proportionnalité apparaît également inversé dans l'affaire Vodafone[758].

Dans *R.U. c/Conseil de l'Union européenne*[759], la Cour et l'avocat général rappellent de façon plus explicite la distinction entre principe de subsidiarité et principe de proportionnalité, distinction que le requérant aurait méconnue « une certaine confusion a en effet été opérée par le requérant, qui a régulièrement invoqué au cours de la procédure le principe de subsidiarité — sans toutefois le solliciter en tant que moyen d'annulation, semblant l'assimiler à celui de proportionnalité »[760]. L'avocat général rappelle que « les deux principes interviennent successivement, à deux niveaux différents de l'action de l'Union européenne »[761] et que le principe de subsidiarité intervient en amont de l'action de l'Union européenne, celui de proportionnalité intervenant en aval de cette action: « Le principe de proportionnalité [...] est pris en considération par rapport à une action déjà entreprise [...] et a pour but de réaliser un contrôle de conformité avec les objectifs du traité»[762].

Dans *Commission/Allemagne*[763], le contrôle de la Cour porte principalement sur la proportionnalité de l'action de l'Union européenne. Elle considère, réfutant ainsi l'argumentation de l'Allemagne, que l'article 28, paragraphe 1,

---

[756] *British American Tobacco Investments et Imperial Tobacco*, Affaire C-491/01, 10 décembre 2002.
183 Il s'ensuit que, dans le cas de la directive, l'objectif de l'action envisagée pouvait être mieux réalisé au niveau de l'Union européenne.

[757] *Ibid.*, §184.

[758] Valérie MICHEL, « Téléphonie mobile : harmonisation du prix des services d'itinérance », JCE, n8-9, Août Septembre 2010, 1168-8384, commentaire 262.

[759] *Royaume-Uni de Grande-Bretagne et d'Irlande du Nord contre Conseil de l'Union européenne*, Affaire C-84/94, 12 novembre 1996.

[760] Conclusions de l'avocat général Léger présentées le 12 mars 1996. - *Royaume-Uni de Grande-Bretagne et d'Irlande du Nord contre Conseil de l'Union européenne*, Affaire C-84/94, 12 novembre 1996, §124.

[761] *Ibid.*, §126 : « (…) Le premier conditionne le déclenchement d'une action de la Communauté tandis que le second délimite son ampleur. On assiste ainsi à une dissociation de la question de la compétence et de celle de sa mise en œuvre (…) Le principe de subsidiarité intervient à un moment antérieur, à savoir quant à la décision de mettre en œuvre ou non une action au niveau de l'Union européenne ».

[762] D.R., « Compétences communautaires », JCE, n1 Janvier 1997, commentaire 1, p. 7.

[763] *Commission/Allemagne*, Affaire C-518/07, 09 Mars 2010.

second alinéa, de la directive 95/46 « n'excède pas ce qui est nécessaire pour atteindre les objectifs du traité CE »[764].

Une logique similaire à celle du principe de proportionnalité est à l'œuvre en droit canadien.

§2. La complémentarité des interventions fédérales et provinciales en droit canadien

526. La reconnaissance d'une complémentarité des interventions provinciales et fédérales (A) amène à s'interroger sur l'étendue de chacune. Le test de GMC permet cela, dans une dynamique de proportionnalité (B).

A. La reconnaissance d'une complémentarité des interventions provinciales et fédérales

527. Dans le *Renvoi relatif à la loi sur les valeurs mobilières*, la Cour, en appliquant le quatrième et le cinquième critère de *GMC*, prend en compte l'étendue de l'intervention fédérale. Quoique la Cour reconnaisse une compétence fédérale pour intervenir dans le domaine des valeurs mobilières, elle contrôle cette intervention pour assurer une complémentarité des interventions provinciales et fédérales.

De façon comparable à la distinction entre subsidiarité et proportionnalité en droit de l'Union européenne, la Cour s'interroge sur la nécessité d'une intervention fédérale puis sur l'étendue de son action. En effet, elle considère que le Parlement a excédé ses compétences dans la mesure où la « loi qu'il propose excède nettement ces matières présentant un intérêt et des enjeux manifestement nationaux. Elle se préoccupe de la réglementation de tous les aspects des valeurs mobilières dans leurs moindres détails »[765]. La Cour prend en compte les moyens mis en œuvre par rapport au but visé : « aussi importants soient-ils, la préservation des marchés des capitaux et le maintien de la stabilité financière du Canada ne justifient pas la supplantation intégrale de la réglementation du secteur des valeurs mobilières, résultat auquel mènerait, en définitive, la loi fédérale proposée »[766].

---

[764] *Ibid.*, §55.

[765] *Renvoi relatif à la Loi sur les valeurs mobilières*, [2011] 3 R.C.S. 837, §122.

[766] *Ibid.*, §128.

528. La volonté des juges d'assurer l'équilibre du système contribue à déterminer l'issue du *Renvoi relatif à la loi sur les valeurs mobilières*[767]. Équilibre des compétences et capacité à agir sont évalués conjointement. La Cour suprême se réfère en particulier au principe de fédéralisme[768]. La codétermination joue un rôle majeur dans son interprétation de principes constitutionnels. Elle se réfère à sa jurisprudence[769], raisonnant par analogie ou a contrario.

529. Alors que le gouvernement fédéral considérait que le marché des valeurs mobilières, à l'origine de dimension locale, avait évolué au Canada et à l'international au point de devenir une matière pouvant être rattachée à l'article 91(2), la Cour estima que l'adoption par le fédéral d'un régime complet sur ce marché ne se justifiait pas.

En se prononçant ainsi, la Cour met en application le principe du fédéralisme. Selon le Parlement, la liberté des provinces d'adhérer au régime fédéral garantissait le respect de leurs compétences. La Cour se montre plus exigeante, elle considère que les compétences fédérales et provinciales doivent s'interpréter et se définir de manière « coordonnée » et non « subordonnée »[770]. La Cour se réfère à sa propre jurisprudence pour rappeler l'importance des principes de diversité et de démocratie de proximité dans le fédéralisme canadien: « La structure fédérale de notre pays facilite aussi la participation à la démocratie en conférant des pouvoirs au gouvernement que l'on croit le mieux placé pour atteindre un objectif sociétal donné dans le contexte de cette diversité »[771].

530. L'application des quatrième et cinquième critères du test de GMC dans le Renvoi relatif à la loi sur les valeurs mobilières, pour évaluer la capacité à agir provinciale, relève d'une dynamique de proportionnalité. En effet, le critère de la capacité à agir ne suffit pas à la reconnaissance de la compétence fédérale.

Dans le Renvoi relatif à la Loi sur les valeurs mobilières, la Cour semble déduire des quatrièmes et cinquièmes critères de l'arrêt General Motors of Canada l'incapacité provinciale. Elle considère cependant que le Parlement aurait outrepassé son domaine de compétences et se fonde en particulier sur le défaut de preuves avancé par le Parlement pour sanctionner son intervention.

767 *Renvoi relatif à la Loi sur les valeurs mobilières*, [2011] 3 R.C.S. 837.

768 *Ibid.*, §54.

769 *Ibid.*, §71 a 90.

770 Ibidem

771 *Ibid.*, §66, 78, 85.

531. Selon le quatrième critère, il s'agit d'établir si les Provinces, de concert, peuvent établir un régime analogue à celui du fédéral. Les Provinces contestant la validité de la Loi estiment qu'il « ne fait aucun doute que les provinces disposent du pouvoir constitutionnel d'édicter des lois uniformes portant sur la plupart des matières administratives prévues dans la Loi ». La Cour, au contraire, rappelle « qu'un principe de droit constitutionnel interdit au Parlement et aux législatures d'entraver, par une loi ordinaire, l'exercice futur de leur pouvoir de légiférer[772] » et que « les provinces sont libres de choisir leurs propres approches en vue de réaliser leurs propres priorités en matière sociale ou économique » pour montrer l'incapacité provinciale : « les provinces, agissant de concert, sont dépourvues de la capacité constitutionnelle de maintenir un régime national viable visant à atteindre des objectifs véritablement nationaux telles l'atténuation des risques systémiques ou la collecte de données à l'échelle nationale »[773].

532. Au terme du cinquième critère, il s'agit de rechercher si la non-adhésion d'une province au régime entraverait le fonctionnement du système. La Cour reconnaît que « la non-adhésion d'une province entraverait la poursuite d'objectifs véritablement nationaux, visant à favoriser des marchés équitables, efficaces et compétitifs et à assurer l'intégrité et la stabilité du système financier canadien, notamment par la collecte de données, la prévention des risques systémiques et l'intervention en cas de besoin »[774].

L'application de ces critères dans le *Renvoi relatif à la loi sur les valeurs mobilières* montre que la plus grande efficacité fédérale ne confère pas au Parlement un pourvoir d'intervention illimitée.

B. L'évaluation dynamique de l'intégration d'une disposition à la norme

533. En droit canadien, le degré d'empiètement fédéral sur les compétences provinciales admissibles dépend de l'intégration fonctionnelle de la disposition fédérale attaquée à l'ensemble législatif valide dans lequel elle s'insère. En droit de l'Union européenne, le contrôle de la proportionnalité doit être postérieur à celui de subsidiarité. De même, en droit canadien, l'évaluation de l'étendue de l'empiètement de la disposition contestée sur le droit provincial et de son intégration fonctionnelle à une loi

[772] *Ibid.*, §119.
[773] *Ibid.*, §121.
[774] *Ibid.*, §123.

n'est-elle possible qu'une fois démontrée la validité de cette loi dans sa globalité.

Le test posé par la Cour suprême dans l'arrêt *GMC* (1) puis appliqué dans l'arrêt Lacombe (2) permet d'évaluer la validité d'une disposition fédérale empiétant sur le droit provincial, mais fonctionnellement liée à un régime régulatoire fédéral constitutionnellement valide.

1. L'évaluation de l'étendue de l'empiètement des compétences fédérales sur les compétences provinciales

534. Il s'agit pour la Cour, dans *GMC*, de concilier deux « clauses générales de compétences », la compétence provinciale sur la propriété et les droits civils et la compétence fédérale sur la règlementation des échanges et du commerce.

Le maintien de l'équilibre fédératif nécessite une évaluation dynamique de l'intégration de la disposition attaquée à la loi dans laquelle elle s'insère; le lien entre la disposition attaquée et le système législatif dans lequel elle s'inscrit dépend de l'étendue de l'empiètement des compétences fédérales sur les compétences provinciales. Toujours dans la poursuite d'un objectif dynamique de prévisibilité du droit, la Cour se réfère à la jurisprudence *Vapor Canada* pour définir les modalités d'évaluation de l'intégration de la disposition contestée à un ensemble législatif. Tout en appliquant les critères de *Vapor Canada* à *GMC*, la Cour opère une distinction entre les deux affaires, ce qui lui permet d'interpréter le test sous un jour plus dynamique.

535. La majorité, par le test de *GMC*, permet la complémentarité des compétences. La Cour rappelle que le maintien de l'équilibre fédératif des compétences n'empêche nullement l'impact inéluctable de l'intervention de chaque niveau de gouvernement sur le domaine de compétence de l'autre[775]. En particulier, la reconnaissance de compétence au Parlement fédéral dans le domaine de la concurrence n'exclut nullement une intervention provinciale

[775] *General Motors of Canada Ltd. c. City National Leasing*, [1989] 1 R.C.S. 641, VIII.
En déterminant le critère approprié, il faut se rappeler que, dans un régime fédéral, il est certain que, dans la poursuite d'objectifs réguliers, la mesure législative de chaque palier de gouvernement aura parfois des répercussions sur le domaine de compétence d'un autre palier du gouvernement ; il faut s'attendre à ce qu'il y ait chevauchement de mesures législatives et il faut s'y adapter dans un État fédéral. (…)

dans le même domaine[776]. La concurrence est en effet un sujet complexe pouvant être relié à des compétences fédérales et provinciales.

536. La Cour se réfère à l'équilibre des pouvoirs constitutionnels. Elle considère que des pouvoirs comme « les échanges et le commerce, sont généraux et donc peu susceptibles de donner lieu à des dispositions très envahissantes »[777]. Par ailleurs, la Cour mentionne une jurisprudence où elle s'est référée à l'équilibre constitutionnel pour reconnaître l'existence de compétences fédérales autonomes en matière d'échanges et de commerce[778]. Pour montrer que l'équilibre fédératif est préservé, la Cour rappelle qu'il appartient à chacun des deux pouvoirs de « toucher » aux compétences de l'autre[779]. La Cour propose un test dans le but d'assurer le respect de cet équilibre fédératif[780].

Selon l'arrêt *Vapor Canada*, pour déterminer la validité d'une disposition, il s'agit de rechercher si elle s'inscrit dans un système général de réglementation. La Cour considère, en effet, que l'empiètement d'une disposition fédérale sur la compétence provinciale devra être interprété en fonction de son degré d'intégration dans la loi dans lequel elle s'insère[781]. La Cour a montré, dans *Vapor Canada,* que dans le cadre de la compétence fédérale en matière d'échange et de commerce, cette loi contient généralement un système de réglementation[782].

537. La Cour explique que les lois fédérales en matière d'échange et de commerce contiennent généralement un système général de

---

776 *Ibid.,*VIII.
Nous tenons à bien préciser que, en recommandant de vérifier cette hypothèse, nous ne voulons aucunement laisser entendre que le gouvernement fédéral devrait réclamer pour lui seul l'autorité en matière de politique de concurrence sur le plan du droit civil, ni que seul le gouvernement fédéral a la compétence nécessaire pour administrer la politique de concurrence au Canada. (…)

777 *Ibid.,*, VIII.

778 *Ibid.,* la lecture des arrêts où le§91(2) a été examiné, il devient clair que les tribunaux ont été sensibles au besoin de concilier la compétence générale en matière d'échanges et de commerce que possède le gouvernement fédéral avec la compétence provinciale en matière de propriété et de droits civils. Il n'a pas été facile d'établir l'équilibre.

779 Ibidem

780 *Ibid.,*, § IV .

781 *General Motors of Canada Ltd. c. City National Leasing*, [1989] 1 R.C.S. 641
Je souligne que, dans certains cas, il est possible de passer outre à certaines étapes déjà mentionnées si une réponse claire à l'une d'entre elles décide du litige (…).

782 *Ibid.,* L'objectif est simplement de déterminer dans quelle mesure on peut affirmer que la disposition empiète sur les pouvoirs provinciaux afin d'évaluer cet empiètement en regard des justifications possibles de l'article. Une telle justification va ressortir du rapport entre la disposition contestée et la loi valide. L'étape suivante du processus consiste à vérifier l'existence d'une loi valide (…).

règlementation[783]. Elle rappelle qu'il ne suffit pas qu'une disposition soit insérée dans une loi valide, comportant un système de règlementation établi en vertu de la compétence générale en matière d'échanges et de commerce pour être valide : « Il est évident au départ qu'une disposition inconstitutionnelle ne sera pas sauvée par son insertion dans une loi par ailleurs valide ». Il s'agit d'abord d'examiner la constitutionnalité de la disposition envisagée isolément, à moins qu'elle ne fasse partie d'un système de réglementation[784]. Si tel est le cas, il s'agit d'examiner le rapport entre« la loi valide » et la disposition contestée[785]. La Cour interprète d'ores et déjà ce rapport en fonction de l'empiètement de la disposition sur les compétences provinciales, comme elle le fera plus tard dans l'arrêt *General Motors of Canada*[786].

La Cour, pour évaluer la validité de l'intervention fédérale, reprend les critères posés par *Vapor Canada* (a), mais opère cependant une distinction entre les deux affaires (b).

a. La reprise des critères de Vapor Canada

538. Après avoir examiné l'étendue de l'empiètement de l'article 31.1 de la loi relative aux enquêtes sur les coalitions sur les compétences provinciales, la Cour recherche si elle appartient à une loi formant un système de réglementation puis se prononce sur le lien entre la disposition contestée et la loi à laquelle elle appartient. Nous étudierons ici l'évaluation par la Cour de l'empiètement et du lien entre les deux lois. Ce test dynamique permet, dans un esprit de proportionnalité, d'assurer une efficacité législative maximum tout en réduisant au minimum l'empiètement d'une loi sur un autre domaine de compétence.

539. La Cour applique d'abord la première étape du test : l'empiètement de l'article 31.1 de la Loi relative aux enquêtes sur les coalitions sur les compétences provinciales

La Cour reconnaît l'existence d'un empiètement de l'article 31.1 de la Loi relative aux enquêtes sur les coalitions sur les compétences provinciales[787].

---

783 *General Motors of Canada Ltd. c. City National Leasing*, [1989] 1 R.C.S. 641.

784 *Ibid.*, Il est évident au départ qu'une disposition inconstitutionnelle ne sera pas sauvée par son insertion dans une loi par ailleurs valide, même si cette loi comporte un système de réglementation établi en vertu de la compétence générale en matière d'échanges et de commerce que confère le par. 91(2).

785 *Ibid.*, La dernière question est de savoir si la disposition peut être justifiée du point de vue constitutionnel en raison de son rapport avec la loi valide (…).

786 *General Motors of Canada Ltd. c. City National Leasing*, [1989] 1 R.C.S. 641.

787 Ibid.,1VI.
L'article 31.1 empiète-t-il sur les pouvoirs des provinces ?

Elle se réfère au contenu de la Loi relative aux enquêtes sur les coalitions[788] de la Constitution pour évaluer la gravité de l'empiètement de l'article 31.1[789]. Elle se réfère également au contenu de l'article 31.1[790].

540. La Cour examine ensuite le lien entre la disposition contestée et le système législatif la contenant. La Cour considère que l'empiètement sur les compétences provinciales étant minime, le lien entre la disposition attaquée et le système législatif dans lequel elle s'inscrit ne doit être que fonctionnel[791], opinion que ne partage pas l'appelante[792]. La Cour utilise une interprétation téléologique de la disposition attaquée pour montrer l'existence d'un tel lien. Elle observe d'une part que les dispositions attaquées, considérées isolément, n'ont pas de sens « l'art. 31.1 est intimement lié à la Loi relative aux enquêtes sur les coalitions, il n'a de sens que par rapport aux autres dispositions de la Loi et n'a pas de contenu indépendant « et d'autre part, qu'elles poursuivent le même objectif que la loi ». L'article 31.1 de la *Loi relative aux enquêtes sur les coalitions* est également fondamentalement intégré à l'objet et à la philosophie sous-jacente de la *Loi relative aux enquêtes sur les coalitions* »[793]. La Cour se réfère également à l'opinion du conseil économique, consulté au moment de

---

La première étape de l'examen de la validité de l'art. 31.1 de la Loi relative aux enquêtes sur les coalitions consiste donc à déterminer si on peut considérer que la disposition contestée empiète sur les pouvoirs des provinces et, dans l'affirmative, dans quelle mesure(…).

788 *Ibid.*,Cependant, en évaluant la gravité de cet empiétement, il faut tenir compte de trois faits. Le premier est que l'art. 31.1 n'est qu'une disposition réparatrice; son objet est de faciliter l'exécution des aspects fondamentaux de la Loi, tout en ne constituant pas en soi une partie fondamentale de la Loi. De par leur nature, les dispositions réparatrices sont habituellement moins envahissantes en ce qui concerne les pouvoirs des provinces. Le deuxième fait important est la portée restreinte du droit d'action. L'article 31.1 ne crée pas un droit d'action général; son application est soigneusement restreinte par les dispositions de la Loi.

789 *General Motors of Canada Ltd. c. City National Leasing*, [1989] 1 R.C.S. 641.
Le troisième fait pertinent est qu'il est bien reconnu que la Constitution n'empêche pas le gouvernement fédéral de créer des droits d'action de nature civile lorsque l'on peut démontrer que ces mesures sont justifiées. Cette Cour a confirmé des droits d'action de nature civile créés par le fédéral dans des contextes variés(…).

790 Ibidem.

791 *Ibid.*,IX(…) Comme je l'ai déjà souligné, le seul fait d'être incluse dans un système législatif valide ne confère pas en soi la constitutionnalité à une disposition particulière. La disposition doit être suffisamment reliée à ce système pour être justifiée sur le plan constitutionnel. Le degré du rapport requis est fonction de la mesure dans laquelle la disposition empiète sur les pouvoirs des provinces. (…)

792 *Ibid.*,IX(…) Cela me semble répondre aux arguments de l'appelante portant que l'art. 31.1 ne sert aucun intérêt public mais seulement les intérêts privés du demandeur et que la Loi peut s'appliquer adéquatement sans l'inclusion d'un droit d'action de nature privée.

793 *Ibid.*, §IX.

l'insertion de l'article contesté. Le Conseil économique lui-même se fondant sur l'exemple américain[794].

b. La distinction entre GMC et le précédent Vapor Canada par la majorité

541. Alors que l'appelante considère que l'arrêt *Vapor Canada,* portant sur l'al. 7e) de la *Loi sur les marques de commerce*, peut être appliqué à l'espèce[795], la majorité établit une distinction entre ce précédent et le problème posé et le problème auquel la Cour doit répondre[796]. La distinction entre les lois opérée par la Cour se fonde sur trois motifs; d'abord, le lien entre la disposition contestée et la loi dans laquelle elle s'insère[797], ensuite l'étendue de l'empiètement sur les compétences provinciales[798] et enfin l'insertion de la disposition contestée dans un système valide de réglementation nationale[799]. Ce test permet de déterminer comment sont évalués conjointement la nécessité d'une disposition contestée et les dangers d'un empiètement de cette disposition sur les compétences de l'autre ordre législatif. Ce lien dynamique est ainsi comparable au test de la subsidiarité en droit de l'Union européenne[800].

---

[794] *Ibid.*, §IX.

[795] *General Motors of Canada Ltd. c. City National Leasing*, [1989] 1 R.C.S. 641.
L'appelante invoque l'extrait suivant des motifs du juge en chef Laskin qu'elle estime décisif quant à la constitutionnalité de l'art. 31.1 (à la p. 165).

[796] Ibid.,
Je ne puis accepter que ce passage implique que l'art. 31.1 n'est pas une disposition législative relative aux échanges et au commerce. Deux traits importants distinguent l'art. 31.1 de l'al. 7e) de la Loi sur les marques de commerce.

[797] Ibid.,
Premièrement, l'al. 7e) n'avait aucun lien avec les pratiques commerciales, ni avec les marques de commerce. (…).

[798] Ibid.,
Deuxièmement, l'al. 7e) de la Loi sur les marques de commerce établissait un droit d'action très large et indéfini pour tout acte visé par l'expression ambiguë « contraire aux honnêtes usages industriels ou commerciaux ayant cours au Canada ». L'article 31.1 de la Loi relative aux enquêtes sur les coalitions est nettement restreint à des dispositions précises qui se retrouvent ailleurs dans la Loi.

[799] Ibidem

[800] Pour plus de précision, il rappelle le test de la valeur ajoutée et le test de l'efficacité comparative.
L'évaluation de la subsidiarité implique une évaluation partielle de la proportionnalité.

2. La confirmation d'une interprétation dynamique de l'intégration fonctionnelle de la disposition contestée à la loi

542. Dans la décision Lacombe, opinions majoritaires et dissidentes se réfèrent toutes deux au test posé par *GMC*, sans en tirer les mêmes conclusions. La dissidence reconnaît la compétence provinciale en l'espèce.

Dans l'arrêt *Québec* (Procureur général) *c. Lacombe*[801], l'application du critère dynamique de *GMC* est invoquée par la juge Deschamps, pour prouver le caractère intra vires de la législation provinciale.

La juge Deschamps, rappelle qu'il ne suffit pas de rechercher si des dispositions législatives contestées, considérées isolément, se rapprochent du partage des compétences législatives pour évaluer leur constitutionnalité. Lorsque des dispositions particulières sont contestées, il s'agit de considérer leur intégration à la loi[802]. La jurisprudence, a, selon la juge Deschamps, d'abord « hésité entre deux critères d'intégration statiques (...) (avant) d'intégrer les deux notions au sein d'un seul et même critère dynamique »[803]. L'application de ce critère d'intégration au cas d'espèce se rapproche du principe de subsidiarité dans la mesure où la compétence fédérale en matière d'aéronautique est fondée sur la compétence du fédéral en matière de paix, d'ordre et de bon gouvernement. La Cour considère que « si le débordement de compétence de l'ordre qui adopte les normes est mineur, une simple intégration fonctionnelle des normes à une loi valide suffira. Si le débordement est majeur, c'est alors un lien de nécessité avec une telle loi qui sera requis pour que le tribunal puisse conclure à la validité des dispositions en question ». L'évaluation de l'empiètement sur les compétences de l'autre niveau de gouvernement peut être comparée à l'évaluation de la proportionnalité de l'action de l'Union européenne. L'évaluation de la nécessité ou fonctionnalité de la disposition attaquée peut être, dans une

---

801 *Québec* (Procureur général) *c. Lacombe*, 2010 CSC 38.

802 *Ibid.,*, §102.

803 *Ibid.,*. §103 Après avoir hésité entre deux critères d'intégration statiques, c'est-à-dire entre un critère plus exigeant de nécessité et un autre plus souple de simple fonctionnalité, la jurisprudence a finalement décidé d'aller au-delà de cette opposition et d'intégrer les deux notions au sein d'un seul et même critère dynamique. Qu'il s'agisse de fonctionnalité ou de nécessité, le degré d'intégration exigé sera fonction du débordement que représentent les dispositions litigieuses. Si le débordement de compétence de l'ordre qui adopte les normes est mineur, une simple intégration fonctionnelle des normes à une loi valide suffira. Si le débordement est majeur, c'est alors un lien de nécessité avec une telle loi qui sera requis pour que le tribunal puisse conclure à la validité des dispositions en question. Cette solution dynamique provient de l'arrêt *General Motors c. City National Leasing*, [1989] 1 R.C.S. §141.

certaine mesure, comparée à l'évaluation de la nécessité de l'intervention des institutions de l'Union européenne en droit de l'Union européenne. En effet, si la disposition est nécessaire à la pleine mise en œuvre de la loi, l'intervention du fédéral est nécessaire à la réalisation des objectifs fédéraux poursuivis par la loi.

543. La majorité ne reconnaît pas de lien fonctionnel entre les règlements 210 et 260 en l'espèce. Bien que cela ne soit pas déterminant dans l'issue du litige, le juge en chef se prononce sur les effets de l'application du test posé par la décision *General Motors of Canada*. Il évoque l'incertitude découlant d'une interprétation dynamique du lien exigé entre la disposition contestée et une norme valide[804].

Alors que la Cour suprême, en dégageant un critère dynamique, a reconnu que la nécessité ou la fonctionnalité de la disposition fédérale et son débordement sur l'action provinciale devaient être considérés ensemble, la Cour de justice n'a pas explicitement reconnu de lien entre l'évaluation de la nécessité et la proportionnalité de l'action de l'Union européenne[805]. Ce lien est pourtant fait lors du test d'efficacité comparative de l'action de l'Union européenne. Tout comme le lien entre l'empiètement de la disposition contestée sur le droit provincial et son intégration à un ensemble législatif valide s'apprécie de façon dynamique en droit canadien, la possibilité pour l'Union européenne d'utiliser certains instruments plutôt que d'autres dépend de l'objectif poursuivi selon le principe de proportionnalité.

La distinction entre subsidiarité et proportionnalité n'apparaît pas toujours clairement dans la jurisprudence de la Cour de justice et de la Cour suprême.

SECTION 2. L'ASSIMILATION DE LA SUBSIDIARITE ET DE LA PROPORTIONNALITE

544. La subsidiarité est souvent réduite à une protection d'une marge de manœuvre pour les entités englobées (*sous-section* 1). En droit canadien, l'application du critère de l'unicité est susceptible de créer une confusion

---

[804] *Québec* (Procureur général) *c. Lacombe*, 2010 CSC 38. §42 à 45.

[805] *Grand-Duché de Luxembourg contre Parlement* européen et Conseil de l'Union européenne, Affaire C-176/09, 12 mai 2011.

entre la question de la capacité à agir et l'étendue de l'intervention de l'État fédéral (*sous-section* 2).

Sous-section 1. La subsidiarité assimilée à la protection d'une marge de manœuvre pour les entités englobées

545. Une confusion de la subsidiarité et de la proportionnalité peut être observée en droit de l'Union européenne (§1). Une confusion similaire peut être constatée en droit canadien (§2).

§1. La subsidiarité réduite à la protection des compétences étatiques

546. Alors que la subsidiarité nécessite une évaluation des moyens à la disposition des États pour atteindre un objectif, la Cour réduit la subsidiarité au respect d'une marge de manœuvre au bénéfice des États membres dans le domaine du Marché commun, des relations de travail et de l'aéronautique.

La question de la proportionnalité de l'action de l'Union européenne se pose explicitement dans *Alliance for Natural Health e.a et National Association of Health Stores e.a.* Selon les requérants, certaines dispositions de la directive enfreignent ce principe[806].

La Cour considère la directive comme valide. Cependant, alors que l'objectif principal poursuivi par le législateur de l'Union est l'harmonisation du Marché commun, le contrôle du respect du principe de proportionnalité se fait à la lumière de l'objectif de protection de la santé publique[807].

547. Le principe de proportionnalité ne peut être examiné qu'une fois la plus-value d'une intervention de l'Union européenne établie, conformément au principe de subsidiarité. Cependant, la Cour de justice ne s'appuie pas sur une interprétation des textes, ni même sur une véritable interprétation pour

---

[806] *British American Tobacco Investments et Imperial Tobacco*, Affaire C-491/01, 10 décembre 2002 , §109, 110.
[807] *Ibid.*, §111.

établir l'utilité d'une intervention de l'Union européenne, de bon fonctionnement du marché intérieur. La Cour ne précise pas en quoi les différences de législation pourraient induire des distorsions dans la concurrence.

L'évaluation de la proportionnalité dans *R.U. c/Conseil de l'Union européenne* assimile proportionnalité et respect des compétences étatiques. Cela découle sans doute de la limitation du contrôle de la Cour à l'erreur manifeste d'appréciation. La Cour tente de montrer que l'intervention de l'Union européenne ne réduit pas excessivement les compétences nationales[808].

De même, dans *Commission/Allemagne*, la Cour reconnaît l'importance de laisser aux États une large marge de manœuvre. Elle rejette l'essentiel d'un recours dirigé contre une directive, portant sur l'aménagement du temps de travail, en confirmant notamment l'ampleur du champ d'application de l'article 118 A du traité qui permettait en l'espèce d'accueillir une directive sur l'aménagement du temps de travail[809]. L'article 118A confère au Conseil la charge d'adopter des prescriptions minimales en matière de protection de la santé et de la sécurité au travail. Il a constaté la nécessité d'améliorer le niveau existant de protection, la réalisation de cet objectif impliquant une action d'envergure de l'Union européenne, ce qui laisse aux États une grande latitude d'application[810].

---

[808] Conclusions de l'avocat général Léger présentées le 12 mars 1996. - *Royaume-Uni de Grande-Bretagne et d'Irlande du Nord contre Conseil de l'Union européenne*, Affaire C-84/94, 12 novembre 1996, §130, 131.

[809] Demande d'annulation de la directive n°93/104/CE du 23 novembre 1993 (JCP. 1994, éd.E, III, 66532), concernant certains aspects de l'aménagement du temps de travail avec pas moins de quatre moyens invoqués : base juridique erronée (Traité CE, art.118A), violation du principe de proportionnalité, détournement de pouvoir et violation de formes substantielles, voir aussi la demande d'annulation du 12 novembre 1996.
La Cour a confirmé la justiciabilité du principe de subsidiarité dans ce domaine.

[810] La Cour de Justice a néanmoins donné raison au RU concernant l'article 5 de la directive. Cet article, qui prévoit que le repos hebdomadaire doit en principe être donné le dimanche, est annulé, faute pour le Conseil d'expliquer en quoi le dimanche, comme jour de repos hebdomadaire, présenterait un lien plus important avec la santé et la sécurité des travailleurs qu'un autre jour de la semaine. Pareille condamnation, qui démontre que c'est disposition par disposition qu'est apprécié le bien-fondé de la base juridique d'une directive, ne devrait pas relancer le débat sur le travail le dimanche.
En droit canadien, un problème similaire s'était posé dans l'affaire R. v. Big M Drug Mart Ltd.1985 CANLII 69, [1985] 1 SCR 295 (24 April 1985), Supreme Court (Canada), sans que la subsidiarité ne puisse être appliquée, la compétence étant exclusivement fédérale.

548. Dans l'arrêt *Grand-Duché de Luxembourg contre Parlement européen et Conseil de l'Union européenne*[811], la Cour interprète le sens donné par le Grand-duché du Luxembourg au principe de subsidiarité dans son aspect de proportionnalité « (…) le Grand-Duché de Luxembourg entendait par subsidiarité « la marge d'action laissée aux États membres (…) » [812] . La Cour montre ainsi son souci de veiller au respect des compétences des États membres. Dans la seconde partie du paragraphe, la Cour fixe ses propres critères pour évaluer le respect du principe de subsidiarité ainsi interprété[813].

549. D'autre part, comme dans *R.U. c/Conseil de l'Union européenne,* mais sans se référer explicitement au principe de proportionnalité cette fois, la Cour se contente d'observer le respect des compétences étatiques. Si elle se limite dans son contrôle de la proportionnalité, la Cour observe tout de même que le législateur est « tenu de fonder son choix sur des critères objectifs » et qu'une étude d'impact de la Commission a envisagé les différentes façons d'atteindre les objectifs poursuivis avant l'adoption de la directive contestée[814].

La question se pose donc de savoir si le sens donné au principe de subsidiarité par la Cour, marge de manœuvre accordée aux États membres, correspond effectivement aux revendications du Luxembourg. En effet, la Cour ne mentionne pas l'argumentation du Luxembourg pour étayer l'interprétation de la subsidiarité qu'elle lui prête. Par ailleurs, la Cour ne montre pas que les critères proposés suffisent à garantir aux États une marge de manœuvre aussi importante que le souhaiterait le Luxembourg.

550. L'argumentation de la Cour portant sur l'interprétation de la subsidiarité demeure lacunaire. La Cour semble interpréter la subsidiarité à la lumière d'un objectif systémique lorsqu'elle se réfère à la nécessité de laisser aux États une marge de manœuvre. Cependant, son interprétation réduit la marge de manœuvre des États. En effet, alors que le Luxembourg invoque le non-respect du principe de subsidiarité par la directive, la Cour reformule ce motif en non-respect de la marge de manœuvre des États. En l'interprétant ainsi, la Cour réduit considérablement sa portée. La nécessité de laisser aux États une marge de manœuvre découle du principe de

---

811 *Grand-Duché de Luxembourg contre Parlement* européen et Conseil de l'Union européenne, Affaire C-176/09, 12 mai 2011.

812 *Ibid.*, §75.

Le Parlement considère que la requête ne semble pas critiquer l'existence même de l'intervention du législateur de l'Union. Il serait donc difficile d'appréhender sur quelle base une violation du principe de subsidiarité pourrait être fondée.

813 *Ibid.*,, §75.

814 Marie MESTHER, « Transports aériens », JCE, n7 Juillet 2011, commentaire 257.

proportionnalité, elle concerne l'étendue de l'action de l'Union européenne. Or, l'examen du principe de proportionnalité ne doit avoir lieu selon les traités qu'une fois réalisé le contrôle du principe de subsidiarité. Autrement dit, la Cour se prononce sur la portée de la directive sans examiner sa nécessité. La Cour ne prouve en rien que le Luxembourg, par la référence à la subsidiarité, entendait préserver une « marge de manœuvre » au bénéfice des États membres.

§2. La subsidiarité réduite à la protection des compétences provinciales

551. Dans le *Renvoi relatif à la loi sur la procréation assistée*, la Cour prend en compte la nécessité d'assurer un équilibre entre les compétences fédérales et provinciales[815].

Les juges LeBel, Deschamps, Abella et Rohstein[816]cherchent à assurer la cohérence du droit, d'une part, en évitant les divergences entre des normes provinciales ou régionales et, d'autre part, en assurant un équilibre entre les pouvoirs. La *Loi sur la procréation assistée* serait justifiée, car elle vise à éviter le morcellement du droit : « les conséquences éventuelles de l'absence de réglementation intra provinciale pour les divers aspects des techniques de reproduction justifient l'adoption de mesures législatives uniformes au niveau national plutôt que des mesures provinciales ou régionales susceptibles de différer les unes des autres[817]. Elle est « la seule façon d'éviter la désarticulation de la réglementation »[818].

552. Plus loin dans la décision, les mêmes juges rappellent la nécessité de maintenir un équilibre entre les pouvoirs des sphères provinciales et fédérale :
« Les matières énumérées dans la liste des compétences fédérales et provinciales représentent un cadre d'organisation des pouvoirs constitutionnels destiné à établir un régime fédéral et à permettre son développement dans le respect de ses structures fondamentales : Du respect des compétences des deux ordres de gouvernement dépend l'équilibre fédératif canadien »[819]. Cette nécessité justifie la limite de la compétence

[815] Renvoi relatif à la Loi sur la procréation assistée, [2010] 3 R.C.S. 457, §246.
[816] *Ibid.*, §72.
[817] *Ibid.*, § 204.
[818] Ibidem.
[819] *Ibid.*, § 205.

fédérale en matière criminelle : « La compétence en matière de droit criminel est vaste, mais elle n'est pas illimitée »[820].

Les juges MCLACHLIN, BINNIE, FISH et CHARRON recherchent également la cohérence du système lorsqu'ils appliquent la doctrine des compétences accessoires pour reconnaître la constitutionnalité de certaines dispositions[821]. C'est également sa volonté d'assurer l'équilibre du système qui permet à la juge Mc LACHLIN de reconnaître la constitutionnalité de l'article 68[822].

Sous-section 2. L'unicité comme critère de la capacité à agir fédérale en droit canadien

553. Le critère de l'unicité permet, dans une logique semblable à celle du principe de proportionnalité, d'éviter que la doctrine de l'intérêt national ne conduise à un envahissement du champ de compétence provinciale.

La Cour considère l'unicité de la matière examinée comme critère de l'incapacité provinciale justifiant une mise en œuvre de la théorie de l'intérêt national dans l'arrêt *Crown Zellerbach.*

L'évaluation de la capacité à agir et celle de l'unicité d'une matière sont pourtant deux questions différentes. Tout comme en droit de l'Union européenne, subsidiarité et proportionnalité doivent être contrôlées successivement, ces deux critères devraient donc être conçus de façon cumulative.

Il existe une double difficulté dans l'application du critère d'unicité. Son lien avec la capacité à agir d'abord, n'étant pas sans rappeler la difficulté d'une distinction entre la subsidiarité et la proportionnalité, mais aussi la difficulté d'interprétation du critère d'unicité lui-même, évoquant les difficultés d'interprétation du principe de proportionnalité, telle que l'identification de l'objectif poursuivi par la norme contrôlée.

Afin de préserver l'équilibre des compétences, la théorie de l'intérêt national ne permet l'intervention fédérale que si le sujet auquel elle s'applique possède une unicité le rendant indivisible. Les divergences entre opinions majoritaires et opinions dissidentes résultent davantage de différends sur le

[820] *Ibid.*, § 245.
[821] *Ibid.*, §291.
[822] *Ibid.*,, [152].

sujet auquel doit s'appliquer le critère d'unicité en l'espèce, lutte contre la pollution des eaux en milieu marin ou environnement (B), que des divergences théoriques sur le critère d'unicité lui-même (A).

A. La définition du critère d'unicité

554. Alors que la dissidence met l'accent sur la nécessité de préserver l'équilibre des compétences, adoptant une interprétation de l'unicité qui sera suivie par sa jurisprudence ultérieure (1), l'opinion majoritaire considère que le critère d'unicité dépend de la capacité à agir potentielle des provinces, conciliant ainsi équilibre des compétences et efficacité du droit (2).

1. Une interprétation stricte du critère d'unicité

555. La dissidence dans la décision *Crown Zellerbach*(a), puis l'opinion majoritaire dans la jurisprudence ultérieure de la Cour suprême, s'abstiendront de reconnaître au pouvoir fédéral une compétence en matière d'environnement dans le cadre de ses compétences pour assurer la paix, l'ordre et le bon gouvernement(b).

Cette interprétation du critère d'unicité permet une meilleure protection des compétences provinciales que l'assimilation de ce critère à la capacité à agir provinciale.

a. L'interprétation du critère d'unicité par la dissidence

556. Selon l'opinion dissidente, une compétence exclusive et prépondérante du Parlement fédéral dans un domaine ne satisfaisant pas aux critères d'unicité, de particularité et d'indivisibilité menacerait l'équilibre des compétences.

Elle considère que la jurisprudence a dégagé, en se référant à la théorie de l'intérêt national, un certain nombre de compétences au profit du fédéral[823]. Elle affirme cependant que les arrêts mentionnés par la majorité ne peuvent suffire à étayer la compétence fédérale en la matière. En effet, pour qu'une matière nouvelle soit attribuée au fédéral, elle doit se caractériser par un degré d'unicité qui la rendrait indivisible : « la jurisprudence n'en a ainsi décidé que dans des cas où la nouvelle matière n'était pas un agrégat, mais présentait un degré d'unité qui la rendait indivisible, une identité qui la

---

[823] *R. c. Crown Zellerbach Canada Ltd.*, [1988] 1 R.C.S. 401 (24 mars 1988), §71.

rendait distincte des matières provinciales et une consistance suffisante pour retenir les limites d'une forme »[824].

La dissidence ne conteste pas la nécessité de la théorie de l'intérêt national, mais dénonce le danger d'un envahissement des compétences provinciales, soulignant la difficulté d'éviter que d'anciennes matières de compétences provinciales ne soient incorporées dans ces « nouvelles » compétences fédérales[825]. Selon la dissidence, l'environnement ne possède pas l'unicité et l'indivisibilité requises pour que le fédéral puisse intervenir : « Toutes les activités physiques ont un effet quelconque sur l'environnement »[826].

557. Elle montre que dans la pratique la législation de la pollution en milieu marin touche à une vaste série de sujets relevant pour certains de la compétence provinciale[827]. La dissidence, en montrant que la protection de l'environnement nécessite, dans la pratique, une intervention fédérale et provinciale dans divers domaines, cherche à préserver l'équilibre entre compétences fédérales et provinciales. L'opinion dissidente rappelle la mention des principes du fédéralisme dans le texte de la Loi constitutionnelle de 1867 : « Faire relever la pollution environnementale exclusivement de la compétence du Parlement fédéral, ce serait, me semble-t-il, sacrifier les principes du fédéralisme enchâssés dans la Constitution »[828]. Dans *Crown Zellerbach*[829], l'opinion dissidente utilise l'argument apagogique, selon lequel la loi ne peut conduire à des conséquences absurdes[830]. La Cour ne peut octroyer au fédéral un champ de compétences qui conduirait à dépouiller le provincial des siennes, puisque cela briserait l'équilibre entre compétences fédérales et provinciales et serait contraire au fédéralisme. Pour cette raison, l'opinion dissidente considère que l'environnement ne saurait être vu comme une compétence fédérale ou provinciale exclusive; de nombreux sujets ont une incidence sur l'environnement : « les réactions législatives possibles à ces activités visent un nombre important de pouvoirs législatifs énumérés, fédéraux et provinciaux. Attribuer le sujet général du contrôle de l'environnement au

[824] *Ibid.*, §71 à 78 : « (...) je ne vois pas comment les arrêts qui en ont ainsi décidé peuvent être invoqués à l'appui du premier moyen. L'endiguement et la réduction de l'inflation n'est pas acceptable comme nouvelle matière. C'est un agrégat de sujets divers dont certains représentent une partie importante de la compétence provinciale. ».

[825] *Ibid.*, §72.

[826] *bid.*, §5.

[827] *Ibid.*, §77 6.

[828] Ibid.,§7.

[829] Ibidem.

[830] Charles PERELMAN, *La nouvelle rhétorique. Traité de l'argumentation.* Paris, PUF, 1958, pp. 55-59.

gouvernement fédéral en vertu de sa compétence générale aurait pour effet de dépouiller de son contenu la compétence législative provinciale et reviendrait à sacrifier les principes du fédéralisme enchâssés dans la Constitution », puisque «toutes les activités physiques ont un effet quelconque sur l'environnement »[831].

558. Avec force répétition, la dissidence montre que l'attribution d'une compétence en matière d'environnement au fédéral pourrait aboutir, à terme, à une expropriation de nombreuses compétences provinciales liées à ce vaste thème.

Selon elle, il revient au fédéral de prouver l'existence d'un risque de pollution justifiant son intervention[832]. Cet argument semble s'ajouter de façon subsidiaire aux précédents. La question se pose de savoir dans quelle mesure le degré de probabilité d'un danger sur l'environnement pourrait justifier un empiètement sur les compétences provinciales. Dans l'arrêt *Québec (Procureur général) c. Lacombe*[833]comme dans *GMC*[834], la Cour considère que la forte nécessité d'une disposition législative pourrait « racheter » un empiètement sur les compétences provinciales. La question se pose de savoir si, de façon comparable, la preuve d'un danger en matière d'environnement pourrait venir justifier une intervention fédérale risquant d'empiéter sur les compétences provinciales.

559. Enfin, la Cour remet en cause l'opinion majoritaire selon laquelle la pollution en milieu marin, plus restreinte que la pollution de l'environnement en général, possèderait l'unicité nécessaire pour constituer une matière nouvelle[835]. La Cour se réfère à la terminologie législative pour établir l'impossibilité de n'appliquer la loi qu'aux eaux fédérales[836]. Elle mentionne également, dans le même but, des considérations géographiques d'ordre factuel.

Elle rappelle qu'en l'espèce, l'urgence ne peut être invoquée : « nul n'a soutenu que ce type de pollution a pris des proportions alarmantes au point qu'il faille passer outre au partage ordinaire des compétences législatives prévu par la Constitution »[837].

---

[831] *Ibid.*, p. 6.

[832] R. v. Crown Zellerbach Canada Ltd., [1988] 1 S.C.R. 401, §78.

[833] *Québec* (Procureur général) *c. Lacombe*, 2010 CSC 3, §102.

[834] *General Motors of Canada Ltd. c. City National Leasing*, [1989] 1 R.C.S. 641.

[835] R. v. Crown Zellerbach Canada Ltd., [1988] 1 S.C.R. 401, §76.

[836] *Ibid.*, §79.

[837] *Ibid.*, [1988] 1 S.C.R. 401, §61.

560. Dans *Crown Zellerbach*[838], l'opinion dissidente interprète de façon littérale la loi sur l'immersion de déchets en mer pour établir qu'elle dépasserait le domaine de la protection de l'environnement. Elle considère que la loi sur l'immersion de déchets en mer dépasse la lutte contre la pollution puisque « d'après ses propres termes elle vise (...) le dépôt de substances inoffensives, dans des eaux provinciales » [839] . L'opinion dissidente ajoute que « pour respecter le régime fédéral prévu par la Constitution, on doit chercher à établir un lien entre la conduite prohibée et les dommages réels ou probables que ce que l'on cherche à protéger pourrait subir, à savoir en l'espèce, l'océan ». Ce faisant, elle cherche à préserver le fonctionnement harmonieux du droit avant de se préoccuper de ses conséquences sociales. L'opinion dissidente se fonde sur le texte de la loi pour établir si la théorie des dimensions nationales s'applique: « cette matière (la protection de l'environnement et de la vie contre toute substance potentiellement nocive) n'a pas l'unicité, la particularité et l'indivisibilité requises qui la distinguent clairement des matières d'intérêt provincial. La définition des « substances toxiques » [840] à l'art. 11, conjuguée à celle du mot « substance » à l'art. 3, est une définition générale sans limites précises ».

Selon Pierre Brun, « l'avis de la Cour suprême dans *Zellerbach* aura pour effet de remettre entre les mains du fédéral, sans que l'on soit obligé de démontrer une quelconque urgence, pratiquement tous les aspects de la lutte contre la pollution, y échapperaient les domaines traditionnellement provinciaux de protection de l'environnement comme le zonage. On pourrait en effet distinguer l'environnement de la pollution qui n'est qu'un aspect du premier, l'arrêt *Zellerbach* ne traitant de fait que de la seconde et de ses accessoires. Cette distinction est cependant atténuée du fait qu'il est généralement compris que la lutte contre la pollution emporte le pouvoir d'agir en prévention[841].

b. La confirmation ultérieure d'une compétence partagée en matière d'environnement

561. Dans *Hydro Québec*, la Cour confirme le pouvoir du fédéral de recourir au droit criminel afin de sanctionner les infractions par rapport à l'environnement. Ainsi, dans cet arrêt, l'opinion majoritaire considère que le critère du respect du partage fondamental des compétences est satisfait

---

838 *Ibid.*,[1988] 1 S.C.R. 401.

839 *Ibid.*,[1988] 1 S.C.R. 401.78.

840 *Ibid.*, [1988] 1 S.C.R. 401, Par2.

841 Pierre BRUN, « La pollution du partage des compétences par le droit de l'environnement », *Rev. gén.dr*, 1993, n° 24, p. 204.

lorsqu'elle affirme que « le recours à la compétence fédérale en matière de droit criminel n'empêche nullement les provinces d'exercer les vastes pouvoirs que leur confère l'art. 92 pour réglementer et limiter la pollution de l'environnement de façon indépendante ou de concert avec des mesures fédérales »[842]. L'opinion dissidente considère, quant à elle, que la loi empièterait excessivement sur les compétences provinciales : « Le fait d'accorder au Parlement le pouvoir de réglementer de façon aussi complète le rejet de substances dans l'environnement par la détermination de leur nature « toxique» ou non éliminerait inévitablement la possibilité d'avoir une compétence partagée en matière d'environnement et empièterait de façon considérable sur d'autres chefs de compétence provinciale»[843].

562. Dans *Friends of the Oldman River*[844], la Cour suprême refuse de considérer que l'environnement est un sujet de compétence fédérale selon la doctrine « paix, ordre et bon gouvernement », afin d'assurer la cohérence du droit. Cette matière serait, « au sens constitutionnel, une matière obscure qui ne peut être facilement classée dans le partage actuel des compétences, sans un grand chevauchement et une grande incertitude»[845].

Une insécurité juridique et constitutionnelle pourrait résulter de l'accumulation, dans un domaine aussi crucial et sur une période relativement courte, de décisions plus ou moins compatibles, voire contradictoires.

2. L'interprétation du critère d'unicité par l'opinion majoritaire

563. L'opinion majoritaire considère que l'intervention fédérale ne bouleverse pas l'équilibre fédéral dans la mesure où elle se limite à « l'aspect du problème qui échappe au contrôle provincial » (a). Ce critère de l'incapacité provinciale constitue en effet un indice permettant de déterminer si une matière possède une unicité la rendant indivisible (b), ce qui autorise une intervention fédérale dans le cadre de la doctrine de l'intérêt national.

---

842 *R. v. Hydro-Québec*, [1997] 3 S.C.R. 213, 5.
843 *R. v. Hydro-Québec*, [1997] 3 S.C.R. 213, 8.
844 *Friends of the Oldman River Society v. Canada* (Minister of Transport), [1992] 1 S.C.R. 3 78.
845 *Ibid.*, p. 64.

a. La limitation de la compétence fédérale à l'incapacité provinciale

564. La Cour précise, par un argument *ab examplo*, le contenu du critère de l'« incapacité provinciale » d'origine jurisprudentielle et doctrinale. Selon ce critère, l'intervention fédérale dans le cadre des pouvoirs en matière de paix, ordre et bon gouvernement serait limitée à « l'aspect du problème qui échappe au contrôle provincial ». Il autorise « l'action conjuguée de deux ou plusieurs assemblées législatives » dans la mesure où cette coopération fonctionne[846]. Cependant, selon la Cour, cette perspective est incompatible « avec ce que soulignait le juge BEETZ dans le *Renvoi: Loi anti-inflation*, savoir que lorsqu'une matière relève de la théorie de l'intérêt national justifiant l'exercice de la compétence en matière de paix, d'ordre et de bon gouvernement, par opposition à la théorie de la situation d'urgence, le Parlement jouit d'une compétence exclusive et absolue pour légiférer sur cette matière, y compris sur ses aspects intra provinciaux ».

La Cour, se fondant toujours sur la jurisprudence, finit toutefois par rejeter l'idée selon laquelle le fédéral pourrait détenir toute compétence pour résoudre un problème législatif : « Le critère de « l'incapacité provinciale » ne doit pas, toutefois, aller jusqu'à justifier la notion générale, jusqu'ici rejetée par la jurisprudence, qu'un palier ou l'autre de gouvernement doit avoir une compétence absolue pour régler un problème législatif »[847].

La Cour, à la différence de la dissidence dans l'arrêt *Crown Zellerbach*, ne précise pas davantage comment l'équilibre des compétences doit être assuré.

b. Le critère de l'incapacité provinciale comme indice de l'unicité et de l'indivisibilité du sujet et de la nécessité d'un traitement uniforme de la question

565. Ce critère permet de préserver l'équilibre fédératif[848]. La Cour suppose que l'incapacité provinciale permet d'établir « qu'une matière particulière revêt un intérêt national et relève ainsi de la compétence en matière de paix, d'ordre et de bon gouvernement »[849]. En outre, l'incapacité provinciale serait « l'un des indices qui permettent de déterminer si une

---

[846] R. v. Crown Zellerbach Canada Ltd., [1988] 1 S.C.R. 401.
Lorsqu'il est possible de régler le problème par l'action conjuguée de deux ou plusieurs assemblées législatives, la « dimension nationale » ne peut viser que le risque de non-coopération et ne justifie qu'une mesure législative fédérale portant sur ce risque. ».

[847] *Ibid.*, [1988] 1 S.C.R. 401, §39.

[848] *Ibid.*,[1988] 1 S.C.R. 401, §38, p. 432.

[849] *Ibid.*,[1988] 1 S.C.R. 401, §39.

matière revêt le caractère d'unicité et d'indivisibilité nécessaire pour relever de la théorie de l'intérêt national ».

Selon la Cour, cette incapacité provinciale serait donc un indice permettant de déterminer l'unicité de cette matière. Il semble que cette appréciation de la Cour repose sur des considérations empiriques; d'un point de vue purement logique, il demeure possible que la province soit incapable d'agir dans un domaine complexe ne possédant pas l'unité nécessaire à l'application de la théorie de l'intérêt national. Il semble que le critère d'unicité ne revête pas exactement le même sens pour la majorité et la dissidence. L'opinion dissidente mettant l'accent sur l'équilibre des compétences et la majorité sur l'efficacité du droit.

566. En admettant que l'incapacité provinciale ne soit qu'un indice permettant de déterminer l'unicité de cette matière, la Cour admet la distinction entre capacité à agir et unicité, cette distinction pouvant être comparée à la distinction entre subsidiarité et proportionnalité en droit de l'Union européenne. Cependant, cette distinction, suggérée, n'est pas clairement établie dans l'ensemble de la décision[850].

B. La divergence sur l'objet d'application du critère d'unicité

567. Des divergences sur l'application du critère d'unicité entre opinions majoritaires et dissidentes apparaissent dans le domaine de l'environnement (1) comme dans celui des relations de travail (2).

1. La divergence sur l'objet d'application du critère d'unicité dans l'arrêt Crown Zellerbach

568. La Cour et la dissidence se réfèrent au même passage du *Renvoi relatif à la Loi anti-inflation*[851] pour montrer qu'une matière ne peut être attribuée au pouvoir fédéral que si elle possède une unicité qui la rende indivisible[852]. Seules leurs applications de ce critère à l'espèce diffèrent.

---

[850] *R. v. Crown Zellerbach Canada Ltd.,* [1988] 1 S.C.R. 401, § 32pour la Cour, §73 pour la dissidence.

[851] *Renvoi : Loi anti-inflation,* [1976] 2 R.C.S. 373, pp. 457, 458.

[852] R. *v. Crown Zellerbach Canada Ltd.*, [1988] 1 S.C.R. 401, § 32 pour l'opinion majoritaire, §73 pour la dissidence.

Alors que la majorité applique le critère d'unicité à la pollution des cours d'eau interprovinciaux, la dissidence l'applique à l'environnement.

La Cour se réfère à l'affaire *Interprovincial Coopératives Ltd.* Dans cette affaire « le Parlement a compétence pour réglementer les immersions, dans des eaux provinciales, de substances dont il peut être démontré qu'elles polluent des eaux à l'extérieur de la province »[853].

569. Si l'opinion majoritaire considère donc que la pollution des Cours d'eau interprovinciaux possède une unicité qui la rend indivisible[854], elle affirme dans *Hydro Québec*[855]que la formulation large de la loi attaquée, rendue nécessaire par la complexité du sujet, n'implique pas que l'environnement ne possède pas l'unicité requise pour que soit déclenchée la théorie des dimensions nationales.

Elle considère que: « La formulation large est inévitable dans une loi sur la protection de l'environnement en raison de l'ampleur et de la complexité du sujet »[856]. Ce commentaire est fait dans le but d'étayer l'application en l'espèce de la compétence criminelle du fédéral. L'opinion majoritaire considère en effet qu'« il n'est pas nécessaire de déterminer si les dispositions contestées relèvent de la compétence du Parlement pour légiférer relativement à la paix, à l'ordre et au bon gouvernement du Canada »[857]. Il n'en reste pas moins que ce commentaire permet de supposer que les juges majoritaires n'auraient pas vu dans la formulation large de la loi un obstacle à la conclusion que l'environnement possède l'unicité requise pour que la théorie de l'intérêt national soit appliquée.

570. Dans la décision *Crown Zellerbach*, la Cour doit se prononcer sur l'applicabilité de la théorie de l'intérêt national. S'accordant sur la nécessité de préserver la cohérence du système de partage des compétences dans *Crown Zellerbach*[858], les opinions dissidentes et majoritaires tirent de cette nécessité des conclusions différentes. La jurisprudence ne permet pas d'éliminer tout doute sur l'application des critères d'unicité et d'indivisibilité. Il semble que la prédétermination, par le contenu de l'article 91 et de la loi constitutionnelle de 1867, et la codétermination, par la référence à la jurisprudence, permettent à la majorité et à la dissidence de s'accorder sur les critères d'application de la théorie de l'intérêt national.

---

853 *Interprovincial Cooperatives c. La* Reine, [1976] 1 S.C.R. 477 §40.

854 *R. v. Crown Zellerbach Canada Ltd.*, [1988] 1 S.C.R. 401.

855 *R. v. Hydro-Québec*, [1997] 3 S.C.R. 213.

856 *Ibid.*, 5.

857 *Ibid.*, 6.

858 R. v. Crown Zellerbach Canada Ltd., [1988] 1 S.C.R. 401.

Cela ne suffisant pas à résoudre l'affaire, la décision de la Cour est également surdéterminée, elle ne s'étend cependant pas sur les éléments extrajuridiques ayant déterminé son interprétation du droit.

571. L'incertitude sur le contenu de ces critères semble être aussi théorique et dépasser leur seule application à l'affaire *Crown Zellerbach*. L'opinion majoritaire utilise la capacité à agir des provinces comme indice permettant de déterminer si une matière possède une unicité qui la rend indivisible. Elle ne s'étend guère sur la façon dont la capacité à agir permet de caractériser l'unicité d'une matière. Elle ne mentionne aucune source pour fonder le lien entre capacité à agir des provinces et unicité d'une matière. Alors que la majorité interprète la théorie de l'intérêt national à la lumière des objectifs d'efficacité qui le sous-tendent, l'opinion dissidente met l'accent sur la nécessité de préserver les compétences provinciales. Si ces deux objectifs sont mentionnés dans la Loi constitutionnelle de 1867, seule la codétermination permet, dans une décision donnée, de les agencer.

La Cour suprême du Canada et la Cour de justice de l'Union européenne se retrouvent confrontées à des préoccupations communes lorsqu'elles doivent, l'une identifier l'objet d'application du critère d'unicité et l'autre déterminer l'objectif poursuivi par la norme à la lumière duquel doit être contrôlé le principe de proportionnalité.

2. Les divergences sur l'objet d'application du critère d'unicité dans le domaine des relations de travail

572. Les opinions majoritaires et dissidentes s'opposent sur l'application du critère d'unicité (a), ce qui semble lié à des conceptions distinctes du fédéralisme et de l'équilibre des compétences (b).

a. L'application du critère d'unicité dans le domaine des relations de travail

573. Dans l'arrêt *Ontario Hydro*[859], la société Ontario Hydro, appartenant à la province d'Ontario, produisait de l'énergie électrique grâce à des centrales dont cinq fonctionnaient à partir de l'énergie nucléaire et étaient de ce fait visées par l'art. 18 de la *Loi sur le contrôle de l'énergie atomique fédérale*. Selon cette loi, les ouvrages et entreprises « destinés à la production et aux applications et usages de l'énergie atomique » étaient

859 *Ontario Hydro c. Ontario* (Commission des relations de travail), [1993] 3 R.C.S. 327.

jugés « à l'avantage général du Canada ». La question se posait dans cette affaire de savoir si la loi fédérale en matière de relations de travail s'appliquait aux employés des centrales nucléaires provinciales. La Cour suprême résume ainsi l'argumentaire déployé par les parties : « La Société intimée s'est fondée sur la *Loi sur les relations de travail* de l'Ontario pour présenter une demande d'accréditation comme agent négociateur exclusif d'une unité d'employés d'Ontario Hydro, dont ceux des centrales nucléaires. La Coalition intimée a contesté cette demande d'accréditation pour le motif que les employés des centrales nucléaires fussent régis par le *Code canadien du travail*. La Coalition a soutenu que la déclaration de l'art. 18 de la Loi, conjuguée au §91(29) et à l'al. 92(10)*c*) de la *Loi constitutionnelle de 1867*, avait pour effet d'assujettir les centrales nucléaires d'Ontario Hydro à la compétence fédérale exclusive en matière de relations de travail. La Commission des relations de travail de l'Ontario a statué qu'elle n'avait pas compétence relativement à l'unité de négociation proposée parce que celle-ci comprenait des employés qui travaillaient dans les centrales nucléaires et qui étaient régis par le *Code canadien du travail*. La Cour divisionnaire de l'Ontario a annulé la décision de la Commission»[860].

574. L'opinion majoritaire se fonde sur « les textes réglementaires nationaux et internationaux applicables à la production d'énergie nucléaire, les arrêts antérieurs de notre Cour et d'autres tribunaux relativement à la compétence constitutionnelle en matière de relations de travail, et l'effet de l'article 92A(1)*c*) de la *Loi constitutionnelle de 1867* » pour montrer que les relations de travail des personnes employées dans les centrales nucléaires font partie intégrante du pouvoir déclaratoire du Parlement et de sa compétence en matière de paix, d'ordre et de bon gouvernement. La dissidence ne partage pas l'interprétation de l'article 92A par l'opinion majoritaire, elle considère que cet article renforce la conclusion selon laquelle les relations de travail ne feraient pas partie intégrante de la compétence fédérale. Elle se fonde, en outre, sur le silence de la Loi, le Règlement ou les permis examinés et sur le caractère provincial de l'entreprise pour montrer que le Parlement fédéral n'a pas forcément d'intérêt dans les relations de travail. En outre, elle considère que la sécurité peut être préservée par une législation indépendante du Parlement, sans pour autant qu'il encadre les relations de travail.

Dans cette décision, la possibilité d'une distinction entre relation de travail et énergie atomique détermine l'étendue du pouvoir déclaratoire du Parlement et avec elle la complémentarité du droit provincial et du droit fédéral. La « proportionnalité » n'est pas explicitement mentionnée, mais la référence à l'équilibre des compétences et aux principes du fédéralisme y renvoie.

---

[860] Ibidem

575. Dans la décision *Pronto*, dans le domaine des relations de travail, la dissidence applique une nouvelle fois le critère de l'unicité; si elle reconnaît l'énergie atomique comme indivisible, elle considère que les relations de travail n'en font pas partie : « Le Parlement fédéral n'a pas besoin de contrôler les relations de travail dans les établissements nucléaires d'Ontario Hydro pour exercer sa compétence sur l'énergie atomique. Les relations de travail ici en cause ne font pas partie de la matière unique, particulière et indivisible qu'est l'énergie atomique »[861].

La dissidence admet donc la compétence fédérale en matière d'énergie atomique en vertu de la compétence fédérale à assurer la paix, l'ordre et le bon gouvernement[862], mais considère que les relations de travail dans les centrales nucléaires doivent demeurer de compétence provinciale : « la compétence qu'a le Parlement sur l'énergie atomique en vertu du volet de l'intérêt national justifiant l'exercice de la compétence en matière de paix, ordre et bon gouvernement n'est pas totale et ne vise pas les relations de travail entre Ontario Hydro et les employés de ses centrales nucléaires ».

Les divergences sur l'application du critère d'Unicité découlent de conceptions distinctes du fédéralisme.

---

[861] *Ibid.*, 327, Plus loin : J'ai conclu plus haut que le Parlement n'a pas besoin de contrôler les relations de travail dans les centrales nucléaires d'Ontario Hydro pour exercer efficacement sa compétence sur les ouvrages au moyen de son pouvoir déclaratoire. De même, la réglementation, par le Parlement, des relations de travail des employés des centrales nucléaires d'Ontario Hydro ne fait pas partie intégrante de l'exercice de la compétence en matière de paix, d'ordre et de bon gouvernement sur l'énergie atomique.

[862] *Ontario Hydro c. Ontario* (Commission des relations de travail), [1993] 3 R.C.S. 327. En résumé, bien que le Parlement ait compétence sur l'énergie atomique en vertu du volet de l'intérêt national justifiant l'exercice de la compétence en matière de paix, d'ordre et de bon gouvernement, cette compétence ne vise pas les relations de travail entre Ontario Hydro et les employés de ses centrales nucléaires. Le gouvernement fédéral n'a pas besoin de contrôler les relations de travail dans les établissements nucléaires d'Ontario Hydro pour exercer sa compétence sur l'énergie atomique. Autrement dit, les relations de travail ici en cause ne font pas partie de la matière unique, particulière et indivisible qu'est l'énergie atomique. Cependant, cela ne veut pas dire pour autant que, lorsque les circonstances le justifient, le Parlement ne peut pas, en exerçant sa compétence valide sur l'énergie nucléaire, adopter des mesures législatives qui ont un effet sur les relations de travail des employés d'Ontario Hydro en vertu du volet de l'intérêt national ou du volet de la situation d'urgence nationale justifiant l'exercice de la compétence en matière de paix, d'ordre et de bon gouvernement du Canada.

b. Les divergences sur le maintien de l'équilibre des compétences

576. La dissidence et le juge en chef Lamer, souscrivant à l'opinion majoritaire, s'accordent une fois encore sur la nécessité de préserver l'équilibre fédératif, mais pas sur la façon de le maintenir[863].

La majorité considère que la compétence fédérale sur le nucléaire dans le cadre de sa compétence pour assurer la paix, l'ordre et le bon gouvernement autorise le gouvernement fédéral à se prononcer sur les relations de travail dans les centrales nucléaires.

Le juge en chef Lamer, majoritaire, reconnaît que « La compétence en matière de paix, ordre et bon gouvernement est également assujettie aux principes de fédéralisme relatifs au maintien d'un équilibre, ce qui a pour effet, en l'espèce, de limiter la compétence fédérale en cette matière aux dimensions d'intérêt national de l'énergie atomique (soit la production d'énergie nucléaire et les questions de sécurité qui s'y rattachent) »[864].

Il montre que les compétences provinciales ne sont pas menacées puisque « la compétence fédérale sur les relations de travail ne s'applique pas à tous les employés d'Ontario Hydro[865]. Seules les personnes employées dans le cadre des installations destinées à la production d'énergie nucléaire sont assujetties à la réglementation fédérale. Les autres demeurent soumises à la compétence provinciale, conformément à l'alinéa92A (1)c) de la Loi constitutionnelle de 1867».

L'opinion dissidente, quant à elle, considère que la reconnaissance de la compétence fédérale pourrait menacer le principe fédéral : « Le principe fédéral est irréconciliable avec un état des affaires où l'action unilatérale des autorités fédérales peut entraîner la modification des pouvoirs législatifs provinciaux. Bien que l'utilisation du pouvoir déclaratoire ne soit pas aussi dramatique que la modification unilatérale de la Constitution, j'estime que le principe fédéral devrait être néanmoins respecté »[866]. L'action conjointe de

---

[863] *Ibid.*, p. 425.

[864] Ibid.,

Plus loin, la majorité reconnaît de façon implicite la nécessité de préserver le partage des compétences lorsqu'elle tente de prouver la force persuasive de l'arrêt *Pronto* :

Enfin, en ce qui concerne le quatrième motif, ce qui est soulevé dans le présent pourvoi c'est la question du compromis précis auquel les gouvernements fédéral et provincial doivent parvenir et, à mon avis, le partage des compétences auquel j'arrive, qui est le même que celui auquel conclut le juge McLennan, respecte ce compromis pour les motifs que j'ai exposés plus haut.

[865] Ibid.,

[866] *Ibid.*,, §35.

la théorie du double aspect et de celle de la prépondérance fédérale pourrait aboutir à un tel résultat[867].

Comme la Cour divisionnaire, elle recourt à un argument systématique[868] pour se prononcer en faveur d'une complémentarité de la législation fédérale en matière d'énergie atomique et de la législation provinciale en matière de relations de travail[869]. Il s'agit de situer la clause paix, ordre et bon gouvernement dans son contexte législatif; elle doit être interprétée en tenant compte des compétences provinciales.

Elle considère que, conformément à la *Loi constitutionnelle de 1867*, la législation provinciale doit s'appliquer aux relations de travail[870] et reconnaît la possibilité d'une coexistence des législations fédérales et provinciales.

577. Comme la Cour l'avait fait lors de l'affaire *Crown Zellerbach,* l'opinion dissidente montre que le critère de « l'incapacité provinciale » autorise une coexistence des législations fédérales et provinciales[871]. Selon les juges dissidents : « la compétence du Parlement sur un ouvrage déclaré à l'avantage général du Canada n'est pas totale, mais porte seulement sur les aspects de l'ouvrage qui font partie intégrante de l'intérêt fédéral dans l'ouvrage en question ».

Les juges dissidents se réfèrent à la loi constitutionnelle et à la tradition constitutionnelle pour montrer la nécessité de préserver l'équilibre fédératif :

---

867 *Ibid.*, Toute convention collective qui irait à l'encontre de ces conditions, imposées conformément à un règlement fédéral valide portant sur un aspect fédéral de l'établissement nucléaire, serait nulle et sans effet puisque les dispositions du permis fédéral auraient prépondérance (…).

868 Le droit est ordonné et ses diverses normes forment un système dont les divers éléments peuvent être interprétés en fonction du contexte où ils se trouvent insérés.
Charles PERELMAN, *La nouvelle rhétorique. Traité de l'argumentation.* Paris, PUF, 1958, pp. 55-59.

869 *Ontario Hydro c. Ontario* (Commission des relations de travail), [1993] 3 R.C.S. 327, [1993] 3 R.C.S. 327 : « La Cour divisionnaire a statué que le Parlement avait compétence pour adopter la Loi sur le contrôle de l'énergie atomique dans l'intérêt national en vertu de sa compétence en matière de paix, d'ordre et de bon gouvernement prévue dans le préambule de l'art. 91 de la Loi constitutionnelle de 1867. La compétence que le Parlement possède en matière de paix, d'ordre et de bon gouvernement est de nature résiduelle et devrait être interprétée conjointement avec le pouvoir spécifique prévu à l'al. 92A(1)c) de manière à ne pas exclure la compétence provinciale sauf s'il est absolument nécessaire de le faire(…). »

870 *Ibid.*, Les tenants de la compétence provinciale se sont fondés sur la compétence exclusive traditionnelle que la province possède, en vertu de l'art. 92 de la *Loi constitutionnelle de 1867*, pour légiférer relativement aux ouvrages et entreprises d'une nature locale (par. 92(10)), à la propriété et aux droits civils (par. 92(13), et aux matières d'une nature purement locale ou privée (par. 92(16)); toutefois, ils se sont fondés plus particulièrement sur le par. 92A(1) (adopté dans la *Loi constitutionnelle de 1982*, art. 50).

871 *Ibid.*, p. 434.

« Cette restriction est compatible avec la façon traditionnelle d'aborder les questions de partage des compétences. La *Loi constitutionnelle de 1867* établit un régime fédéraliste de gouvernement pour le Canada et elle devrait être interprétée de façon à empêcher que les pouvoirs du Parlement ou d'une législature provinciale subsument les pouvoirs de l'autre »[872].

Ils se réfèrent aux principes du fédéralisme pour privilégier une intervention du fédéral destinée à assurer la sécurité des installations nucléaires empiétant sur les compétences provinciales plutôt qu'une soustraction aux provinces des compétences en matière de relations commerciales[873].

---

[872] *Ontario Hydro c. Ontario* (Commission des relations de travail), [1993] 3 R.C.S. 327. Le pouvoir déclaratoire fédéral peut être exercé à l'égard des ouvrages qui tombent dans l'une ou l'autre catégorie de sujets attribuée aux provinces en vertu des art. 92 et 92A de la *Loi constitutionnelle de 1867*. Le Parlement n'a pas renoncé à son pouvoir déclaratoire sur les centrales nucléaires lorsque l'art. 92A a été ajouté à la Constitution en 1982.

[873] *Ibid.*, « Cet empiétement nécessaire sur la compétence provinciale s'harmonise davantage avec les principes du fédéralisme que le fait de soustraire systématiquement les relations de travail à la compétence provinciale. L'article 92A de la *Loi constitutionnelle de 1867* vient renforcer la conclusion que les relations de travail ne font pas partie intégrante de l'exercice de la compétence fédérale. Voir aussi : À l'instar de sa compétence découlant du pouvoir déclaratoire, la compétence qu'a le Parlement sur l'énergie atomique en vertu du volet de l'intérêt national justifiant l'exercice de la compétence en matière de paix, d'ordre et de bon gouvernement n'est pas totale et ne vise pas les relations de travail entre Ontario Hydro et les employés de ses centrales nucléaires(…).»

CONCLUSION DU CHAPITRE 2

578. Une confusion entre subsidiarité et proportionnalité apparaît constituer en pratique une limitation au contrôle juridictionnel de la subsidiarité par la Cour de Justice de l'Union européenne.

579. Si la Cour de justice rappelle régulièrement le principe de la distinction entre subsidiarité et proportionnalité dans certaines décisions, elle opère une assimilation de l'objet de ces deux principes dans d'autres. Cette confusion dépasse l'imprécision du lien entre le test de la valeur ajoutée et le principe de proportionnalité dans les domaines de compétences coexistantes.

580. L'exemple canadien semble indiquer qu'un contrôle effectif de la proportionnalité et de la subsidiarité ne repose pas uniquement sur une précision théorique de ces principes. L'application des critères existants devrait permettre, tant en droit de l'Union européenne qu'en droit canadien, une mise en œuvre qualitative de la proportionnalité et non purement quantitative. Dans le Renvoi relatif à la Loi sur les valeurs mobilières, la Cour suprême se réfère à des considérations relevant de la proportionnalité alors que cela n'est pas rendu indispensable par le test de GMC qu'elle applique en l'espèce.

581. Par ailleurs, le droit de l'Union européenne ne pose pas de distinction entre l'application de l'article 5 dans les situations où l'union et les États peuvent agir de concert pour réglementer un sujet et celles ou l'intervention de l'Union européenne rend toute intervention étatique impossible en pratique. Une telle distinction apparaît néanmoins pertinente; la nécessité de l'intervention de l'union dépend directement de la capacité d'action conservée par les États après intervention de l'Union.

Si les deux niveaux de gouvernement peuvent agir de façon concertée dans un domaine, les questions du déclenchement de l'action et de l'étendue de l'action se posent en principe de façons distinctes. A l'inverse, si la seule intervention possible pour atteindre l'objectif visé exclut toute possibilité d'action pour les États, pour atteindre l'objectif visé, il devient superflu de s'interroger sur la conformité au principe de proportionnalité des moyens employés pour atteindre l'objectif en question.

582. Enfin, bien que la subsidiarité implique une évaluation des moyens d'action de l'Union et donc de la proportionnalité, il ne suffit pas que les États possèdent une latitude d'action pour que l'intervention de l'Union européenne respecte le principe de subsidiarité. De même, alors que la Cour de justice se contente parfois de souligner l'existence d'une marge de

manœuvre pour les États, une véritable évaluation de la proportionnalité implique une référence aux objectifs poursuivis par la norme.

La réduction du contrôle juridictionnel de l'exercice des compétences à des considérations purement quantitatives de respect des compétences des deux niveaux de pouvoir pourrait découler des difficultés occasionnées par l'identification de l'objectif poursuivi par la norme contrôlée.

CONCLUSION DU TITRE I

583. Le contrôle juridictionnel de la subsidiarité est limité par l'imprécision de ces critères d'applications mais surtout par les réticences des Cours à contrôler les éléments de preuves extra-juridiques du non respect de ce principe.

584. Pourtant, la référence à la jurisprudence ou à l'intention du législateur ne suffit que rarement à déterminer la solution d'un litige. Les dissidences en droit canadien et les lacunes des analogies entre les décisions opérées par les Cours semblent confirmer le poids d'éléments extra juridiques dans l'identification de l'objectif poursuivi.

585. De tels éléments apparaissent indispensables à un contrôle efficace de la subsidiarité. En effet, si une évaluation abstraite de la capacité d'action de chaque niveau de pouvoir permet un partage des compétences efficace et stable, elle peut néanmoins menacer l'équilibre des compétences si elle ne repose pas sur une démonstration substantielle de l'incapacité potentielle d'action des entités englobées.

586. En droit de l'Union européenne comme en droit canadien, le juge se limite parfois à reconnaître que le pouvoir politique a démontré la nécessité d'une intervention de l'entité englobante pour assurer l'uniformité du droit, sans rechercher si une telle uniformité apparaît indispensable à atteindre les objectifs poursuivis par la norme. Cette uniformité peut être fondée, sur un critère spatial, la dimension transfrontalière d'un sujet, ou temporel, la nécessité d'une intervention diligente.

587. La Cour suprême peut néanmoins recourir à une argumentation approfondie pour rechercher si l'abstention des provinces pourrait potentiellement nuire à la poursuite efficace de l'objectif poursuivi. Il est en revanche probable que la Cour de justice hésite à censurer une norme qui soit faiblement justifiée. Pour contrôler une norme, elle se cantonne aux éléments de preuves fournis par les partis[874] tout en interprétant largement leur argumentation[875].

588. Par ailleurs, l'application de la subsidiarité semble réduite par une assimilation de l'incapacité d'action des entités décentralisées et de la démonstration de la plus-value d'une intervention de l'entité englobante.

---

[874] *Commission/Allemagne*, Affaire C-518/07, 09 Mars 2010.

[875] *Grand-Duché de Luxembourg contre Parlement* européen et Conseil de l'Union européenne, Affaire C-176/09, 12 mai 2011.

589. L'argumentation de la Cour, en restant laconique, rend le test de la valeur ajoutée défaillant. En effet, la Cour ne prend parfois en compte que l'efficacité de l'action de l'Union européenne.

TITRE II. LES RETICENCES DES COURS A EXERCER PLEINEMENT LEUR FONCTION DE CONTROLE

590. Nous comparerons dans ce titre le contrôle juridictionnel en droit de l'Union européenne et en common law et, en tenant compte de leurs fondements théoriques propres, nous rechercherons si le contrôle de la Cour de justice pourrait, comme l'a été celui de la Cour suprême, être approfondi. Nous observerons dans ce but que la Cour de justice et la Cour suprême semblent éprouver des réticences communes dans le contrôle de la subsidiarité.

591. En pratique, la Cour suprême et surtout la Cour de justice appliquent la subsidiarité avec retenue[876] (chapitre 1). Un contrôle substantiel de la subsidiarité par une Cour n'en apparaît pas moins nécessaire à une application effective de ce principe (chapitre 2).

592. Nous avons considéré comme substantiel un contrôle qui, loin de se borner à constater l'existence d'une motivation des institutions politiques au regard de la subsidiarité, les amènerait à s'interroger sur le contenu de cette motivation : sa cohérence interne et sa conformité avec une évaluation raisonnable, en l'état des connaissances disponibles au moment où la norme a été édictée, des capacités d'action de chaque niveau de pouvoir. Ainsi, les Cours pourraient-elles porter un regard critique sur les éléments de preuves scientifiques, économiques, politiques ou sociales apportés par les institutions politiques à l'appui de la nécessité de leur intervention. Une telle approche est d'autant plus légitime que le principe de subsidiarité est évolutif. Le contrôle juridictionnel de la subsidiarité permet d'évaluer si l'intervention de l'entité englobante demeure pertinente au regard des évolutions de la société et du droit.

[876] L'opportunité étant entendue comme le caractère souhaitable d'une mesure pour la société, sur un plan éthique et politique.

CHAPITRE 1. L'AUTOLIMITATION DES COURS DANS LEUR APPLICATION DE LA SUBSIDIARITE

593. Nous rechercherons dans ce chapitre si le juge, en pratique, procède à un contrôle aussi approfondi que possible de la subsidiarité.

594. Nous analyserons, pour ce faire, la jurisprudence de la Cour de justice et de la Cour suprême portant application de la subsidiarité. Au préalable, nous avons tenté d'établir si la procédure de contrôle de la subsidiarité favorise un contrôle efficace de ce principe.

595. Nous avons considéré que le principe de subsidiarité était applicable dès lors que chaque niveau de pouvoir est potentiellement compétent pour intervenir.

596. La Cour de justice et la Cour suprême semblent s'autolimiter dans leur contrôle des mécanismes de subsidiarité dans leur choix de se prononcer sur l'application de la subsidiarité (section 1). Lorsque les Cours consentent à appliquer des mécanismes de subsidiarité, cette autolimitation est perceptible dans l'étendue de leur contrôle, souvent limité à la recherche de l'intention du législateur (section 2).

SECTION 1. UNE AUTOLIMITATION DES COURS DANS LEUR CHOIX D'APPLIQUER DES MECANISMES DE SUBSIDIARITE

597. Nous rechercherons dans cette section si le juge se référait à la subsidiarité dans toutes les hypothèses où ce principe était applicable.

598. L'autolimitation des Cours dans leur choix d'appliquer le principe de subsidiarité pourrait partiellement découler des conditions procédurales de sa mise en œuvre (*sous-section* 1). Les décisions rendues par la Cour de justice et la Cour suprême confirment cette autolimitation (*sous-section* 2) des Cours dans leur choix d'appliquer le principe de subsidiarité.

Sous-section 1. Les fondements procéduraux de l'autolimitation de la Cour de justice

599. La procédure de mise en œuvre du contrôle juridictionnel de la subsidiarité pourrait contribuer à expliquer les réserves de la Cour de justice.

600. La Cour de justice bénéficie d'un pouvoir quasi discrétionnaire pour déterminer à qui bénéficie le principe de subsidiarité. Il devient difficile d'établir dans quelle condition elle serait fondée à contester la légitimité d'un choix politique sur l'organisation des compétences. Cette difficulté est accentuée par la procédure plaçant le contrôle judiciaire en aval de l'examen des textes par le Parlement.

La Cour contrôle a posteriori[877] le respect du principe de subsidiarité[878]. La question se pose de savoir si un contrôle a priori du principe de subsidiarité par la Cour permettrait un plus grand respect de ce dernier. En effet, le contrôle a posteriori de la Cour a d'autant moins lieu d'être si la nécessité de l'intervention de l'Union européenne a été soigneusement évaluée avant son entrée en vigueur. Le Parlement européen a donc suggéré d'introduire un article 172 bis dans le traité CE conférant à la Cour de justice le droit de déterminer si une proposition outrepasse les limites de la compétence de l'Union européenne. La saisine de la Cour aurait lieu après l'adoption d'un acte, mais avant son entrée en vigueur, et serait le fait aussi bien des États que des institutions[879]. Cette proposition n'a pas été retenue[880].

601. Lors des discussions menées sur le thème de la subsidiarité au sein de la Cour, tout au long de la convention sur l'avenir de l'Europe[881], des

---

[877] Les 1eret 2 juin 95, une rencontre destinée à préparer la conférence intergouvernementale de 1996 eut lieu à Messine, le rapport de ce groupe fut présenté lors du Conseil européen de Madrid les 15 et 16 décembre 1995.
La Conférence intergouvernementale de 1996 déboucha sur le Conseil européen d'Amsterdam du 16 juin 97, le *protocole sur le principe de subsidiarité* a failli se solder par un échec :
http://www.europarl.europa.eu/, consulté le 12 juin 2012.

[878] Stéphane LECLERC, *L'essentiel du droit des institutions de l'Union européenne*, Collection « Les carrés droit, science politique », Paris, Gualino, 3e éd., 2013, 158 p.

[879] « Le principe de subsidiarité » *Parlement européen : fiches techniques.*
Sur http://www.europarl.europa.eu/ (consulté le 7 novembre 2013).

[880] Herve BRIBOSIA, « Subsidiarité et répartitions des compétences entre la Communauté et ses Etats membres », *RDUE*, 1992, n° 4, pp. 389-338.

[881] Francis JACOBS, avocat général de la CJUE, (Février 2002-Juillet 2003). « Convention sur l'avenir de l'Union européenne ».

réserves avaient été exprimées sur l'exercice par la Cour d'un contrôle a priori des propositions de la Commission. Le risque étant de conférer à la Cour un rôle politique en l'incluant dans le processus législatif. Cependant, une institution politique pourrait exercer un semblable contrôle, la Cour se réservant la possibilité d'un contrôle a posteriori de façon exceptionnelle.

La proposition française de créer une chambre ou un cénacle de la subsidiarité rencontra également la méfiance de la Cour, craignant qu'une telle institution ne procède à une appréciation politique du principe.

602. Si le principe de subsidiarité ne semble pas en mesure d'éviter tous débordements des compétences de l'Union européenne sur les compétences étatiques, il ne permet pas non plus de pleinement garantir la fonction ascendante de la subsidiarité dans la mesure où le contrôle de la Cour de justice ne porte que sur les interventions de l'Union européenne.

Consciente de la crainte suscitée par un contrôle juridictionnel abusif, la Cour procède à une autolimitation de ses compétences de contrôle.

Sous-section 2. L'expression d'une autolimitation des Cours dans la jurisprudence en matière de conflit de compétences

603. La Cour de justice s'abstient parfois de se prononcer sur l'applicabilité du principe de subsidiarité alors qu'elle en aurait l'occasion (§1). La Cour suprême, pour sa part, éprouve quelques réticences à formuler une théorie fédérative (§2).

§1. Une autolimitation de la Cour de justice

Nous examinerons des décisions où ce n'est pas tant le sens de la subsidiarité qui pose problème à la Cour que l'applicabilité de ce principe.

Dans certains cas, la Cour s'abstient d'appliquer le principe de subsidiarité alors que l'une des parties l'invoque (A). Dans d'autres, elle reconnaît son applicabilité pourtant contestée par certaines parties (B).

A. L'abstention de la Cour d'appliquer la subsidiarité

604. La Cour n'explique pas toujours son abstention d'examiner des moyens tirés du principe de subsidiarité[882]. Elle le fait parfois, délimitant ainsi la sphère de justiciabilité du principe de subsidiarité (1). Dans les hypothèses où, la norme contestée ayant été annulée sur un autre fondement, le contrôle de subsidiarité n'est pas nécessaire, la Cour, jugeant in concreto, s'abstient de se prononcer sur son applicabilité potentielle (2).

1. Les hypothèses d'inapplicabilité du principe de subsidiarité

605. Dans l'affaire *Ketelsen*, la Cour refuse d'appliquer le principe de subsidiarité de façon rétroactive[883]. Dans Elf Aquitaine/Commission, la Cour refuse d'examiner le principe de subsidiarité comme moyen nouveau, ce principe étant de toute façon inapplicable aux compétences exclusives de la Communauté[884]. Enfin, dans *Commission/Allemagne* [885], la Cour considère que le principe de subsidiarité ne s'applique pas aux compétences de contrôle.

Dans *Commission/Portugal*, la Cour, sans se prononcer sur le respect du principe de subsidiarité invoqué par la République portugaise, considère qu'il ne peut être invoqué en l'espèce, car « un État membre ne saurait utilement invoquer l'illégalité d'une directive ou d'une décision dont il est destinataire comme moyen de défense à l'encontre d'un recours en manquement fondé sur l'inexécution de cette décision ou sur la méconnaissance de cette directive »[886].

---

[882] *Michaniki*, Affaire C-213/07, 16 décembre 2008, §24.

[883] *Ketelsen*, Affaire C-37/97, 22 octobre 1998.
Enfin, s'agissant de la violation du principe de subsidiarité, il y a lieu de constater que l'article 3 B, deuxième alinéa, du traité n'était pas encore en vigueur au moment de l'adoption des règlements n^{os}1765/92 et 2066/92 et que cette disposition ne saurait se voir conférer une portée rétroactive.

[884] *Elf Aquitaine/Commission*, Affaire C-521/09 P, 29 septembre 2011.

[885] *Commission/Allemagne*, Affaire C-539/09, 15 novembre 2011, §40.

[886] Commission des Communautés européennes/ Portugal, Affaire C-53/05, 6 juillet 2006, §29, 230.
François MARIATTE, « Vice de transposition de la directive « droit de location et de prêt au Portugal », *JCE*, octobre 2006, n° 10, commentaire 284, p. 20.

2. L'absence de référence de la Cour à la subsidiarité en cas d'invalidation de la norme fondée sur d'autres motifs

606. La Cour n'examine pas un moyen tiré du principe de subsidiarité lorsque la norme contestée est annulée sur d'autres motifs. Dans *Commission/Italie*[887], dans *Allemagne c/Parlement européen et Conseil de l'Union*[888], la Cour, sans écarter l'applicabilité du principe de subsidiarité, annule la norme européenne contestée sur d'autres motifs. Dans *Imperial Tobacco e.a.*[889], l'invalidité de la directive contestée a été reconnue par une autre décision de la Cour.

607. Dans *Tremblay e.a./Commission*, les requérants demandent à la Cour d'annuler la décision du Tribunal selon laquelle « il ressort des points 6 à 8 de la décision litigieuse que la Commission a fondé le rejet des plaintes des requérants non sur le principe de subsidiarité, mais sur le seul motif d'un défaut d'intérêt de l'Union européenne suffisant »[890]. La Cour confirme cependant la décision du Tribunal.

B. L'application du principe de subsidiarité par la Cour de justice

608. Dans *British American Tobacco Product*[891], en dépit de l'opposition du gouvernement belge et du Parlement, la Cour se réfère au principe de subsidiarité. L'interprétation large du champ d'application du principe de subsidiarité dans la jurisprudence récente peut être perçue comme une volonté de renforcer la légitimité des interventions de l'Union européenne.

Dans cet arrêt, les requérants soutiennent que le principe de subsidiarité ne s'applique pas à la directive contestée[892]. En effet, le principe de subsidiarité

---

[887] *Commission/Italie*, Affaire C-326/07, 26 mars 2009, §25, 67.

[888] *Allemagne c/Parlement* européen et Conseil de l'Union, Affaire C-376/98, 5 octobre 2000.

[889] *Imperial Tobacco e.a.*, Affaire C-74/99,05 octobre 2000.

[890] *Tremblay e.a /Commission*, 24 octobre 1996, Affaire C-91/95 P, §7, à 8 et 20 à 23.

[891] *British American Tobacco Investments et Imperial Tobacco*, Affaire C-491/01, 10 décembre 2002.

[892] *Ibid.*,, 10 décembre 2002, §175 Le gouvernement belge et le Parlement soutiennent que le principe de subsidiarité ne s'applique pas à la directive, dans la mesure où ce principe n'est applicable que dans les domaines qui ne relèvent pas de la compétence exclusive de la Communauté, alors que la dite directive, adoptée en vue de la réalisation du marché intérieur, relèverait d'une telle compétence exclusive.

mentionné dans le droit originaire ne s'applique qu'aux compétences partagées. Or le Marché commun relèverait de la compétence exclusive de la Communauté[893]. La Cour, si elle reconnaît son incapacité à remettre en question des compétences dévolues à la Communauté par les traités[894], considère « que le principe de subsidiarité s'applique lorsque le législateur de l'Union européenne recourt à l'article 95 CE, dans la mesure où cette disposition ne lui donne pas une compétence exclusive pour réglementer les activités économiques dans le marché intérieur » ; sa position se fonde sur la jurisprudence récente[895].

Dans *Alliance for Natural Health e.a et dans National Association of Health Stores e.a,* la Cour se réfère à l'arrêt *British American Tobacco* pour reconnaître l'applicabilité du principe de subsidiarité à l'article 95 CE, cette disposition devant être interprétée comme ne donnant pas à la Communauté une compétence exclusive[896].

§2. Une autolimitation de la Cour suprême du Canada

609. Désireuse de reconnaître la légitimité des institutions politiques pour accomplir cette tâche (B), la Cour suprême s'abstient autant qu'elle le peut d'adopter une théorie fédérative (A). Les lois bénéficient d'une présomption de constitutionnalité[897].

---

[893] Florence AUBRY CAILLAUD, « Le concept de subsidiarité et la nouvelle approche en matière de libre circulation des marchandises », Liège, *REA LEA*, 1998, n° 1-2, pp. 67-69.
Une question semblable s'est posée relativement à l'applicabilité de la subsidiarité à la nouvelle approche. La Commission s'est référée à ce principe ; l'article 3B ne faisant « qu'entériner un état de fait ».

[894] *British American Tobacco Investments et Imperial Tobacco*, Affaire C-491/01, 10 décembre 2002, §178 Le protocole sur l'application des principes de subsidiarité et de proportionnalité, annexé au traité instituant la Communauté européenne, précise à son §3 que le principe de subsidiarité ne remet pas en question les compétences conférées à la Communauté par le traité, telles qu'interprétées par la Cour.

[895] *Ibid.*,, §179.

[896] *The Queen*, à la demande de Alliance for CJCE 12 juill.2005, *Natural Health et Nutri-Link*, C-154/04 et C-155/04, Rec. I-6451.
Health et Nutri-Link Ltd contre Secretary of State for Health (C-154/04) et The Queen, à la demande de National Association of Health Stores et Health Food Manufacturers Ltd contre Secretary of State for Health et National Assembly for Wales (C-155/04).
Affaires jointes C-154/04 et C-155/04, §103.

[897] Henri BRUN et Guy TREMBLAY, *Droit constitutionnel*, 2 ed. Cowansville Editions Yvon Blais, 1990, 1548 p.

A. La réticence de la Cour suprême à adopter une théorie fédérative

610. Eugénie Brouillet analyse une trentaine de décisions précédant 2004[898] et en conclut que la Cour suprême n'avait pas élaboré de théorie fédérative jusqu'au *Renvoi sur le rapatriement* et jusqu'à celui sur la sécession[899]. Le plus souvent la Cour adoptait une conception moderne du partage des compétences, favorisant un chevauchement des pouvoirs entre les ordres de gouvernement. Elle adoptait parfois une conception ancienne lorsque cela favorisait le pouvoir fédéral. Après 2004, la Cour suprême a eu l'occasion de revenir sur le principe fédératif[900].

611. Si la Cour suprême semblait attachée à l'idée de fédéralisme dans certains renvois, elle semblait moins s'en soucier dans sa jurisprudence fédérative, relative au partage des compétences entre les deux ordres de gouvernement[901]. Elle ne suit pas toujours de théorie fédérative claire et ne semble se référer au principe de fédéralisme que pour combler des vides constitutionnels.

Le principe fédératif implique un partage de la fonction législative entre deux ordres de gouvernement autonomes ou non subordonnés entre eux dans un certain nombre de matières réservées à leurs pouvoirs législatifs exclusifs; cette autonomie étant consacrée dans une Constitution écrite dont le respect est contrôlé par un arbitre neutre. La Cour est, dans la pratique, obligée de jouer un rôle dans le maintien de l'équilibre fédératif. Dans *Banque canadienne de l'Ouest*[902], la Cour énonce ce qu'elle considère comme les principaux aspects normatifs et objectifs du fédéralisme, appliquant ainsi sa décision *Renvoi sur la sécession* au partage des compétences[903].

612. Cependant, le principe de fédéralisme, dans son sens juridique, ne gomme pas toute incertitude dans l'interprétation du partage des compétences et dans l'adaptation de ce partage aux évolutions contextuelles.

---

[898] Eugénie BROUILLET, «La dilution du principe fédératif et la jurisprudence de la Cour suprême du Canada », *Cah.Dr*, 2004, vol. 45, n° 1, pp.7-69.

[899] *Renvoi : résolution pour modifier la Constitution*, [1981] 1 R.C.S. 753. *Renvoi relatif à la sécession du Québec*, [1998] 2 R.C.S. 217.

[900] Eugénie BROUILLET, « Le fédéralisme et la Cour suprême du Canada : quelques réflexions sur le principe d'exclusivité des pouvoirs », *Revue québécoise de droit constitutionnel*, 2010, n° 3, 22 p.

[901] Eugénie BROUILLET, « La dilution du principe fédératif et la jurisprudence de la Cour suprême du Canada », *Cah.Dr*, 2004, vol. 45, n° 1, pp.7-69.

[902] Banque canadienne de l'Ouest c. Alberta, [2007] CSC 22, [2007] 2 R.C.S. 3.

[903] *Renvoi relatif à la sécession du Québec*, [1998] 2 R.C.S. 217.

613. Si la précision progressive des tests d'évaluation de la capacité à agir permet d'en approfondir le contrôle, l'absence de théorie globale unifiée de l'analyse de la capacité à agir de chaque niveau de gouvernement pourrait donc dans certain cas limiter l'application de mécanismes de subsidiarité. La possibilité pour le juge de choisir entre les différentes théories faisant application de mécanisme de subsidiarité pourrait restreindre le champ d'application de ce principe[904].

B. La volonté de la Cour de laisser aux institutions politiques le soin d'élaborer une théorie fédérative

614. La conception moderne adoptée par la Cour en matière de partage des compétences a pour conséquence une revalorisation du rôle des institutions politiques dans la définition de ce partage, au détriment du contrôle qu'elle exercerait elle-même. Ainsi, insiste-t-elle dans le *Renvoi relatif à la loi sur l'assurance emploi* sur le rôle des gouvernements dans la définition de l'équilibre entre les pouvoirs provinciaux et fédéraux[905].

Pour la Cour suprême, le fédéralisme serait un concept politique plus que juridique. Il reviendrait aux institutions politiques d'assurer l'adaptation du droit aux nécessités nouvelles de la société. Il semble qu'en adoptant une telle position, la Cour suprême fasse preuve d'une autolimitation, car le fédéralisme possède bien un contenu normatif.

615. La Cour reconnaît qu'elle doit « établir un équilibre approprié dans la reconnaissance et l'aménagement des chevauchements inévitables »[906] afin de concilier la nécessité de préserver l'unité nationale avec celle de maintenir une certaine diversité. Cependant, elle confirme que « concrètement, le maintien de l'équilibre des compétences relève avant tout des gouvernements », adoptant ainsi une attitude de retenue judiciaire.

Elle semble attacher une certaine importance à l'accord qu'auraient trouvé les gouvernements puisque le contrôle est concret et intervient a posteriori[907]. Elle n'intervient qu'en cas de différends entre eux.

---

[904] La réponse à cette question, dépassant le champ de cette étude, demanderait à être vérifié.

[905] *Renvoi relatif à la Loi sur l'assurance-emploi* (Can.), art. 22 et 23, [2005] CSC 56. Note 6 § 10.

[906] *Banque canadienne de l'Ouest c. Alberta*, [2007 CSC 22, [2007] 2 R.C.S. 3, p. 24.

[907] *Bande Kitkatla c. Colombie-Britannique* (Ministre des Petites et moyennes entreprises, du Tourisme et de la Culture), [2002] 2 R.C.S. 146, §72.

La Cour suprême, comme la Cour de justice, se limite donc dans son contrôle de la subsidiarité. Un contrôle performant des mécanismes de subsidiarité implique pourtant un contrôle substantiel.

SECTION 2. UNE AUTOLIMITATION DU JUGE DANS L'ETENDUE DE SON CONTROLE DE LA SUBSIDIARITE

616. Nous rechercherons cette section si le juge, en pratique procède et est susceptible de procéder, à une évaluation contextualisée de la capacité à agir de chaque niveau de gouvernement.

617. Dans les hypothèses mêmes où la Cour suprême et la Cour de justice acceptent de contrôler les mécanismes de subsidiarité; elles se bornent le plus souvent à une recherche de l'intention du législateur (*sous-section* 1). Une évolution favorable à un contrôle substantiel demeure possible (*sous-section* 2).

Sous-section 1. L'autolimitation des Cours à la recherche de l'intention du législateur

618. La Cour semble se limiter dans son contrôle, reconnaissant la nécessité de l'action dès lors qu'elle entre dans le champ d'une compétence de l'Union européenne et « ne semblant pas distinguer l'attribution d'une compétence de la nécessité de l'action ». La Cour de justice (§1) et la Cour suprême (§2) semblent se borner à rechercher l'intention du législateur.

Rothmans, Benson & Hedges Inc. c. Saskatchewan, [2005] CSC 13, [2005] 1 R.C.S. 188. *Colombie-Britannique (Procureur général) c. Lafarge Canada* inc., [2007] 2 R.C.S. 86.

§1. L'autolimitation de la Cour de justice

619. Nous avons observé la jurisprudence de la Cour de justice afin d'établir si elle contrôlait le respect par les institutions politiques du "test" de la subsidiarité s'imposant à elles.

620. La Cour, quoiqu'elle se prononce sur la validité de l'exercice de compétences comme le ferait une Cour constitutionnelle fédérale[908], refuse pourtant d'exercer un contrôle approfondi de constitutionnalité.

Le principe de subsidiarité n'a pour l'heure jamais été utilisé pour censurer l'acte fondé sur la subsidiarité; il apparaît ainsi encore moins efficace que le moyen tiré du détournement de pouvoir. Le principe de subsidiarité permet ainsi, de façon négative, de renforcer l'autorité du législateur en écartant les moyens tirés de son incompétence.

Consciente des appréciations politiques et sociales, complexes et subjectives, souvent nécessaires à l'application du principe de subsidiarité, la Cour tente de se borner à l'aspect juridictionnel de ce principe et à ne pas se prononcer sur l'opportunité du partage des compétences qui relève de choix politiques controversés[909]. La Cour ne veut pas substituer sa propre interprétation à celle des institutions, légiférant ainsi à leur place. Elle exerce un contrôle minimum qui ne saurait prévenir toute application infondée de cette doctrine.

621. Les juges restent prudents, ils se réfèrent peu à ces principes. Dans sa communication de décembre 1990, la Cour avait indiqué qu'elle ne censurerait, dans le cas de la subsidiarité, que l'erreur manifeste d'appréciation[910], ce qui pourrait expliquer le peu de saisines de la Cour et la réserve de la jurisprudence. Les institutions conservent donc une marge de manœuvre d'autant plus étendue que les notions de « réalisation suffisante » et de « meilleure réalisation », au cœur de l'article 5TUE, sont vagues.

622. De façon similaire, la Cour de justice refuse le plus souvent de se prononcer sur l'opportunité d'une décision lorsqu'elle contrôle le respect du principe de proportionnalité[911]. La proportionnalité, intrinsèquement liée à la

---

[908] Claude BLUMANN, Louis DUBOUIS, *Droit institutionnel de l'Union européenne*, 4e éd., Paris, Litec, 2010, 830 p.

[909] Parlement, Conseil Commission, Déclaration interinstitutionnelle sur la démocratie, la transparence et la subsidiarité complétant le Conseil européen d'Edimbourg, Luxembourg, 25 octobre 1993, Bull. C.E d'octobre 1993 ou Revue trimestrielle de droit européen n147.

[910] Communication de la Cour de justice du 20 déc. 1990 à l'attention de la conférence intergouvernementale sur l'Union politique de 1991.

[911] La Cour a précisé lors de la conférence interinstitutionnelle de 1990 qu'elle exerçait déjà un contrôle de proportionnalité qui lui était apparenté ; ce contrôle s'exerçant dans les limites extrêmes de son pouvoir d'appréciation.

subsidiarité[912], est depuis longtemps prise en compte par la Cour comme élément d'interprétation pour la délimitation des compétences permettant aux institutions d'imposer des obligations aux particuliers, notamment aux opérateurs économiques. Ce faisant, la Cour souhaite laisser aux institutions une large marge d'appréciation[913].

623. Le contrôle exercé pour l'heure comporte d'évidentes limites, si l'on peut encore considérer qu'il soit opérant. Un contrôle efficace du principe de subsidiarité semble nécessiter un assouplissement de la distinction entre la subsidiarité politique prévue par les auteurs des traités et la subsidiarité juridique applicable par la Cour.

Il s'agit de « politiser » le contrôle par la Cour du principe de subsidiarité. Le principe de subsidiarité, sur le plan contentieux, doit être appréhendé de façon plus réaliste. Le contrôle juridictionnel pourrait évoluer vers un contrôle maximum, comme l'a fait dans certains cas le Conseil d'État français[914].

624. La Cour de justice se contente de contrôler la motivation par le législateur du respect du principe de subsidiarité par son intervention (A). Elle considère qu'il revient aux requérants de prouver sa violation par l'intervention de l'Union européenne (B).

A. Un contrôle juridictionnel formel de la motivation des dispositions attaquées

625. Nous donnerons ici quelques exemples parmi les décisions dans lesquelles la Cour se borne à un contrôle purement formel de la subsidiarité[915]. La Cour de justice se borne à contrôler l'existence d'une

---

2e et 3e Conférence Intergouvernementale, les 28 et 29 Octobre 1990 à Rome, http://www.cvce.eu/content/publication/2003/7/10/7524b7cb-7538-4283-a831-da2b7357813a/publishable_fr.pdf, consulté le 12/06/12.

912 Sur le lien entre proportionnalité et subsidiarité, voir entre autres : *Allemagne/Conseil*, Affaire C-426/93, 9 novembre 1995, Rec. p. I-3723, point 42.

913 Noura KARAZIVAN and Jean-François GAUDREAULT-DESBIENS, « On Polyphony and Paradoxes in the Regulation of Securities Within the Canadian Federation », Canadian Business LJ, 2010, vol. 49, n° 1, pp. 1-38.

914 Jurisprudence administrative française s'agissant du contrôle des mesures de police : CE, *Benjamin et syndicat d'initiative de Nevers*, n° 17413, 19 mai 1933, Recueil Lebon 541 ; GAJA, 18e éd. 2011, n° 45.

915 Cette liste n'est pas exhaustive.
Dans
PanelliniosSyndesmosViomichanionMetapoiisisKapnou/YpourgosOikonomiaskaiOikonomiko

justification de l'intervention de l'Union européenne dans *Allemagne/Parlement et Conseil* (1), dans *Pays-Bas/Parlement* et Conseil (2), dans *Avesta Polarit Chrome Oy* et *Commission/Estonie(3)* ainsi que dans *Vodafone*e.a.(4) et dans R.U. c/Conseil de l'Union européenne et dans *Allemagne c/Parlement européen et Conseil de l'Union*(6). L'avocat général dans *British American Tobacco Product* semble favorable à un contrôle limité des motivations du principe de subsidiarité par la Cour (5).

1. Un contrôle formel de la motivation dans Allemagne/Parlement et Conseil

626. Dans Allemagne/Parlement et Conseil[916], le gouvernement allemand soutient que la Cour n'a pas satisfait à son obligation de motivation du principe de subsidiarité. La Cour se borne à citer les dispositions de la directive contenant une telle motivation pour montrer le respect de cette obligation sans s'attarder sur le contenu de cette motivation. Si elle reconnaît que le respect du principe de subsidiarité figure parmi les circonstances soumises à l'obligation de motivation, conformément à l'article 296 du traité FUE, elle considère que cette exigence est déjà satisfaite lorsque le respect du principe ressort globalement des considérants et qu'il a été pris en compte dans l'examen de l'acte.

627. Cette argumentation de la Cour est compréhensible dans la mesure où l'argument de l'Allemagne porte sur le non-respect de l'obligation de motivation et non sur le non-respect du principe de subsidiarité. Tel n'est pas le cas dans de nombreux autres arrêts où la Cour se contente de citer une directive pour montrer que le principe de subsidiarité a été respecté alors que le non-respect de ce principe est invoqué par les parties.

---

n,YpourgosAgrotikisAnaptyxiskaiTrofimon, Affaire C-373/11, 13 juillet 2011, §24, la Cour, sans l'appliquer à l'espèce, se contente de faire mention de l'article 5.
Dans *Commission/Estonie*, Affaire C-505/09 P, 29 mars 2012, §43, §46, §81, la Cour cite le principe de subsidiarité sans se prononcer directement sur le problème posé par les parties, à savoir si l'application par le Tribunal du principe de subsidiarité vient limiter les compétences de la Commission.
Arte*godanGmbH/Commission européenne et République fédérale d'Allemagne*, Affaire C-221/10 P, 19 avril 2012, § 75, refus de la cour de considérer que les règles de répartition des compétences génèrent des droits pour les particuliers.

[916] *Allemagne/ Parlement et Conseil,* Affaire C-233/94, 13 mai 1997, §22 à 29.

2. *Un contrôle formel de la motivation dans la décision Pays-Bas/Parlement et Conseil*

628. Dans *Pays-Bas/Parlement et Conseil*, la Cour se limite à reconnaître l'impact immédiat de la protection des inventions biotechnologiques sur le commerce intérieur de l'Union européenne pour établir que, en raison des dimensions et des effets de l'action envisagée, le bon fonctionnement du marché intérieur n'aurait pu être atteint par une action commune des États membres[917]. La Cour, pour vérifier « concrètement » le respect du principe de subsidiarité affirme « que l'objectif recherché par la directive, consistant à assurer le bon fonctionnement du marché intérieur en prévenant, voire en éliminant, des divergences entre les législations et pratiques des différents États membres dans le domaine de la protection des inventions biotechnologiques, n'aurait pas pu être atteint par une action entreprise au niveau des seuls États membres ».

629. La Cour se réfère à « l'objectif recherché par la directive ». Elle ne recherche pas si l'objectif apparent de la directive correspond à son objectif réel.

3. *Un contrôle formel de la motivation dans la décision Avesta Polarit Chrome Oy et dans Commission/Estonie*

630. Dans *Avesta Polarit Chrome Oy*, la Cour se réfère à l'intention du législateur de l'Union européenne pour constater le respect du principe de subsidiarité[918].

Dans Commission/Estonie, la Cour refuse de « limiter les pouvoirs du législateur de l'Union »[919]. Le contrôle de la subsidiarité proposé par le Tribunal aboutirait, selon elle, à une telle restriction.

L'avocat général laisse à l'appréciation du législateur la nécessité de l'intervention de l'Union européenne, il se contente de reconnaître que « lorsque le choix du législateur ressort d'une façon claire et univoque de l'acte concerné, il n'appartient pas aux juridictions de l'Union de substituer leur appréciation à celle du législateur par le biais d'une interprétation

---

917 *Pays-Bas/Parlement et Conseil*, C-377/98, Affaire 09 octobre 2001, §32.
918 *Avesta Polarit Chrome Oy.*, Affaire C-114/01, 11 septembre 2003, §57.
919 *Commission/Estonie*, C-505/09 P, 29 mars 2012, §43, 46, 81.

téléologique[920] ». Cette formulation laisse supposer que la Cour ne détiendrait qu'un pouvoir d'interprétation de la volonté du législateur et non un véritable pouvoir de contrôle.

4. Un contrôle limité de la motivation dans la décision Vodafone e.a.

631. La Cour ne semble pas prendre en considération (b) l'opinion de l'avocat général lui recommandant de procéder à un contrôle substantiel du respect du principe de subsidiarité (a).

a. Le contrôle substantiel de la subsidiarité proposé par l'avocat général

632. Selon l'avocat général, la simple intention du législateur de respecter le principe de subsidiarité ne suffit pas à prouver son respect; le contrôle de la Cour devrait consister en un véritable bilan coût avantage[921], sans se substituer pour autant au jugement du législateur : « la Cour ne substitue pas son jugement à celui du législateur de l'Union européenne, mais impose seulement à celui-ci de prendre la subsidiarité au sérieux »[922].

b. Le contrôle formel de la Cour

633. La Cour, contrairement aux recommandations de l'avocat général, se contente de se référer aux termes du protocole contesté pour établir que « le principe de subsidiarité ne remet pas en question les compétences conférées à la Communauté par le traité, telles qu'interprétées par la Cour »[923].

---

[920] Conclusions de l'avocat général Trstenjak présentées le 17 novembre 2011. Dans *Commission/Estonie*, C-505/09 P, 29 mars 2012, §59.

[921] Conclusions de l'avocat général Poiares Maduro du 1er oct. 2009 sur *Vodafone*, Affaire C-58/08, 8 juin 2010, point 30 : « Il faut autre chose que se contenter de mettre en évidence les avantages découlant éventuellement de l'intervention de la Communauté. Cela suppose également de procéder à une évaluation des problèmes ou des coûts éventuels si la question était laissée aux Etats membres ».

[922] Conclusions de l'avocat général Poiares Maduro du 1er oct. 2009 sur *Vodafone*, Affaire C-58/08, 8 juin 2010, point 30 :
« Une telle décision de réglementer un secteur au niveau de l'Union européenne plutôt que national exige une justification au regard de l'attachement de l'ordre juridique de l'Union européenne au principe de subsidiarité (…) ».

[923] *British American Tobacco Investments et Imperial Tobacco*, Affaire C-491/01, 10 décembre 2002, §73, 74.

5. *La position de l'avocat général dans la décision British American Tobacco*

634. L'avocat général reconnaît au législateur une large marge d'interprétation du principe de subsidiarité : « le principe de subsidiarité est un concept dynamique qui laisse l'espace nécessaire à l'appréciation du législateur européen », réduisant ainsi l'étendue du contrôle juridictionnel[924]. Le fait que l'intervention du législateur de l'Union européenne soit nécessaire dans le cadre de l'article 95CE suffirait selon lui à prouver la nécessité de l'intervention de l'Union européenne en l'espèce[925]. Cet argument est discutable. D'une part, le contrôle de la nécessité de l'action exige une appréciation de la nécessité de la norme contestée en particulier et non de l'intervention du législateur dans une matière envisagée dans sa globalité. D'autre part, nombreuses sont les normes de l'Union européenne pouvant être rattachées à l'article 95CE. La reconnaissance de la compétence de l'Union européenne pour toute norme ayant un lien avec l'article 95CE conduirait à un envahissement illimité des compétences étatiques, contraire à l'aspect descendant du principe de subsidiarité. Les modalités d'évaluation de la nécessité de l'intervention de l'Union européenne pourraient être précisées ; l'interprète devant désormais évaluer la nécessité d'objectifs se caractérisant par une certaine unicité. Ainsi la jurisprudence de la Cour suprême du Canada, limite-t-elle la doctrine de l'intérêt national aux sujets se caractérisant par une unicité les rendant indivisibles.

6. *Un contrôle formel de la motivation des normes en matière de relations de travail*

635. Dans *R.U. c/Conseil de l'Union européenne*, la Cour de justice a reconnu que le principe de subsidiarité était susceptible d'un contrôle juridictionnel tout en limitant le pouvoir d'appréciation de la Cour à une recherche de motivations des normes de l'Union européenne attaquées[926].

La Cour, pour apprécier la validité d'une directive sur l'aménagement du temps de travail, s'est limitée à noter que le Conseil a constaté que l'objectif

[924] Conclusions de l'avocat général m. L. A. Geelhoed dans *CJCE*, 10 décembre 2002, *British American Tobacco Investments et Imperial Tobacco*, Affaire C-491/01, 10 décembre 2002, §135 et 285.

[925] Ibid., §136, 137.

[926] *Royaume-Uni/Conseilde l'Union européenne*, Affaire C 84/94, 12 novembre 1996, §55.

envisagé nécessitait une action de l'Union européenne, sans entrer dans le détail de cet examen.

Le RU pose des principes permettant selon lui d'examiner si l'intervention de l'Union européenne respecte le principe de proportionnalité. Ce faisant, il impose aux institutions de l'Union européenne une justification factuelle du respect de ce dernier et reconnaît à la Cour de justice la possibilité de la contrôler. Il appartiendrait selon la Cour, à la Grande-Bretagne, aux institutions de l'Union européenne de prouver « l'impossibilité d'atteindre le niveau de protection souhaité par des mesures moins restrictives »[927].

Le troisième principe reconnaît la nécessité de se référer à des faits, à « l'état de la recherche scientifique » pour évaluer le lien entre les objectifs poursuivis et les objectifs mis en œuvre[928].

La Grande-Bretagne considère enfin qu' «il appartient aux institutions de l'Union européenne de démontrer que les objectifs poursuivis par la directive seront plus facilement atteints au niveau de l'Union européenne que par une action au niveau des États membres. Or, cette démonstration ferait défaut en l'espèce »[929], sollicitant ainsi un contrôle des motivations par la Cour.

636. Dans *Allemagne c/Parlement* européen et Conseil de l'Union, l'avocat général considère que « Le législateur aurait correctement apprécié et motivé la nécessité d'une action de l'Union européenne face à la disparité des règles nationales »[930]. Le traité de Lisbonne ne semble pas avoir marqué de tournant majeur dans la jurisprudence de la Cour. Dans *Commission/Pologne*[931], la Cour considère, en matière environnementale, que la plus grande efficacité de l'intervention de l'Union ne saurait modifier la répartition des compétences entre la Commission et les États membres, et ce en application du principe de subsidiarité. Elle considère que l'intervention de l'Union européenne respecte ce principe.

---

[927] Conclusion de M l'avocat général M Philippe Léger dans *Royaume-Uni /Conseil de l'Union européenne*, Affaire C 84/94, 12 novembre 1996. : « en second lieu, le niveau de protection désiré aurait pu être atteint par des mesures moins restrictives », Angelopharm, C-212/91, 25 janvier 1994, Rec. p. I-171, points 31 et 32). §32 à 37 et 52.

[928] *Royaume-Uni /Conseilde l'Union européenne*, Affaire C 84/94, 12 novembre 1996, §53.

[929] Conclusions de l'avocat général M Philippe Leger sur *Royaume-Uni/Conseil de l'Union européenne,* Affaire C 84/94, 12 novembre 1996, §54.

[930] *Allemagne/Parlement européen et Conseil* de l'Union, Affaire C-376/98, 5 Octobre 2000, §9, 22s.
Conclusions jointes de l'avocat général Fennelly présentées le 15 juin 2000. §46, 47.

[931] *Commission/Pologne*, Affaire C-504/09 P, 29 mars 2012, 78 et 79.

B. Le requérant titulaire de la charge de la preuve

637. Dans *Suède/Commission* et dans Grand-*Duché de Luxembourg contre Parlement européen et Conseil de l'Union* européenne, la Cour considère le requérant comme titulaire de la charge de la preuve.

Il semble difficile de tracer une ligne claire entre l'hypothèse où les institutions européennes auraient motivé leur respect du principe de subsidiarité, les requérants ayant la responsabilité de montrer les limites de cette motivation et celle où la motivation des institutions européennes serait défaillante.

Dans *Grand-Duché de Luxembourg contre Parlement européen et Conseil de l'Union européenne*[932], le Conseil fait valoir que « la requête n'a pas explicité en quoi consisterait la prétendue violation du principe de subsidiarité ». Pourtant, il revient aux institutions de l'Union européenne de prouver que l'intervention de l'Union européenne respecte le principe de subsidiarité.

Dans Suède/Commission[933], la Cour elle-même reconnaît qu'il revient aux États de prouver la violation du principe de subsidiarité puisqu'elle constate que « ni le Royaume d'Espagne, non plus que le Royaume-Uni et la Commission n'ont établi, ni même tenté d'expliquer, la raison pour laquelle (le principe de subsidiarité) s'opposerait à ce que la divulgation de documents émanant des États membres et détenus par les institutions de l'Union européenne dans le cadre de l'exercice de leurs compétences décisionnelles propres puisse relever des dispositions de l'Union européenne relatives à l'accès aux documents ».

§2. L'évolution du contrôle de motivation par la Cour suprême

638. Le gouvernement fédéral possède une grande latitude dans l'appréciation de l'existence d'une crise (A). Avant le *Renvoi sur la Loi anti-inflation*, la Cour refusait de prendre en considération des preuves extrinsèques, pourtant indispensables à l'évaluation de la nécessité réelle d'une intervention fédérale (B). Cette limitation de la Cour pourrait répondre aux suspicions d'activisme judiciaire qu'elle inspire et selon lesquelles « les

[932] *Grand-Duché de Luxembourg contre Parlement* européen et Conseil de l'Union européenne, Affaire C-176/09, 12 mai 2011, §74.
[933] *Suède/Commission*, Affaire C64/05 P, 18 décembre 2007, §74.

institutions démocratiques demeurent le plus légitimes au Canada, la Cour ne saura nullement dicter l'avenir constitutionnel du pays »[934].

A. La latitude du gouvernement fédéral pour apprécier l'existence d'une crise

639. La Cour suprême, faisant preuve de « retenue judiciaire », laisse au Parlement fédéral le soin de décider de la nécessité du recours à la théorie de l'urgence dès lors qu'il l'a suffisamment justifiée[935].

Le Parlement possède une large marge dans l'appréciation de l'existence et de la durée d'une crise. Dans *Fort Frances*, les décrets attaqués devaient être appliqués en 1919, époque où les hostilités avaient pris fin. Lord Haldane n'en considéra pas moins que si les tribunaux pouvaient contrôler l'existence d'une crise, ils n'infirmeraient la conclusion du gouvernement qu'en présence d'une preuve « évidente et certaine à l'effet que le gouvernement a erré »[936]. Le Parlement fédéral n'a pas à prouver explicitement son respect de la clause paix, ordre et bon gouvernement[937], comme il n'a pas à motiver son intervention sur la base des pouvoirs généraux que lui confère l'article 91[938]. De même, le Parlement n'a pas à mentionner de façon explicite qu'il intervient dans l'urgence[939].

Le juge LASKIN, pour justifier les limites du contrôle des tribunaux sur l'application d'une théorie dont on pourrait craindre qu'elle devienne une menace pour l'équilibre fédéral, explique que « la sagesse, l'opportunité ou les chances de succès d'une politique exprimée dans une loi ne sont pas sujettes à examen judiciaire »[940]. Les juges BEETZ et GRANDPRE, dissidents,

---

[934] Danielle PINARD, « Le rôle de la Cour suprême du Canada dans l'affirmation de l'intégration et de la souveraineté dans Souveraineté et intégration », Poitiers, Actes du colloque conjoint des facultés de droit de l'Université de Poitiers et de l'Université de Montréal, mai 1992.

[935] *Renvoi : Loi anti-inflation*, [1976] 2 R.C.S. 373, note 287.

[936] Fort Frances Pulp and Paper Co. v Manitoba Free Press Co., [1923] A.C. 695 (PC), note 426 p. 373.

[937] Cela constitue une différence avec les institutions européennes qui doivent désormais prouver que leur intervention respecte le principe de *subsidiarité.*
Protocole n° 2 sur l'application des principes de subsidiarité et de proportionnalité, annexé au traité de Lisbonne, 9 mai 2008, JOUEC115/201

[938] *Loi constitutionnelle de 1867*, 30 et 31 Vict., c. 3 (R.U.), art.91.

[939] Fort Frances Pulp and Paper Co. v Manitoba Free Press Co., [1923] A.C. 695 (PC).

[940] *Renvoi : Loi anti-inflation*, [1976] 2 R.C.S. 373, p. 424 425.

estiment que le Parlement devrait explicitement mentionner qu'il se prononce dans le cadre de la théorie de l'urgence[941].

B. L'admission par la Cour Suprême du Canada de « preuves extrinsèques »

640. Dans *le Renvoi sur la Loi anti-inflation*, le Parlement du Canada était intervenu et avait empiété sur les compétences provinciales[942]. Selon lui, le taux d'inflation posait un grave problème incompatible avec l'intérêt national. La question se posait de savoir si le Parlement pouvait avoir recours à la théorie de l'urgence en temps de paix. La Cour reconnaît la validité de la loi fédérale contestée quoique le terme urgence soit absent de son préambule.

Le procureur prend en considération les termes de la loi « l'actuel taux d'inflation ainsi que la gravité du problème national posé par sa réduction et son endiguement »[943]. Le juge en chef LASKIN mentionne que le préambule indique l'intention du Parlement« d'introduire un programme d'envergure, dicté par ce qu'il considérait comme la gravité du problème national ».

La Cour utilise des preuves extrinsèques[944] pour clarifier les circonstances d'adoption de la loi et ainsi établir son objectif.

Le juge en chef reconnaît qu'il s'agit d'apprécier ces éléments de preuve avec réserve. Il revient à la Cour d'apprécier leur poids respectif[945]. Les

---

[941] Royaume-Uni /Conseil de l'Union européenne, Affaire C 84/94, 12 novembre 1996.p. 463 464.

[942] Renvoi : Loi anti-inflation, [1976] 2 R.C.S. 373.

La *Loi anti-inflation*, adoptée le 15 décembre 1976, autorisait le gouverneur en conseil à prescrire des indicateurs pour la limitation des prix et des marges bénéficiaires, de la rémunération des employés, et des dividendes. La Loi s'appliquait au Gouvernement du Canada et à ses mandataires, ainsi qu'aux gouvernements des territoires et à leurs mandataires. Par accord, l'application des indicateurs pouvait être étendue en totalité ou en partie au secteur public provincial. La Loi prévoyait le contrôle et la réglementation des prix, des profits, des traitements, des salaires, des honoraires et des dividendes au moyen d'un système de surveillance et de limitation des augmentations, le tout pour combattre l'inflation.

[943] *Renvoi : Loi anti-inflation*, [1976] 2 R.C.S. 373,422.

[944] *Ibid.*, pp. 386, 387, §1, 924.

[945] *Ibid.,* Juge en chef Laskin 422, 423. Lorsque, comme en l'espèce, des circonstances exceptionnelles sont à la base du pouvoir législatif en litige, on peut demander à la Cour d'examiner des éléments de preuve extrinsèques des circonstances alléguées, soit à l'appui, soit à l'encontre de la validité de la législation contestée. En examinant ces éléments de preuve et en appréciant leur poids, la Cour ne se demande pas s'ils démontrent l'existence des circonstances exceptionnelles comme on prouve un fait dans une cause ordinaire. Elle est appelée à se prononcer sur une question de politique sociale et économique, c'est-à-dire sur le

preuves extrinsèques ne sont pas seulement utilisées de façon subjective pour identifier la volonté du Parlement ; elles permettent également de déterminer si la loi est rationnellement fondée.

641. La référence à des preuves extrinsèques peut aboutir à des conclusions différentes. Le juge Ritchie s'est, par exemple, contenté de se référer au Livre blanc du Gouvernement afin d'interpréter la phrase « gravité du problème national » du préambule de la Loi, pour déterminer l'existence d'une crise économique[946].

La question se pose donc de savoir comment choisir entre plusieurs preuves extrinsèques possibles. Il semble difficile d'identifier les éléments de preuves recevables de ceux qui ne le sont pas[947].

Le juge BEETZ, dissident, considère qu'une loi se fondant sur la théorie de l'urgence doit explicitement le mentionner, ce qui n'est pas le cas en l'espèce [948]. L'expression « la gravité du problème national» dans le préambule ne satisfait pas à cette condition.

Le juge BEETZ admet la référence à des éléments extrinsèques « non pas dans le but d'interpréter et d'appliquer les dispositions de la Loi anti-inflation, mais pour en rechercher le pivot constitutionnel »[949]. Ainsi le juge BEETZ se réfère-t-il aux débats constitutionnels pour appuyer sa position[950] alors même que l'on considère généralement au Canada que ces débats ne reflètent pas nécessairement l'intention de la majorité[951]. La position du juge BEETZ paraît favorable à un contrôle juridictionnel substantiel.

---

jugement exercé par le gouvernement et le Parlement. Il est possible que les circonstances exceptionnelles soient d'une telle notoriété que la Cour puisse en prendre connaissance d'office sans recourir à des éléments de preuve extrinsèques. Lorsque la situation n'est pas aussi claire, les éléments de preuve extrinsèques ne sont requis que pour convaincre la Cour que la loi contestée a un fondement rationnel dans le pouvoir législatif invoqué à l'appui de sa validité.

946 *Ibid.*,, [1976] 2 R.C.S. 373, 438.

947 *Renvoi sur le Residential Tenancies Act*, 1979.

948 *Renvoi : Loi anti-inflation*, [1976] 2 R.C.S. 373, §466.

949 *Ibid.*, [1976] 2 R.C.S. 373 p. 470.

950 *Ibid.*, [1976] 2 R.C.S. 373 p. 472.

951 Edward G. HUDON, « Quelques mots sur la recevabilité des éléments de preuve extrinsèques devant les tribunaux : le Canada et les Etats-Unis », *Cah.Dr*, 1981, vol. 22, n° 2, pp. 371-382.

Sous-section 2. La possibilité d'un contrôle juridictionnel plus approfondi de la subsidiarité

642. Dans la pratique, l'intégration de considérations contextuelles au contrôle de la Cour de justice (§1) et de la Cour suprême (§2) est possible. Nous tenterons de montrer qu'un tel contrôle s'inscrirait dans la continuité de la jurisprudence de ces cours, ou pour le moins n'induirait pas de rupture marquante, puis nous rechercherons quelles réformes, procédurales entre autres, pourraient conduire au perfectionnement de ce contrôle.

§1. L'évolution vers un contrôle substantiel de la subsidiarité en droit de l'Union européenne

643. Nous rechercherons si un contrôle substantiel de la subsidiarité demeurait envisageable.

644. En principe, la Cour de justice peut invalider une norme de l'Union européenne si elle considère qu'elle est justifiée à tort par le principe de subsidiarité. Son contrôle porte sur la motivation des actes des institutions au regard du principe de subsidiarité. Dans son arrêt du 21 novembre 1991, *Technische Universität München* [952], la Cour impose aux institutions l'obligation de motiver de façon approfondie l'exercice de leur pouvoir. La Cour a précisé qu'il n'était pas nécessaire que figure de façon expresse une référence à la subsidiarité dès lors qu'il était démontré que l'action de l'Union européenne était nécessaire[953].

645. La Cour, depuis le début des années 2000, est passée d'un contrôle minimum à un contrôle normal du respect du principe de subsidiarité par les actes législatifs[954].

La Cour, ayant d'abord rendu des arrêts concernant des actes législatifs, a d'abord considéré que les éléments d'opportunité rendaient « impossible un

---

[952] Arrêt de la Cour du 21 novembre 1991. Technische Universität München contre Hauptzollamt München-Mitte. C-269/90, Rec. Ip. 5469, http://eur-lex.europa.eu/, (consulté le 22 novembre 2013).

[953] *Royaume-Uni /Conseilde l'Union européenne*, Affaire C 84/94, 12 novembre 1996.
De façon comparable, la Cour suprême du Canada considère qu'il n'est pas nécessaire que la Cour mentionne explicitement l'urgence pour qu'elle soit caractérisée.

[954] Georges VANDERSANDEN, Considérations sur le principe de subsidiarité, in Mélanges en l'honneur du professeur Jean Velu, Bruxelles, Bruylant, 1992, p. 207.

contrôle de la Cour de justice allant au-delà de la vérification de l'erreur manifeste ou l'absence de détournement de pouvoir »[955]. La Cour s'est d'abord limitée à un contrôle purement formel de la motivation. Cette motivation pouvant être implicite.

646. La référence à la jurisprudence de la Cour relative aux compétences permet de proposer des pistes susceptibles d'améliorer l'efficacité du contrôle de l'article 5§3 en dépit de sa nature ambivalente. La Cour de justice, exerçant régulièrement un contrôle du partage vertical des compétences, ne semble pas inhibée dans son contrôle par sa propre jurisprudence (A), mais davantage par le caractère limité de l'argumentation des requérants (B). Les pouvoirs octroyés aux parlements nationaux par le traité de Lisbonne pourraient favoriser la qualité du contrôle de la Cour de justice(C).

A. Le contrôle approfondi du partage des compétences par la Cour de justice

647. La justiciabilité du principe de subsidiarité semble souffrir de la comparaison avec celui de proportionnalité, reconnu comme principe général du droit de l'Union avant même d'être reconnu par les traités. Pourtant, l'enjeu porté par la subsidiarité est important dans la mesure où elle permet de déterminer à qui appartiendra la compétence[956].

Le phénomène de « gouvernement des juges » n'est pas fondamentalement nouveau, l'interprétation du principe de proportionnalité le prouve (1). La jurisprudence de la Cour de justice montre la possibilité d'une évolution de l'orientation de la Cour de justice quant à l'appréciation de l'exercice par l'Union de ses compétences (2).Partant de là, un contrôle maximum de la subsidiarité rapprochant la Cour de justice d'une juridiction constitutionnelle[957] et même fédérale, reste imaginable.

---

[955] Bertrand BRUNESSEN, « Un principe politique saisi par le droit. La justiciabilité du principe de subsidiarité en droit de l'Union européenne », *RTDE*, ISSN 0035-4317, Vol. 48, N° 2, 2012, pp. 329-354.

[956] Walter VAN GERVEN, « Les principes de subsidiarité, proportionnalité », *Hacia un nuevo orden internacional y europeo, Estudios en homenaje al Profesor M. Diez de Velasco*, Madrid, Tecnos, 1993, p. 1281.

[957] Yves GAUDEMET, « Libres propos sur la subsidiarité, spécialement en Europe », in *Mélanges Amselek*, Bruxelles, Bruylant, 2005, p. 321 et 329 : « vérifier la conformité d'un acte à un principe fondamental de répartition des compétences, c'est - que l'on veuille ou non - opérer un contrôle de constitutionnalité ; ce qui conduirait logiquement à faire de la Cour de justice des Communautés une Cour constitutionnelle ».

1. Le contrôle approfondi de la proportionnalité par la Cour de justice

648. Comme le montrent le contentieux de la base juridique ou la mise en œuvre de la théorie des compétences implicites, la Cour de justice s'est régulièrement prononcée sur des questions de répartition verticale des compétences.

La Cour a en particulier accepté de se prononcer sur l'interprétation du corollaire du principe de proportionnalité, corollaire de celui de subsidiarité : « nonobstant la connotation largement politique de ce principe, l'examen, par la Cour, d'un tel moyen, ne poserait pas à celle-ci de problèmes de caractère nouveau. À cet égard, il suffit de renvoyer à un autre principe, peut-être de caractère plus modeste, qui, depuis longtemps, est pris en compte comme élément d'interprétation pour la délimitation des compétences permettant aux institutions d'imposer des obligations aux citoyens de l'Union européenne, et notamment aux opérateurs économiques, et dont la violation constitue également un moyen d'annulation et d'exception, à savoir le principe de proportionnalité [...]. Si, en appliquant ce principe, également de connotation politique, la Cour a toujours reconnu une marge d'appréciation à l'institution en cause, elle a néanmoins contrôlé le respect par celle-ci des limites extrêmes de ce pouvoir d'appréciation, notamment par sa censure en cas d'erreur manifeste »[958].

Une évolution du contrôle de la Cour vers un contrôle substantiel reste possible dans la mesure où elle serait suffisamment argumentée pour ne pas nuire à la prévisibilité du droit.

2. La possibilité d'une évolution de l'orientation de la Cour de justice quant à l'appréciation par l'Union de l'exercice de ses compétences

649. L'exemple des compétences implicites[959] montre que l'orientation de la Cour quant à l'appréciation par l'Union de l'exercice de ses compétences n'est pas irréversible. La Cour de justice a fini par restreindre dans ce

---

[958] Joel RIDEAU, *Droit institutionnel de l'Union européenne*, Paris, LGDJ, 2010, 6e éd., 1464 p.

[959] A nouveau en effet puisque la nécessité d'éviter les divergences entre Etats membres avait déjà conduit la Cour de justice à reconnaître à la Communauté une compétence exclusive en matière de politique commerciale commune, voir Sociaal Fonds voor de Diamantarbeiders, Affaire 37 et 38/73, 13 décembre 1973, Recueil 1609, GACJCE, t. 2, 4e éd. 1997, n° 5).

domaine une politique jurisprudentielle très permissive[960]. La question demeure de savoir pourquoi la Cour de justice, plutôt que de se référer à la subsidiarité, a choisi de se référer à la préemption[961].

La Cour de justice[962] semble peu à peu reconnaître que « le respect de l'identité constitutionnelle des États membres constitue pour l'Union européenne un devoir. Ce devoir s'impose à elle depuis l'origine. Il participe, en effet, de l'essence même du projet européen[963] ».

B. Les moyens susceptibles d'approfondir le contrôle de la subsidiarité par la Cour de justice

650. Un contrôle approfondi de la subsidiarité nécessiterait une redéfinition conceptuelle de ce principe (2) comportant la prise en compte de l'organisation constitutionnelle interne de chaque État membre (1). Or l'argumentation des requérants ne permet pas toujours au juge de prendre en considération les spécificités locales (3).

1. La référence à l'organisation interne de chaque État membre

651. Un contrôle approfondi de la nécessité de l'intervention européenne imposerait la mise en balance des actions locales et européennes. Or, cette prise en compte semble excessivement complexe et pourrait devenir arbitraire.

---

[960] Note CJCE, avis 1/76, Fonds européen d'immobilisation de la navigation intérieure, 26 avril 1977, Recueil 741.

[961] La jurisprudence de la Cour constitutionnelle allemande va aussi en ce sens. Cette dernière a limité le critère de la nécessité de sorte, selon J.-V. Louis dans *Quelques remarques sur l'avenir du contrôle du principe de subsidiarité*, p. 301. : « qu'il ne suffit pas que le législateur fasse valoir la diversité des situations. En soi, cette justification est insuffisante. Il faut encore déterminer en quoi cette diversité porte atteinte aux valeurs protégées par la Constitution ».

[962] A titre d'exemple:*Sayn-Wittgenstein c. Landeshauptmann von Wien*, Affaire C-208/09, 22 décembre 2010, où la Cour de justice affirme que : « conformément à l'article 4, § 2, UE, l'Union respecte l'identité nationale de ses Etats membres, dont fait aussi partie la forme républicaine de l'Etat » (point 92, AJDA 2011. 264, chron. M. Aubert, E. Broussy et F. Donnat ; Constitutions 2011. 332, obs. A. Levade ; RTD civ. 2011. 98, obs. J. Hauser ; RTDE 2011. 571, obs. E. Pataut).

[963] Conclusion de l'avocat géneral Poiares Maduro dans *Michaniki*, Affaire C-213/07, 8 octobre 2008, Recueil I-9999, point 31, AJDA 2009. 245, chron. E. Broussy, F. Donnat et C. Lambert ; RDI 2009. 244, obs. R. Noguellou.

La Cour de justice ne semble pas favorable à une alternative, le contrôle de l'article 5§3 par les juridictions nationales[964]. Potentiellement plus enclines à protéger le droit national, elles pourraient se montrer plus exigeantes dans l'application des critères de la subsidiarité. Un tel contrôle, en dépit de son efficacité potentielle, pourrait ne pas satisfaire au critère de l'inconditionnalité et, à plus forte raison, aux critères de clarté et de précision. Un moyen permettant de garantir un équilibre entre le contrôle des juridictions nationales et celui des institutions de l'Union européenne serait de laisser à la Cour de justice l'appréciation de la valeur ajoutée européenne de l'exercice de la compétence partagée au niveau européen, tandis que le juge national s'attacherait au constat du critère de l'insuffisance nationale[965]. Ce contrôle constituerait une évolution notable par rapport à l'interprétation initiale de la Cour de justice selon laquelle une intervention des institutions européennes respecterait le principe de subsidiarité dès lors qu'elle apporterait une plus-value dans la réalisation d'un objectif des traités. Alors que la Cour de justice a appliqué le test de l'efficacité comparative et de la valeur ajoutée comme s'ils étaient cumulatifs, le contrôle par les juridictions nationales des critères posés par l'article 5§3 deviendrait effectivement et non plus seulement théoriquement, cumulatif.

652. L'obstacle principal à la « politisation » du contrôle de l'article 5§3 apparaît autant résider dans la faiblesse de l'argumentation des requérants que dans la frilosité de la Cour.

L'utilité d'une prise en compte des capacités étatiques à atteindre un objectif étant admise, il s'agit de déterminer, en cas d'équilibre parfait de la balance, c'est-à-dire d'équivalence entre les capacités étatiques et celles de l'Union européenne, à qui revient la compétence. L'identité nationale des États membres pourrait justifier le choix d'une intervention étatique. Cette appréciation pourrait se fonder sur l'article 4, § 2 UE relatif au respect par l'Union de l'identité constitutionnelle des États membres, y compris en ce qui concerne l'autonomie locale et régionale. Les exigences de la subsidiarité seraient remplies par une telle interprétation.

---

[964] Valérie MICHEL, *Recherches sur les compétences de la Communauté européenne*, Collection Logiques juridiques, Paris, L'Harmattan, 2003, 704 p. : « Sans douter [des] mérites [du juge national], sa capacité à juger de l'aptitude des Etats à réaliser l'objectif de l'Union européenne ne saurait être tenue pour acquise ».

[965] Bertrand BRUNESSEN, « Un principe politique saisi par le droit. La justiciabilité du principe de subsidiarité en droit de l'Union européenne », 2012, *RTDE*, ISSN 0035-4317, Vol. 48, N° 2, 2012 , pp. 329-354 p. 329.

2. *La clarification des rapports entre subsidiarité et proportionnalité*

653. Dans la mesure où le principe de subsidiarité est associé à un test d'efficacité comparative, la théorie du bilan devrait permettre la mise en œuvre d'un plein contrôle du juge. Ce contrôle juridictionnel serait aussi étendu que celui de la proportionnalité, mais cependant distinct de ce dernier. La théorie du bilan se distingue du principe de proportionnalité en ce sens qu'elle s'écarte de la recherche de l'adéquation pour se fonder sur un rapport d'équilibre, ou plus précisément de déséquilibre. Plutôt que d'opérer une conciliation, la Cour soupèse la force des arguments en présence. Ainsi, ne se contente-t-elle pas de constater la plus-value d'une intervention de l'Union européenne, mais prend-elle aussi en compte les avantages d'une intervention nationale. La Cour pourrait pour cela se référer à une fiche de la subsidiarité[966]. Ainsi pourrait-elle procéder à un contrôle maximum[967]. À cette mise en balance, préconisée par l'avocat général POIARES MADURO[968], il faudrait ajouter les coûts d'une action au niveau de l'Union européenne et l'intérêt d'une action au niveau national. La balance des intérêts devrait permettre d'éviter que le contrôle de l'adéquation ne soit assimilé à un objectif d'uniformité du droit de l'Union. Une inversion de la charge de la preuve renouvellerait le contrôle de la nécessité.

3. *La nécessité d'une argumentation approfondie des requérants*

654. Un contrôle substantiel de la subsidiarité ne peut voir le jour sans développement de la preuve de l'insuffisance nationale. Un acte considéré isolément est facilement justiciable. Sa pertinence devient plus difficile à établir s'il est comparé à des normes nationales et locales.

Un contrôle effectif de la Cour nécessiterait la référence à des éléments extrinsèques. La Cour devrait se référer à la capacité de chaque État

---

[966] Président du Groupe de travail : Monsieur Mendez de Vigo, Points principaux du rapport du Groupe de travail « Subsidiarité » présenté à la Convention européenne les 3 et 4 octobre 2002, point 1, en session plénière sur http://european-convention.eu.int/docs/meetings/1-FR.pdf, (consulté le 10 novembre 2013).

[967] Jurisprudence administrative française s'agissant du contrôle des mesures de police : *CE, Benjamin et syndicat d'initiative de Nevers*, n° 17413, 19 mai 1933, Recueil Lebon 541 ; GAJA, 18e éd. 2011, n° 45.

[968] Conclusion de l'avocat général Poiares Maduro du 1er oct. 2009 sur *Vodafone*, Affaire C-58/08, 8 juin 2010, point 30.

d'atteindre un objectif et comparer concrètement l'acte à une action entreprise au niveau national.

655. Or la Cour ne se réfère pas à des éléments factuels que les États n'auraient pas explicités dans leur motivation. D'une part, elle ne détient pas la légitimité nécessaire pour cela, elle ne peut se substituer au législateur européen. D'autre part, les États possèdent des réalités juridiques très diverses. Certains États peuvent avoir la capacité d'atteindre un objectif alors que les autres ne l'ont pas.

La Cour a affirmé, dans un arrêt rendu le 12 mai 2011, que l'État membre contestant un acte au regard de la subsidiarité n'avait pas suffisamment explicité son argument « de manière à permettre un contrôle juridictionnel sur la question de savoir dans quelle mesure une réglementation nationale pourrait réaliser de manière suffisante l'objectif poursuivi par la directive».

656. Il serait matériellement impossible à la Cour de se référer aux réalités diverses de vingt-huit États. Il revient donc à ces derniers de montrer les moyens dont ils disposent pour atteindre un objectif.

La preuve de la suffisance nationale devrait passer par une argumentation accrue des États, des parlements nationaux et du Comité des régions qui, comme le recommande Bertrand BRUNESSEN, « auraient tout intérêt à rechercher des stratégies sur ce terrain, en opérant par exemple des études d'impact ou des évaluations législatives qui pourraient montrer les inconvénients d'une prise de décision trop centralisée et souligner les types de décisions qui devraient plutôt être pensées au niveau local, régional ou national » . Un contrôle substantiel de la subsidiarité ne peut avoir lieu sans comparaison des interventions étatiques et européennes. Or une telle comparaison pourrait être rendue possible par un approfondissement des motivations des requêtes des parlements nationaux, d'où l'intérêt des innovations du traité de Lisbonne.

C. L'effet des avis de parlements nationaux

657. La motivation des avis des parlements nationaux devrait être approfondie pour rendre possible ce contrôle.

Les avis qui pourraient être rédigés par les parlements nationaux pourraient être plus explicites que ne le sont les arguments actuellement contenus dans les résolutions portant avis motivé sur le principe de subsidiarité adopté par les assemblées parlementaires françaises, singulièrement par le Sénat[969]. En effet, ces positions se limitent parfois à des affirmations de principe non réellement justifiées[970], à des arguments plus sociologiques que juridiques[971]. Elles confondent ouvertement subsidiarité et proportionnalité[972].

Certains arguments employés semblent dénués de rapport avec la subsidiarité. Tel est le cas lorsque ces positions se réfèrent à « l'intelligibilité d'un texte européen » qui serait « une des conditions nécessaires à sa conformité au principe de subsidiarité »[973].

Ces résolutions contiennent même parfois des arguments en faveur de l'exercice de la compétence européenne ; c'est le cas lorsque l'une d'elles note une divergence entre États membres sur certains aspects concernés par

---

[969] Au 1er mai 2012, le Sénat avait adopté pas moins de 10 avis motivés et 16 projets de textes européens étaient en cours d'examen aux fins du contrôle de subsidiarité. L'Assemblée nationale n'avait, à cette date, adopté que deux avis fondés sur la subsidiarité (résolution européenne de l'Assemblée nationale du 8 nov. 2011 portant avis motivé sur la conformité au principe de subsidiarité de la proposition de règlement du Parlement européen et du Conseil afin d'établir des règles communes relatives à la réintroduction temporaire du contrôle aux frontières intérieures dans des circonstances exceptionnelles ; résolution européenne de l'Assemblée nationale du 15 juin 2011 portant avis motivé sur la conformité au principe de subsidiarité de la proposition de directive modifiant la *directive 2003/96/CE restructurant le cadre de l'Union européenne de taxation des produits énergétiques et de l'électricité*).

[970] Résolution du Sénat du 7 févr. 2012 portant avis motivé sur la conformité au principe de subsidiarité de la proposition de règlement du Parlement européen et du Conseil relatif à l'établissement de règles et procédures concernant l'introduction de restrictions d'exploitation liées au bruit dans les aéroports de l'Union, dans le cadre d'une approche équilibrée, et abrogeant la directive 2002/30/CE du Parlement européen et du Conseil.

[971] La résolution du Sénat du 30 janv. 2012 portant avis motivé sur la conformité au principe de subsidiarité de la proposition de règlement du Parlement européen et du Conseil relatif aux orientations de l'Union pour le développement du réseau transeuropéen de transport évoque ainsi l'argument selon lequel « les Etats membres, avec les autorités locales, restent les mieux placés pour créer les conditions d'une bonne acceptabilité des projets d'infrastructure par les populations riveraines ».

[972] Résolution du Sénat du 24 janv. 2012 portant avis motivé sur la conformité au principe de subsidiarité de la proposition de règlement établissant des dispositions communes pour le suivi et l'évaluation des projets de plans budgétaires et pour la correction des déficits excessifs dans les Etats membres de la zone euro et résolution du Sénat du 4 mars 2012 portant avis motivé sur la conformité au principe de subsidiarité de la proposition de règlement du Parlement européen et du Conseil relatif à la protection des données à caractère personnel qui affirment que le principe de subsidiarité « implique d'examiner non seulement si l'objectif de l'action envisagée peut être mieux réalisé au niveau de l'Union européenne, mais aussi si l'intensité de l'action entreprise n'excède pas la mesure nécessaire pour atteindre l'objectif que cette action vise à réaliser ».

[973] Résolution du Sénat du 6 mars 2012 portant avis motivé sur la conformité au principe de subsidiarité de la proposition de directive du Parlement européen et du Conseil modifiant la directive 2005/36/CE relative à la reconnaissance des qualifications professionnelles et le règlement concernant la coopération administrative par l'intermédiaire du système d'information du marché intérieur.

une directive[974]. Un contrôle préventif, même s'il n'est pas activé par un nombre suffisant de parlements nationaux pour aboutir à un réexamen du texte, peut souligner des carences qui pourront être constatées[975] à l'occasion d'un contrôle juridictionnel *a posteriori*[976]. La complémentarité des contrôles *a priori* et *a posteriori* est confirmée par la pratique de ces résolutions par le Sénat qui révèle l'existence d' « avis motivés portant sur le seul défaut de motivation » susceptible de jouer ce rôle[977].

§2. L'évolution vers un contrôle substantiel de la Cour suprême du Canada

658. « La vie du fédéralisme canadien ne se réduit pas qu'à des problèmes juridiques. Si elle reste un document juridique, la Constitution fournit un cadre de vie et d'action politique à l'intérieur d'un État fédéral, dans lequel les tribunaux ont légitimement observé l'importance que présente la coopération des acteurs gouvernementaux pour la souplesse du fonctionnement du fédéralisme »[978].

La Cour a progressivement dépassé ce contrôle, limité à des questions abstraites de droit, pour effectuer un contrôle de constitutionnalité plus contextuel et réaliste. La Cour s'est ainsi préoccupée de faits généraux permettant d'éclairer le droit applicables au litige. Elle utilise dorénavant les termes de « faits sociaux » ou de « faits législatifs »[979]. En interprétant les

---

[974] Résolution du Sénat du 10 avr. 2012 portant avis motivé sur la conformité au principe de subsidiarité de la proposition de directive du Parlement européen et du Conseil modifiant la directive 2001/83/CE en ce qui concerne l'information du public sur les médicaments soumis à prescription médicale et de la proposition de règlement du Parlement européen et du Conseil modif. règl. (CE) n° 726/2004 en ce qui concerne l'information du public sur les médicaments soumis à prescription.

[975] *Résolution du Sénat du 26 déc.* 2011 portant avis motivé sur la conformité au principe de subsidiarité de la proposition de règlement concernant les exigences prudentielles applicables aux établissements de crédit et aux entreprises d'investissement.

[976] Ce qui, jusqu'à présent, a toujours été le cas. V. la liste des avis motivés des différents parlements nationaux établie par la Commission dans ses rapports annuels « Mieux légiférer, rapport de la Commission sur la subsidiarité et la proportionnalité », http://eur-lex.europa.eu/LexUriServ/LexUriServ.do?uri=COM:2012:0373:FIN:FR:PDF, (consulté le 22 novembre 2013).

[977] Voir les deux avis motivés rendus par le Sénat le 27 oct. 2010 (relatifs respectivement à la proposition de règlement concernant la distribution des denrées alimentaires aux personnes les plus démunies de l'Union et à la proposition de décision établissant le premier programme en matière de politique du spectre radioélectrique).

[978] Banque canadienne de l'Ouest c. Alberta, [2007] 2 R.C.S. 3, par. 43.

[979] Marise ROUSSEAU, « L'admissibilité en preuve des faits législatifs, constitutionnels et socio-économiques : une exception à la règle interdisant le oui-dire », dans : Service de la

règles constitutionnelles, la Cour a développé des standards intégrant de plus en plus des considérations factuelles en leur sein même, contribuant à rendre plus floue la distinction entre faits et normes[980]. La Cour a déclaré, dans cette optique, que le contrôle de constitutionnalité ne pouvait se réaliser dans un vide factuel[981], ce qui procède bien sûr de son ancrage dans la tradition de common law, mais a également insisté sur l'importance d'adopter une approche véritablement contextuelle. Elle se réfère ainsi à des faits généraux, difficiles à prouver. Pourtant, rien n'oblige les législatures fédérales et provinciales à mener des enquêtes sur la véracité des faits sociaux mentionnés dans les lois qu'elles adoptent. Elles ne sont généralement pas obligées non plus de les qualifier ou d'agir sur le fondement d'un fait en particulier.

659. En effet, alors que les tribunaux se prononcent de façon ordinaire sur des questions de droit et de fait, la vocation première des législatures est de se prononcer sur des questions de droit et non de fait, bien que ce soit des faits sociaux donnés qui inspirent généralement les interventions législatives. Par conséquent, alors que la légitimité d'une décision de justice dépend de l'exactitude des faits sur lesquels elle se fonde, celle des décisions d'une législature est toute autre ; elle est démocratique et constitutionnelle. Les législatures ont une légitimité politique puisqu'elles sont élues et normatives, car leur rôle législatif est constitutionnellement prévu. Cette légitimité ne leur donne pas autorité pour se prononcer sur la véracité des faits. En effet, les membres des assemblées ne sont pas des experts techniques, historiens, sociologues ou scientifiques. Certes, ils ont accès à une quantité d'informations considérable, à laquelle la Cour n'a pas accès, mais il demeure possible, et en fait assez fréquent, que leur utilisation des informations obtenues ne soit pas toujours neutre et apolitique. Ils sont désignés pour se prononcer sur les normes correspondant le mieux aux valeurs et aspirations populaires, lorsque ces dernières possèdent une homogénéité suffisante pour être identifiable par l'interprète. Cependant, ces valeurs et aspirations découlent souvent de faits sociaux. Si les valeurs ne se réduisent pas à une accumulation de faits, il est faux de dire qu'elles sont indépendantes de ces derniers. Les valeurs très générales peuvent dépasser tout fondement factuel. Par exemple, l'idée selon laquelle l'État serait responsable de la santé de tout homme repose sur des convictions davantage que sur des faits. Cependant, leur réalisation dépend de faits. Ainsi, des personnes aspirant de la même façon à la participation de l'État à la santé

---

formation permanente, Barreau du Québec, vol. 167, *Développements récents en droit administratif et constitutionnel (2002)*, Cowansville, Éditions Yvon Blais, 2002. P. 46.

980 *Anti-inflation Act*, [1975 (Canada), Re, [1976] 2 R.C.S. 373.
Le Parlement affirme l'existence d'une crise économique lui donnant le droit d'agir.

981 *R. c. Morgentaler*, [1993] 3 R.C.S. 463.

publique pourront considérer d'une façon différente une loi sur le tabac suivant leur perception des effets de ce dernier sur la santé. La prise en compte d'un fait - les effets du tabagisme - est nécessaire dans l'application de la norme selon laquelle l'État est responsable de la santé publique.

660. Nombreuses sont les lois s'intéressant à des événements historiques, des peuples, des phénomènes sociaux et à la solidarité sociale, aux patrimoines animal, culturel et environnemental, au travail, à l'économie et à la culture, à la démocratie, à la sécurité nationale ou à l'identité culturelle et politique d'une société.

Lorsque le législateur se prononce sur des normes, il s'intéresse à l'opinion publique. La question se pose de savoir, lorsqu'il se réfère à des faits, s'il doit prendre en compte les faits présentant le plus d'authenticité, techniquement, scientifiquement démontrés ou les faits considérés comme vrais par l'opinion publique[982]. Revient-il au législateur de discerner ce que serait l'opinion publique si les découvertes techniques étaient connues d'elle ou doit-il réaliser les aspirations populaires telles quelles, avec leurs préjugés, leurs a priori intuitifs ?

Quoique les faits aient toujours eu une influence sur les normes constitutionnelles, il semble qu'ils apparaissent de façon plus explicite, moins intuitive, dans la législation récente. Traditionnellement, l'autorité d'un tribunal est normative et non factuelle, même si la réception positive de son travail peut contribuer à la légitimation organique de son activité. Cependant, l'évolution récente du contrôle judiciaire, désormais plus contextuel, semble changer la donne. Tout se passe comme si la Cour, en évaluant la véracité des faits énoncés dans des lois lors du contrôle de leur constitutionnalité, imposait indirectement aux parlementaires une nouvelle méthode législative dans la recherche, la qualification et la détermination des faits pertinents précédant tout choix normatif. Le législateur s'adapte, anticipant tout contrôle de constitutionnalité potentiel.

661. Les lois relatives au partage des compétences se réfèrent le plus souvent à des faits lorsqu'elles sont adoptées en vertu des pouvoirs du Parlement fédéral à assurer la paix, l'ordre et le bon gouvernement[983]. En admettant que les faits soient pris en compte dans le contrôle de constitutionnalité des lois, la question se pose de savoir si la Cour doit se référer au contexte d'adoption de la loi ou aux faits pertinents au moment de

---

[982] Danielle PINARD, « Les énoncés de fait du législateur et le contrôle judiciaire de constitutionnalité au Canada : de l'utilisation des préambules et autres dispositions non-normatives des lois », *National Journal of Constitutional Law*, Décembre 2008, Vol. 24, n° 1, p. 27.

[983] C'est le cas dans le *Renvoi sur la Loi anti-inflation*, dans *Co-operative Committee on Japanese Canadians* ou dans le *Renvoi sur la margarine*.

sa contestation. Autrement dit, le contrôle effectué par la Cour est-il statique, la Cour se prononçant une fois pour toutes sur la validité d'une loi ou dynamique, la Cour pouvant sans cesse réévaluer si les faits ayant conduit à l'adoption de la loi demeurent pertinents ? Il est difficile de déterminer si le contrôle de la Cour porte sur la loi dans son « contexte de production ou la loi dans sa vie autonome »[984].

662. Une autre question se pose, celle de la participation de l'acteur législatif au débat sur les faits en contexte constitutionnel. Il s'agit de déterminer si la Cour doit s'en tenir aux faits énoncés dans la loi ou mener sa propre enquête sur leur contenu. La question se pose en particulier de la considération à porter aux faits contenus dans le préambule, préambule dont la valeur normative est incertaine.

On peut constater que la Cour suprême, lorsqu'elle se rapporte à des considérations factuelles, ne se réfère que ponctuellement aux faits énoncés dans la loi ou, le cas échéant, à ceux directement pertinents au litige et formellement mis en preuve par l'une des parties. La jurisprudence de la Cour suprême relative au partage des compétences considère que les énoncés factuels contenus dans les lois ont valeur de présomption. Ils sont pertinents et admissibles pour qualifier une loi. Cependant, ils sont réfutables. Les faits, les plus souvent contenus dans le préambule, ont valeur d'indices ou d'éléments de contexte participant à déterminer la réponse constitutionnelle. En outre, les exigences usuelles en matière de preuve sont quelque peu relâchées s'agissant des faits sociaux et législatifs.

Dans le *Renvoi sur la validité des règlements sur les baux en temps de guerre*[985], la Cour rappelle que si les déclarations législatives ne sont pas décisives pour établir la validité d'une loi, elles montrent la perception légitime du législateur et les tribunaux ne les remettent en question qu'avec beaucoup de prudence par une « *very clear evidence* »[986]. Dans la mesure où l'on suppose qu'une loi est constitutionnelle, on présume que les faits qu'elle

---

984 Voir à titre d'exemple, *Co-operative Committee on Japanese Canadians v. Canada (AttorneyGeneral)*, [1947] A.C. 87 (Canada P.C.), Lord Wright au nom de la formation, à la p. 101 : « Again, if it be clear that an emergency has not arisen, or no longer exists, there can be no justification for the exercise or continued exercise of the exceptional powers » [je souligne].
Voir également en ce sens, *Reference re Validity of s. 5(a) of Dairy Industry Act (Canada)*, (Margarine Case), [1949] R.C.S. 1,1948 CarswellNat 62 (C.S.C.) 39 (j. Taschereau) : « Mais si pareil danger [pour la santé] a jamais existé, il a entièrement disparu maintenant, et c'est non seulement le droit mais aussi l'obligation des tribunaux de s'enquérir si les circonstances qui justifiaient le Parlement Fédéral [sic] d'agir subsistent toujours. Il y a une présomption qu'elles subsistent, et c'est la partie qui invoque le contraire qui doit le démontrer ».

985 *Renvoi* relatif à la *validité des règlements sur les baux en temps de guerre*, [1950]. A.C.S. no 1.

986 Ibidem

contient sont exacts. Il est difficile en effet d'imaginer que le législateur énonce des faits allant à l'encontre de sa validité. Il revient à la partie qui veut démontrer l'inconstitutionnalité de la loi d'établir que les faits sur lesquels elle se fonde sont inexacts. Il s'agit pour elle de prouver que les faits étaient erronés au moment de la promulgation de la loi ou qu'ils ont changé depuis. Le fardeau de la preuve est lourd.

663. Les décisions rendues par la Cour de justice de l'Union européenne et la Cour suprême du Canada sont déterminées par leur recherche de légitimité. Pour comprendre les motivations réelles de leurs décisions et cerner les causes de leur autolimitation, il s'agit donc d'identifier les sources de la légitimité du contrôle qu'elles exercent.

---

[987] Andrée LAJOIE, Jugements de valeurs : le discours judiciaire et le droit, Paris, PUF, 1997, 217 p.

CONCLUSION DU CHAPITRE 1

664. L'analyse de la jurisprudence permet d'établir que la Cour de justice et la Cour suprême ne procèdent pas en pratique à un contrôle aussi approfondi que possible de ce principe. Ces deux juridictions, composées de juges non élus, semblent en premier lieu se trouver limitées par le caractère a posteriori de leur contrôle.

665. Si la Cour suprême du Canada possède plus de latitude pour invalider une norme fédérale dans la mesure où elle participe à définir la portée de la clause paix, ordre et bon gouvernement et de la clause de commerce, il serait illusoire de supposer qu'elle n'a jamais révélé de réticences à contester la volonté parlementaire. Entre autres, le choix de la Cour suprême de vérifier la seule volonté du législateur d'intervenir dans l'urgence montre qu'elle a éprouvé une inhibition similaire à celle de la Cour de justice, quoique moins perceptible. Elle ne recherche pas systématiquement des éléments de preuve substantiels de la nécessité d'une intervention fédérale.

666. Il est peu probable que l'autolimitation de la Cour de justice résulte de causes procédurales uniquement[988]. Il semble que l'étendue du contrôle opéré par la Cour sur chacun de ces domaines puisse être mise en lumière par la recherche de la finalité de la dévolution à l'Union européenne de chacune de ces compétences[989].

> Ainsi, la politique environnementale semble-t-elle parfois conçue par les institutions politiques de l'Union européenne comme un moyen de corriger les déséquilibres pouvant résulter de la libre circulation.[990]

---

[988] L'analyse des interprétations de la capacité à agir montre que les Cours ne sont pas tant influencées par ces enjeux structurels proto-fédéraux que par la tension entre des enjeux beaucoup plus concrets: bon fonctionnement du Marché commun et protection de la santé publique par exemple. Le raisonnement du juge est circulaire. Le libre marché en est emblématique. L'objectif de l'acte est le bon fonctionnement du marché intérieur; or, une action au niveau national laisse inévitablement persister des différences entre les législations nationales; donc, une action au niveau européen est nécessaire. En d'autres termes, « il suffit de constater vouloir faire ce qui est permis par une base juridique pour pouvoir le faire conformément au principe de subsidiarité ».

[989] La libre circulation, principal moteur du Marché commun, et les transports la facilitant peuvent en effet être cause de pollution; La réduction des gaz à effet de serre implique la recherche de solutions alternatives en matière de transport. La Commission analyse les options permettant de réduire l'impact du secteur de l'aviation sur le changement climatique

[990] Communication de la Commission au Conseil, au Parlement européen, au Comité économique et social européen et au Comité des régions, du 27 septembre 2005, intitulée :

Alors que l'instauration d'un Marché commun occupe une place centrale dans la construction européenne dès le traité de Rome, des actions en matière d'environnement ne se sont développées que dans les années soixante-dix et n'ont été consacrées dans le droit originaire que par l'acte unique en 1986. Ainsi pourrait être justifiée l'abstention d'invoquer le non-respect du principe de subsidiarité devant la Cour de justice dans le domaine de l'environnement.

De même, la libre concurrence, la politique des transports et l'harmonisation des systèmes sociaux apparaissent parfois conçues comme des moyens de renforcement du Marché commun[991]. Une fois constatée l'autolimitation du juge, la question se pose de savoir si un contrôle juridictionnel substantiel de ce dernier pourrait être légitime.

« Réduction de l'impact de l'aviation sur le changement climatique » [COM(2005) 459 - Non publiée au JO].

[991] La politique des transports, l'une des premières politiques communes de l'Union européenne, s'est concentrée sur l'élimination des obstacles aux frontières entre les États membres et a ainsi contribué, par la libre circulation des personnes et des biens, à la réalisation du marché intérieur. La politique sociale, si elle vient favoriser l'instauration d'un Marché commun, vient également répondre aux défis posés par la libre circulation. Elle permet, en particulier par la coopération des États membres, la coordination et la mise en convergence des politiques nationales, l'amélioration des conditions de travail en Europe dans un cadre de mondialisation des échanges.

CHAPITRE 2. LA LEGITIMITE DEMOCRATIQUE D'UN CONTROLE JURIDICTIONNEL APPROFONDI DE LA SUBSIDIARITE

667. Nous rechercherons dans ce chapitre si un contrôle juridictionnel approfondi de la subsidiarité apparaît légitime.

668. Quoique les motivations de chaque objectif de l'Union européenne aient pu orienter les juges dans leur interprétation de la subsidiarité, la nécessité d'un contrôle approfondi de la subsidiarité est la même, quelle que soit la base juridique de l'intervention de l'Union européenne. L'étendue du contrôle juridictionnel de la subsidiarité ne dépend pas des finalités ayant originellement motivé l'attribution de compétences à l'Union européenne. La Cour ne peut opérer de hiérarchie entre les objectifs poursuivis par l'Union européenne. Un contrôle substantiel de la subsidiarité ne signifie pas qu'elle doive questionner la pertinence de chaque objectif de l'Union, mais qu'elle doive contrôler la façon la plus efficace de les réaliser.

Ainsi avons-nous observé que la Cour ne peut opérer de véritable contrôle de la subsidiarité sans vérifier la correspondance entre la base juridique invoquée par les institutions politiques pour justifier la création d'une norme et d'autres objectifs susceptibles de les avoir amenées à intervenir.

669. Une analyse théorique du contrôle juridictionnel de l'exercice de compétences permet d'établir la légitimité d'un contrôle juridictionnel approfondi de la subsidiarité en démocratie délibérative (section 1). Un tel contrôle apparaît d'autant plus légitime qu'il n'induit pas de changement majeur; une observation de la jurisprudence permet d'ores et déjà d'observer une influence contextuelle sur la jurisprudence dans ce domaine (section 2).

SECTION 1. LA LEGITIMITE THEORIQUE D'UN CONTROLE JURIDICTIONNEL APPROFONDI DE LA SUBSIDIARITE EN DEMOCRATIE DELIBERATIVE

670. En démocratie délibérative, le contrôle juridictionnel de la justification publique réelle d'une norme apparaît légitime (sous-section 1). Le juge, en contrôlant cette justification, doit par conséquent prendre en considération les valeurs ayant pesé sur la norme contrôlée (sous-section 2).

Sous-section 1. La légitimité du contrôle juridictionnel de la justification publique réelle d'une norme

671. Lorsque la Cour évalue la justification publique réelle d'une décision politique, elle doit évaluer si les raisons invoquées sont suffisantes, c'est-à-dire se référer à l'intention du législateur et observer si ces raisons sont vraiment celles qui ont mené à la décision[992]. Concernant le contrôle des compétences, il s'agira pour la Cour de vérifier que la décision ne comporte pas de détournement de base juridique. Le test d'efficacité comparative en droit de l'Union européenne et le test posé par *GMC* en droit canadien

[992] Le Parlement doit respecter le principe de morale politique selon lequel il doit agir de façon légitime, c'est-à-dire conformément au principe de primauté du droit. Si les raisons invoquées à l'appui d'une loi ne sont pas conformes à ce principe, la Cour suprême n'est pas contrainte de les respecter. La Cour suprême peut donc refuser d'appliquer certaines lois qu'elle estime inconstitutionnelles. Le contrôle judiciaire des lois a, par conséquent, un fondement moral, au sens juridique du terme. Il est légitime même si les justiciables n'y ont pas directement consenti En effet, les juges de la Cour suprême ne sont pas élus, ils ne sont donc pas représentants du peuple. En se référant à la Constitution, ils se rapportent à la volonté du peuple, pouvoir constituant. Pourtant, la loi, plus précise, l'exprime de façon plus directe. On considère généralement que les lois sont dotées d'un pedigree démocratique, car elles sont produites par le Parlement qui exprime la volonté générale. Lorsque les juges contrôlent le respect de la Constitution, ils l'interprètent et imposent cette interprétation à celle des parlementaires, élus. Ainsi l'autolimitation du pouvoir juridictionnel pourrait-elle s'expliquer. Voir André DUHAMEL, Luc TREMBLAY et Daniel WEINSTOCK, *La démocratie délibérative en philosophie et en droit : enjeux et perspectives*, Montréal, Éditions Thémis, 2001, p. XXIII, 274.

permettent de contrôler la justification publique réelle d'un empiètement des compétences d'un niveau de pouvoir sur les compétences de l'autre. Pour déterminer la légitimité d'une décision politique, il s'agit également d'évaluer s'il existe un lien rationnel entre les moyens mis en œuvre et les fins poursuivies, si l'atteinte aux intérêts fondamentaux d'un groupe demeure minimale et s'il n'y a pas de disproportion claire entre les bénéfices sociaux et les sacrifices demandés.

672. En droit de l'Union européenne, le test de la valeur ajoutée s'apparente à une évaluation de la légitimité de l'intervention des institutions politiques de l'Union européenne puisqu'il impose à l'Union européenne d'utiliser les instruments les moins contraignants. Ces éléments de contrôle ne sont pas sans rappeler le test posé dans l'arrêt *General Motors of Canada*[993]. En effet, la Cour doit se prononcer sur la proportionnalité d'un bénéfice social, les objectifs poursuivis par la législation fédérale, et l'empiètement sur les compétences provinciales. Elle doit rechercher la nature du lien entre moyens mis en œuvre et fins poursuivies. Il s'agit en quelque sorte d'une mesure d'efficience.

673. En outre, pour qu'une décision politique comporte une justification publique réelle, ses objectifs doivent être ancrés dans la réalité et non seulement théoriques. Dans cette perspective, la Cour suprême, lorsqu'elle applique le test de *Vapor*, adopte une conception pragmatique des objectifs poursuivis par la législation fédérale. Tel serait également le cas en droit de l'Union européenne si la Cour procédait à un contrôle substantiel de la subsidiarité.

674. Une Cour renforce la légitimité de sa décision en exprimant les valeurs l'ayant déterminée. En effet, en démocratie, la légitimité de la Cour provient autant de l'adhésion des juges à des valeurs partagées par la société que de sa capacité à exercer de façon effective « le monopole de la violence légitime » ou encore à la rationalité et à la sagesse des décisions qu'elle rend. La Cour intègre d'autant plus légitimement des valeurs dans sa décision que les justiciables ressentent de façon immédiate les effets d'une décision constitutionnelle. La saisine est ouverte à tous. Les avis consultatifs peuvent également avoir un effet important. La légitimité des tribunaux, et par conséquent la confiance qu'ils inspirent, ne réside ni dans le droit positif ni

---

[993] *General Motors of Canada Ltd. c. City National Leasing*, [1989] 1 R.C.S. 641 :
« -la loi contestée doit faire partie d'un système général de réglementation ;
-le système doit être contrôlé par la surveillance constante d'un organisme de réglementation ;
-la loi doit porter sur le commerce dans son ensemble plutôt que sur un secteur particulier ;
-la loi devrait être d'une nature telle que les provinces, conjointement ou séparément, soient constitutionnellement incapables de l'adopter ;
-l'omission d'inclure une ou plusieurs provinces ou localités dans le système législatif compromettrait l'application de ce système dans d'autres parties du pays. ».

dans des valeurs figées, mais davantage dans le champ de valeurs propres à une société et ayant imprégné ses juges. L'inscription des valeurs des citoyens dans le droit est devenue une nouvelle contrainte dans une société démocratique.

675. Par conséquent, le juge ne peut contrôler la justification publique réelle d'une décision politique sans référence à un champ de valeurs l'ayant déterminé. Il en résulte qu'un contrôle substantiel de la subsidiarité semble indispensable à son effectivité.

Sous-section 2. L'influence de valeurs sur l'application de la subsidiarité

676. Nous montrerons le caractère inéluctable de l'influence de valeurs sur l'application du principe de subsidiarité (§1) puis nous rechercherons par quels biais des valeurs pourraient orienter la résolution de conflits de normes par les Cours (§2).

Les valeurs sont ici définies comme des finalités. « Ce qui est posé comme vrai, beau, bien, d'un point de vue personnel ou selon les critères d'une société et qui est donné comme un idéal à atteindre (...) »[994]. Elles suscitent l'adhésion en dehors des buts qu'elles poursuivent et ne dépendent donc d'aucune justification.

§1. L'inéluctable influence des valeurs sur l'application de la subsidiarité

677. Nous avons admis que le juge ne pouvait exercer un contrôle efficient de problèmes complexes en se référant à une norme uniquement, traité ou loi constitutionnelle (A). L'interprétation des compétences n'échappe pas à cette règle (B).

[994] Dictionnaire Larousse de la langue française.

A. Le caractère dynamique de l'acte de juger

678. Cette recherche se fondera sur le postulat selon lequel le juge recourt à des éléments non juridiques. L'interprétation est un acte de création[995]. La volonté de l'interprète complète celle de l'auteur de la norme. Le juge, par son raisonnement, répond au problème concret qui lui est posé.

Le tournant herméneutique est amorcé dans les années soixante-dix, l'interprétation est admise comme une composante de la norme. L'acte de juger est dynamique, il permet le rattachement constant des textes à la réalité sociale, à son contexte, une dialectique entre faits et valeurs. Le sens d'une décision dépasse le discours interprété. Le droit, naturel ou positif, figé, immuable, unitaire, tant recherché dans la modernité ne semble plus désormais qu'une chimère. Chaque norme doit être considérée au regard de ses causes sociologiques, historiques et chaque décision est déterminée par les objectifs sociologiques poursuivis par le droit pour l'avenir.

Selon Paul AMSELEK[996], la teneur indécise du droit ne doit pas être perçue comme un décalage entre la norme et la réalité, mais la condition de l'action de l'interprète, un élément du fonctionnement normal du système. L'interprétation est un acte continu qui permet de résorber d'éventuels décalages entre les mondes réels et normatifs. Pour cela l'interprète doit être critique face au droit et se référer à des catégories autres que celles posées par le droit.

Les indéterminations du droit, le non-dit, permettent la pratique judiciaire. Tout système est lacunaire. Pour PERELMAN « Les lacunes ne sont qu'un instant dans le raisonnement du juge, l'expression de la volonté humaine pour combler ces lacunes n'est pas un obstacle à la rigueur du raisonnement juridique »[997].

679. Dans le sillage du courant herméneutique, nous reconnaîtrons donc qu'un texte ne peut être interprété hors de son contexte[998] et que son interprète possède en cela un rôle déterminant[999]. Nous admettrons, par

---

[995] La théorie réaliste de l'interprétation reconnaît le pouvoir normatif créateur du juge. Michel TROPER, « Une théorie réaliste de l'interprétation », *La théorie du droit, le droit, l'Etat,* PUF, Leviathan, 2001, p. 74.

[996] Paul AMSELEK, *L'interprétation et droit*, Bruxelles, Bruylant, PUAM, 1995, p. 22.

[997] Charles PERELMAN, *La nouvelle rhét*orique, *Traité de l'argumentation*, Paris, PUF, 1958.

[998] Karl LLEWELLYN, « Some realism about realism- responding to Dean pound », *harv.L.R.*, 1931, n° 44, 1222.

[999] ANTOINE GARAPON, *Bien juger : essai sur le rituel judiciaire*, Paris, Odile Jacob, 2001, p. 149.

conséquent, l'importance de l'argumentation dans la décision judiciaire. L'interprétation se situe « entre les deux pôles de l'explication et de l'application »[1000]. L'interprétation juridictionnelle est spécifique dans la mesure où un troisième pôle, celui de la normativité, peut être ajouté aux deux premiers[1001]. En plus des « auditoires universels et particuliers » mentionnés par PERELMAN, le juge s'adresse donc à un « auditoire » supplémentaire, les institutions politiques de chaque niveau de gouvernement.

B. Une interprétation juridictionnelle dynamique de la subsidiarité

680. La nécessité d'adaptabilité de l'organisation du partage des compétences aux évolutions du contexte social, technique, et moral, et aux capacités d'action des différents niveaux de gouvernement, rend impossible la mise en œuvre d'un partage fixe des compétences. La cohérence des décisions relatives à l'organisation des compétences n'est pas immédiatement perceptible dans la mesure où cette jurisprudence, d'une certaine complexité prend en compte de nombreux impératifs. Cette cohérence doit néanmoins être recherchée pour mieux garantir la

---

[1000] Paul RICOEUR, *Interprétation et droit*, Aix Marseille, Presses Universitaires d'Aix Marseille, 1995.

[1001] La prédictibilité d'une décision demeure limitée par le caractère normatif du droit. En outre, il semble exister une contradiction entre l'hypothèse selon laquelle les décisions judiciaires seraient prévisibles et celle selon laquelle il faudrait principalement utiliser des éléments sociologiques pour les prédire. En effet la société est en perpétuelle mutation.
Les réalistes américains recherchent comment une décision peut être prédite en identifiant les causes ayant amené le juge à adopter une interprétation donnée. Il s'agit de découvrir les « présupposés partagés qui orientent nécessairement le raisonnement du juge » et déterminent ainsi la décision rendue. La diversité des interprétations possibles d'un même texte et la relativité du sens à donner à un texte sont admises. Le juge n'est plus un tiers désintéressé, il permet à la société de progresser vers des valeurs inhérentes à la civilisation.
Ces théories présentent le mérite de s'intéresser à la production du juge et d'admettre qu'il n'est pas absolument neutre, il est nécessaire pour la comprendre de rechercher l'influence de facteurs sociaux sur le droit, comme le faisait l'école de la « sociological jurisprudence » avant les réalistes. Elles considèrent que les juges ne peuvent résoudre de problèmes en se référant uniquement à des règles de droit, mais ne considèrent pas pour autant que ces derniers doivent répondre aux attentes sociales. Les réalistes américains recherchent les facteurs qui orientent le comportement des juges, ce qui correspond parfaitement à l'objet de cette recherche.
On peut reprocher aux réalistes de ne pas accorder suffisamment d'importance aux règles de droit dans l'orientation des juges. Par ailleurs, il semble très difficile de prédire les décisions judiciaires, par une méthode empirique ou par d'autres méthodes.

prévisibilité et la stabilité du droit. Dans cette perspective, il est utile de préciser le contenu du contrôle de mécanismes de subsidiarité.

681. Il n'existe pas de consensus sur la meilleure interprétation de l'organisation des compétences dans un contexte donné[1002], le juge doit ainsi se référer à la volonté des parties, et à travers elles à celle de la population. Tout comme en droit européen la Cour de justice peut opérer un choix entre plusieurs objectifs concurrents, l'identification de l'intérêt national en droit canadien n'est pas absolument neutre.

Quelle que soit la conception du fédéralisme privilégiée, subsidiarité judiciaire et subsidiarité substantielle ne peuvent être dissociées (1). Le juge lorsqu'il résout une contradiction entre des ordres juridiques, peut opérer un choix entre des valeurs propres à chacun de ces ordres (2).

1. L'influence des valeurs sur l'exercice des compétences

682. Lorsqu'en dépit des textes fondateurs, il n'existe pas de consensus relativement au partage des compétences, la question se pose des objectifs poursuivis par le fédéralisme ou par l'Union européenne. C'est à la lumière de ces objectifs que doit être compris le principe de subsidiarité. Une référence statique à l'intention des auteurs des textes ne serait pas en mesure d'éliminer tout conflit de droit; la Constitution canadienne doit, par conséquent, être interprétée de façon évolutive selon la méthode dite « de l'arbre vivant »[1003] et les traités européens doivent être envisagés de façon téléologique.

683. Refusant une conception essentialiste du fédéralisme ou du rôle de l'Union européenne, préjugeant que la centralisation ou la décentralisation puissent constituer par elles-mêmes des idéaux, il reste à déterminer si le juge doit se prononcer en faveur du droit le plus efficace pour poursuivre un objectif ou en faveur de celui suscitant l'adhésion citoyenne la plus forte. La

---

[1002] HansGeorg GADAMER, *Philosophie Herméneutique*, coll. Epithémée, Paris, PUF, 1996, 264 p. :
« L'interprète ne peut se référer à tout le texte de façon neutre, il se réfère également à une culture, une tradition, des préjugés. Il a été reproché à cette théorie d'être, comme le positivisme, essentialiste, en se fondant sur le présupposé que le texte comporterait une vérité intrinsèque. Elle rend difficile la prise en compte des valeurs et des attentes des « auditoires » par le juge ».

[1003] *Edwards c AG Canada*, [1930] A.C. 124.
Les termes de la *loi constitutionnelle de 1867* ne doivent pas être interprétés en fonction de ceux à quoi ils référaient au moment de leur rédaction. Ainsi le texte constitutionnel peut-il être adapté aux évolutions de la société.

défense de la diversité, prise comme une fin en elle-même et non un moyen d'assurer l'efficacité, constitue une option supplémentaire.

La Cour suprême et la Cour de justice, tendent à privilégier l'objectif d'efficacité, quoique la jurisprudence récente de la Cour suprême vienne nuancer cela[1004]. En effet, la volonté populaire, mouvante, semble difficile à évaluer[1005]. En l'absence d'une position populaire claire sur la façon de résoudre un conflit, le juge se réfère à l'efficacité du droit. Lorsque par exemple, des voix s'élèvent régulièrement dans l'Union européenne pour contester l'utilité de directives européennes jugées superflues, il reste difficile de cerner l'ampleur de ce discours. Il est d'ailleurs possible que lors d'un litige donné, une partie importante de la population n'ait d'ailleurs pas d'opinion sur la meilleure façon de trancher un litige en particulier.

684. Cependant, cette conception démocratique du fédéralisme peut influer, de façon implicite et indirecte, sur la décision du juge, lorsque ce dernier vise, par la référence aux objectifs d'efficacité, à convaincre les justiciables de la conformité de sa jurisprudence à la justification publique réelle de la norme dont il contrôle le respect.

685. Lorsque le fédéralisme tend à privilégier l'efficacité du droit, il s'agit de déterminer si les droits des deux niveaux de gouvernement poursuivent un objectif unique. En effet, la référence à l'efficacité du droit est souvent assimilée à une efficacité économique, la référence au bon fonctionnement du Marché commun dissimulant parfois la poursuite de plusieurs objectifs par la norme. Si tel est le cas, le juge aura à choisir entre une conception subjective et une conception objective de l'efficacité. Une conception subjective de l'efficacité impliquera un contrôle restreint, le juge se bornant à prendre en compte la façon dont les normes justifient leur propre efficacité. S'il adopte une conception objective de l'efficacité, le juge pourra se référer à des preuves extrinsèques.

686. Les droits entrants en conflit mettent parfois l'accent sur des objectifs sensiblement différents. La libre concurrence peut s'opposer à la régulation mise en œuvre par les normes locales. C'est également le cas dans le cadre de la régulation des nouvelles techniques de reproduction, les politiques législatives des différents niveaux de gouvernement pouvant osciller entre liberté et principe de précaution. Le choix entre deux normes est donc lié à un choix entre des valeurs. Ce choix, en démocratie, est partiellement déterminé par la volonté populaire, ce qui renvoie aux

---

[1004] *Renvoi relatif à la Loi sur les valeurs mobilières*, [2011] 3 R.C.S. 837 [90].

[1005] Sébastien Bénétullière sous la direction de Thierry DEBARD, Université Jean Moulin Lyon 3, *La démocratie d'opinion. Contribution à une approche constitutionnelle de l'opinion publique*, 30 novembre 2007, 779 p.

problèmes posés par la vision démocratique du fédéralisme exposée précédemment. La volonté populaire est souvent conçue comme correspondant aux valeurs dominantes, mais ce n'est pas toujours le cas.

687. La doctrine a parfois distingué subsidiarité substantielle et subsidiarité législative. La première s'appliquant à la Cour européenne des Droits de l'Homme et la seconde relevant de l'Union européenne. Alors que la première conduirait à appliquer la convention si elle assure une meilleure protection que celle des États, la seconde permet de trancher entre deux systèmes de droit. Autrement dit, la subsidiarité en droit de l'Union européenne jouerait dans son sens subsidiarité-concurrence alors que la subsidiarité en droit conventionnel serait une subsidiarité-complémentarité[1006].

688. Cependant, la distinction est loin d'être aussi tranchée qu'il n'y paraît; subsidiarités substantielle et législative pourraient être deux faces d'une même pièce. Certes, le droit de l'Union européenne peut être assimilé à un ordre juridique ; on ne peut en dire autant du droit conventionnel qui ne s'intéresse qu'aux droits de l'homme. Néanmoins, cette distinction ne change rien à l'application juridictionnelle de la subsidiarité. En droit de l'Union européenne, on peut distinguer le droit originaire, fixant les objectifs poursuivis par l'Union européenne et le droit dérivé, déterminant, si nécessaire, comment les atteindre. En droit conventionnel, il n'existe que la Convention.

689. Dans les deux cas, pourtant, la Cour doit rechercher quel niveau de droit est le plus à même d'atteindre les objectifs poursuivis. Dans les deux cas, elle peut, ce faisant, se trouver dans la nécessité d'opérer un choix entre des objectifs concurrents. Le fait qu'il y ait identité ou non entre la norme fixant des obligations pour les États et le droit s'appliquant aux justiciables n'y change rien. La Cour européenne des droits de l'homme n'applique le droit conventionnel que lorsque le droit étatique est impropre à assurer cette fonction. De façon comparable, la Cour de justice ne valide l'intervention de l'Union européenne que lorsque les États se trouvent dans l'incapacité d'atteindre l'objectif visé par l'intervention européenne. La Cour européenne des droits de l'homme, lorsqu'elle interprète la convention, peut avoir à trancher entre des droits entrant en concurrence. De même la Cour de justice peut avoir à trancher entre différents objectifs de l'Union européenne. Il est à noter que les deux Cours, dans ce dernier cas, camouflent le plus souvent le choix opéré entre objectifs, droits concurrents, par des considérations relatives à la subsidiarité. Elles privilégient d'emblée, et sans justification, un droit, un objectif, et recherchent aussitôt quel droit permet de le préserver,

[1006] David SZYMCZAK, « Le principe de subsidiarité au sens du droit de la Conv. EDH », Montpellier 1, Colloque IDEDH, 18 -19 octobre 2013.

de l’atteindre le plus efficacement, sans s’intéresser à l’autre droit ou à l’objectif poursuivi. La Cour suprême du Canada se retrouve confrontée aux mêmes difficultés.

En effet, la législation provinciale ou nationale poursuit elle aussi des objectifs propres. Le juge, s’il se contente d’interpréter les compétences de chaque niveau de gouvernement à la lumière de la subsidiarité judiciaire, s’abstient d’appliquer le principe de subsidiarité dans son aspect substantiel. S’il se contente d’évaluer la capacité à agir de chaque niveau de gouvernement pour atteindre un objectif commun, il peut s’abstenir d’opérer un choix entre les objectifs poursuivis par la législation de l’entité centralisée et les objectifs poursuivis, de façon indirecte ou explicite, par la législation de l’entité englobée.

690. La nécessité d’une conciliation entre différents droits apparaît dans de nombreux domaines. Si elle apparaît clairement en première instance, elle semble disparaître au fur et à mesure que l’on s’élève dans les instances. Dans le cadre du Marché commun par exemple, si le juge ne prend en compte que la capacité de chaque niveau de gouvernement d’éviter des distorsions de concurrence, il s’abstiendra de se prononcer sur l’équilibre entre la nécessité de concilier libre concurrence et liberté des entreprises et évitera ainsi de choisir entre deux modèles économiques.

2. Les conflits de valeurs derrière les conflits de compétences

691. La Cour suprême du Canada et la Cour de justice de l’Union européenne exercent un pouvoir normatif lorsqu’il existe un conflit entre les normes édictées par les deux sphères de pouvoir : fédérale et provinciale ou européenne et nationale, et lorsque les règles de partage des compétences établies par les textes, Constitution ou traités, sont insuffisantes pour le résoudre. Derrière les conflits de compétence se cachent souvent des oppositions entre valeurs, plus ou moins libérales ou protectrices pour les personnes. Les normes des différents niveaux de pouvoir peuvent se référer très directement à des objectifs distincts. Les juges devront alors choisir l’un de ces objectifs avant de déterminer quel droit est le plus efficace pour l’atteindre. Dans les cas mêmes où les normes spécifiques en concurrence ne se réfèrent pas à des objectifs distincts, le choix du juge pourrait être

implicitement influencé par un choix de valeurs dans la mesure où chaque système de droit pris dans sa globalité privilégie des impératifs propres[1007].

692. Dans certains litiges relatifs au partage des compétences, le juge profite du conflit de droits existant pour opérer un choix entre des valeurs, elles aussi, en conflit. Le juge semble utiliser les contradictions entre des systèmes de droit pour camoufler son choix entre systèmes de valeurs. La justification légale d'une décision fondée sur un choix de valeurs ne mentionne que des théories relatives au partage des compétences. Le plus souvent, le juge, prétextant la nécessité d'assurer la convergence entre les systèmes, l'harmonisation et la standardisation des ordres juridiques, permet aux valeurs majoritaires de s'imposer. Plus rarement, le juge reconnaît les entités englobées compétentes afin de préserver des valeurs minoritaires. Par exemple, dans les arrêts Ontario Hydro, le « maintien de la sécurité des établissements en matière nucléaire » et le « maintien de la paix industrielle et l'attribution de pleins pouvoirs aux travailleurs, pour justifier la compétence provinciale sur les relations de travail » peuvent être perçus comme des objectifs concurrents quoique le juge La Forest affirme que : « les objectifs actuels des relations de travail, sur lesquels mon collègue le juge IACOBUCCI insiste beaucoup, n'ont rien à voir avec la source de la compétence législative »[1008]. En effet, il est évident que, juridiquement, le partage des compétences ne repose pas sur un choix entre objectifs. Rien ne semble cependant exclure que, pour trancher entre plusieurs interprétations possibles du partage des compétences, l'interprète soit déterminé par un choix entre objectifs concurrents.

693. Pour montrer le caractère nécessairement substantiel de tout contrôle de la subsidiarité, il s'agit d'établir l'existence de champs de valeurs servant de support interprétatif au partage des compétences, mais aussi de rechercher comment le choix entre différentes valeurs en présence est déterminé.

§2. Les facteurs pesant sur la résolution de conflit de normes par le juge

694. Le contexte de résolution de conflit de compétence, les valeurs du juge, celles des institutions politiques (A) et la volonté du juge de persuader le ou les « auditoires » auxquels il s'adresse (B) apparaissent comme autant

---

[1007] Jean-François GAUDREAULT-DESBIENS, *Les solitudes du bijuridisme au Canada : essai sur les rapports de pouvoir entre les traditions juridiques et la résilience des atavismes identitaires*, Montréal, Éd. Thémis, 2007,169 p, Chapitre 3.

[1008] *Ontario Hydro c. Ontario*(Commission des relations de travail), [1993] 3 R.C.S. 327.

d'éléments contribuant à expliquer comment le juge tranche un conflit de valeurs.

A. La surdétermination dans l'analyse systémale

695. Selon l'analyse systémale, la juridicité d'un texte dépend de la prévisibilité de son exécution, de l'intensité de son caractère obligatoire et du « degré de contrôle exercé sur son décodage »[1009]. Ce dernier élément dépend des techniques normatives utilisées par les auteurs de la règle (la prédétermination) et de ses récepteurs (la codétermination). À la prédétermination et à la codétermination, TIMSIT ajoute la surdétermination, c'est-à-dire « les contraintes qui découlent, pour l'application du droit, d'un champ de valeurs qui lui sert de support interprétatif ». Ces contraintes sont monologiques lorsqu'il existe un champ de valeurs unique et deviennent dialogiques lorsque plusieurs systèmes de valeurs entrent en concurrence, différentes méthodes d'interprétation correspondant à chacun d'eux.

696. Lorsqu'il y a « inscription du sujet dans le texte », une norme est prédéterminée[1010]. Lors d'un conflit de lois, plusieurs textes sont en présence, la prédétermination, texte et volonté du sujet[1011], ne suffit donc pas à régir une situation. Nul code ne permet de résoudre ce conflit puisque la subsidiarité et les doctrines canadiennes lui étant apparentées sont indéterminées. La codétermination, réception de la norme par son destinataire, est donc nécessaire à résoudre cette contradiction [1012]. L'interprétation de la norme par son destinataire pourra être surdéterminée par les champs culturels dans lesquels ont lieu l'émission de la norme et son interprétation. C'est par l'intégration des trois éléments de codétermination, prédétermination et surdétermination, lors du contrôle de décodage, qu'une norme acquiert sa juridicité[1013].

697. Dès lors la question se pose de déterminer comment un champ culturel permet d'opérer un choix entre deux normes[1014]. Timsit identifiait en droit français deux façons« d'objectiviser un code culturel », la première étant d'attribuer à une instance le pouvoir d'intégrer à la norme un code culturel et le second étant la référence à des concepts autorisant la référence

[1009] Gérard TIMSIT, *Les noms de la loi*, Collection « les voies du droit », Paris, PUF, 1991, 199 p.

[1010] I*Ibid*.,., p. 12.

[1011] *Ibid.*, p. 74.

[1012] *Ibid.*, p. 120.

[1013] *Ibid.*,p. 183s.

[1014] I*bid.*,p. 160.

à un code culturel[1015]. La Cour de justice et la Cour suprême ne possèdent apparemment pas ce pouvoir d'intégrer un code culturel. En revanche, il semble que le principe de subsidiarité et les notions lui étant apparentées en droit canadien assurent cette fonction. En effet, la subsidiarité implique une référence aux objectifs poursuivis par les traités. Or, selon Timsit, « la mention des fins permet de limiter le foisonnement des solutions possibles inscrites dans la norme»[1016]. La subsidiarité étant elle-même indéterminée, la Cour se réfère parfois à d'autres mécanismes, tels que l'analogie, pour intégrer à la norme un code culturel.

698. Telle qu'envisagée par TIMSIT, la surdétermination permet, sans donner aux valeurs un caractère normatif en elles-mêmes, de les intégrer dans la production du droit plutôt que dans des sources externes comme le font les positivistes. La surdétermination ne s'intéresse pas à la personnalité, à l'influence d'une institution, comme le font la prédétermination et la codétermination, mais à des valeurs collectives. La surdétermination rompt avec le déterminisme de certaines théories antérieures ; en effet, la société évolue et avec elle le champ de valeurs qui surdétermine une décision de justice. La prise en compte de l'intention du législateur ne peut donc être conçue comme une référence figée aux travaux préparatoires d'une loi.

Lorsqu'un système est fortement intégré, la prédétermination est forte et la codétermination minimale[1017]. L'intégration est d'autant plus forte lorsque l'interprète se réfère au même code culturel que l'auteur de la norme. L'ordre juridique est monologique. TIMSIT appelle « gravitation » ce « phénomène d'attraction de la norme dans le champ de la surdétermination»[1018].

Le problème est plus épineux lorsque plusieurs codes culturels entrent en conflit, ce qui a toutes les chances d'arriver lorsque plusieurs systèmes de droit entrent en concurrence comme c'est le cas au Canada ou dans l'Union européenne. TIMSIT considère qu'il y a « expansion » lorsque, dans une dynamique dialogique, auteur et récepteur de la norme se réfèrent à des codes culturels, des logiques distinctes[1019], durant les périodes de transition par exemple.

699. La question se pose de déterminer si le choix entre deux normes en conflit nécessite une référence à des éléments externes aux systèmes auxquelles appartiennent ces normes. Selon TIMSIT, le contrôle administratif,

---

[1015] *Ibid.*, p. 163-171.
[1016] *Ibid.*,p. 172.
[1017] *Ibid.*,p. 289.
[1018] *Ibid.*, p. 172.
[1019] *Ibid.*,p. 177.

se référant à des éléments externes, serait hétéro référentiel. Le juge détiendrait un pouvoir propre de surdétermination. Le contrôle juridictionnel, limité à des éléments internes au système, serait autoréférentiel. Le juge serait essentiellement prédéterminé et à défaut, son pouvoir de surdétermination serait limité par la volonté de l'auteur de la norme. Si le juge s'en écarte pour se référer à son propre code culturel, on pourrait parler de « gouvernement des juges»[1020]. Il semble que, dans certains cas, les autorités juridictionnelles usent d'un pouvoir de surdétermination analogue à celui exerce par les autorités administratives. Nous rechercherons si la Cour de Justice et la Cour suprême exercent et sont habilitées à exercer un contrôle hétéro référentiel[1021].

700. Le cas échéant, la question se pose de savoir dans quelle mesure ces cours assurent la centralisation du système dans lequel elles se prononcent. Selon Serge Sur, « l'interprétation serait d'autant moins influente, d'autant plus résiduelle que la centralisation (serait) rigoureuse »[1022]. Lorsqu'un droit jurisprudentiel apparaîtrait dans un système de ce type, fortement hiérarchisé, il y aurait « substitution de centralisation ». La codétermination dépendrait alors exclusivement des institutions et non des autres membres du corps social. Nous rechercherons dans quelles mesures ces observations correspondent aux modèles canadien et européen. Certes, les cours jouent un rôle déterminant dans la « centralisation » [1023] de systèmes relativement hiérarchisés tels que l'Union européenne et le Canada, en palliant aux lacunes de la prédétermination. Il est cependant peu probable qu'elles assurent seules cette fonction de codétermination[1024].

701. Au Canada, l'intégration d'un champ culturel à la norme n'est pas l'œuvre du seul législateur. La Cour suprême y participe également. Ce faisant, elles procèdent à un contrôle hétéro référentiel. Elle exerce un pouvoir de surdétermination propre. Lorsque la Cour s'est prononcée sur une question, elle clôt le dialogue entre récepteurs de la norme. La Cour suprême n'aura plus à opérer de choix entre les différents codes culturels en présence pour interpréter un conflit de lois si elle est, à nouveau, confrontée à cette question. La norme applicable sera codéterminée, reçue par l'interprète, une

---

[1020] *Ibid.*,pp. 185 - 186.

[1021] *Ibid.*,p. 186 : « Il y a à parler de fonctions juridictionnelles un abus de langage. C'est en effet ne pas savoir les modes d'engendrement du droit et ne rien vouloir considérer de l'autonomie dont dispose, à l'instar de l'autorité administrative, l'autorité juridictionnelle qui, à ce moment, use d'un pouvoir de surdétermination ».

[1022] I*bid.*, p. 183.

[1023] Le terme « centralisation » est entendu ici non dans le sens de décision favorable à l'Etat fédéral mais dans le sens réduction de la dissémination du sens résultant des mécanismes de pré, co et surdétermination, p. 182.

[1024] *Ibid.*,p. 192.

fois pour toutes. Il n'y aura plus de transdiction, mais une transcription de la norme. Le pouvoir de codétermination de la Cour suprême est spécifique dans la mesure où elle apparaît en quelque sorte comme la « réceptrice finale » de la norme. Pour autant, selon la Cour, la « centralisation » exercée par la Cour n'est jamais parfaite dans la mesure où de nouvelles questions relatives au partage des compétences apparaissent perpétuellement, révélant le caractère dialogique du système.

702. La Cour de justice, comme la Cour suprême, semble exercer un pouvoir de surdétermination propre. Elle procède à un contrôle hétéro référentiel. Cependant, la Cour donne à son contrôle les apparences d'un contrôle autoréférentiel. Ainsi met-elle en avant des éléments de prédétermination. La Cour dissimule des références à un code culturel. La transdiction[1025] se trouve camouflée sous les apparences d'une transcription. Il pourrait s'agir pour elle d'un moyen de conforter sa légitimité. En tant qu'institution administrative la Cour assume peu son pouvoir de surdétermination. Pourtant, la mention dans les traités de principes tels que la subsidiarité l'autorise à procéder à un tel contrôle. En raison du caractère récent de l'Union européenne, la participation de la Cour à la « centralisation » du système par l'interprétation du principe de subsidiarité demeure réduite. Codétermination, prédétermination et surdétermination demeurent disséminées[1026]. À la différence du système canadien, la codétermination des normes demeure pour l'essentiel en cours, la Cour de justice n'y a pour l'heure mis un point final que de façon anecdotique.

Cette théorie ne suffit pas à rendre compte des modalités du choix par le juge des valeurs sociales en présence et de l'interaction entre ses valeurs et les valeurs personnelles de l'interprète. Il reste encore à préciser les effets du dialogisme sur le juge.

B. La prise en compte des destinataires des décisions de justice

703. La nouvelle rhétorique contribue à expliquer comment le juge tranche entre plusieurs valeurs concurrentes et donc entre plusieurs compétences concurrentes. Le juge serait déterminé par les auditoires auxquels ses décisions s'adressent. Ainsi les décisions de la Cour de justice relatives à la subsidiarité pourraient-elles être déterminées par sa volonté de persuader le législateur de l'Union européenne, les législateurs nationaux ou encore les juges nationaux.

[1025] *Ibiem*

[1026] *Ibid.*, p. 182.

704. Encore faut-il brièvement résumer quelques apports de la nouvelle rhétorique, PERELMAN adopte un constructivisme nuancé, selon lequel le raisonnement judiciaire obéirait à une logique non formelle. Le constructivisme donne à l'interprète la place qui lui revient dans le processus d'interprétation en admettant que la réalité soit, au moins partiellement, construite par celui qui la perçoit. Le juge, en interprétant les textes organisant le partage des compétences, participe à leur organisation. Les motifs des décisions de justice seraient des arguments de persuasion de tous les justiciables dont elles affectent la condition. Le juge doit, pour se prononcer, rester dans des limites relatives au contexte de la décision et à « l'auditoire » auquel elle est destinée.

La nouvelle rhétorique de PERELMAN néglige les spécificités des « auditoires » des décisions de justice. Pourtant, les valeurs d'un « auditoire », ses attentes, représentent des contraintes pour le juge au même titre que le droit positif. La nouvelle rhétorique ne suffit pas à déterminer quelles valeurs et quelles attentes privilégier lorsque les valeurs des différents « auditoires» du juge sont multiples, ce qui est le plus souvent le cas. Ce choix entre champs de valeurs ne peut être compris sans référence au climat social, à la conjoncture de la société. L'histoire intellectuelle des juges peut également expliquer ces choix. La question se pose de savoir à quoi doit se référer le juge en cas de contradiction entre les différentes contraintes pesant sur sa décision.

705. Dans le cas du partage des compétences, Andrée Lajoie souligne la nécessité d'ajouter la Cour et éventuellement le gouvernement à « l'auditoire universel » et à « l'auditoire particulier ». De même en droit de l'Union européenne, les institutions de l'Union européenne et, dans une moindre mesure, les gouvernements nationaux, pourraient-ils être pris en compte. De plus, la notion d'auditoire universel devrait être précisée afin de rendre compte des rapports de force, des conflits sociaux et politiques, qui divisent la société[1027].

Nous tenterons de rechercher comment les décisions des Cours relatives à la subsidiarité ont pu être influencées par leur volonté d'asseoir leur légitimité par rapport aux institutions politiques. Encore faut-il pour cela préciser le contexte dans lequel ont été rendues les décisions relatives à la subsidiarité.

[1027] Charles PERELMAN, La nouvelle rhétorique, Traité de l'argumentation, Paris, PUF, 1958. L'auditoire particulier correspond à la juridiction et l'auditoire universel à l'ensemble des justiciables.

SECTION 2. L'INFLUENCE CONTEXTUELLE SUR LE CONTROLE JURIDICTIONNEL DE LA SUBSIDIARITE

706. Nous avons montré que si le pouvoir de la Cour est limité par un cadre normatif[1028], largement évoqué dans la motivation des décisions, elle n'en conserve pas moins une marge de manœuvre importante. Nous rechercherons dans cette section quelles autres contraintes, non explicitement mentionnées dans les décisions pourraient participer à en déterminer le sens. Nous avons, dans cette section, recherché si, comme l'affirme l'école fonctionnaliste ou sociologique du droit, la Cour participe à l'adaptation du droit aux nécessités sociales. La subsidiarité pourrait participer à cette adaptation. Nous examinerons en particulier ce que Andrée Lajoie qualifie de pouvoir externe du juge[1029].

707. Le contexte et l'opinion des autres institutions ne sont pris en compte par la Cour de justice et la Cour suprême dans leurs décisions que dans la mesure où ils leur permettent d'établir leur légitimité. Cette recherche de légitimité constitue la justification réelle des décisions de la Cour de justice et de la Cour suprême.

708. L'orientation des jurisprudences de la Cour de justice et de la Cour suprême s'explique par leur raison d'être. Pour comprendre la jurisprudence relative au partage des compétences élaboré par la Cour de justice, il faut se référer aux motivations ayant amené les entités englobées à s'unir. Les États européens comme les provinces canadiennes ont entendu préserver leurs intérêts communs. Pour ce faire, les entités englobées doivent agir de concert dans des domaines où chacune agissait auparavant de façon spécifique. Il est probable que chaque province ne se plie aux règles communes que si elle a la conviction que les autres feront de même. L'existence d'une Cour commune compétente pour sanctionner le non-respect de l'une de ces règles

[1028] Une interprétation littérale ne suffisait pas à déterminer le sens de la subsidiarité et des théories canadiennes lui étant apparentées. Le juge l'interprète de façon téléologique, se référant aux objectifs systémiques et pragmatiques découlant des textes. Pour déterminer comment atteindre ces objectifs, les Cours se réfèrent largement à leur jurisprudence. Leurs décisions semblent donc prédéterminées et codéterminées.

[1029] Andrée LAJOIE, Jugements de valeurs : le discours judiciaire et le droit, Paris, PUF, 1997, 217 p.

permet de maintenir cette conviction et, par conséquent, le respect des règles. Ainsi les Cours apparaissent légitimes dans la mesure où elles assurent par leur contrôle le bon fonctionnement du droit de l'entité englobant.

709. Le contexte institutionnel (*Sous-section* 1) et politique (*Sous-section* 2) dans lequel chacune des Cours se prononce n'est pas sans effet sur l'interprétation par le juge du principe de subsidiarité par la Cour de justice (§1) et la Cour suprême (§2).

Sous-section 1. L'influence institutionnelle sur le contrôle juridictionnel de la subsidiarité

710. Les Cours semblent adopter des solutions assurant leur légitimité institutionnelle. La Cour semble exclure certaines positions, celles dont on pourrait prévoir qu'elles susciteraient l'hostilité collective de la société à laquelle elle appartient et de la communauté des juristes qui la composent. Ces positions pourraient porter le discrédit sur l'institution qui les a appliquées.

711. Alors que l'ouverture de la sphère juridictionnelle sur la sphère politique semble totale dans l'Union européenne, cette ouverture ne semble que partielle au Canada. En effet, la Cour de justice n'a pour l'heure jamais censuré de normes émises par les institutions de l'Union européenne sur la base du principe de subsidiarité. La Cour suprême a déjà invalidé des interventions fédérales ne pouvant être justifiées par la clause paix, ordre et bon gouvernement ou la clause de commerce.

Il est d'ailleurs remarquable qu'alors que la Cour de justice se limite à un contrôle formel de la compétence de l'Union européenne, la Cour européenne des droits de l'homme procède à un contrôle récemment approfondi des normes nationales[1030]. Il semblerait que ce contrôle soit codéterminé[1031].

[1030] Frederic SUDRE, « La subsidiarité, nouvelle frontière » de la Cour Européenne des Droits de l'Homme », *Sem.jur.*, 2013, n° 42, p. 1086.

[1031] David SZYMCZAK, « Le principe de subsidiarité au sens du droit de la Conv. EDH », Montpellier 1, Colloque IDEDH, 18 - 19 octobre 2013 : « Formellement, nous l'avons dit, la subsidiarité semble être, dans ses multiples facettes, largement prédéterminée par le juge

712. L'influence de l'ordre politique sur l'ordre juridictionnel semble inévitable dans la mesure où l'efficacité du second est assurée par le premier. En retour, le législateur gagne en crédibilité lorsqu'une de ses lois est acceptée par la Cour. Le gouvernement ou les institutions de l'Union européenne dans une moindre mesure sont renforcés dans leur potentiel de centralisation lorsque leurs normes sont reconnues comme étant compatibles avec la Constitution ou les traités. Le discours des Cours, apparemment technique et neutre, n'échappe pas à toute visée idéologique[1032].

713. Les Cours semblent parfois se comporter comme si, ne possédant pas de légitimité propre, leur légitimité émanait des institutions politiques. La légitimité des premières est en effet plus subtile, plus difficile à cerner, que celle des secondes. Pourtant, si les institutions politiques participent parfois à la désignation des juges, ces derniers n'en jouissent pas moins d'une autorité totalement indépendante.

L'influence du politique sur le contrôle juridictionnel devrait être réduite pour que le contrôle juridictionnel soit efficace. En effet, si en démocratie les justiciables devraient avoir choisi de souscrire à l'ordre juridique, ils ne peuvent maîtriser l'influence exercée par le politique sur lui. Par ailleurs, le gouvernement est à la fois gouvernant et sujet de droit. Il est gouvernant lorsqu'il désigne des juges de la Cour suprême. Il est sujet de droit lorsque, en application d'une décision de la Cour suprême ayant résolu un conflit de loi en sa faveur, il dépose un projet de loi dans un domaine désormais de sa compétence et surtout lorsqu'il se soumet à une décision judiciaire.

Nous rechercherons donc à quel niveau et sous quelle forme la sphère politique influe sur la sphère juridictionnelle, en dépit des garanties posées à l'indépendance des juges.

Une décision menant à la destruction de la forme actuelle de l'Union européenne serait rejetée par la Cour de justice (§1) comme une décision qui menacerait le fédéralisme actuel le serait par la Cour suprême du Canada (§2).

---

européen des droits de l'homme. (…) En pratique cependant, il semblerait plutôt que la subsidiarité soit codéterminée ».

Il est en effet probable que si la prédétermination, c'est-à-dire l'évaluation de l'efficacité, soulevait moins de difficultés, elle prendrait le pas sur la codétermination et la surdétermination.

David Szymczak affirme également que « Pour autant, l'inconstance du principe de subsidiarité renvoie moins selon nous au traditionnel clivage souveraineté/harmonisation ou à la tension unité/diversité qu'à la très grande difficulté sous-jacente à donner un sens univoque à l'efficacité ».

[1032] Andrée LAJOIE, Jugements de valeurs : le discours judiciaire et le droit, Paris, PUF, 1997, 217 p.

La Cour agit comme « chien de garde du législateur ».

§1.L'influence de la structure institutionnelle de l'Union européenne

714. Nous montrerons d'abord que les limites du contrôle du principe de subsidiarité mentionnées précédemment ne découlent pas d'une dépendance institutionnelle de la Cour de justice à l'égard des institutions de l'Union européenne (A), mais d'un défaut de légitimité de la Cour pour contester un consensus politique (B).

A. Les garanties de l'indépendance des juges de la Cour de justice

715. La nomination des juges et leur statut garantissent leur indépendance.

La Cour de justice est composée d'autant de juges que d'États membres, c'est-à-dire vingt-huit [1033], ce qui permet d'éviter que la Cour ne soit dépendante d'intérêts étatiques[1034]. Lorsqu'un pays est partie au litige, ce qui est souvent le cas lorsque la subsidiarité est invoquée, la question de l'indépendance du juge nommé par ce pays se pose en effet[1035]. La question se pose également de l'indépendance des juges et avocats généraux envers les gouvernements les ayant nommés. La collégialité contribue à garantir cette indépendance.

[1033] Depuis 2007, ce chiffre pouvant être élevé jusqu'à 11 en cas de demande de la Cour.

[1034] Avant l'entrée en vigueur du traité de Lisbonne le premier décembre 2009, la nomination se faisait ensuite par commun accord pour un mandat de six ans, par les gouvernements des Etats membres, donc à l'unanimité. L'acceptation par les Etats membres du candidat proposé par l'Etat concerné semblait n'être qu'une formalité, aucun candidat n'était refusé. Ils étaient renouvelés par tranche tous les trois ans. Ils étaient choisis par les représentants des gouvernements des États, qui se réunissaient au Conseil pour proposer un ou plusieurs candidats, puis adoptaient l'acte de nomination des juges de la Cour à l'unanimité. La nomination politique d'un juge pose la question de sa performance, d'autant plus qu'un temps d'adaptation est nécessaire à optimiser sa compétence.

[1035] Aucune condition n'est prévue dans les traités quant à la nationalité des juges afin de garantir leur indépendance vis à vis des Etats. Un Etat pourrait en principe présenter un juge de n'importe quelle nationalité, même s'il n'est pas originaire de l'Union européenne. Cependant, les Etats ont toujours proposé des juges de leur nationalité, afin de préserver au sein de la Cour de justice les grandes traditions juridiques propres aux Etats. L'article 18 du statut de la Cour s'oppose d'ailleurs à ce que la nationalité d'un juge soit invoquée par une partie à l'occasion d'un litige. La diversité des juges contribue vraisemblablement à la qualité des décisions rendues.

716. L'application du principe de subsidiarité nécessite également l'indépendance des juges par rapport aux institutions de l'Union européenne. Selon l'article 253 TFUE, tous les juges doivent présenter les garanties d'indépendance et réunir les conditions pour l'exercice, dans leur pays respectif[1036], des plus hautes fonctions juridictionnelles[1037]. Le traité de Lisbonne a instauré un comité consultatif pour la nomination des juges et des avocats généraux chargés d'émettre un avis sur la compatibilité des candidats avec les fonctions exercées[1038]. Ce comité est composé de sept personnes choisies parmi d'anciens membres du Tribunal de Première Instance et de la Cour de justice, des membres des juridictions nationales suprêmes et de juristes possédant des compétences notoires, dont l'un est proposé par le Parlement européen[1039]. Les juges ont tous exercé des fonctions exigeant une haute qualification juridique dans leurs pays[1040].

717. Enfin, l'indépendance des juges est garantie par leur statut. Ils doivent prêter serment lors de leur entrée en fonction, s'engageant à faire preuve d'indépendance, d'impartialité, à tenir le secret professionnel. Par ailleurs, ils ne peuvent exercer aucune fonction politique ou administrative, ni aucune activité professionnelle et s'engagent à respecter les obligations découlant de leur charge.

Les juges et avocats généraux jouissent de l'immunité de juridiction absolue s'étendant à tous les actes de leurs fonctions, même ceux de la vie privée[1041].

[1036] TUE (version consolidée), 12 décembre 2017 (Lisbonne),*JOUE*n°C115/15 du 9 mai 2008, art. 19.
La Cour de justice est composée d'un juge par État membre.
Les juges et les avocats généraux de la Cour de justice et les juges du Tribunal sont choisis parmi des personnalités offrant toutes garanties d'indépendance et réunissant les conditions visées aux articles 223 et 224 du TFUE. Ils sont nommés d'un commun accord par les gouvernements des Etats membres pour six ans. Les juges et les avocats généraux sortants peuvent être nommés de nouveau.

[1037] Bo VESTERDORF, « La nomination des juges de la Cour de justice de l'Union européenne », *CDE*, 2011, n° 3, p. 601.
Aucune formation politique n'est requise. Quoiqu'il n'existe pas de règles relatives à l'expérience pratique ou à la capacité juridique des candidats; les juges nommés sont hautement qualifiés et compétents.

[1038] TFUE (version consolidée), *JOUE* C115 du 9 mai 2008, art. 255.
Sur la composition de ce comité.

[1039] http://www.touteleurope.eu/fr/organisation/institutions/cour-de-justice-de-l-union-europeenne.html, (consulté le 1 Avril 2013).

[1040] Renaud DEHOUSSE, *La Cour de justice des Communautés européennes*, Paris, Montchrestien, 1998, 159 p.

[1041] Renaud DEHOUSSE, *La Cour de justice des Communautés européennes*, Paris, Montchrestien, 1998, 159 p.
Seule la Cour peut lever cette immunité. Pour leurs actes officiels, ils continuent à bénéficier de cette immunité après la cessation de leurs fonctions. Ils ne peuvent être relevés de leurs

B. La difficulté pour la Cour de contester un consensus politique

718. Les limites à la justiciabilité du principe de subsidiarité résultent partiellement du défaut de légitimité de cette dernière pour contester un consensus politique. Sur le plan procédural, le fait que le contrôle juridictionnel soit postérieur à la décision politique accentue ce phénomène.

La Cour ne possède pas une légitimité populaire qui lui permettrait de contester les décisions d'institutions politiques représentatives de la population.

719. L'exercice de ce contrôle s'avère, dans la pratique, difficile pour la Cour qui hésite à contester un consensus entre les États membres établis devant le Conseil. L'application du principe de subsidiarité est autant politique que juridique. Cela devrait impliquer que l'aspect politique de la question soit contrôlé lors du processus normatif. Les États demeurent les mieux à même de déterminer qui possède la meilleure capacité d'action alors que la Cour n'est pas un organe décisionnel ayant un pouvoir discrétionnaire d'évaluation. Elle pourra vérifier si la motivation de la légitimité de l'action de l'Union européenne est suffisante, mais pourra difficilement contester une décision au fond. Le contrôle de la Cour se révèle particulièrement difficile dans certains domaines où les divergences entre États membres sont profondes, comme la politique industrielle et sociale. Pour toutes ces raisons, le contrôle des actes de l'Union européenne devrait être renforcé. La Cour semble réticente à effectuer un contrôle d'opportunité des propositions de la Commission. Or le principe de subsidiarité implique un questionnement économique et social souvent complexe.

720. La Cour n'a guère invalidé de textes pour non-respect de ce principe. Tout au plus interprète-t-elle des textes en s'y référant[1042]. Elle se contente le plus souvent d'assurer l'exécution de directives lorsque le pouvoir de la Communauté, pour les émettre, se fonde sur le principe de subsidiarité. Elle laisse aux institutions politiques le soin de rechercher quel niveau de gouvernement est le plus à même de légiférer et d'ainsi préciser, par l'interprétation du principe de subsidiarité, le partage des compétences.

Pour contrôler le principe de subsidiarité, la Cour pourrait avoir à remettre en question l'appréciation des institutions de l'Union européenne, mais

---

fonctions que par décision unanime de la Cour, l'intéressé ne pouvant participer aux délibérations.

[1042] *Avesta Polarit Chrome Oy.*, Affaire C-114/01, 11 septembre 2003, p. 88.

également des actes que les États membres eux-mêmes n'auraient pas contestés par le biais d'un recours en annulation.

En effet, la plupart des « grands arrêts de la subsidiarité » concernent des arrêts rendus par voie préjudicielle[1043]; la Cour n'a pas grand intérêt à remettre en cause une norme de l'Union européenne qui ne serait pas directement contestée par les États eux-mêmes.

§2. L'indépendance du judiciaire comme condition de légitimité de la Cour suprême du Canada

721. L'organe de contrôle de la constitutionnalité, qu'il soit judiciaire ou politique, doit en régime fédératif être le plus impartial possible et ne dépendre d'aucun niveau de gouvernement. La nécessité d'indépendance du pouvoir judiciaire [1044] vis-à-vis des autres pouvoirs a été maintes fois reconnue par la jurisprudence[1045] et par la doctrine[1046]. Elle trouve un ancrage dans la coutume, la loi, la loi constitutionnelle[1047]. Elle comprend une

---

1043 *British American Tobacco Investments et Imperial Tobacco,* Affaire C-491/01, 10 décembre 2002 ,Rec. I-11453, AJDA 2003. 377, chron. J.-M. Belorgey, S. Gervasoni et C. Lambert.
Natural Health etNutri-Link, C-154/04 et C-155/04, Rec. I-6451.
Vodafone, Affaire C-58/08, 8 juin 2010), points 76 à 78.

1044 André Bzdera, L'impact de quelques arrêts des cours suprêmes fédérales sur le partage des pouvoirs au Canada, aux États-Unis et dans les Communautés européennes, Mémoire présenté à la Faculté des études supérieures en vue de l'obtention du grade de Maître ès sciences (M.Sc.) en science politique, Faculté des arts et des sciences, Janvier 1990.

1045 *Alvetta-Comeau c. A.P.L. et commission scolaire de Brossard*, [1986] R.J.Q.1773.
Beauregard c. Canada, [1986] 2 R.C.S. 56.
B.P. oil c. Fournier R.et F, [1979]-, vol 4, 224.1, CA)
Committes for justice and liberty c. office national de l'énergie, [1978] 1 R.C.S. 369
Gold c.P.G.Qc. 234 C.P., [1986] R.J.Q.2924.
R.c. Messier, [1985] 44 CR (3d) 235 9Qc CSP.
R.c. Valente, [1983] 145 D.L.R 452 (CA Ont).
Re Justices of the Peace Act, [1985) 16 C.C.C. (3d) 193 (C.A. out).
Re c. McCutcheon and city of Toronto, [1983]147 D.L.R. (3d) 193 (HC Ont.)
Re currie and Niagara Escarpment commission, [1984] 13 C.C.C. (3d) 35.
Rv. Squires, [1984] 51 NF1d and P.E.I.R. 46, 150, APR 46.
Univeral Spa Ltée c. valois, [1085] C.S. 216(IPE), [1998] 2 RCS 443.

1046 Karim BENYEKHLEF, Les *garanties constitutionnelles relatives à l'indépendance du pouvoir judiciaire au Canada*, Cowansville , Éd. Yvon Blais, 1988, 212 p.

1047 *Charte canadienne des droits et libertés*, partie I de la *Loi constitutionnelle de 1982*, [Annexe B de la Loi de 1982 sur le Canada (R-U), 1982, c 11 (R-U.)], art. n 11d.

composante institutionnelle (a) et une composante individuelle (b)[1048]. L'indépendance individuelle du juge s'attache à ses fonctions purement juridictionnelles. L'indépendance institutionnelle s'attache davantage au statut du judiciaire en tant qu'institution gardienne de la Constitution, et garde par le fait même un profond engagement envers la théorie constitutionnelle de la séparation des pouvoirs[1049]. La Cour est venue préciser les conditions de l'indépendance des juges dans le Renvoi *relatif à la rémunération des juges de la* Cour *provinciale*[1050].

a. L'indépendance institutionnelle

722. Ainsi, la Cour suprême doit-elle être en mesure d'échapper aux pressions du Parlement et du gouvernement[1051]. La Cour ne doit pas être nommée selon « le bon plaisir» du gouvernement, mais « sur bonne conduite ». Les juges sont inamovibles, ce qui leur permet de résister à l'influence gouvernementale. La nomination doit être publique afin d'éviter que l'on ne la soupçonne d'être déterminée par des considérations politiques. Même nommé de façon partisane, un juge doit prendre ses décisions de façon indépendante.

L'administration de la justice1052 est une autre garantie de l'indépendance judiciaire. Le budget alloué à la justice est déterminé par le gouvernement et voté par le Parlement. On pourrait en effet craindre qu'une compétence exclusive du Parlement dans ce domaine n'affecte les conditions de travail des juges. Plusieurs griefs peuvent être portés à l'encontre de la nomination des juges telle qu'elle a lieu aujourd'hui1053 ainsi qu'à l'administration de la justice.

[1048] *Mackin c Nouveau Brusnwick* (ministre des finances) ; Rice c Nouveau Brunswick, [2002] 1 RCS 405.

Charkaoui c Canada (citoyenneté et immigration), [2007] CSC 9, §32 47.

[1049] *Mackin c Nouveau Brusnwick* (ministre des finances); Rice c Nouveau Brunswick, [2002] 1 RCS 405.

Charkaoui c Canada (citoyenneté et immigration) 2007 CSC 9, §39 et 40.

[1050] Renvoi relatif à la rémunération des juges de la Cour provinciale (Î.-P.-É.), [1998] 2 RCS 443.

[1051] *Loi constitutionnelle de 1867*, 30 et 31 Vict., c. 3 (R.U.), art.96 99 et 100 , l'indépendance de la justice par rapport aux deux paliers de gouvernement a été érigée en principe fondamental dans *Mc Evoy c. PG Nouveau-Brunswick*, (1983) 1 RCS 704 p. 720 Droit constitutionnel Suplément, Chap VIII.

[1052] *R c Valente* (n2), 1983] 145 D.L.R. 452 (CA Ont).

C'est l'adjudication indépendante qui compte et non l'administration judiciaire indépendante. Cette décision porte également sur la révocation par le gouvernement des juges nommés.

[1053] La nomination des Cours supérieures et tribunaux fédéraux a parfois été considérée comme un accroc au principe du fédéralisme Jacques BROSSARD, *La* Cour suprême *et la*

b. L'indépendance individuelle

723. L'indépendance individuelle des juges suppose qu'en dehors même de leurs fonctions, ils se soumettent à des règles de conduite spécifiques. Ainsi, la déontologie impose que les juges n'exercent pas en pratique privée et ne se prononcent pas publiquement sur des problèmes politiques ou sur des problèmes qui pourraient leur être posés[1054]. L'octroi d'une pension est considéré comme une garantie de cette indépendance.

c. L'apparence d'indépendance, une condition de légitimité

724. Les nominations doivent être publiques. Ainsi, chacun peut être convaincu de leur neutralité. Si une nomination est partisane, elle ne doit pas entraver la capacité du juge à rendre une décision impartiale et indépendante. L'indépendance judiciaire doit d'ailleurs être reconnue par tous. La magistrature doit jouir d'une intégrité spéciale. La juge LASKIN, ancien juge en chef du Canada, parlait ainsi de confiance de la population envers le judiciaire, cette dernière devant croire que l'administration de la justice se fait de façon indépendante des autres pouvoirs. Dans cette optique, une justice impartiale nécessite l'indépendance du pouvoir judiciaire, mais également la capacité à comprendre les justiciables.

Sous-section 2. L'influence du contexte politique et social sur le contrôle juridictionnel de la subsidiarité

725. En droit de l'Union européenne, une influence contextuelle peut être pressentie (§1), elle reste néanmoins réduite dans la mesure où la Cour se limite dans son application de la subsidiarité. La Cour suprême procédant à un contrôle plus effectif des interventions du gouvernement fédéral fondées sur ses compétences générales, des liens entre les décisions rendues et leurs contextes peuvent être observés (§2).

Constitution; le forum constitutionnel au Canada, Montréal, Presses de l'Université de Montréal, 1968, 92 p.

[1054] Charles MERCIER, « L'indépendance de la magistrature canadienne », *Revue juridique des étudiants de l'Université Laval*, 1988, n° 10, 60 p.

§1. L'influence du contexte politique et social sur le contrôle juridictionnel de la subsidiarité en droit de l'Union européenne

726. L'arrêt *Royaume-Uni de Grande-Bretagne et d'Irlande du Nord contre Conseil de l'Union européenne*[1055] est rendu par la Cour de justice durant les négociations du traité d'Amsterdam[1056]. Ce dernier accorde à l'emploi une place considérable et lui consacre un titre entier[1057]. La coopération en matière d'emploi est encouragée par le biais de « bonnes pratiques » permettant l'évaluation qualitative de l'influence réciproque des États. La convergence est poursuivie par la fixation d'objectifs communs. À la fin de l'année 1997, un sommet extraordinaire sur l'emploi a eu lieu[1058]. Quoique cet arrêt ne porte pas sur la question de l'emploi, la prise en compte grandissante de la politique sociale par la Communauté pourrait avoir influencé la Cour. En Grande-Bretagne, l'emploi apparaît également comme une préoccupation majeure, l'élection de Tony Blair en 1997 le montre.

727. L'arrêt *Commission c. Allemagne*[1059] a, pour sa part, été rendu peu après l'entrée en vigueur du traité de Lisbonne[1060]. Ce dernier renforce la dimension sociale de l'Europe. La charte des droits fondamentaux acquiert une valeur juridique ; cette charte comprend entre autres des droits sociaux. Le traité assigne à l'Union européenne de nouveaux objectifs sociaux parmi lesquels figurent le plein emploi et le progrès social[1061]. En outre, une « clause sociale » est introduite, imposant de prendre en compte, dans toutes les politiques de l'Union européenne, des exigences sociales « liées à la promotion d'un niveau d'emploi élevé, à la garantie d'une protection sociale adéquate, à la lutte contre l'exclusion sociale ainsi qu'à un niveau élevé d'éducation, de formation et de protection de la santé humaine ». Enfin, le traité de Lisbonne favorise le dialogue entre partenaires sociaux. Ce contexte favorable au développement de droits sociaux pourrait contribuer à expliquer

---

[1055] *Royaume-Uni de Grande-Bretagne et d'Irlande du Nord contre Conseil de l'Union européenne*, Affaire C-84/94, 12 novembre 1996.

[1056] Traité d'Amsterdam, 2 octobre 1997, *JOCE* du 10 novembre 1997, C 340/1.

[1057] Robert HOLCMAN, « La dimension européenne des politiques de l'emploi», *RMCUE*, n° 474, janvier 2004, pp. 385-393.

[1058] Conseil européen extraordinaire sur l'emploi, Luxembourg ; 20/21 novembre 1997.

[1059] *Commission contre République fédérale d'Allemagne*, Affaire C480/06, 9 juin 2009.

[1060] TUE (version consolidée), 12 décembre 2017 (Lisbonne),*JOUE*n°C115/15 du 9 mai 2008.

[1061] La lutte contre l'exclusion et les discriminations ; la promotion de la justice ; l'élimination de la pauvreté constituent d'autres objectifs.

la reconnaissance de la compétence de l'Union européenne dans *Commission c. Allemagne*.

§2.L'influence du contexte politique et social sur le contrôle juridictionnel de la subsidiarité au Canada

728. L'exemple canadien montre que la prise en compte d'éléments extra juridique ne porte pas atteinte à l'impartialité de décisions juridictionnelles.

729. En matière d'environnement, le poids d'ententes intergouvernementales et de la réunion du Conseil canadien des ministres de l'environnement (CCME) sur les décisions de la Cour de justice étudiées est perceptible (1). La soumission par le procureur général du Québec d'une question constitutionnelle contestant la validité de certaines dispositions de la Loi sur la procréation assistée et l'opinion favorable aux provinces de la Cour d'appel du Québec pourraient expliquer la position mitigée de la Cour dans le Renvoi relatif à la procréation assistée (2). Enfin, en droit commercial, l'efficacité est prise en compte par la Cour dans son contrôle(3).

1. L'influence contextuelle sur l'interprétation de la subsidiarité en matière d'environnement

730. Deux types d'influences majeures peuvent être décelées, celles des ententes intergouvernementales d'une part (a), celle de la réunion du Conseil canadien des ministres de l'environnement (b) d'autre part, révélatrice d'un contexte international favorable à la protection de l'environnement.

a. L'influence des ententes intergouvernementales sur le partage des compétences environnementales

731. Au moment de la décision *Crown Zellerbach*, l'heure était à l'unilatéralisme des relations intergouvernementales. En revanche, lors de la décision *Friends of the Old Man River*, favorable aux provinces, les relations intergouvernementales encourageaient la collaboration ; ce qui pourrait s'expliquer par les résultats du référendum récent. Cette corrélation ne prouve pas une influence des relations intergouvernementales sur les décisions de la Cour suprême, mais autorise pour le moins de noter le poids d'un contexte politique sur la jurisprudence de cette Cour.

Les «relations intergouvernementales» découlent d'une conception « diplomatique» des rapports entre partenaires fédéraux relevant du droit interne. Leur application peut, dans certains cas, mettre entre parenthèses l'application de mécanismes de subsidiarité. Tel n'est pas toujours le cas puisque ces conventions se réfèrent parfois à la subsidiarité. Elles permettent une pratique qui renforce les pouvoirs exécutifs et marginalise dès lors le contrôle juridictionnel de l'action publique.

732. La question se pose du statut des Relations intergouvernementales pour les parties et à l'égard des tiers ainsi que de leur place dans la hiérarchie des normes. Elles n'ont, en principe, pas de valeur contraignante pour les parties, mais leur valeur peut se situer le long d'une échelle de contractualité, à partir d'un faisceau d'indices. En principe, les Ententes intergouvernementales ne génèrent aucun droit ou obligation directs pour les citoyens. Leur valeur est généralement inférieure à celle du règlement, les autorités fédérales ou provinciales peuvent toujours légiférer à l'encontre d'une entente.

Elles sont pourtant dotées d'une très grande effectivité, ce qui contribue à relativiser le rôle du droit positif et à renforcer la marge de manœuvre des exécutifs. Elles assurent une coordination matérielle et une collaboration procédurale, le règlement des différends et une coopération organique: création d'organes conjoints ou indépendants, avec ou sans personnalité juridique, certaines pouvant exercer une forme de pouvoir réglementaire.

733. À ces fonctions explicites, s'ajoutent des fonctions implicites. Elles sont des instruments de realpolitik («*regulating by contract*») pouvant servir d'alternative aux paralysies constitutionnelles et répondre à la paralysie canadienne en contournant ou limitant l'incertitude relative à la répartition formelle des compétences ou en autolimitant l'exercice de compétences constitutionnelles. Les conférences intergouvernementales (CIG) peuvent reconnaître une asymétrie dans certains domaines et intégrer un régime jusqu'alors dualiste. Les ententes intergouvernementales peuvent servir de substitut à des réformes constitutionnelles. Elles montrent le caractère souple adaptable et fonctionnel du fédéralisme canadien. Elles instaurent un fédéralisme asymétrique, pouvant supplanter l'organisation constitutionnelle des compétences et l'adapter aux diversités provinciales. Ces ententes ont été reconnues constitutionnelles par la Cour suprême du Canada. Les ententes intergouvernementales acquièrent un impact toujours plus grand quoiqu'indirect.

734. Les relations intergouvernementales sont omniprésentes[1062]. Sans forcément clarifier le partage, elles permettent aux partenaires de la fédération d'aménager leurs rôles respectifs afin de répondre à des objectifs d'efficacité; les institutions politiques ou la population (via des mécanismes d'imputabilité et de transparence), en marge du contrôle parlementaire ou juridictionnel, complètent les lacunes du texte constitutionnel en matière de partage des compétences. Le fonctionnalisme du système rend ce type d'évolution difficilement évitable, reléguant à la seconde place le droit public.

b. La réunion du Conseil canadien des ministres de l'environnement

735. La réunion du Conseil canadien des ministres de l'environnement, en insistant sur la nécessité d'une protection efficace de l'environnement, justifie une intervention fédérale. La coexistence de plusieurs niveaux de gouvernement ne suffit pas à assurer le respect de la subsidiarité dans la mesure où aucune substitution de compétences provinciales n'est prévue.

736. Cette réunion a mis l'accent sur la nécessité d'une protection efficace de l'environnement. La question se pose de l'influence de la 26e réunion du Conseil canadien des ministres de l'environnement, tenue en 1987, sur la décision *Crown Zellerbach* en 1988. En effet, cette réunion met en avant la nécessité d'une protection efficace de l'environnement, ce qui aurait pu déterminer la validation juridictionnelle de l'intervention fédérale dans cette décision[1063].

[1062] Cornes, cite dans Fabien GELINAS, Jean-François GAUDREAULT-DESBIENS, McGill University. Faculté de droit et Forum des fédérations, *Le fédéralisme dans tous ses états: gouvernance, identité et méthodologie = The states and moods of federalism : governance, identity and methodology*, Cowansville, Québec, Éditions Yvon Blais ; Bruxelles, 2005.
Le statut juridique des Ententes Intergouvernementales varie d'une fédération à l'autre. Elles s'intègrent à ce que Cornes appelle le « Constitution-making », processus de « real politik » qui ne commence qu'à la fin de la rédaction du texte constitutionnel. Dans la tradition continentale, on présume de la juridicité des ententes Intergouvernementales, ce qui n'est pas le cas dans la tradition anglo-saxonne.

[1063] L'impact de ces réunions sur les décisions de la Cour suprême, relatives au partage des compétences en matière d'environnement, demeure réduit puisqu'elles traitent le plus souvent de sujets spécifiques. En 1991 par exemple, la réunion annuelle de la CCME portait essentiellement sur l'emballage, la gestion des déchets et les problèmes atmosphériques. Il est donc peu probable qu'elle ait eu un impact sur la décision Friends of the old man river.
6 et 7 Novembre 1991 à Halifax (Nouvelle-Ecosse), communiqué d'information du Conseil des Ministres Canadiens des Ressources et de l'Environnement faisant le point de leur réunion annuelle, documents 830-413/ 021, 830-413/ 022, 830-413/ 022, 830-413/ 025, 830-413/ 026, 830-413/ 027.

737. Les ministres canadiens de l'environnement ont, durant leur réunion annuelle, discuté « de plusieurs questions d'intérêts communs et ont élaboré de nouvelles orientations en matière de leur politique d'environnement et de collaboration intergouvernementale[1064] ». Le ministre Tom MC MILLAN a, entre autres, fait état d'un projet de loi sur la protection de l'environnement dont certaines dispositions seront contestées dans Hydro Québec. Les ministres ont recherché par quelles mesures harmoniser leurs interventions administratives et règlementaires dans le domaine de l'environnement[1065].

738. L'instauration de « tables rondes sur l'environnement et l'économie » a, entre autres, été prévue; le but de ces tables étant de permettre une concertation des grands décideurs de l'État, de l'industrie et des organisations non gouvernementales des provinces et territoires du Canada pour formuler des recommandations à leurs Premiers ministres respectifs[1066]. Les pouvoirs publics pourraient ainsi élaborer des stratégies de conservation tout en laissant un rôle important aux industries et organisations gouvernementales. Le rapport suggère à chaque province de se doter d'une stratégie de conservation d'ici 1992. Une conférence nationale sur le développement durable permettrait d'examiner les progrès accomplis en 1989 ou 1990. Une stratégie nationale accompagnerait et complèterait les stratégies provinciales et territoriales. Cette démarche s'inscrit dans une réflexion internationale, puisque le document en résultant sera intégré au rapport final de la commission mondiale intitulée « notre avenir à tous ». La Commission mondiale sur l'environnement et le développement propose par ailleurs une conférence internationale sur l'environnement et le développement économique.

739. Cette réunion est demeurée insuffisante à garantir une répartition subsidiaire des compétences. Ces projets pourraient s'inscrire dans une logique de subsidiarité puisqu'elle intègre plusieurs niveaux de pouvoir. Cependant elle demeure silencieuse sur les rapports qu'ils devront entretenir. La recherche d'efficacité qu'elle traduit semble encourager une intervention fédérale, cette dernière paraissant plus à même d'assurer des résultats rapides. Cependant, ces documents ne prévoient pas la possibilité d'une substitution d'une intervention provinciale à l'intervention fédérale. Pourtant, la jurisprudence ultérieure montrera qu'un conflit entre compétences fédérale et provinciale n'est pas seulement théorique. La

[1064] 23 et 24 septembre 1987 à Québec, communiqué d'information du Conseil des Ministres Canadiens des Ressources et de l'Environnement faisant le point de leur 26e réunion annuelle, document 830-284/ 023.

[1065] *Ibid.*, point 7.

[1066] Ibid.

centralisation en matière d'environnement pourrait s'avérer nocive si la législation fédérale s'avérait insuffisamment protectrice[1067].

2. Le contexte politique de la décision Renvoi relatif à la loi sur la procréation assistée

740. Le progrès des techniques de manipulation biologique de la reproduction humaine a permis entre autres la naissance de bébés issus de la fécondation in vitro. De nouvelles techniques de reproduction permettent désormais aux couples rencontrant des problèmes de fécondité, aux personnes seules et aux couples homosexuels de concevoir et porter leur enfant biologique[1068]. Ces innovations suscitent des questions éthiques. Certains considèrent que ces problèmes sont effacés par le droit à l'autonomie dans le choix de la procréation. Certaines nouvelles techniques de reproduction pourraient s'avérer médicalement nocives.

741. Le gouvernement fédéral du Canada a nommé en octobre 1989 la Commission royale sur les nouvelles techniques de reproduction. Il lui a confié pour mandat de réaliser une étude approfondie afin de rendre compte de l'évolution de la science médicale relativement aux nouvelles techniques de reproduction, ainsi que de leurs conséquences sociales, morales, juridiques, économiques et de leurs répercussions sur la santé et la recherche[1069]. La Commission, aussi nommée Commission Baird, a « tenu des audiences publiques dans tout le pays et reçu des mémoires de nombreux intervenants et parties intéressées »[1070]. Elle les a présentés au gouverneur général en novembre 1993. Dans son rapport, intitulé *Un virage à prendre en douceur*, elle recommandait d'interdire plusieurs actes par la voie législative et de créer un cadre réglementaire afin de garantir une utilisation sécuritaire, éthique et responsable des nouvelles techniques de reproduction ainsi que la création d'une commission nationale sur les techniques de reproduction, chargée de définir et d'appliquer une politique sur les nouvelles techniques de reproduction dans l'intérêt public national.

[1067] *Commission Relève, Avenir Québec*, « L'environnement, un enjeu majeur pour la Commission de la Relève », le 26 Avril 2013
L'environnement est parfois invoqué comme motif pour revendiquer davantage d'autonomie.

[1068] Site du Parlement du Canada, publications de recherches de la bibliothèque du Parlement, Statut juridique légal de la procréation assistée au Canada, http://www.parl.gc.ca/Content/LOP/ResearchPublications/2011-82-f.htm, (consulté le 10 juin 2013).

[1069] Commission royale sur les nouvelles techniques de reproduction, Un virage à prendre en douceur, rapport final, Ottawa, vol.1, 1993, p. 2.

[1070] Renvoi relatif à la Loi sur la procréation assistée, [2010] 3 R.C.S. 457.

742. En juillet 1995, le ministre de la santé a répondu à la Commission Baird, par l'annonce d'un moratoire volontaire[1071], concernant neuf pratiques indiquées dans le rapport[1072]. Le projet de loi C-47, visant à interdire les pratiques déjà bannies par le moratoire, a avorté en avril 1997[1073].

Le ministre de la santé a déposé à la Chambre des communes en 2001, après consultation du public, un projet de loi sur la procréation assistée[1074], le Comité permanent de la santé de la Chambre des communes veillant à l'évolution de ce dossier.

Après que le projet de loi a reçu la sanction royale, le 29 mars 2004, le procureur général du Québec a soumis à la Cour d'appel du Québec une question constitutionnelle contestant la validité de certaines dispositions de la *Loi sur la Procréation assistée*. La Cour d'appel, en 2008, a estimé que les dispositions contestées excédaient la compétence fédérale en matière de droit pénal et qu'elles étaient donc inconstitutionnelles. La Cour suprême du Canada va connaître le Renvoi l'année suivante, lorsque le gouvernement du Canada va faire appel de ce jugement[1075].

3. La recherche d'efficacité par la Cour dans le domaine commercial

743. Une association économique, pour être efficace, doit être accompagnée d'une association politique. En effet, pour conserver une

---

[1071] Publication de recherche de la bibliothèque du Parlement http://www.parl.gc.ca/Content/LOP/ResearchPublications/2011-82-f.htm, (consulté le 12 Novembre 2013).

[1072] Ce moratoire, décrit comme la première étape dans l'élaboration d'interdictions législatives, demandait au corps médical et aux chercheurs de s'abstenir de recourir à certaines pratiques médicales.

[1073] En 1996, le ministre de la Santé a déposé le projet de loi C-47 : *Loi concernant les techniques de reproduction humaine et les opérations commerciales liées à la reproduction humaine* (titre abrégé : « Loi sur les techniques de reproduction humaine et de manipulation génétique »). Ce projet de loi était décrit comme la première de deux étapes d'un processus législatif. Un deuxième projet de loi, portant sur le cadre réglementaire plus général et restreignant diverses autres pratiques, devait être déposé par la suite, mais cela n'a pas été le cas.
Le projet de loi C-47 est mort au feuilleton en avril 1997, à la dissolution de la 35e législature. Il proposait d'interdire les pratiques déjà bannies dans le cadre du moratoire et d'autres encore.

[1074] Dès la fin des années 1990, le ministère de la Santé fédéral (Santé Canada) a publié un aperçu et des documents de travail sur les techniques de reproduction et de manipulation génétique, et a proposé des mesures de surveillance législative et réglementaire.

[1075] Renvoi relatif à la Loi sur la procréation assistée, [2010] 3 R.C.S. 457.

intégration économique poussée, chaque membre doit être disposé à modifier ses politiques lorsqu'elles sont incompatibles avec les objectifs de la fédération. Les décisions de politique économique adoptées dans une juridiction peuvent avoir des effets appréciables dans les autres. Il s'agit d'éviter ainsi que les membres ne soient victimes d'actions unilatérales non prévues par le traité ou pacte d'association ou encore qu'ils se retrouvent dans l'impossibilité de prendre des mesures contre d'autres membres allant à l'encontre des procédures et principes auxquels ils ont tous souscrit.

744. Il s'agit également d'augmenter la transparence de l'élaboration de politiques économiques afin que les citoyens les comprennent et puissent y participer davantage.

Le système canadien est le seul à même de satisfaire les aspirations de toutes les provinces. Une union économique permet de faire d'importantes économies dans la prestation de service public comme dans la production du service privé. Une union économique nécessite également une monnaie commune favorisant les échanges, en éliminant l'incertitude liée au taux de change et au coût des transactions.

En outre, une union économique nécessite un encadrement des entreprises, des normes uniformes en matière de travail et de produit, des politiques économiques et finales coordonnées et organisées. Dans le cas du Canada comme dans celui de l'Union européenne, les politiques budgétaires des entités englobées ne sont pas toujours coordonnées et ne sont pas harmonisées avec la politique monétaire.

745. Cependant, alors qu'il existe dans l'Union européenne des écarts importants entre les États sur le plan économique et social, de tels écarts sont amortis au Canada par des programmes d'aide. La fédération établit un lien de solidarité entre les membres. L'intérêt commun n'est pas soumis au veto d'un intérêt particulier, car la Constitution sert les intérêts communs[1076]. Il n'existe pas au Canada d'institutions équivalentes au conseil dans l'Union européenne permettant aux États de faire durer les négociations.

Dans l'arrêt *General Motors of Canada*[1077], la Cour va valider une intervention fédérale en matière de commerce intraprovincial. Dès lors la

---

[1076] Gérald A. BEAUDOUIN, La Constitution du Canada : institutions, partage des pouvoirs, droits et libertés, Wilson & Lafleur, 1990, p. 12.
Loi constitutionnelle de 1867, 30 et 31 Vict., c. 3 (R.U.).

[1077] *General Motors of Canada Ltd. c. City National Leasing*, [1989] 1 R.C.S. 641.
P.G. (Can.) *c. Transports Nationaux du Can. Ltée*, [1983] 2 RCS 206 p. 208, juge Dickson.
Deux critères supplémentaires vont être ajoutés en 1983 dans Procureur général du Canada c. Transports nationaux du Canada Ltée.

question se pose de savoir si ces critères garantissent le maintien de l'autonomie provinciale.

En effet, l'évaluation de la capacité provinciale à réglementer efficacement un domaine ne peut être purement juridique ; elle requiert des références économiques qui dépassent le champ d'expertise des juges. Il semble également difficile d'évaluer de façon neutre si une question est « d'importance capitale pour l'économie canadienne » [1078]. Les études auxquelles se réfère la Cour ont été menées dans les années soixante-dix et pour le compte du gouvernement canadien[1079].

746. Peu avant la décision *General Motors of Canada*, une réunion fédérale-provinciale-territoriale des ministres sur les barrières intérieures avait eu lieu[1080]. Selon M. Lace, ministre du commerce et de la technologie au Nouveau Brunswick, l'entente relative au commerce intérieur ayant été projetée au cours de cette réunion constituait « une étape importante dans le cadre des efforts déployés par les gouvernements du Canada pour réduire et éliminer les obstacles au commerce intérieur ». Ce faisant, il se réfère à un objectif d'efficacité : « (...) l'amélioration des échanges commerciaux entre les régions contribuera à l'amélioration de la productivité, favorisera le remplacement des importations et sera avantageuse pour toutes les régions du pays ».

747. L'Union économique a fait du Canada un des pays les plus prospères du monde[1081]. La libre circulation des personnes, des biens, des services et des capitaux est au cœur d'une union économique efficace, particulièrement dans un monde où les obstacles au marché mondial deviennent rares. Elle a permis une évolution de la structure de l'activité économique du Canada, mais aussi une augmentation du revenu des Canadiens et de la productivité[1082]. Des résultats semblables peuvent être observés dans l'Union européenne en 1992.

[1078] *P.G. (Can.) c. Transports Nationaux du Can., Ltée*, [1983] 2 RCS 206 p. 208, juge Dickson, p. 678.

[1079] Peter W. HOGG, Waren GROVER, « The Constitutionality of the competition Bill », *Canadian Business LJ*, 1976, n° 1, pp. 197-228.

[1080] Communiqué de la Réunion fédérale-provinciale-territoriale des ministres sur les barrières intérieures, le 19 septembre au Nouveau Brunswick, Document 830-313/008.

[1081] L'observation de l'IDH ou de la croissance économique en sont des indices.

[1082] Une association économique peut être une association de libre-échange, où les commerces entre les Etats membres sont supprimés, les biens et les services circulant librement ; une union douanière, ajoutant à l'association de libre-échange l'application d'un tarif douanier commun dans les différents états ou un Marché commun, ajoutant à l'union douanière la libre circulation des personnes et des capitaux. Enfin, une union monétaire soudera davantage les

Elle nécessite l'absence d'obstacles intérieurs. Or de tels obstacles existent toujours. Le régime pourrait être amélioré par la suppression des obstacles internes dressés par les gouvernements à la compétitivité ainsi qu'à la libre circulation des biens, des services, des personnes et des capitaux. Une coordination des politiques gouvernementales serait nécessaire. Ces entraves réduisent la concurrence, accroissent le coût de l'entreprise rendant les prix plus élevés pour le consommateur et entraînent un surcoût des services gouvernementaux. Quoique des progrès aient été réalisés dans ces domaines ces dernières années, un marché national totalement intégré est d'autant plus nécessaire que les obstacles internationaux s'amenuisent.

748. La péréquation vise à assurer aux citoyens des différents états des services publics à un niveau considéré comme normal, sans que les provinces pauvres aient à lever des impôts trop élevés à cette fin. Seuls l'Ontario, l'Alberta et la Colombie-Britannique ne reçoivent pas de paiement de péréquation.

En outre, les autorités fédérales peuvent remettre des subventions aux Provinces à condition qu'elles respectent certaines normes nationales. Les programmes partagés les plus importants portent sur les soins médicaux, l'assurance hospitalisation et les études post-secondaires. La constitutionnalisation de ce pouvoir dans des domaines de compétences provinciales a fait débat. Ce pouvoir, bien que n'ayant pas été remis en cause sur le plan juridique, l'a été sur le plan financier.

749. La recherche d'efficacité de la Cour de justice dans le domaine du Marché commun est démocratiquement légitime.

Alors que les Canadiens profitent d'une association économique intégrée et d'une association politique, ce n'est pas le cas de l'Union européenne.

Les Canadiens bénéficient de la coordination intergouvernementale dans le domaine de l'impôt direct. Cette dernière est rendue possible par des mécanismes de coopération appelés accords de perception fiscale. Dans l'Union européenne, il existe douze codes d'impôt et douze administrations fiscales distinctes.

Une mauvaise coordination des politiques budgétaires des gouvernements entraîne des chevauchements et dédoublements. Elle nuit à la qualité du service public.

La libéralisation des échanges, en particulier celle des échanges nord-américains avec l'ALENA, conduit à développer les compétences

---

économies des Etats membres. Cette dernière assure la stabilité des prix et facilite le commerce avec l'étranger.

commerciales fédérales. Le débat constitutionnel relatif au partage des compétences sera partiellement occulté par ces évolutions. Pour fédéraliser les compétences nécessaires à l'union économique canadienne, la Cour va s'appuyer sur les compétences générales en matière de paix, ordre et bon gouvernement, en particulier sur la théorie des dimensions nationales, sur la compétence fédérale en matière de commerce, à laquelle elle donne une nouvelle portée et sur la libre circulation des biens, prévue à l'article 121 de la *Loi constitutionnelle de 1867* et peu invoquée jusque-là et qu'elle élève désormais au rang de principe constitutionnel fondamental. La Cour va opérer en matière économique une centralisation analogue à celle qu'elle avait définie précédemment pour l'aménagement du territoire[1083]. Les effets extraterritoriaux des lois provinciales vont être limités en augmentant ceux des lois fédérales par l'élargissement de la prépondérance fédérale désormais appliquée aux conflits potentiels. Cela équivaut à réintroduire le concept de « champ inoccupé » dans l'interprétation constitutionnelle, concept écarté non seulement par le Conseil privé, mais encore récemment par la Cour elle-même[1084].

750. La Cour suprême a rendu le *Renvoi relatif à la loi sur les valeurs mobilières*[1085] dans un contexte d'élections générales fédérales[1086]. Les députés avaient en effet voté en mars 2011, à cent cinquante-six voix contre cent quarante-cinq, une motion de censure contre le gouvernement conservateur pour outrage au Parlement. L'organisme canadien de réglementation des valeurs mobilières devenait ainsi la création d'un gouvernement. De là à établir un lien entre une telle conjecture et la décision de la Cour, il y a quelques pas. Elle précède de peu l'élection au Québec d'un Premier ministre du Parti Québécois[1087], qui a, depuis, perdu le pouvoir en avril 2014.

751. Selon Andrée Lajoie, l'intégration au droit de valeurs minoritaires dépendrait de trois facteurs: les avantages recherchés ne peuvent entrer en conflit avec les valeurs dominantes, ces avantages ne pourraient pas porter substantiellement atteinte à l'intérêt de la majorité, en particulier sur le plan

---

[1083] Sur la centralisation en matière d'aménagement du territoire, voir *Colombie-Britannique* (Procureur général*) c. Lafarge Canada Inc.*, [2007] 2 R.C.S. 86, 2007 CSC 23.

[1084] « Le fédéralisme Canadien: science politique fiction pour l'EUROPE ? », dans Lex Electronica, vol. 10 n°1 (Hiver), 2004.

[1085] *Renvoi relatif à la Loi sur les valeurs mobilières*, [2011] 3 R.C.S. 837.

[1086] Rapports officiels d'Election Canada.

[1087] http://www.radio-Canada.ca/sujet/elections-quebec-2012/2012/09/04/028-portrait-pauline-marois.shtml.

économique et la minorité bénéficierait d'un rapport de force favorable[1088]. Ces trois facteurs se trouvent réunis dans le Renvoi relatif à la loi sur les valeurs mobilières. Se voit également confirmée l'hypothèse d'Andrée Lajoie selon laquelle la Cour, hostile aux revendications visant à un accroissement des pouvoirs politiques, se montrait plus réceptive aux revendications économiques[1089]. Une Cour renforce la légitimité de sa décision en exprimant les valeurs l'ayant déterminée. En effet, dans notre société démocratique, la légitimité de la Cour provient davantage de l'adhésion des juges à des valeurs partagées par la société que de sa capacité à exercer de façon effective « le monopole de la violence légitime » ou encore à la rationalité et à la sagesse des décisions qu'elle rend. La Cour intègre d'autant plus légitimement des valeurs dans sa décision que les justiciables ressentent de façon immédiate les effets d'une décision constitutionnelle. La saisine est ouverte à tous. Les avis consultatifs peuvent également avoir un effet important. La légitimité des tribunaux, et par conséquent la confiance qu'ils inspirent, ne réside ni dans le droit positif ni dans des valeurs figées, mais davantage dans le champ de valeurs propres à une société et ayant imprégné ses juges. L'inscription des valeurs des citoyens dans le droit est devenue une nouvelle contrainte dans une société démocratique, ce qui crée un lien entre valeurs majoritaires et valeurs adoptées par le juge, valeurs majoritaires qui pourront néanmoins être mises de côté si la reproduction de la structure de l'État ou la protection de libertés fondamentales l'exige[1090].

L'étude de l'influence du contexte ne permet pas d'infirmer la thèse d'Andrée LAJOIE selon laquelle l'expression de valeurs provinciales dépend de leur coïncidence avec les idées majoritaires au niveau du pays et non pas des aménagements administratifs de la structure du pouvoir.

[1088] Fabien GELINAS, Jean-François GAUDREAULT-DESBIENS, *Le fédéralisme dans tous ses états : gouvernance, identité et méthodologie* = The states and moods of federalism : governance, identity and methodology, Cowansville, Québec, Éditions YBlais; Bruxelles, 2005. p. 37.

[1089] Andrée LAJOIE, Jugements de valeurs : le discours judiciaire et le droit, 1re éd.., Paris, PUF, 1997.

[1090] Fabien GELINAS, Jean-François GAUDREAULT-DESBIENS, McGill University. Faculté de droit et Forum des fédérations, Le fédéralisme dans tous ses états : gouvernance, identité et méthodologie = The states and moods of federalism : governance, identity and methodology, Cowansville, Québec, Éditions YBlais ; Bruxelles, 2005, p. 49.
«Si des acteurs ont structuré, implicitement ou explicitement, et dans ses dimensions existentielles, leur relation selon une logique fédérale, ne peut-on pas supposer qu'ils valorisent l'idée d'y demeurer fidèle ou qu'à tout le moins, ils trouvent un intérêt à sa perpétuation ? ».

752. L'approfondissement d'une culture bijuridique au Canada[1091] ou d'une meilleure compréhension des mécanismes institutionnels de l'Union européenne dans ses États membres semble tout aussi nécessaire que le développement d'une culture de la subsidiarité à l'amélioration du contrôle de ce principe. En effet, sans vue d'ensemble des solutions offertes par chaque type de droit, il semble difficile de déterminer lequel permet le mieux d'atteindre un objectif. De même, une culture bijuridique est indispensable pour évaluer la possibilité d'une complémentarité des deux niveaux de droits, déterminant indirectement l'application de la subsidiarité.

753. La question du poids des facteurs contextuels et institutionnels sur les décisions de la Cour de justice de l'Union européenne et de la Cour suprême du Canada est épineuse. Une fois identifiées quelques contraintes pesant sur le pouvoir de ces Cours, l'interaction entre ces contraintes demeure moins perceptible. Il semble peu aisé de cerner des règles définissant quelle contrainte, plutôt qu'une autre, pèse sur la décision prise, en supposant que de telles règles existent. Aucune des influences étudiées n'est systématique. Reste à déterminer comment se prononce la Cour, en cas de conflit entre valeurs assurant sa légitimité démocratique et celles assurant sa légitimité institutionnelle. On peut supposer que les valeurs minoritaires admises par la Cour sont, dans une société pluraliste, celles présentées comme compatibles avec les valeurs majoritaires et avec la reproduction de la structure de la société, quitte, pour le groupe minoritaire, à mettre entre parenthèses celles de ses valeurs qui entreraient davantage en conflit avec les valeurs majoritaires. Étant donnée la nature normative du droit, les valeurs dominantes dans un groupe minoritaire ne peuvent être adoptées que si elles sont tolérées par la majorité. Le fait que ces choix juridictionnels demeurent largement inconscients ne nuit en rien à la légitimité d'un contrôle substantiel par la Cour. Ces conflits entre valeurs ne peuvent être évités et l'autorité juridictionnelle possède toutes les garanties de légitimité pour être le mieux à même de les résoudre.

754. L'étude de l'influence du contexte ne permet pas d'infirmer la thèse d'Andrée Lajoie selon laquelle l'expression de valeurs provinciales dépend de leur coïncidence avec les idées majoritaires au niveau du pays et non pas des aménagements administratifs de la structure du pouvoir.

755. L'approfondissement d'une culture bijuridique au Canada[1092] ou d'une meilleure compréhension des mécanismes institutionnels de l'Union européenne dans ses États membres semble tout aussi nécessaire que le

[1091] Jean-François GAUDREAULT-DESBIENS, *Les solitudes du bijuridisme au Canada : essai sur les rapports de pouvoir entre les traditions juridiques et la résilience des atavismes identitaires*, Montréal, Éd. Thémis, 2007,169 p., Chapitre 4 sur des moyens susceptibles de favoriser une culture bijuridique.

[1092] *Ibidem.*

développement d'une culture de la subsidiarité à l'amélioration du contrôle de ce principe. En effet, sans vue d'ensemble des solutions offertes par chaque type de droit, il semble difficile de déterminer lequel permet le mieux d'atteindre un objectif. De même, une culture bijuridique est indispensable pour évaluer la possibilité d'une complémentarité des deux niveaux de droits, déterminant indirectement l'application de la subsidiarité.

CONCLUSION DU CHAPITRE 2

756. En démocratie délibérative, le juge peut légitimement contrôler la justification publique réelle de l'application de la subsidiarité. L'analyse de cette justification publique réelle implique la référence du juge aux objectifs qui sous-tendent la norme contrôlée.

757. Derrière les conflits entre normes, peuvent en effet transparaître des conflits de valeurs ; la simple référence à la plus grande efficacité de la norme contestée ne suffit pas toujours à se prononcer sur sa validité. Le choix entre différents niveaux de compétences peut traduire un choix de valeurs lorsque les normes de chaque niveau de pouvoir poursuivent des objectifs distincts. En choisissant entre deux droits, la Cour tranche entre deux champs de valeurs. Une Cour, pour évaluer la validité d'une norme doit, par conséquent, non seulement considérer des faits, mais aussi des objectifs démocratiquement poursuivis, ce qui fonde la référence du juge aux valeurs ayant déterminé l'application de la subsidiarité. En pratique pourtant, le contrôle de la justification publique réelle d'une norme n'apparaît pas explicitement, ou rarement, dans la motivation de ses décisions.

758. De même, si l'étude de la jurisprudence dans son contexte institutionnel et politique atteste du poids d'éléments extrinsèques dans l'interprétation de la subsidiarité, la Cour de justice de l'Union européenne et, dans une moindre mesure, la Cour suprême du Canada, se cantonnent régulièrement à l'argumentation des institutions politiques pour en contrôler le respect.

759. Au développement de leurs compétences par les institutions politiques, pourrait répondre, par l'approfondissement du contrôle juridictionnel de la subsidiarité, un contrepoids juridictionnel. Ce contrepoids, en portant un regard plus indépendant sur l'exercice des compétences partagées par l'Union européenne, pourrait sur le long terme renforcer sa légitimité démocratique.

CONCLUSION DU TITRE II

760. La Cour de justice apparaît réticente à exercer sa fonction de contrôle lorsque cela impliquerait la contestation d'un consensus politique. Les normes de l'Union européenne, ayant subi un contrôle préalable des institutions, ne violent pas de façon évidente le principe de subsidiarité. Par conséquent, la Cour de justice n'invalide aucune norme européenne. Elle refuse, dans bien des cas, de se prononcer sur le principe de subsidiarité. Lorsqu'elle y consent, elle se limite à un contrôle très formel des motivations des normes européennes. Le caractère flou des tests du principe de subsidiarité, lesquels pourraient faire l'objet d'une précision progressive, semble contribuer à l'autolimitation de son contrôle.

761. La référence des Cours à des considérations substantielles apparaît aussi légitime que nécessaire à une application effective de la subsidiarité. Cette référence est légitime, car elle est prévue par les textes fondateurs, Constitution ou traités. L'invalidation d'une norme ne respectant pas le partage des compétences répond aux exigences de l'État de droit. Au-delà de sa consécration par le droit positif, la subsidiarité constitue, en quelque sorte, un standard permettant à l'interprète du partage des compétences de se référer à des champs de valeurs. La négation du lien entre valeurs et normes risquerait de devenir le moyen d'imposer les valeurs majoritaires.

762. La référence plus explicite de la Cour de justice à des considérations politiques ou sociales ne nuirait pas à la prévisibilité et à la neutralité du droit dans la mesure où, de fait, les décisions sont déjà influencées par le contexte dans lequel elles sont prises. Un développement plus complet des motivations de la décision, constituerait une avancée vers davantage de transparence. L'influence de la jurisprudence sur l'évolution du droit de l'Union européenne semble indiquer que ce droit n'est pas étanche à une certaine discursivité[1093].

763. Ce constat amène à s'interroger sur le moyen de favoriser l'approfondissement du contrôle de la subsidiarité. En droit canadien comme en droit de l'Union européenne, la comparaison des capacités à agir des deux niveaux de pouvoir semble impossible si les parties ne fournissent pas à la

[1093] D'un point de vue pratique, on peut constater que les théories constitutionnelles donnant leur légitimité au contrôle juridictionnel sont souvent élaborées par référence à l'argumentation des Cours. Un contrôle juridictionnel substantiel de la subsidiarité serait donc certainement reconnu par la doctrine et les acteurs politiques.
Le mouvement des critical legal studies en constitue un bon exemple. Voir Robert GORDON, « Critical Legal Studies as a Teaching Method », Faculty Scholarship Series 1989.

Cour tous les éléments de preuve, utiles à cette évaluation. Dans cette perspective, fonder la contestation d'une norme européenne ou fédérale sur des arguments techniques, économiques, politiques ou sociétaux, permettant d'établir la capacité d'action des États-membres ou des provinces serait susceptible de perfectionner le contrôle juridictionnel de la subsidiarité.

CONCLUSION DE LA DEUXIÈME PARTIE

764. Le contrôle juridictionnel de la subsidiarité ne permet pas pour l'heure d'en garantir une pleine mise en œuvre. Le juge, s'il consent parfois à se référer au contexte d'un conflit de norme, évite d'utiliser le principe de subsidiarité pour censurer une norme qui le violerait.

765. Davantage que par le caractère flou de la subsidiarité, les juges apparaissent limités par leur déférence envers le pouvoir politique.

766. L'imprécision de la subsidiarité constitue en effet un obstacle surmontable à son contrôle efficient. En effet, alors que la Cour de justice de l'Union européenne peine à sanctionner une intervention des institutions de l'Union européenne sur la base du principe de subsidiarité, la Cour suprême du Canada parvient à perfectionner son contrôle de mécanismes de subsidiarité. Elle invalide en effet des lois fédérales adoptées sur la base de la clause paix, ordre et bon gouvernement ou de la clause de commerce lorsque ces doctrines sont invoquées à mauvais escient. De façon parallèle, on peut observer que la jurisprudence joue un rôle négligeable dans la précision de la subsidiarité en droit de l'Union européenne alors qu'elle est abondamment invoquée en droit canadien.

767. Il est possible que la tradition jurisprudentielle de la Cour suprême ait constitué un atout dans le perfectionnement de son contrôle de mécanismes de subsidiarité. Il n'est pas surprenant qu'une cour, issue d'un système de common law et dont le caractère constitutionnel s'est progressivement affirmé, procède à un contrôle plus approfondi que celui d'une cour plus récente et prenant place dans des pays essentiellement de tradition romano-germanique. La Cour de justice, se référant principalement au texte des traités ou restant silencieuse, semble fidèle à la tradition essentiellement formaliste du droit de la plupart des États. La jurisprudence joue néanmoins un rôle important dans la précision du droit de l'Union européenne[1094]. Il n'est donc pas exclu que la Cour développe son contrôle afin de le rendre pleinement opérationnel.

768. Quelles que soient les incertitudes relatives au rôle de la production idéologique de légitimation dans l'interprétation du principe de subsidiarité,

[1094] Voir à titre d'exemple la jurisprudence de la Cour de Justice sur les compétences implicites ou le développement des compétences exclusives de l'Union européenne.

le caractère supplétif des Cours dans la production de la normativité est certain.

CONCLUSION GÉNÉRALE

769. Le principe de subsidiarité apparaît indispensable pour optimiser l'exercice de compétences partagées entre deux niveaux de pouvoir. Pour autant, il est un principe complexe nécessitant une réflexion de l'interprète sur les objectifs poursuivis par les normes auxquelles il s'applique et les moyens de les atteindre. Une interprétation systématiquement descendante de la subsidiarité pourrait nuire au bon fonctionnement de l'Union européenne. Une reconnaissance trop aisée de la nécessité d'une intervention de l'Union viderait également la subsidiarité de son sens.

770. Certaines incertitudes relatives à l'interprétation de la subsidiarité découlent de limites conjoncturelles pouvant être résorbées, d'autres, inhérentes à sa nature ambivalente, rendent nécessaire une intervention substantielle de l'interprète en cas de litige. Par conséquent, un contrôle juridictionnel purement formel le vide de sa substance.

771. Le premier apport de cette thèse est de proposer des moyens juridictionnels d'une réduction les limites conjoncturelles de la subsidiarité. Le risque d'instrumentalisation de la subsidiarité est en effet accru par le caractère flou de son champ d'application et des critères de son application. Pour renforcer le contrôle du principe de subsidiarité, il s'agit de le préciser autant que sa nature ambivalente et dynamique le permet. Le contrôle juridictionnel de la subsidiarité pourrait être l'occasion d'une précision de son champ d'application. Cette précision éviterait que le contrôle du principe de subsidiarité, imprévisible, ne nuise à la sécurité juridique du système auquel il s'applique.

La jurisprudence canadienne, confrontée à des questions similaires, a contribué à les résoudre. Si les missions de la Cour de justice de l'Union européenne et de la Cour suprême du Canada sont distinctes, leur rôle d'interprète du droit de l'Union européenne concernant la première et du droit canadien concernant la seconde, est comparable. La Cour de justice, à différentes reprises, a précisé des principes du droit de l'Union européenne. Elle pourrait donc procéder de même en ce qui concerne la subsidiarité.

772. En droit de l'Union européenne, il reste à déterminer dans quelle mesure la liste des compétences exclusives peut être complétée. Cela permettrait de savoir si le principe de subsidiarité peut cesser de s'appliquer à certains domaines de compétences devenus exclusifs par exercice, comme c'était le cas avant le traité de Lisbonne. De même, en droit canadien, la question se pose de savoir si un domaine peut être reconnu de la compétence

exclusive du fédéral en raison de la clause paix, ordre et bon gouvernement ou de la clause de commerce, rendant superflu toute réflexion sur la capacité à agir de chaque niveau de gouvernement.

773. Dans un cas comme dans l'autre, il s'agit de déterminer si la reconnaissance de nouvelles compétences exclusives au bénéfice de l'entité centrale dans un domaine peut empêcher l'application ultérieure de la subsidiarité à ce domaine. Il s'agit d'établir, toujours au sujet de l'évolution dans le temps de l'exercice des compétences, si un changement de contexte, normatif ou social, peut entraîner une réévaluation de la nécessité de l'intervention de l'Union européenne, ou en droit canadien, de l'État fédéral canadien.

774. Si la subsidiarité est un principe structurel au fondement du partage des compétences, l'exclusion de domaines de compétences de son champ d'application semble improbable. La Cour suprême semble avoir amorcé sa réponse à cette question en reconnaissant la subsidiarité comme principe d'interprétation du partage des compétences. La Cour de justice pourrait de façon comparable préciser les liens entre la subsidiarité politique et la subsidiarité en tant que principe de régulation de l'exercice des compétences.

775. Chacune des étapes du test relatif au principe de subsidiarité et le lien entre ces deux étapes doivent être caractérisés en droit de l'Union européenne. Une première question est de déterminer dans quelle mesure la nécessité d'agir dans un délai restreint peut étayer l'incapacité d'action des États pour atteindre un objectif de l'Union européenne. Il s'agit également de déterminer dans quelle mesure la dimension transnationale d'un domaine peut caractériser la nécessité d'une intervention commune. La Cour suprême a répondu à ces questions en droit canadien en précisant la théorie de l'urgence ou en se fondant sur la dimension transfrontalière d'un sujet pour reconnaître la compétence fédérale.

La question du déclenchement de l'action de l' « entité englobante » se trouve en pratique souvent liée à celle des modalités de coexistence des normes de deux niveaux de gouvernement. Le « test d'efficacité comparative », lors du contrôle de la subsidiarité, implique en effet une prise en compte des moyens à la disposition de chaque niveau de pouvoir, éléments devant également être pris en compte lors de l'examen de la proportionnalité. Cette similitude est susceptible d'induire une confusion entre les deux principes.

La Cour de justice, en effet, se pose parfois la question de la subsidiarité seulement lorsqu'est établie l'impossibilité d'un exercice simultané des compétences concurrentes de l'Union européenne et des États. Une confusion similaire pourrait être induite en droit canadien lorsque la Cour suprême se fonde sur l'unicité d'une matière pour prouver l'incapacité provinciale ; la Cour recherche si le gouvernement est compétent seulement lorsqu'est avérée l'impossibilité d'une complémentarité des législations. Dans les deux cas, l'incertitude relative à la possibilité d'une complémentarité entre les interventions de chaque niveau de pouvoir amène la Cour à se prononcer sur l'étendue des compétences de chaque niveau de pouvoir avant d'évaluer la nécessité du déclenchement de l'intervention de « l'entité englobante ».

776. Il s'agit, par conséquent, de préciser comment doit être évaluée la complémentarité des interventions de chaque niveau de pouvoir afin d'éviter toute confusion jurisprudentielle entre subsidiarité et proportionnalité.

La jurisprudence canadienne a amorcé une précision des liens entre ces deux questions avec l'élaboration d'un test mettant en relation la nécessité d'une disposition contestée et son empiètement sur la norme de l'autre niveau de gouvernement[1095].

777. Des conférences interinstitutionnelles et de conseils européens ont précisé le principe de subsidiarité, ce qui a contribué à en accroître la portée. La délimitation de la subsidiarité par les institutions politiques de l'Union européenne ne prive en rien la Cour de justice de l'Union européenne de toute contribution à la précision de ce principe. Au Canada, les positions adoptées par le gouvernement québécois ont pu montrer l'utilité de préserver ce principe déjà implicite dans les débats pré confédéraux mais les conditions de mise en œuvre de mécanismes de subsidiarité ont été précisées par la jurisprudence de la Cour suprême et non par les institutions politiques. Cela n'entrave pas la comparaison puisque la Cour de justice est habilitée à se prononcer sur l'interprétation du droit de l'Union européenne. Sa fonction rejoint, en cela, celle de la Cour suprême du Canada en dépit de leurs multiples différences. Il revient à la Cour de justice de se prononcer sur l'interprétation du droit originaire, relatif à la subsidiarité, et de le clarifier en cas d'ambiguïté. Elle seule peut se prononcer sur la force contraignante d'une conférence interinstitutionnelle sur la subsidiarité, ce qui n'est pas sans évoquer les rapports entre Cour suprême et conférences intergouvernementales en droit canadien.

778. Le développement du contrôle de ce principe par les institutions politiques constitue également un progrès vers un plus grand respect de ce principe. Le contrôle a priori du principe de subsidiarité par la Commission, le Parlement et le Conseil, l'ouverture d'une saisine par le Comité des Régions de la Cour de justice pour violation du principe de subsidiarité, l'instauration du mécanisme d'alerte précoce au bénéfice des parlements

---

[1095] *R. c. Zelensky*, [1978] 2 R.C.S. 94, et *Multiple Access Ltd. c. McCutcheon*, [1982] 2 R.C.S. 161.

nationaux sont autant de procédures susceptibles d'améliorer le respect du principe de subsidiarité.

779. Ces procédures ne suffisent pas pour autant à rendre infaillible le contrôle de la subsidiarité. Elles se trouvent parfois ralenties par des obstacles pratiques tels que, même si cela semble de moins en moins le cas, la méconnaissance par les parlementaires nationaux des mécanismes désormais à leur disposition. L'efficacité du contrôle du principe de subsidiarité dépend en effet également des institutions politiques l'ayant saisi. Ainsi, la Cour de justice se trouve-t-elle dans l'impossibilité d'invalider une norme de l'Union européenne si le recours formé contre cette norme est insuffisamment fondé.

Par ailleurs, les institutions politiques participent à l'élaboration de droit de l'Union européenne et ne peuvent, par conséquent, se prononcer de façon parfaitement neutre sur l'exercice des compétences. Cela se traduit en particulier par une tendance à assimiler le respect du principe de subsidiarité à des considérations d'efficacité et à privilégier la protection de l'acquis européen plutôt que d'autres impératifs.

780. La nécessité d'une interprétation juridictionnelle substantielle de la subsidiarité ne découle pas tant de ses limites conjoncturelles que de sa nature ambivalente et dynamique, nécessitant une intervention positive de l'interprète.

La Cour de justice se limite à un contrôle minimum de la subsidiarité alors que la nature même de ce principe nécessiterait une analyse approfondie de la nécessité de l'intervention de l'Union. La Cour suprême du Canada, ayant, dans un premier temps, émis des réticences similaires, les a peu à peu dépassées.

781. Pour mieux les résorber, encore faut-il constater les limitations du contrôle juridictionnel de la subsidiarité. La Cour de justice n'invalide aucune norme européenne. Elle s'abstient, dans bien des cas, de se prononcer sur le principe de subsidiarité et lorsqu'elle l'applique néanmoins, elle se limite à un contrôle très formel des motivations. Dans la motivation de ses décisions, la Cour de justice se réfère essentiellement au texte des normes contestées, alors même que le principe de subsidiarité peut être contrôlé sans référence au contexte.

L'argumentation de la Cour, relative à la meilleure façon d'atteindre les objectifs des traités, est laconique. Le test de l'efficacité comparative semble défaillant. En effet, la Cour ne prend parfois en compte que l'efficacité de l'action de l'Union européenne. Elle interprète l'argumentation des parties avec beaucoup de liberté[1096] et ne recherche pas d'éléments de preuve au-delà de cette argumentation[1097]. Le marché intérieur est caractéristique de la circularité de raisonnement de la Cour lorsqu'il s'agit de montrer que seule l'Union peut garantir un droit uniforme. La Cour, lorsqu'elle se réfère à la jurisprudence, démontre mal la pertinence des arrêts mentionnés[1098].

Interprétée de façon téléologique, la subsidiarité vise à la fois à assurer la cohérence du système et l'efficacité du droit de l'Union européenne. Dans la conciliation entre ces deux impératifs, le second pourrait prendre le pas sur le premier, ce qui pourrait expliquer que le principe de subsidiarité se trouve parfois assimilé à celui de proportionnalité ou que la Cour semble parfois présumer la plus-value d'une intervention de l'Union européenne lorsqu'elle est douteuse.

782. Cette autolimitation est accentuée par le caractère flou des tests du principe de subsidiarité. Il semble d'autant plus difficile pour la Cour de remettre en question une norme politique que son respect du principe de subsidiarité a déjà été contrôlé par des institutions. L'exemple canadien semble indiquer que le défaut de légitimité démocratique d'une juridiction ne rend pourtant pas impossible son contrôle de l'exercice des compétences. La Cour suprême, comme la Cour de justice, contrôle a posteriori le respect de mécanismes de subsidiarité. Les juges de la Cour suprême, comme ceux de la Cour de justice, sont nommés et non élus. La précision du test de *GMC* dans le renvoi sur les valeurs mobilières, test mettant en relation l'empiètement d'une intervention fédérale avec la nécessité de cette intervention, a, en particulier, permis à la Cour suprême d'approfondir son contrôle. La Cour suprême a, en outre, élargi le champ d'application de la subsidiarité en favorisant la coexistence des compétences fédérales et provinciales par limitation de la théorie de l'exclusivité des compétences et une interprétation restreinte de la notion de conflit de loi, ce qui conduit à une limitation de la théorie de la prépondérance fédérale.

783. Cette thèse montre en outre le lien entre base juridique et contrôle de la subsidiarité en droit de l'Union européenne et entre caractère véritable d'une loi et mécanisme de subsidiarité en droit canadien. Les conflits entre normes dissimulent souvent des conflits entre objectifs privilégiés.

Les Cours pourraient avoir tendance à choisir, parmi plusieurs objectifs poursuivis par une norme, celui justifiant le mieux l'intervention de l'entité

[1096] *Grand-Duché de Luxembourg contre Parlement européen et Conseil* de l'Union européenne, Affaire C-176/09, 12 mai 2011.

[1097] *Commission/Allemagne*, Affaire C-518/07, 09 Mars 2010.

[1098] *British American Tobacco Investments et Imperial Tobacco*, Affaire C-491/01, 10 décembre 2002.

centrale, Union européenne ou État fédéral. Le choix de certains objectifs tels que le bon fonctionnement du Marché commun ou la protection de l'environnement faciliterait la démonstration de la plus-value de l'intervention de « l'entité centrale ».

La simple référence à la plus grande efficacité de la norme contestée ne suffit donc pas toujours à se prononcer sur sa validité. Ce n'est qu'une fois identifié l'objectif poursuivi par la norme que peut être déterminé le niveau de pouvoir le plus apte à l'atteindre.

784. Un contrôle substantiel de la subsidiarité semble indispensable à assurer son respect dans la mesure où l'essence même du principe de subsidiarité exige une référence à la capacité à agir de chaque niveau de gouvernement. Cette capacité ne peut être évaluée par une simple référence à la volonté des institutions politiques. Un développement plus complet des motivations de la décision serait particulièrement nécessaire en droit de l'Union européenne pour évaluer la validité d'une norme. Il impliquerait une prise en compte des faits, mais aussi des objectifs démocratiquement poursuivis. Cette référence est prévue par les textes fondateurs, Constitution ou traités; elle est impliquée par la référence à la subsidiarité. Un contrôle substantiel de la Cour est légitime en raison du caractère supplétif des Cours dans la production de la normativité. Le contrôle juridictionnel a pour fonction d'identifier les normes qui ne seraient pas conformes au partage des compétences et donc au « processus de délibération public » pour les invalider.

Une telle évolution, nécessitant la comparaison des capacités à agir des deux niveaux de pouvoir, demeure difficilement envisageable si les parties ne fournissent pas à la Cour tous les éléments de preuves utiles à établir la capacité des États à atteindre les objectifs visés.

785. Comme en droit de l'Union européenne, une interprétation littérale ne suffit pas à la Cour suprême pour résoudre des cas complexes. À la différence de la Cour de justice, la Cour suprême se réfère régulièrement à sa propre jurisprudence, contribuant ainsi sans doute à préciser les contours de la subsidiarité. L'expérience canadienne semble ainsi montrer que le temps pourrait permettre un approfondissement du contrôle juridictionnel de la Cour. La Cour suprême du Canada, quoique juridiction de common law, a, dans les premiers temps, manifesté des réticences à contester la volonté parlementaire, se contentant par exemple de constater la volonté du législateur d'intervenir dans l'urgence et ne recherchant pas systématiquement des éléments de preuves substantiels de la nécessité d'une intervention fédérale. Son contrôle s'est peu à peu, et de façon générale, approfondi. Un consensus entre juges apparaît plus facile à réunir lorsqu'un

problème interprétatif récurrent a été analysé au fur et à mesure de la jurisprudence. Les litiges relatifs à la subsidiarité se présentant à la Cour de justice pourraient donc lui fournir l'occasion de progressivement approfondir les critères de son évaluation.

786. La référence plus explicite du pouvoir juridictionnel à des éléments extrinsèques permettant d'établir la plus-value d'une action commune ne nuirait pas à la prévisibilité et à la neutralité du droit, car de fait, les décisions sont déjà influencées par le contexte dans lequel elles sont prises. Les Cours ne peuvent échapper à l'influence du contexte politique et institutionnel dans lequel elles se prononcent. Sa prise en compte explicite accroîtrait la transparence des décisions ainsi qu'un exercice des compétences de chaque niveau de pouvoir plus efficace et plus prévisible. Tenter de cerner le poids du contexte sur les décisions relatives à la subsidiarité devrait, par conséquent, favoriser une désinhibition de la Cour. En effet, bien que les éléments de contexte n'apparaissent que de façon accessoire dans la motivation des décisions de la Cour suprême et plus encore dans celles de la Cour de justice, ils n'en demeurent pas moins déterminants dans la solution donnée. La comparaison de la capacité à agir des différents niveaux de pouvoir, capacité à agir évoluant dans le temps, ne peut se faire sans référence, entre autres éléments d'interprétation, au contexte d'application de la norme.

787. Sur un plan théorique, cette recherche participe à confirmer le rôle crucial de la Cour de justice et de la Cour suprême dans l'acquisition de leur juridicité par les normes relatives au partage des compétences. Lorsque la surdétermination échappe au cadre de la prédétermination, elle est intégrée à la norme lors de la réception de celle-ci, c'est-à-dire lors de la codétermination. Elle sera d'abord incorporée à la norme par les justiciables et organes politiques. Leur codétermination par la Cour de justice et la Cour suprême demeure décisive. Elle pourra, dans certains cas, être reconnue par le législateur, intégrant ainsi la surdétermination à la prédétermination. L'intégration d'une norme devenant ainsi un processus circulaire, la centralisation d'une norme ne résulte pas seulement de la prédétermination, mais aussi de l'exercice par les juridictions de leur pouvoir de codétermination. Ce phénomène peut être observé tant dans le modèle canadien que dans le modèle européen même s'il se manifeste de façon plus évidente dans la motivation des décisions de la Cour suprême.

788. La question de l'efficacité du contrôle juridictionnel de la subsidiarité aboutit à celle de l'accès au prétoire dans ce domaine, nécessitant l'identification des obstacles à l'invocation de ce principe. Un autre objet de recherche serait donc de déceler les blocages entravant le contrôle politique, direct ou par la saisine de la Cour de justice, de la subsidiarité. Ces blocages semblent essentiellement culturels. Le manque de

familiarité des dirigeants politiques nationaux avec une structure de l'Union européenne en mutation constante en est un premier, la persistance d'atavisme identitaire en constitue un autre. Le modèle canadien pourrait s'avérer être, à nouveau, riche d'enseignement sur la pratique d'une culture bijuridique[1099].

789. Au-delà du perfectionnement du contrôle juridictionnel de la subsidiarité, l'identification des sources structurelles de violation potentielle du principe de subsidiarité par les institutions de l'Union européenne pourrait accroître son respect. Il s'agirait de rechercher si l'activisme législatif pourrait résulter d'une volonté des institutions d'asseoir leur pouvoir en affirmant leur utilité par une intervention abondante, le quantitatif prenant ainsi le pas sur le qualitatif.

790. Dans un contexte plus global, cette thèse amène à s'interroger sur la légitimité démocratique d'une référence par le juge constitutionnel à des éléments extrinsèques pour contester un consensus politique sur l'interprétation d'une norme. L'étendue du contrôle juridictionnel dépend de la nature de la norme interprétée, elle-même déterminant quelle discrétion demeure pour le pouvoir politique. Ainsi le juge constitutionnel pourra-t-il procéder à un contrôle plus approfondi si la norme contrôlée, possédant une texture ouverte, est évolutive, ou si elle est susceptible d'entraîner une limitation dans la mise en œuvre d'autres droits, comme c'est le cas des normes régissant l'exercice de compétences partagées. Cette recherche induit en outre une réflexion sur le contrôle de la motivation des décisions de justice. Il s'agit de déterminer, à quelle occasion, par quelles institutions, et selon quelle approche, l'étendue du pouvoir juridictionnel de contrôle pourrait être circonscrite.

[1099]Jean-François GAUDREAULT-DESBIENS, *Les solitudes du bijuridisme au Canada: essai sur les rapports de pouvoir entre les traditions juridiques et la résilience des atavismes identitaires*, Montréal, Éd. Thémis, 2007,169 p.

BIBLIOGRAPHIE

I. DOCTRINE

A. Union européenne

1. Ouvrages généraux

Anthony ARNULL, *The European Union and its Court of Justice*, Second Edition, Oxford, Oxford European Union Law Library, 2006, 784 p.

Laurèn AUDOUY sous la direction de Frédéric SUDRE, Le principe de subsidiarité au sens du droit de la Convention européenne des Droits de l'Homme, Montpellier, thèse de doctorat, 2015.

Eleonore VON BARDELEBEN, Francis DONNAT, David SIRITZKY et Jean-Marc SAUVÉ, *La* Cour de justice *de l'Union européenne et le droit du contentieux européen, coll. Réflexe Europe*, Paris, la Documentation française, 2012, 328p.

Catherine BARNARD, Steve PEERS, *Europeean Union Law*, Oxford, OUP Oxford, 2014, 928p.

Joël BOUDANT, *La Cour de justice des Communautés européennes*, Dalloz-Sirey, 2005, 164 p.

Marc BLANQUET, Guy ISAAC, *Droit général de l'Union européenne*, coll. Université, Paris, Sirey, 2012, 790p.

Claude BLUMANN, Louis DUBOUIS, *Droit institutionnel de l'Union européenne*, 4e éd., Paris, Litec, 2010, 830p.

Michel CLAPIÉ, *Institutions européennes*, coll.« Champs Université droit», Paris, Flammarion, 2003, 415p.

Paul CRAIG, *EU Law: Text, Cases and Materials*, Oxford, OUP Oxford, ed. 5, 1320p.

Maurice CROISAT, Jean-Louis QUERMONNE, *L'Europe et le fédéralisme*, 2ème éd., Paris, Montchrestien, 1999, 156p.

Renaud DEHOUSSE, *La* Cour de justice *des Communautés européennes*, Paris, Montchrestien, 1998, 159p.

Marianne DONY, *L'avenir du système juridictionnel de l'Union européenne*, Bruxelles, Université de Bruxelles, 2002, 289 p.

Claude Du GRANRUT, *La citoyenneté européenne: une application du principe de subsidiarité*, Paris, Librairie Générale de Droit et de Jurisprudence, 1997, 161p.

Jacqueline DUTHEIL DE LA ROCHÈRE, *Introduction au droit de l'Union européenne*, 6eéd.., Paris, Hachette, 2010, 160p.

Louis FAVOREU, *Les cours constitutionnelles*, Wanda Mastor, Dalloz-Sirey, 2011, 127 p.

Pierre GERBET, *La construction de l'Europe*, 4e éd. éd., coll.« Coll. U Histoire contemporaine», Paris, A. Colin, 2007, 617p.

Dominique HAMON, et Ivan-Serge KELLER, *Fondements et étapes de la construction européenne*, coll.« Major», Paris, PUF, 1997, 496p.

Christine HOUTEER, C., *La construction européenne étapes, objectifs, réalisations*, 2e éd. éd., coll.« 128 Histoire», Paris, A. Colin, 2007, 126p.

Jean-Paul JAQUÉ, *Droit institutionnel de l'Union européenne*, coll.Cour de droit public, Paris, Dalloz-Sirey, 2006, 779p.

Eric JONES, *The Oxford Handbook of the European Union*, Oxford, OUP Oxford, 2014, 928p.

K.P.E. LASOK,*The European Court of Justice: Practice and Procedure*, LexisNexis UK; 2nd edition, 1994, 430 p.

Stéphane LECLERC, Droit institutionnel de l'Union et des Communautés européennes, Paris, Gualino, 2003, 279p.

Stéphane LECLERC, *L'essentiel du droit des institutions de l'Union européenne*, coll. « Les carrés droit, science politique», Paris, Gualino, 3e éd., 2012-13, 158p.

Robert LECOURT, *L'Europe des juges*, Paris, Bruylant, 2008, 322 p.

John MACCOMICK, *Understanding Europeean Union: A Concise Introduction*, Basingstoke, Palgrave Macmillan, 2014, 276p.

Koen LENAERTS, Piet VAN NUFFEL, *European Union Law*, Lodon,Sweet and Maxwell, 2011, 1334p.

Nicolas LEVRAT, Frédéric ESPOSITO, *Europe : de l'intégration à la fédération, Paris,* L'harmattan, 2012, 180 p.

Paul MAGNETTE, *L'Europe, l'État et la démocratie*, Bruxelles, Les éditions Complexe, 2000, 264 p.

Philippe MANIN, *Les communautés européennes, l'Union européenne : droit institutionnel*, coll. Etudes internationales, Paris, Pedone, 1993, 364p.

Philippe MOREAU DEFARGES, *Les institutions européennes*, coll.« Coll. Cursus Série Science politique», Paris, A. Colin, 7e éd., 2005, 167p.

Pierre PESCATORE, L'ordre juridique des Communautés européennes, Etude des sources du droit communautaire,2007, Buylant, 334 p.

Joel Rideau, Droit institutionnel de l'Union européenne, Paris, LGDJ, 2010, 6e éd., 1464p.

Joël Rideau, De la communauté de droit à l'union de droit. Continuités et avatars européens, LGDJ, 2000, 522 p.

Muriel Rouxeau De L Ecotais sous la direction de Mario Bettati , Le principe de subsidiarité dans la communauté européenne- Paris 2, thèse de doctorat, 1994. Edouard Salabert sous la direction de Ariane Vidal-Naquet, La France et la construction européenne : de la souveraineté à la subsidiarité Vers un changement de paradigme ?,Lille 2, thèse de doctorat, 2014.

Antonio Tizzano et Daniel Vignes, Code de l'Union européenne, 2e éd., en ligne : <http://www.decitre.fr/livres/code-de-l-union-europeenne-9782802714460.html> (consulté le 16 novembre 2013), 1139p.

François-R Van Der Mensbrugghe, L'utilisation de la méthode comparative en droit européen, Namur, PU de Namur, 2003, 218 p.

Natacha Vigne, Les institutions européennes, coll.« AES, Administration économique et sociale», Paris, Ellipses, 1997, 207 p.

J.H.H. Weiler,Sally Kenney, Constitutional Dialogues in Comparative Perspective,Basingstoke, Palgrave Macmillan, 1999, 280 p.

Charles ZORGBIBE, *La Construction politique de l'Europe 1946-1976*, coll.« L' Historien» , Paris, PUF, 1978, 189p.

Charles ZORGBIBE, *Histoire de la construction européenne*. Paris, PUF, 1993, 376p.

2. Dictionnaires, Encyclopédies, Répertoires

Ami BARAV, Christian PHILIP, *Dictionnaire juridique des Communautés européennes*, coll. Grands dictionnaires, Paris, PUF, 1993, 1180p.

Franck DINTILHAC, Encyclopédie communautaire, tome IV, Répertoire communautaire Dalloz, 1999.

Félix de la FUENTE et Jacques DENIS, *Dictionnaire juridique de l'Union européenne*, Bruxelles, Bruylant,1998, 582 p.

3. Ouvrages spécialisés, Thèses, Monographies

Jean-Christophe ALBERT, *Le Principe de subsidiarité : significations et implications*, Paris 2, Mémoire de DEA,1996, 294p.

Christophe BEAUDOUIN, La démocratie à l'épreuve de l'intégration européenne: redistribution des lieux de pouvoir, nouvelles manières de dire le droit et légitimité démocratique dans l'Union européenne, Paris 5, thèse de doctorat, 2013

Ingolf BERNICE, Harmonization of legislation in federal systems: Constitutional, federal and subsidiarity aspects : the European

Union and the United States of Americacompared, Badan-Baden, Nomos, 1996, 195p.

Philippe BRAULT, *Le principe de subsidiarité*, Paris, la Documentation française, cop. 2005, 111 p.

Pierre BROSSARD, L'article 3b du traité instituant la communauté européenne issu du traité de Maastricht : la consécration conventionnelle d'une création jurisprudentielle, recherche sur le principe de subsidiarité et ses rapports avec la théorie des pouvoirs impliqués, Angers, Thèse de doctorat, 1996, 601 p.

Florence CHALTIEL-TERRAL, *Le principe de subsidiarité, l'État français et l'Europe*, Paris, mémoire d'IEP, 1993, 231p.

Jean-Philippe CHENAUX, *La subsidiarité et ses avatars*, Lausanne, Centre Patronal, coll. Études & Enquêtes, No 16, janvier 1993, 64 p.

Jean-Louis CLERGERIE, *Le principe de subsidiarité,Le droit en question*, Paris, Ellipses, 1997, 126p.

Jean-Louis CLERGERIE, *Le principe de subsidiarité*, Paris, Ellipses, mars novembre 2005) 2000, 1e éd., 128 p.

Caroline CLOPPET, Le principe de subsidiarité appliqué à l'environnement : la protection de l'environnement par la Communauté européenne,IEP de Grenoble, mémoire de DEA, 1993, 177p.

Mathieu COTTAVE, Le Principe de subsidiarité dans la Communauté européenne : débats et enjeux, Paris 1,mémoire de DEA, 1992, 98p.

Francis DELPEREE, *Le principe de subsidiarité*, Louvain, Bruylant, Bibliothèque de la faculté de droit de l'université catholique de Louvain, 2002, 540p.

Chantal DELSOL, *Le principe de subsidiarité*, Paris, PUF, 1993, 127p.

Mark DUBRULLE et European society for environment and development, «*Future european environmental policy and subsidiarity*, Bruxelles, European interuniversity press, 1994, 136p.

Andrew DUFF, *Subsidiarity within european community: A federal trust report*, London, Federal Trust for Education & Research, 1993, 136p.

Arnaud de FOURNAS, Le principe de subsidiarité dans l'Église catholique : un enjeu. dans l'interprétation de Vatican H, mémoire, IEP de Grenoble 2, IEP, 1999, 98 p.

Raphaël FOURNIER, Subsidiarité contre souveraineté : un débat politique en France au dix-neuvième siècle, Paris, mémoire IEP, 2003, 254p.

Stéphane GAUDIN, « Entre autorité et libertés : le principe de subsidiarité», *Nouvelles de Synergies européennes*, n° 17, janvier 1996, p. 21, 22, 23.

Patrick GAUSSENT, Le principe de subsidiarité dans les institutions européennes, Paris, mémoire de DEA, 1994, 103p.

Martin GENNART, *Le contrôle parlementaire du principe de subsidiarité: Droit belge, néerlandais et luxembourgeois*, Collection de la Faculté de Droit, d'Économie et de Finance de l'Université du Luxembourg, 22 juillet 2013

Arthur JOYEUX, « Subsidiarité et fonctionnement de l'Union européenne », *Droit et Société*, n° 80, 2012, LGDJ.

Mathieu Le SOUDÉER, *Le contrôle du principe de subsidiarité par le Parlement français*, Institut de droit comparé de Paris, mémoire de Master, 2011.

René LOUREAU, *Le principe de subsidiarité contre l'Europe*, Paris, PUF, Broché, 1997, 228p.

Xavier MAGNON, *Contrôle de constitutionnalité et droit communautaire devant les juges constitutionnels français et italien,* Université d'Aix-Marseille, thèse de doctorat, 2002, 381p.

Jacques de MAILLARD, Union européenne et sécurité intérieure: institutionnalisation et fragmentation, Paris, L'Harmattan, 2007, 200p.

Valérie MICHEL, *Recherches sur les compétences de la Communauté européenne*, Coll. « Logiques juridiques », Paris, L'Harmattan, 2003, 704p.

Marise ROUSSEAU, *Le principe de subsidiarité en droit européen et en droit canad*ien, Montréal, Université de Montréal, mémoire de maitrise, 2001, 214p.

Stephanie RABILLER, *Le principe de subsidiarité*, Bordeaux 1, mémoire de DEA, 1992, 126p.

Aude RIHOUET, Le principe de subsidiarité au quotidien de l'Union européenne, Paris II, mémoire de DEA, 2001, 112p.

Jean-Jacques ROUSSEAU, Du Contrat social Discours sur les sciences et les arts Discours sur l'origine de l'inégalité parmi les hommes, coll. 10-18, n°89, Paris, Union générale d'éditions, 1973, 302p.

Frédérique SUQUET, *La Légitimité Démocratique de l'Union européenne*,Toulouse 1, thèse de doctorat, 2003.

Francoise de TEYSSIER et Gilles BAUDIER, *La construction de l'Europe culture, espace, puissance*, 4e éd. refondue, coll. « Que sais-je ? », Paris, PUF, 2005, 128p.

Francoise THOMA, Le Principe de subsidiarité en droit communautaire: sa signification et son impact sur la construction communautaire, Paris 2, thèse de doctorat, 1998, 530 p.

Robert TOULEMON, *La construction européenne histoire, acquis, perspectives*, coll. « Références Sciences politiques », Paris, Librairie générale française, 1999, 305p.

4. Articles

« La subsidiarité », *Revue des affaires européennes*, 1998, n°1/2, ISSN 1152-9172, pp.1-135.

Philip ALLOTT, «Parliamentary Sovereignty. From Austin to Hart», *Cambridge Law Journal (Cambridge University Press)*, 1990, vol. 49, n° 3, pp. 377–380.

Joel ANDRIANTSIMBAZOVINA, «La subsidiarité devant la Cour de justice des Communautés européennes et la Cour européenne des droits de l'homme », Liège, *RAE LEA*, 1998, n° 1, pp. 28-47.

Florence AUBRY CAILLAUD, « Le concept de subsidiarité et la nouvelle approche en matière de libre circulation des marchandises », Liège, *REA LEA*, 1998, n° 1-2, pp. 67-69.

Giuseppe Ciavarini AZZI, « Le principe de subsidiarité et l'évolution de la législation communautaire: l'approche de la commission », Liège,*REA LEA*, 1998, pp. 70-75.

Loic AZOULAI, « Le rôle constitutionnel de la Cour de justice des Communautés européennes tel qu'il se dégage de sa jurisprudence », *RTDE*, 2008, n° 1, p. 29.

Jean BAECHEL, « Europe et fédération », Paris, *Contrepoints et commentaires*, 1996, p. 531.

Julien BARROCHE, « La subsidiarité : le principe et l'application », *Études*, 2008, n° 6, Tome 408, pp. 777-788.

Julien BARROCHE, « La subsidiarité : quelle contribution à la construction européenne ? », *Revue Projet*, 2014, vol.3, n° 340, pp. 66-75.

Igor BERNICE et Vladmir CONSTANTINESCO, «La question des compétences communautaires vue d'Allemagne et de France », Paris, *Notre Europa*, Juillet 2002, vol.2, n° 6, 31p.

Saad BERRADA, «Subsidiarité et proportionnalité dans l'ordre juridique communautaire », Liège, *REA LEA*, 1998, n° 1-2, pp. 48-61.

Corinne BLANQUART, Alexandra HYARD, « Durabilité et subsidiarité : un conflit de principes au sein de la politique commune des transports ? », *RIDE*, 2009, tome XXIII, n° 1, p. 33-50.

Claude BLUMANN, « Un mimétisme à l'envers: le contrôle de constitutionnalité des engagements externes en droit constitutionnel et en droit communautaire» dans *Renouveau du droit constitutionnel : mélanges en l'honneur de Louis Favoreu*, Paris, Dalloz, 2007, p. 1039.

Herve BRIBOSIA, «Subsidiarité et répartitions des compétences entre la Communauté et ses États membres », *RDUE*, 1992, n° 4, pp. 389-338.

Pierre BRUN, « La pollution du partage des compétences par le droit de l'environnement », *Revue Générale du Droit*, 1993, n° 24, p.204.

Bertrand BRUNESSEN, « Un principe politique saisi par le droit. La justiciabilité du principe de subsidiarité en droit de l'Union européenne », 2012.

Florence CAILLAUD, « Le concept de subsidiarité et la nouvelle approche en matière de libre circulation des marchandises», Liège, *RAE LEA*, 1998,n° 1-2, p. 67.

Jean-Claude CASANOVA, « Forces convergentes et divergentes du système juridique européen», *Revue du Marché commun et de l'Union européenne*, 2000, n° 438, pp.325-327.

Guy CANIVET, « Le droit communautaire et l'office du juge national », *D & S*, 1992, n° 20-21, pp. 133-141.

Jean CHARPENTIER, « Quelle subsidiarité ? », Pouvoirs, n°69, avril 1994, pp.49-62.

Monique CHEMILLIER-GENDREAU, «Le principe de subsidiarité: enjeu majeur, débat confus. » *Le monde diplomatique*, Juillet 1992,n° 236, p. 13.

Vladmir CONSTANTINESCO, «Les compétences et le principe de subsidiarité», *RTDE*, 2005, vol. 2, n° 41, p. 728.

Vladmir CONSTANTINESCO, « La distribution des pouvoirs entre la Communauté et ses États membres. L'équilibre mouvant de la compétence législative et le principe de subsidiarité », 4 p, en ligne : http://books.google.fr/books?id=qnaF71PHUucC&pg(consulté le 23 novembre 2013)

Vladimir CONSTANTINESCO, « Subsidiarité... vous avez dit subsidiarité ? », *RDUE*, 1992, n° 4, p. 227.

Nicolas DE SADELEER, «Particularités de la subsidiarité dans le domaine de l'environnement », *D & S*, 2012, vol 1, n° 80, pp. 73-90.

Francis DELPEREE, « La décentralisation et le fédéralisme à l'heure de l'Union européenne - Précisions terminologiques», *Revue du Marché commun et de l'Union européenne*, septembre 2009, n° 531, p. 515.

Jean-Philippe DEROSIER, «La dialectique centralisation/décentralisation Recherche sur le caractère dynamique du principe de subsidiarité», *RIDC,* 2007, vol. 59, n°1, pp. 107-140.

Chantal DELSOL, «Souveraineté et subsidiarité, ou l'Europe contre Bodin », La Revue Tocqueville-The Tocqueville Review, 1998, n° 2, p. 53.

Bertrand HÉRIARD DUBREUIL, «Subsidiarité et solidarité », http://www.doctrine-sociale-catholique.fr.

Julie DUPONT-LASALLE, «Subsidiarité juridictionnelle », instrument de l'intégration communautaire ? », *D & S*, 2012, Vol. 1, n° 80, 262 p.

Kanstantsin DZEHTSIAROU, «Comparative Law in the Reasoning of the European Court of Human Rights», *Social Science Research Network*, 2010.

Nicholas EMILIOU, «Subsidiarité: une barrière efficace contre les entreprises de l'Ambition », *Revue du droit européen*, 1992, Vol. 17,23.

Marc FEIX, « Subsidiarité, proportionnalité et construction européenne « Essai de généalogie des principes », *Revue d'éthique et de théologie morale*, 2011, vol.4, n°267, p. 59-70.

Pierre-Alexis FERAL, « Le principe de subsidiarité : progrès ou statu quo après le traité d'Amsterdam?», *RDUE*, 1998, n° 1, pp. 76-82.

Pierre-Alexis FERAL, « Le principe de subsidiarité dans le cadre de la Conférence intergouvernementale de 1996», *LPA*, n° 147, 8 décembre 1995, pp. 20-25.

Pierre-Alexis FERAL, « Le principe de subsidiarité à la lumière du traité d'Amsterdam », *RAE LEA*, 1998, n° 1 et 2, pp. 76-82.

Pierre-Alexis FERAL, « Le principe de subsidiarité dans l'Union européenne», *RDP* 1996, n° 1, pp. 203-240.

Pierre-Alexis Feral, « Retour en force du principe de subsidiarité dans le traité constitutionnel : de nouvelles responsabilités pour les parlements nationaux et pour le comité des régions? », *Revue du Marché commun et de l'Union européenne*, 2004, n° 481, p. 496.

Francette FINES, « Subsidiarité et responsabilité », *RAE LEA,* 1998, n° 1, pp.95-101.

Stéphanie FLIZOT, « Les rapports entre la Cour des comptes européenne et les institutions supérieures de contrôle des États membres : quelle application du principe de subsidiarité », *Revue du marche commun et de l'Union européenne,* février 2002, n° 455,p. 112.

Helene GAUDIN, « Les principes d'interprétation de la Cour de justice des Communautés Europénnes et la subsidiarité», Liège, *REA LEA*, 1998, n° 1-2, pp. 10-27.

Jean-Claude GAUTRON, « Subsidiarité ou néosubsidiarité », Liège, *REA LEA*, 1998, n° 1-2, pp. 3-8.

Emanuele GAZZO, « Lever le voile de la subsidiarité pour ne pas tomber dans les pièges qu'elle peut cacher », *RDUE*, 1992, n° 4, pp. 221-226.

Jonathan GOLUB, «Sovereignty and Subsidiarity in EU Environmental Policy», *European University Institute*, 1996, tome *XLIV,*pp. 686-703.

Charles GOYBET, «Les rapports entre compétences nationales et communautaire : le principe de subsidiarité « *Revue du Marché commun et de l'Union européenne*, avril 1993, n° 367, p. 303.

Robert HOLCMAN, « La dimension européenne des politiques de l'emploi», Revue du Marché commun et de l'Union européenne, n° 474, janvier 2004, pp. 385-393.

Catherine IACROZE, « Subsidiarité et répartition des compétences entre l'Union et ses États membres dans la Constitution européenne », *RDUE,* 2005, n° 1, 4 p.

Laurence IDOT, «Propriété intellectuelle », *JCE,* Juin 2010, n° 6, commentaire 216, pp. 1663-8184.

D. G. KILGOUR, «The Rule Against the Use of Legislative History: Canon of Review», 1952, n° 30, pp. 769-790.

Martina KURCZ, «La répartition des compétences au sein de l'Union européenne», *RDUE*, 2005, n° 3, p. 575.

Anais LAGELLE, « Le rôle des parlements nationaux dans le processus législatif européen à l'aune du traité de Lisbonne », *Revue française de droit constitutionnel*, 2011, vol. 3, n° 87, p. 25-55.

Maurice LAMONTAGNE, « Fédéralisme ou association d'États indépendants », *Études internationales*, 1977, Vol. 8, n°2, pp. 208-230.

Francois LAMOUREUX, « Monsieur subsidiarité », *RAE LEA*, 1993, n° 1, pp.46-48.

Marc LE SOLLEU, « Subsidiarité judiciaire et sanctions », Liège, *REA LEA*, 1998, n° 1-2, pp. 108-112.

Patrick LENAERTS et Koen VAN YPERSELE, « Le principe de subsidiarité et son contexte : étude de l'article 3B du traité C.E. », *C.D.E*, 1994, vol. 3, n° 48, pp. 3-83.

Jean-Victor LOUIS, « Mondialisation et contrôle prudentiel : centralisation ou décentralisation ? », *RIDE*, 2002, vol. 2, tome XVI, p. 529-557.

Ernst Gottfried MAHRENHOLZ, «Subsidiarité et débat démocratique, éléments indispensables d'un espace juridique européen», *Revue du Marché commun et de l'Union européenne,* n° 438, mai 2000, pp. 323-324.

Stavros MIHALOPOULOS, « Effect of the subsidiarity and proportionality principleson the tourism growth in the European Union », *Revue Européenne de droit public,* Hiver 2007, vol. 19, n° 4, 66 p.

Karl LLEWELLYN, «Some realism about realism- responding to Dean pound », *harv.L.R.*, 1931, n° 44, 1222.

Richard MACRORY, « Subsidiarity and European Community environmental law», Liège, *RAE LEA,* 1999, n° 504, pp 363-369.

Paul MAHONEY, « The Marvellous Richness of Diversity or Invidious Cultural Relativism? », *Human Rights Law Review*, 1998, vol. 19, n° 1-4, pp. 1-6.

Anne MARTINACHE, « Une application de la subsidiarité: la Cour de justice et les compétences externes», Liège, *REA LEA,* 1998, n° 1-2, pp. 62-66.

Alphonso MATTERA, « Subsidiarité, reconnaissance mutuelle et hiérarchie des normes européennes», *RDUE*, 1991, n° 2, pp. 8-10.

Alphonso MATTERA, « Le principe de subsidiarité au service d'une Communauté à la dimension des problèmes de notre temps », *RMUE*, 1992, n° 4, pp. 189-192.

Alphonso MATTERA, « Le principe de reconnaissance mutuelle : instrument de préservation des traditions et des diversités nationales, régionales et locales », *RDUE,* 1998, n°2, pp. 5-17.

Enzo MATTINA, « Subsidiarité, démocratie et transparence», *RDUE*, 1992, n° 4, pp. 203-213.

Benoît MERCUZOT, « La subsidiarité à la française », *Civitas Europa,* septembre 2003, pp. 7-29.

Josee MERTENS DE WILMARS, « Du bon usage de la subsidiarité », *RDUE*, 1992, n° 4, pp.193-201.

François MARIATTE, « Conséquences contentieuses d'une communication encours d'instance », *Europe*, août 2002, n° 8-9, p. 15.

François MARIATTE, « Vice de transposition de la directive « droit de location et de prêt au Portugal», *JCE*, octobre 2006, n° 10, commentaire 284, p. 20.

Alexandre MET-DOMESTICI, «Les parlements nationaux et le contrôle du respect du principe de subsidiarité», Revue du Marché commun et de l'Union européenne, février 2009, n° 525, pp.88-96.

Valerie MICHEL, « Les compétences externes implicites : continuité jurisprudentielle et clarification méthodologique », *Europe*, 2006, n° 10, étude 10.

Valerie MICHEL, « Des rôles respectifs de la Commission et des Etats dans la limitation des gaz à effet de serre », *Europe*, novembre 2009, n° 11, commentaire 431.

Valérie MICHEL, « Téléphonie mobile : harmonisation du prix des services d'itinérance », JurisClasseur Europe, Août Septembre 2010, n° 8-9, commentaire 262, pp. 1168-8384.

Marie MESTHER, «Transports aériens », JurisClasseur Europe, Juillet 2011, n°7, commentaire 257.

Dwight NEWMAN, «Changing Division of Powers Doctrine and the Emergent Principle of Subsidiarity», *Saskatchewan LR,* 2011, n° 74, pp. 21 – 31.

Antonio Estella de NORIEGA, « The UE principle of Subsdiarity and Its Critique», Oxford University Press, 2002, p 85.

Roberta PANIZZA, « The Principle of Subsidiarity», European Parliament, décembre 2009, en ligne : http://www.europarl.europa.eu/parliament/expert.html>. (consulté le 1 fevrier 2014)

Jacques PELKMANS, «Testing for Subsidiarity», Bruges, *European Economic Policy Briefings,* février 2006, n° 13, 910 p., online :<http://wwww.coleurop.be/content/studyprogrammes/eco/publicaitons/BEEPs/BEEP13.pdf>

Otto PFERSMANN, «Le droit comparé comme interprétation et comme théorie du droit », *RIDC*, 2001, vol. 53, n°2, pp. 275–292.

Fabrice PICOD, « Contrôle du respect de la base juridique, de la proportionnalité et de la subsidiarité », *La Semaine Juridique*, 21 Juin 2010, n° 25, p. 703.

Riccardo PERISSICH, « Le principe de subsidiarité, fil conducteur de la politique de la Communauté dans les années à venir», *RDUE,* 1992, n° 31, pp. 5-11.

Anne RIGAUX, « Refus de vérification de la Cour des Comptes», *JurisClasseur Europe*, Janvier 2012, n° 1, commentaire 9, p. 20.

Jean ROSSETTO, « La subsidiarité dans les Constitutions des États membres de l'Union européenne: l'exemple de l'Allemagne et de la France », 2005, en ligne : <http://books.openedition.org/pufr/833> (consulté le 9 décembre 2013).

D.R., « Compétences communautaires », *JurisClasseur Europe*, Janvier 1997, n° 1, commentaire 1, p. 7.

Jean-Luc SAURON, «La mise en œuvre retardée du principe de subsidiarité»,*Revue du Marché commun et de l'Union européenne*, novembre-décembre 1998, n° 1, pp. 425-423.

Kurt SCHELTER, « La subsidiarité : principe directeur de la future Europe », *Revue du Marché commun*, février 1991, n°844, pp.138-140.

Jurgen SCHWARZE, « Le principe de subsidiarité dans la perspective du droit constitutionnel allemand », *Revue du Marché commun et de l'Union européenne*, 1993, vol. 70, n° 615, pp. 24-32.

Francois G.V. SICARD, « Le principe de subsidiarité », *Études DF*, 2005, n° 5214, 174 p.

Denys SIMON, « Première application effective de la procédure du « carton jaune subsidiarité », *Europe*, 2012, Repère 7, p. 1.

Denys SIMON, « La subsidiarité juridictionnelle : notion gadget ou concept opératoire », *Revue des affaires européennes*, 1998, n° 1, p. 84-94.

Denys SIMON, « Subsidiarité : l'Assemblée nationale sur la voie du carton jaune ? », Europe, 2011, Repère 11.

Girolamo STROZZI, «Le principe de subsidiarité, une énigme et beaucoup d'attentes », *RTDE*, Juillet-Septembre 1994, n°3, pp.373-390.

Frederic SUDRE, « La subsidiarité, nouvelle frontière » de la Cour européenne des Droits de l'Homme », *La semaine juridique*, 2013, n°42, p. 1086.

Frederic TAIN, « Le renvoi préjudiciel et la subsidiarité », 1998, n°1/2, pp.102-107.

Xenophon YATAGANAS, «The subsidiarity principle: a manual for the Commission», *European Review of Public Law*, 1996, n°8, pp. 1103-1115.

Jacques ZILLER, « Le principe de proportionnalité », *AJDA*, juin 1996,n° spécial, pp. 185-188.

Bo VESTERDORF, « La nomination des juges de la Cour de justice de l'Union européenne », *CDE*, 2011, n°3, p. 601.

Daniel VIGNES, « Les apports du traité de Maastricht », *Revue trimestrielle de droit européen,* avril-juin 1994, vol. 30, n° 2, p. 293.

5. Chroniques, Contributions, Communications académiques, Discours

Thierry DEBARD, « Le principe de subsidiarité », L'Union européenne de l'an 2000, Chaire Jean Monnet, Université *de* Montréal, 1997, p. 97-112

Jacques DELORS avant le Conseil européen de Lisbonne, Commission européenne, 26-27 juin 1992.

Jacques DELORS, *Subsidiarité: défi du changement*, Acte du colloque de l'institut européen d'administration publique: « La subsidiarité - principe directeur des futures responsabilités en matière de politiques communautaires? », Maastricht, le 21 mars 1991, SPEECH/91/28.

Jacques DELORS, Discours à l'occasion de l'ouverture de la 40e année du collège d'Europe, Bruges, Europe Documents, 17 Octobre 1989, n° 1576.

Yves GAUDEMET, « Libres propos sur la subsidiarité, spécialement en Europe », in *Mélanges Amselek Paul,* Bruxelles, Bruylant, 2005, p. 315.

Jean-paul JACQUÉ, « La subsidiarité, rapport de l'Union européenne », Rome, colloque FIDE, 1994.

Koen LENAERTS, « Le droit comparé dans le travail du juge communautaire», *Revue trimestrielle de droit européen*, 2001, p. 487.

Jean-Victor LOUIS, « Quelques remarques sur l'avenir du contrôle du principe de subsidiarité », in *Promenades au sein du droit européen, Mélanges en hommage à Georges Vandersanden*, Bruxelles, Bruylant, 2009, p. 283.

Josse MERTENS DE WILMARS, « Le droit comparé dans la jurisprudence de la Cour de justice des communautés européennes», *Journal des tribunaux*, 1991, p37.

Pierre PESCATORE, « Le recours, dans la jurisprudence de la Cour de justice des communautés européennes, à des normes déduites de la comparaison des droits des États membres», *Revue internationale de droit comparé*, 1980, p. 352.

David SZYMCZAK, « Le principe de subsidiarité au sens du droit de la Conv. EDH », Montpellier1, Colloque IDEDH, 18 -19 octobre 2013.

Walter VAN GERVEN, « Les principes de subsidiarité, proportionnalité», *Hacia un nuevo orden internacional y europeo, Estudios en homenaje al Profesor M. Diez de Velasco*, Madrid, Tecnos, 1993, p. 1281.

Melchior WATHELET, « Le principe de subsidiarité et le processus décisionnel au sein de l'Union européenne», *L'Europe de la Subsidiarité,*

Actes des XII° journées juridiques Jean Dabin, Louvain-la-Neuve, 16-17/11/2000, Bruxelles, Bruylant, 2000, pp. 131-199.

Georges VANDERSANDEN, « Considérations sur le principe de subsidiarité », *Mélanges en l'honneur du professeur Jean Velu*, Bruxelles, Bruylant, 1992, pp. 193-210.

B. Canada

1. Ouvrages généraux

Joel BAKAN, *Canadian Constitutionnal Law*, 3 éd., Toronto, Edmond Montgomery, 2003, 1034p.

Alphonse BARBEAU, *Le droit constitutionnel canadien; lois, documents et jugements divers*, Montréal, Wilson et Lafleur, 1974, 440p.

Gérald A. BEAUDOUIN, La Constitution du Canada: institutions, partage des pouvoirs, droits et libertés, Wilson & Lafleur, 1990, 987p.

Henri BRUN et Guy TREMBLAY, *Droit constitutionnel*, 2 ed. Cowansville Editions Yvon Blais, 1990, 1548p.

Michel BRUNET, *Histoire du Canada par les textes*, 2 éd., vol. 2, Montréal et Paris, Fides, 1960, 297p.

François CHEVRETTE, *Droit constitutionnel: notes et jurisprudence*, Montréal, Presses de l'Université de Montréal, 1982, 1728p.

Nicole DUPLÉ, *Droit constitutionnel: principes fondamentaux*, 5e éd., Montréal, Wilson & Lafleur, 2011,772p.

Peter W. HOGG, *Constitutional law of Canada*, 2006 student éd., Scarborough, Ont., Thomson Carswell, 2006, 280 p.

André TREMBLAY, *Droit constitutionnel : principes*, Montréal, éd. Thémis, 1993, 507p.

2. Dictionnaires, Encyclopédies, Répertoires

JurisClasseur Québec – Coll. de droit constitutionnel, « Fédéralisme: questions particulières », Montréal, LexisNexis Canada, à jour au 1 décembre 2012, Fasc 22, n 6014, 22/28 IV.

JurisClasseur Québec – Coll. de droit constitutionnel, « Le local et le provincial », Montréal, LexisNexis Canada, à jour au 1 décembre 2012, Fasc 22, n 6014, 22/27

3. Ouvrages spécialisés, Thèses, Monographies

Janet AJZENSTAT, *Les débats sur le fondement du Canada*, Québec, Les presses de l'Université Laval, 2004, 576 p.

Richard ARES, Dossier sur le pacte fédératif de 1867 : la Confédération: pacte ou loi?, Montréal, Editions Bellarmin, 1967, 264 p.

Karim BENYEKHLEF, Les *garanties constitutionnelles relatives à l'indépendance du pouvoir judiciaire au Canada*, Cowansville , Éd. Yvon Blais, 1988, 212 p.

Francois-Robert BERNIER, *La réforme constitutionnelle: le partage des pouvoirs, Bibliothèque du Parlement*, Ottawa, Service de recherche, 1981, 30 p.

Yvan BERNIER, Nicolas ROY, Charles PENTLAND, Daniel SOBERMAN, *Le concept de l'Union économique en droit international et constitutionnel*, Mark KRASNICK, NORRIE Kenneth et Richard SIMEON (coord), *Points de vue sur l'union économique*, Ottawa, Commission royale sur l'union économique et les perspectives de développement du Canada, Ministère des approvisionnements et Services Canada, 1986, 70 p.

John BOYD, Sir George Étienne Cartier, baronnet, sa vie et son temps : histoire politique du Canada de 1814 à 1873, Montréal, Librairie Beauchemin, 1918, 485p.

Jacques BROSSARD, *La* Cour suprême *et la Constitution; le forum constitutionnel au Canada*, Montréal, Presses de l'Université de Montréal, 1968, 92 p.

Robert DÉCARY, *Cour suprême*, Montréal, Wilson & Lafleur, 1988, 97 p.

Jean-François GAUDREAULT-DESBIENS, *Les solitudes du bijuridisme au Canada: essai sur les rapports de pouvoir entre les traditions juridiques et la résilience des atavismes identitaires*, Montréal, Éd. Thémis, 2007,169 p.

Fabien GÉLINAS, Jean-François GAUDREAULT-DESBIENS, McGill University. Faculté de droit et Forum des fédérations, Le fédéralisme dans tous ses états : gouvernance, identité et méthodologie = The states and moods of federalism : governance, identity and methodology, Cowansville, Québec, Éd. Yvons Blais, 2005, 494 p.

Mary-Laure GELY sous la direction de Dominique ROUSSEAU et de Yvan BERNIER, Université, *Le rôle de la* Cour suprême *dans la répartition des compétences au Canada*, Montpellier I, UFR Droit et Université Laval (Québec), thèse de doctorat,1998, 1238 p.

Philip GIRARD, Bora LASKIN, *Bringing law to life*, Toronto, University of Toronto press for Osgood society for Canadian Legal History, 2005, 646 p.

Gilbert L'ECUYER, *La* Cour suprême *du Canada et le partage des compétences*, 1949-1978, Québec, Ministère des affaires intergouvernementales, 1978, 401 p.

Andrée LAJOIE, Ivan BERNIER, Ottawa, *La* Cour suprême *du Canada comme agent de changement politique*, Commission royale sur l'union économique et les perspectives de développement du Canada, Ministère des Approvisionnements et Services Canada, 1986, 225 p.

Bora LASKIN, Canadian Constitutional law; cases and text on distribution of legislative power, Toronto, Carswell, 1951, 676 p.

Christian LERAT, *La* Cour suprême *des États-Unis: pouvoirs et évolution historique*, 7e éd.., Paris, Presses universitaires de Bordeaux, 2003, 328 p.

Jacques Yvan MORIN et José WOEHRLING, *Les Constitutions du Canada et du Québec : du régime français à nos jours*, Montréal, Edition Thémis, 1994, 656 p.

Warren J. NEWMAN, « Quelques Réflexions Sur la Portée du Principe constitutionnel de l'Indépendance Judiciaire au Canada», *National Journal of Constitutional Law,* 14n3, septembre 2003, pp. 319-352.

Stéphane RIALS, *Destin du fédéralisme*, Paris, Librairie de droit et de jurisprudence, 1986, 78 p.

Garth STEVENSON, *Federalism in Canada: selected readings*, Toronto, McClelland & Stewart, 1989, 511 p.

Pierre-Elliot TRUDEAU, *Le fédéralisme et la société canadienne-française*, coll. « Constantes», Montréal, Editions HMH, 1967, 22 p.

Clinton Kenneth WHEARE, *Federal Government*, Oxford, Oxford UP, 1963, 266 p.

4. Articles

Eugénie BROUILLET,«La dilution du principe fédératif et la jurisprudence de la Cour suprême du Canada», *Les Cahiers de droit*, 2004, vol. 45, n° 1, pp.7-69

Eugénie BROUILLET, « Le fédéralisme et la Cour suprême du Canada : quelques réflexions sur le principe d'exclusivité des pouvoirs », *Revue québécoise de droit constitutionnel*, 2010, n° 3, 22 p.

Peter W. HOGG et Waren GROVER, «The Constitutionality of the competition Bill», *can bus LJ, vol. 1,* n° 197, 1974, pp. 199-200.

Edward G. HUDON, « Quelques mots sur la recevabilité des éléments de preuve extrinsèques devant les tribunaux : le Canada et les Etats-Unis », *Les Cahiers de droit*, 1981, vol. 22, n° 2, pp. 371-382.

Peter W. HOGG, Waren GROVER, «The Constitutionality of the competition Bill», *Canadian Business Law Journal*, 1976, n° 1, pp.197-228.

Martha JACKMAN, « Lenouveau partage des pouvoirs : l'efficacité ou équité ? », *Ottawa LR*, 1991, n° 23, pp. 424-425.

Noura KARAZIVAN and Jean-François GAUDREAULT-DESBIENS, « On Polyphony and Paradoxes in the Regulation of Securities Within the Canadian Federation », *Canadian Business Law Journal,* 2010, vol. 49, n° 1, pp. 1-38.

Bora LASKIN, «Peace, Order and good government re-examined»,*Revue du barreau canadien,* 1947, vol. 25, n° 10, p. 1054.

Robert LECKEY and Eric WARD, «Taking stock: securities markets and the division of powers», *Dalhousie L.J*, 1999, n° 22, p. 272.

Jean LECLAIR, « L'étendue du pouvoir constitutionnel des provinces et de l'État central en matière d'évaluation des incidences environnementales au Canada», *Queen's L.J,* 1995, n° 21, p. 37.

Jean LECLAIR et Yves-Marie MORISSETTE, « L'indépendance judiciaire et la Cour suprême : Reconstruction historique douteuse et théorie constitutionnelle de complaisance », *Osgoode Hall Law Journal*, 1998, n° 36, pp.485-514.

Jean LECLAIR, «The Supreme Court of Canada's understanding of federalism: Efficiency at the Expense of Diversity», *QLJ*, 2003, vol. 8, n° 28, pp. 411-453.

Wiliam Ralph LEDERMAN, «Unity and diversity in canadian federalism: ideals and methods of moderation», *Revue du barreau canadien,* 1989, n° 53, pp. 597-620.

Charles MERCIER, «L'indépendance de la magistrature canadienne », *Revue juridique des étudiants de l'Université Laval*, 1988, n° 10, 60 p.

Micheline PATENAUDE, « L'interprétation du partage des compétences à l'heure du libre-échange», *Revue de Droit de l'Université de Scherbooke*, 1990, n° 1, 64p.

Danielle PINARD, « La connaissance d'office des faits sociaux en contexte constitutionnel», *Revue juridique Thémis, R.J.T*, 1997, n° 31, pp. 315-397.

Danielle PINARD, « Les énoncés de fait du législateur et le contrôle judiciaire de constitutionnalité au Canada: de l'utilisation des préambules et autres dispositions non-normatives des lois », *National Journal of Constitutional Law*, Décembre 2008, Vol. 24, n° 1, p. 27.

Danielle PINARD, « Les dix ans de la Charte canadienne des droits et libertés et le droit civil québécois: quelques réflexions», 24 *Ottawa law review*, 1992, n° 193, p. 193.

Danielle PINARD, « La rationalité législative», *McGill Law Journal,* 1994, n° 39, p. 409s

Adrian POPOVICI, « Aspects de l'intégration juridique au Québec», *Revue juridique Thémis*, 2001, n° 35, pp.777-786.

Bruce RYDER, «The demise and rise of the Canadian federalism: Promoting Autonomy for the Provinces and first Nations», *Mc Gill Law Journal*, 1991, vol. 36, n° 2, p.308

Brian SCHWARTZ, «Dickson on Federalism: The First Principle of his Jurisprudence», *Man Law Journal,* 1991, n° 20, p. 473.

Ken SWINTON, « Dickson and Federalism: in search of the Right Balance », *Man Law Journal*, 20 *Man. L.J.* 483, 1991, p. 483.

Helene TRUDEAU, « Du droit international au droit interne : l'émergence du principe de précaution en droit de l'environnement», Queen's L.J, 2005, n° 28, pp. 455-527.

Luanne WALTON, «The effectiveness of an Express Paramountcy Clause in Proposed Federal Sécurities Législation», *N.J.C.L.*, 2005, n° 16, p. 297.

Jose WOEHRLING, «Convergence et divergence entre fédéralisme et protection des droits et libertés: l'exemple des États-Unis et du Canada », Montréal, *McGill Law Journal,* 2000, n° 46, pp. 21-68.

5. Chroniques, Contributions, Communications, Textes historiques

Joseph CAUCHON, «Etudes sur l'union projetée des provinces britanniques de l'Amérique du Nord», Québec, Archives nationales du Canada, 1858, p. 6s

« L'Europe de la subsidiarité », Actes des XVIIe Journées juridiques Jean Dabin, Bruxelles, Bruylant, coll. « Centre d'études constitutionnelles et administrative », 2000, 283 p.

Jean LECLAIR, «The Supreme Court's Understanding of Federalism: Efficiency at the Expense of Diversity», in Jean-François GAUDREAULT-DESBIENS et Fabien Gélinas (éd.), *The States and Moods of Federalism: Governance, Identity and Methodology*, Montreal/Bruxelles, YvonBlais/Bruylat, 2005, pp. 395-444.

Jean LECLAIR, «L'interface entre le droit commun privé provincial et les compétences fédérales « attractives »»,*Un cocktail de droit d'auteur/A Copyright Cocktail*, Montréal, Éd. Thémis, 2007, pp. 25-54.

Danielle PINARD, « Le rôle de la Cour suprême du Canada dans l'affirmation de l'intégration et de la souveraineté dans Souveraineté et intégration », Poitiers, Actes du colloque conjoint des facultés de droit de l'Université de Poitiers et de l'Université de Montréal, mai 1992.

Fédéralisme

Olivier BEAUD, *Théorie de la fédération*, coll. « Léviathan», Paris, PUF, 2009, 456 p.

Bernard BARTHALAY, *Le fédéralisme*, Paris, PUF, coll. « Que sais-je?», 1981, 128 p.

D. Théorie politique et théorie de l'interprétation

Johannes ALTHUSIUS, *Politica Methodice Digesta*, atque Exemplis Sacris et Profanis Illustrata, Turin, Corrado Malandrino, Francesco Ingravalle, Mauro Povero, complète le texte latin et traduction italienne, 2009, 517p.

Paul AMSELEK; *L'interprétation et droit*, Bruxelles, Bruylant, PUAM, 1995, 248p

John AUSTIN, *La philosophie du droit positif*, Paris, Hachette, 1894, 88 p.

Saint Thomas d'AQUIN, Somme théologique, *Les Actes humains*, tome I, trad. française. par H.-D. Gardeil, nouvelle éd., Paris, in Editions du Cerf, 1992, 656p;

ARISTOTE, *Éthique à Nicomaque*, Paris, Flammarion, 2008, 540p.

ARISTOTE, *La politique*, Paris, Librairie philosophique JVrin, 1995, 575p.

Jean-Louis BERGEL, *Méthodologie juridique*, Paris, PUF, éd.thème, droit privé, 2001, 400p.

Michel J. BLAIS, *La logique : une introduction*, Montréal, Sherbrooke, Presses de l'Université de Montréal, Éd.de l'Université de Sherbrooke, 1985, 234p.

Raymond BOUDON, *Raison, bonnes raisons*, 1reéd.., Paris, PUF, 2003, 192p.

Charles BROCHER, Etude sur les principes généraux de l'interprétation des lois, Paris, E. Thorin, 1870, 246p.

Mauro CAPPELLETTI, Louis FAVOREU et Rene DAVID, *Le Pouvoir des juges: articles choisis de droit judiciaire et constitutionnel comparé*, coll. Droit public positif, Aix-en-Provence, Presses universitaires d'Aix-Marseille, Paris, Economica, 1990, 397p.

Jean CARBONNIER, *Sociologie juridique*, 2e éd. "Quadrige». éd., Paris, PUF, 2004, 415p.

Benjamin CARDOZO, *The nature of judicial process*, New Haven, Yale university press, 1921, 192p.

Gérard CORNU, *L'art du droit en quête de sagesse,* Paris, Doctrine Juridique, 1998, 424p.

Jean-Gustave COURCELLE-SENEUIL, « Principes pour bonne interprétation des règles » *in préparation à l'étude du droit.* Des Principes, Paris, Guillaumin, 1887, 499p.

René DAVID, *Les grands systèmes du droit contemporain*, Paris, Dalloz, 2002, 11e éd. 600p.

Denis DIDEROT et Jean le Rond d'ALEMBERT, *L'encyclopédie,* 1772, 18000p.

ANDRÉ DUHAMEL, LUC TREMBLAY et DANIEL WEINSTOCK, *La démocratie délibérative en philosophie et en droit: enjeux et perspectives*, Montréal, Éd. Thémis, 2001, 274p.

Emile DURKEIM, *Les règles de la méthode sociologique,* Paris, Flammarion, 2010, 333 p.

Ronald DWORKIN, *L'empire du droit*, Coll. recherches politiques Paris, PUF, 1994, 480 p.

Ronald DWORKIN, *Prendre les droits au sérieux*, Paris, PUF Léviathan, 1995, 515p.

Idris FASSASSi, La légitimité du contrôle juridictionnel de la constitutionnalité des lois aux Etats-Unis : étude critique de l'argument contre-majoritaire, Paris, Dalloz, 2017, 767p.

Antoine FURETIÈRE, *Dictionnaire universel*, Paris, Hachette Livre BNF, 2013, 1070p.

Benoît FRYDMAN, *Le sens des lois: histoire de l'interprétation et de la raison juridique*, 3eéd., coll. Penser le droit, n°14, Bruxelles, Bruylant, 2011, 708p.

Hans Georg GADAMER, *Philosophie Herméneutique*,coll. Epithémée, Paris, PUF, 1996, 264p.

Antoine GARAPON, *Bien juger : essai sur le rituel judiciaire*, Paris, Odile Jacob, 2001, 351p.

Antoine GARAPON, *Juger en Amérique et en France*, Paris, Odile Jacob, 2003, 322p.

François GÉNY, Méthode d'interprétation et sources en droit privé, Paris, LGDJ, 1995, 2vol, 446 p.

Herbert LA HART, *Le concept de droit*, Faculté Universitaire Saint Louis, traduit par Michel VAN DE KERCHOVE, Bruxelles, Publications des Facultés universitaires Saint-Louis, 2006, 344p.

Kristin HENRARD and M. BUSSTRA, Conflicting Fundamental Rights: Broad Parameters for a Model of Review, (manuscrit)

Emmanuel KANT, *Critique de la faculté de juger*, Paris, Garnier Flammarion, 2008, 540p.

Jerzy KALINOWSKI, Introduction à la logique juridique; éléments de sémiotique juridique, logique des normes et logique juridique, Paris, Librairie générale de Droit et de Jurisprudence, 1965, 220p.

Hans KELSEN, *Théorie générale des normes*, coll.« Léviathan», Paris, PUF, 1996, 604p.

Andrée LAJOIE, Jugements de valeurs: le discours judiciaire et le droit, Paris, PUF, 1997, 217 p.

Martin LEBEAU, *De l'interprétation stricte des lois, essai de méthodologie*, soutenu à Paris II en 2007, Defrénois en 2012, 234 p.

Neil MAC CORMICK, *Raisonnement juridique et théorie du droit*, Les voies du droit, Paris, PUF, 1986, 336p.

Marie-Laure MATHIEU IZORCHE, *Le raisonnement juridique*, PUF, Thémis droit privé, 2001, 439p.

Michel MEYER, *La philosophie anglo-saxonne*, Paris, PUF, 1995, 596p

Charles de Secondat MONTESQUIEU, *De l'esprit des lois*, coll. Classiques Garnier, Paris, Garnier frères, 1949, 1184p.

François OST, MICHEL Michel van de KERCHOVE, *De la pyramide au réseau?: pour une théorie dialectique du droit*, Bruxelles, Publications des Facultés universitaires Saint-Louis, 2002, 598p.

Charles PERELMAN, *La nouvelle rhétorique. Traité de l'argumentation.* Paris, PUF, 1958, 740p.

Chaïm PERELMAN, *Logique juridique et nouvelle rhétorique*, nouvelle rhétorique et valeurs, Paris, Dalloz, 1999, 193p.

PLATON, Les lois, Paris, GF Flammarion, 2006, 559p.

PLATON, La république, Paris, GF Flammarion, 2002, 801p.

Raymond POLIN, *La création des valeurs*, Paris, J.Vrin, coll. problèmes et controverses, 1977,116p.

Henry PRAKKEN, *Logical models of legal argumentation*, Norwell, Kluwer Academic Publishers, Kluwer Academic Publishers, 1996, 216p.

Paul RICŒUR, *Le conflit des interprétations : essais d'herméneutique*, coll.« Ordre philosophique», Paris, Editions du Seuil, 1969, 512p.

Raymond SALEILLES, *Introduction à l'étude du droit civil allemand*, Paris, A Pichon, 1904, 246p.

Rene SÈVE, *Philosophie et théorie du droit*, coll. Cours Dalloz. Série droit privé, Paris, Dalloz, 2007, 372p.

Jan M SMITS, *Elgar encyclopedia of comparative law,* Cheltenham,Edward Elgar Publishing Ltd, 2006, 1024p.

Paul-Henri STEINAUER, La logique au service du droit: étude de logique contemporaine pour une meilleure communication de la pensée juridique, Fribourg, Éd. Universitaires Fribourg Suisse, 1979, 198p.

Jean-Jacques SUEUR, *Une introduction à la théorie du droit*, coll.«Logiques juridiques », Paris, L'Harmattan Inc., 2001, 210p.

Axel de TEUX, Imre KOVALOVSKI, Nicolas Bernard, *Précis de méthodologie juridique, les sources documentaires du droit*, Bruxelles, Publications des Facultés universitaires Saint-Louis, 2eéd., 2000, 749p.

Gerard TIMSIT, *Les noms de la loi*, Coll. « les voies du droit», Paris, PUF, 1991, 199p.

Leon E. TRAKMAN, *An introduction to the common law*, Halifax, NS, Faculty of Law, Dalhousie University, 1980, 65p.

Michel TROPER, *Le positivisme juridique*, Story scient, Paris, LGDJ, 1992, 749 p.

Michel TROPER, « Histoire constitutionnelle et théorie constitutionnelle» - *Cahiers du Conseil constitutionnel* n° 28 (Dossier : L'histoire du contrôle de constitutionnalité), 2010.

Michel TROPER, *Le droit et la nécessité*, Paris, Léviathan, PUF, 2011, 352p.

Paul VANDER EYCKEN, *Méthode positive de l'interprétation juridique*, Bruxelles, general Books, 2012, 128p.

Paul VINOGRADOFF, *Common sens in law,* London, Oxford University Press, 1946, 192p.

Robert K. YIN, *Case study research: design and methods*, 4th ed., Thousand Oaks, Calif, Sage Publications, 2009, 312p.

Max WEBER, *Sociologie du droit*, Grands textes, Paris, PUF, 2013, 324p.

Frederic ZENATI, *La jurisprudence*, coll. « Méthodes du droit », Paris, Dalloz, 1991, 281p.

Lettre encyclique Rerum novarum de Léon XIII de 1891, http://www.vatican.va/holy_father/leo_xiii/encyclicals/documents/hf_l-xiii_enc_15051891_rerum-novarum_fr.html (consulté le 08 Avril 2012)

Lettre encyclique Quadragesimo anno de ss Pie XI du 15 Mai 1931, site du Vatican

Lettre encyclique Caritas in veritate de Benoît XVI du 29 juin 2009, site du Vatican

Compendium de la doctrine sociale de l'Eglise catholique, http://www.vatican.va/roman_curia/pontifical_councils/justpeace/documents/rc_pc_justpeace_doc_20060526_compendio-dott-soc_fr.html (consulté le 8 Avril 2012)

II- LÉGISLATION ET COMMUNICATIONS INSTITUTIONNELLES

A. Droit de l'Union européenne et des États membres

1. Traités et Protocoles

Protocole n° 2 sur l'application des principes de subsidiarité et de proportionnalité annexé au traité de Lisbonne, JOUEC115/201 du 9 mai 2008

Protocole numéro 1 sur le rôle des parlements nationaux annexé au traité de Lisbonne, JOUEC115/201 du 9 mai 2008

Traité de Lisbonne, 13 décembre 2007, JOUEC 306 du 17 décembre 2007

Traité sur l'Union européenne. JOUE C115/15 du 9 mai 2008

Traité sur le Fonctionnement de l'Union européenne, 9 mai 2008, JOUE C115/47

Traité établissant une Constitution pour l'Europe, 29 Mai 2005

Traité d'Amsterdam, 2 octobre 1997, Journal officiel des Communautés européennes C 340/1 du 10 novembre 1997

Traité sur l'Union européenne (version consolidée), Maastricht, 7 février 1992, JOUE n° C-326 du 26 octobre 2012

Traité instituant la Communauté Européenne (CEE) (version consolidée), Acte Unique Européen, 28 février 1986, Journal officiel L 169 du 29.6.1987

Traité instituant la Communauté européenne du charbon et de l'acier, Paris, 18 avril 1951

Traité instituant la Communauté européenne (CEE), Rome, 25 mars 1957, non publié au Journal officiel

2. Règlements, directives

Directive 2002/20/CE du Parlement européen et du Conseil du 7 mars 2002 relative à l'autorisation de réseaux et de services de communications électroniques (directive « autorisation »), JOCE n° L 108-33 du 24 mai 2002 p. 0021 – 0032

Règlement (CE) n° 1907/2006 du 18/12/06 concernant l'enregistrement, l'évaluation et l'autorisation des substances chimiques, ainsi que les restrictions applicables à ces substances (REACH), instituant une agence européenne des produits chimiques (Considérants), JOUE L 396 du 30 décembre 2006

3. Accords-cadres

Accord-cadre sur les relations entre le Parlement européen et la Commission européenne, 20 novembre 2010, JOUE n° L 304 du 20 novembre 2010

4. Conseils européens

Conseil européen d'Édimbourg, 11-12 décembre 1992

Conseil européen de Madrid, 15 et 16 décembre 1995

Conseil européen extraordinaire sur l'emploi à Luxembourg, 20/21 novembre 1997

5. Livres verts

Livre vert sur le rapprochement, la reconnaissance mutuelle et l'exécution des sanctions pénales dans l'Union européenne, Bruxelles, le 30 avril 2004, E2587 - COM (2004) 334 final

6. Livres blancs

Conseil des Communes et Régions d'Europe, « Un livre blanc sur la gouvernance européenne. Approfondir la démocratie, une plus grande implication des Collectivités Locales et Régionales » , Bruxelles, 29 mars 2001

Commission européenne, « Gouvernance dans l'Union européenne Un livre blanc », Bruxelles, le 25 juillet 2001, 428.

10. Déclarations, résolutions, rapports, recommandations, avis, communications, conférences intergouvernementales

Avis de la Commission des Communautés européennes relatif au projet de révision du traité instituant la Communauté économique européenne concernant l'Union politique, Bruxelles, 21 octobre 1990, COM (90) 600 final

Communication de la Cour de justice à l'attention de la conférence intergouvernementale sur l'Union politique de 1991, 20 décembre 1990

2e et 3e Conférence Intergouvernementale, Rome, 28-29 Octobre 1990

Conférence interinstitutionnelle, Bruxelles, 26 Novembre 1992, Compte Rendu Analytique des Débats, PE 202.943.

Conseil de l'Europe, Comité directeur des autorités locales et régionales, *Définition et limites du principe de subsidiarité*, 1994, p. 18.

Michel PONIATOWSKI au nom de la délégation du Sénat pour les Communautés européennes, Rapport d'information n° 45 sur le principe de subsidiarité, 12 novembre 1992.

Résolution du Conseil du 3 décembre 1992 concernant le rapport entre la compétitivité industrielle et la protection de l'environnement, JO, C 331, 16 décembre 1992, p. 5.

Avis du Parlement européen, Bruxelles, 18 novembre 1992, Journal officiel C 337 du 21 décembre 1992, p. 142.

Résolution du Parlement européen, Bruxelles, 18 novembre 1992, Journal officiel C 337 du 21 décembre 1992

Parlement, Conseil, Commission, Accord interinstitutionnel sur les procédures pour la mise en œuvre du principe de subsidiarité, 25 octobre 1993, Journal officiel des Communautés européennes n° C-329 du 6 décembre 1993, p. 132.

Parlement, Conseil Commission, Déclaration interinstitutionnelle sur la démocratie, la transparence et la subsidiarité complétant le Conseil européen d'Édimbourg, Luxembourg, 25 octobre 1993, Bull. C.E d'octobre 1993.

Question écrite n° 06922 de M. Philippe François (Seine-et-Marne - RPR), publiée dans le JO Sénat du 30/06/1994 - page 1582

Conseil de l'Europe, Définition et limites du principe de subsidiarité : Rapport préparé/ pour le Comité directeur des autorités locales et régionales (CDLR), Strasbourg, Editions du Conseil de l'Europe, 1994, 44. p.

Rapport Shutterland, Douzième rapport annuel sur le contrôle de l'application du droit communautaire, COM/95/500, 1994, Journal officiel n° C 254 du 29 septembre 1995

Christian de la MALÈNE au nom de la Délégation du Sénat pour l'Union européenne, Rapport d'information n46 sur l'application du principe de subsidiarité, 23 octobre 1996.

Hubert HAENEL au nom de la délégation pour l'Union européenne, Rapport d'information n° 88 dans le cadre du dialogue avec la Commission européenne sur la subsidiarité, 21 novembre 2007.

Résolution de l'Assemblée nationale du 8 nov. 2011 portant avis motivé sur la conformité au principe de subsidiarité de la proposition de règlement du Parlement européen et du Conseil modif. règl. (CE) n° 562.

Résolution du Sénat du 26 déc. 2011 portant avis motivé sur la conformité au principe de subsidiarité de la proposition de règlement concernant les exigences prudentielles applicables aux établissements de crédit et aux entreprises d'investissement.

Résolution du Sénat du 24 janv. 2012 portant avis motivé sur la conformité au principe de subsidiarité de la proposition de règlement établissant des dispositions communes pour le suivi et l'évaluation des projets de plans budgétaires et pour la correction des déficits excessifs dans les États membres de la zone euro.

Résolution du Sénat du 4 mars 2012 portant avis motivé sur la conformité au principe de subsidiarité de la proposition de règlement du Parlement européen et du Conseil relatif à la protection des données à caractère personnel.

Résolution du Sénat du 6 mars 2012 portant avis motivé sur la conformité au principe de subsidiarité de la proposition de directive du Parlement européen et du Conseil modifiant la directive 2005/36/CE relative à la reconnaissance des qualifications professionnelles et le règlement concernant la coopération administrative par l'intermédiaire du système d'information du marché intérieur.

Rapport de la Commission sur la subsidiarité et la proportionnalité, 19e rapport « Mieux légiférer», 2011, Bruxelles, le 10.7.2012 COM(2012) 373 final.

Rapport de la Commission sur la subsidiarité et la proportionnalité, 20e rapport « Mieux légiférer», 2012, Bruxelles, le 30.7.2013 COM(2013) 566 final.

Rapport de la Commission sur la subsidiarité et la proportionnalité, 21e rapport « Mieux légiférer» 2013, Bruxelles, le 5.8.2014 COM(2014) 506 final.

Rapport de la Commission sur la subsidiarité et la proportionnalité, 22e rapport « Mieux légiférer »2014, Bruxelles, le 2.7.2015 COM(2015) 315 final.

Rapport de la Commission sur la subsidiarité et la proportionnalité, 23e rapport « Mieux légiférer », 2015,Bruxelles, le 15.7.2016 COM(2016) 469 final.

Rapport de la Commission sur la subsidiarité et la proportionnalité, 24e rapport « Mieux légiférer », 2016 Bruxelles le 30.6.2017 COM(2017) 600 final.

Ministerie van Buitenlandse Zake, *Testing European legislation for subsidiarity and Proportionality*, 21 juin 2013, 28. p.

Michel BILLOUT et Aymeri de MONTESQUIOU, Proposition de résolution européenne portant avis motivé présentée au nom de la commission des affaires européennes, en application de l'article 73 du Règlement, sur la conformité au principe de subsidiarité de la proposition de règlement relatif aux commissions d'interchange pour les opérations de paiement liées à une carte [COM (2013) 550 final], n° 148.

Richard YUNG, Proposition de résolution européenne portant avis motivé présentée au nom de la commission des affaires européennes en application de l'article 73 du Règlement, sur la conformité au principe de subsidiarité de la proposition de règlement du Parlement et du Conseil relatif à des mesures structurelles améliorant la résilience des établissements de crédit de l'Union européenne [COM (2014) 43], n° 420.

Parlement européen, le Conseil de l'Union européenne et la Commission européenne, Accord interinstitutionnel entre le «Mieux légiférer», 13 avril 2016, Journal officiel L 123 du 12.5.2016, p. 1–14.

Résolution du Parlement européen du 17 mai 2017 sur le rapport annuel 2014 sur la subsidiarité et la proportionnalité (2015/2283(INI)

11. Questions écrites et réponses de la Commission

Question n° 2475/92 de lord O'Hagan(PPE) à la Commission des Communautés européennes (8 oct 92) (93/C 297/23).

Question n° E-3803/93 de M Lode Van Outrive (PSE) au conseil des communautés européennes (12 janvier 1994) (94/C 102/ 56).

Question n° 2475 de lord O'Hagan (PPE) à la commission des communautés européennes,8 octobre 1992, (93/C 297/23).

12. Rencontres

Premières Assises sur la subsidiarité organisées par le Comité des Régions au Bundesrat: un ultime appel pour une Constitution européenne, 25 mai 2004, COR/04/48

Conférence européenne sur la subsidiarité, Comité des Régions, 18 Avril 2006, COR/06/41

Rapport du Groupe de travail « Subsidiarité« présenté à la Convention européenne, Bruxelles, 3 et 4 octobre 2002

Rencontre au Sénat entre Peter STRAUB et Christian PONCELET sur la subsidiarité, Comité des régions, Bruxelles, 13 juillet 2004, COR/04/58

13. Convention européenne

Convention européenne des droits de l'homme et des libertés fondamentales, Rome, 4.XI.1950

B. Droit canadien

1. Lois

a. Lois constitutionnelles

Loi constitutionnelle de 1867, 30 et 31 Vict., c. 3 (R.U.)

Loi constitutionnelle de 1982, [Annexe B de la Loi de 1982 sur le Canada (R-U), 1982, c 11 (R-U.)]

b. Lois ordinaires

Loi sur les mesures de guerre, LRC 1985 c W2.

Loi d'interprétation, L.R., 1985, ch. I-21.

Loi de 1931 visant à donner effet à des résolutions adoptées lors des conférences impériales de 1926 et 1930 dite Statut de Westminster, Westminster, 11 décembre 1931, 22 Geo. V, ch. 4 (R.-U.)

Loi sur Investissement Canada, L.R.C. 1985, ch. 28.

2. Rapports, Communiqués d'informations, travaux de Commissions

Conférences préparatoires à la loi constitutionnelle de 1867 : les résolutions de Québec de 1864, en ligne : http://www.collectionsCanada.gc.cal (consulté le 23 octobre 2013)

A. SHORTT et A.G. DOUGHTY, *Documents concernant l'histoire constitutionnelle du Canada :* 1759-1791, Ottawa, Archives canadiennes, coll. « Coll. de documents constitutionnels, Imprimé par Mulvey Imprimeur du roi », 1911, 747 p.

Canada. Parlement. Sénat., Rapport. Session 1939. Présenté en conformité d'une résolution du Sénat à l'Honorable Président du Sénat par le conseiller Parlementaire au sujet de la mise en vigueur de l'Acte de l'Amérique Britannique du Nord de 1867, de l'incompatibilité entre ses dispositions et leur interprétation judiciaire, Ottawa, Imprimeur de la Reine, 1940.

Canada. Premier ministre et l.b. Pearson, Le fédéralisme et l'avenir : déclaration de principe et exposé de la politique du Gouvernement du Canada, Ottawa, Queen's Printer, 1968, 49 p.

Richard SIMEON, *Intergouvernemental Relations and the Challenges to Canadian Federalism*, Ottawa, Administration publique du Canada, 1980, 23 p.

BAKVIS, H. et Queen's university (kingstonont.). institute of intergovernmental relations., Federalism and the organization of political life: *Canada in comparative perspective*, coll.« Queen's studies on the future of the Canadian communities, 2 » , Kingston, Ont., Institute of Intergovernmental Relations Queen's University, 1981.

Canada (Centre d'information sur l'unité canadienne), *Notes sur le fédéralisme canadien*, Ottawa, Le Centre, 1984, 11 p.

Québec (Province), Projet d'accord constitutionnel : propositions du Gouvernement du Québec, [Québec, Le Gouvernement], 1985, 32 p.

Le Partage des pouvoirs et la politique d'État, coll.« Les Études / Commission royale sur l'union économique et les perspectives de développement du Canada,», Ottawa, Commission royale sur l'union économique et les perspectives de développement du Canada, 1985, 233 p.

Les Dossiers permanents du fédéralisme canadien, coll.« Les Études / Commission royale sur l'union économique et les perspectives de développement du Canada,», Ottawa, Commission royale sur l'union économique et les perspectives de développement du Canada, 1986, 197 p.

Mark KRASNKICK et Richard SIMEON, Le partage des pouvoirs et la politique d'État, commission royale sur l'union économique et les perspectives de développement du Canada, Ottawa, Ministère des approvisionnements et services Canada, 1986, 233 p.

John D. WHITE, Les dimensions constitutionnelles des mesures d'expansion économique, commission royale sur l'union économique et les perspectives de développement du Canada, Ottawa, Ministère des approvisionnements et services Canada, 1986, 31 p.

D.V. SMILEY, *Le fédéralisme intra-étatique au Canada*, coll.« Les Études / Commission royale sur l'union économique et les perspectives de développement du Canada,», Ottawa, Commission royale sur l'union économique et les perspectives de développement du Canada, Ottawa, 1986, 188 p.

Yvan BERNIER, Nicolas ROY, Charles PENTLAND, Daniel SOBERMAN, *Le concept de l'Union économique en droit international et constitutionnel*, Mark Krasnick, Kenneth Norrie et Richard Simeon (coord), Ottawa, Points de vue sur l'union économique, Commission royale sur l'union économique et les perspectives de développement du Canada, Ministère des approvisionnements et Services Canada, 1986, 70 p.

Mark KRASNKICK et Richard SIMEON, Ottawa, *Le partage des pouvoirs et la politique d'État, Commission royale sur l'union économique et les perspectives de développement du Canada*, Ottawa, Ministère des approvisionnements et services Canada, 1986.

Bâtir ensemble l'avenir du Canada : propositions, Ottawa, Ministère des approvisionnements et services Canada, 1991, 60 p.

Communiqué d'information du Conseil des Ministres Canadiens des Ressources et de l'Environnement faisant le point de leur 26e réunion annuelle, Québec, 23 et 24 septembre 1987, document 830-284/ 020

Comité mixte spécial du Sénat et de la Chambre des communes sur les renouvellements du Canada, *Un Canada renouvelé*, Rapport Baudouin Dobbie, 1992, 203 p.

Commission royale sur les nouvelles techniques de reproduction, *Un virage à prendre en douceur*, Rapport final, Ottawa, vol. 1, 1993.

Communiqué de la Réunion fédérale-provinciale-territoriale des ministres sur les barrières intérieures, le 19 septembre au Nouveau Brunswick, Document 830-313/008

Allocution de la très honorable Beverley MCLACHLIN, C.P., *Le rôle du juge dans un État démocratique*, 3 juin 2004

Open federalism: interpretations, significance, [Kingston, Ont.] » , Institut des relations intergouvernementales, 2006.

Rapports officiels d'Election Canada.

C. Normes internationales et nationales

Organisation des Nations Unies, Protocole de Kyoto à la convention-cadre des Nations Unies sur les changements climatiques, 1998.

Loi fondamentale pour la république fédérale d'Allemagne du 23 mai 1949, Journal officiel fédéral du 23 mai 1949

III. TABLES DE JURISPRUDENCE

A. Jurisprudence de la Cour de justice

Kledingverkoopbedrijf de Geus en Uitdenbogerd contre Robert Bosch GmbH et Maatschappij tot voortzetting van de zaken der Firma Willem van Rijn. - Demande de décision préjudicielle: Gerechtshof 's-Gravenhage - Pays-Bas, Affaire 13-61, 6 avril 1962

Costa c/ E.N.E.L., Affaire 6/64, 15 juillet 1964

Reynier et Erba / Commission de la CEE, Affaires jointes 79, 82/63, 13 novembre 1965

AETR (Commission des Communautés européennes contre Conseil des Communautés européennes - Accord européen sur les Transports Routiers), Affaire 22-70, 31 mars 1971

Rewe-Zentral AG / Bundesmonopolverwaltung für Branntwein, Affaire 120/78, 20 février 1979

Cassis de Dijon, Affaire 120/78, 20 février 1979

Rewe-Zentral AG c. Bundesmonopolverwaltung für Branntwein, Affaire 120/78, 20 février 1979

Commission / Royaume Uni, Affaire 804/79, 5 mai 1981

Schul, Affaire 15/81, 5 mai 1982

Commission / France, Affaire C-252/85, 27 avril 1988

Technische Universität München contre Hauptzollamt München-Mitte, C-269/90, 21 novembre 1991, Rec. I p 5469

Allemagne/Conseil, Affaire C-426/93, 9 novembre 1995, Rec. p. I-3723

Tremblay e.a. / Commission, 24 octobre 1996, Affaire C-91/95

Brasserie du pêcheur et Factortame, Affaires jointes C-46/93 et C-48/93, 5 mars 1996

Royaume-Uni de Grande-Bretagne et d'Irlande du Nord contre Conseil de l'Union européenne, Affaire C-84/94, 12 novembre 1996

Allemagne/ Parlement et Conseil, Affaire C-233/94, 13 mai 1997

Ketelsen, Affaire C-37/97, 22 octobre 1998

Allemagne c. Parlement européen et Conseil de l'Union, Affaire C-376/98, 5 octobre 2000

Imperial Tobacco e.a., Affaire C-74/99, 05 octobre 2000

Philip Morris International Inc contre Commission, Affaire T-377/00, 19 décembre 2000

Reynolds Tobacco e.a. c. Commission, Affaire T-379/00, 20 décembre 2000

Japan Tobacco Inc. c. Commission, Affaire T-380/00, 20 décembre 2000

Reynolds et autres c. Commission, Affaire T-260/01, 15 octobre 2001

Philip Morris International Inc. c. Commission, Affaire T-272/01, 15 octobre2001

Pays-Bas / Parlement et Conseil, Affaire C-377/98, 9 octobre 2001

Japan Tobacco Inc. et JT International SA contre Conseil de l'Union européenne et Parlement européen, Affaire T-223/01

British American Tobacco Investments et Imperial Tobacco, Affaire C-491/01, 10 décembre 2002

Avesta Polarit Chrome Oy., Affaire C-114/01, 11 septembre 2003

Commission / Allemagne, Affaire C-103/01, 22 mai 2003

Standley, Affaire C-293/97, 29 avril 2004

Alliance for Natural Health.a., Affaires C-154/04 et C-155/04, 12 juillet 2005

Natural Health et Nutri-Link, C-154/04 et C-155/04

Yonemoto, Affaire C-40/04, 8 septembre 2005

Commission des Communautés européennes/ Portugal, Affaire C-53/05, 6 juillet 2006

Suède / Commission, Affaire C64/05 P, 18 décembre 2007

Elf Evans / The United Kingdom, app n 633905, 2 mai 2007

Viking, Affaire C-438/05, 11 décembre2007; Laval, Affaire C-341/05, 18 décembre 2007

Allemagne c. Commission, Affaire T-374/04, 7 novembre 2007

Michaniki, Affaire C-213/07, 16 décembre 2008

Commission / Italie, Affaire C-326/07, 26 mars 2009

Fundación Gala-Salvador Dalí et VEGAP, affaire C-518/08, 15 avril 2010

Commission / Estonie, C-505/09 P, 29 mars 2012

Vodafone, Affaire C-58/08, 8 juin 2010

Commission / Allemagne, Affaire C-518/0, 09 mars 2010

Artegodan GmbH/ Commission européenne, République fédérale d'Allemagne, Affaire C221/10 P, 5 mai 2010

Commission / Allemagne, Affaire C-539/09, 15 novembre 2011

Grand-Duché de Luxembourg c. Parlement européen et Conseil de l'Union européenne, Affaire C-176/09, 12 mai 2011

Aquitaine / Commission, Affaire C-521/09 P, 29 septembre 2011

Commission / Allemagne, Affaire C-539/09, 15 novembre 2011

Commission / Estonie, Affaire C-505/09 P, 29 mars 2012

Commission/ Pologne, Affaire C-504/09 P, 29 mars 2012

Artegodan GmbH/ Commission européenne et République fédérale d'Allemagne, Affaire C221/10 P, 19 avril 2012

Parlement européen / Conseil de l'Union européenne, Affaire C130/10, 19 juillet 2012

Prezes Urzędu Komunikacji Elektronicznej et République de Pologne/Commission européenne, Affaires jointes C422/11 P et C423/11 P, 6 septembre 2012

Mitteldeutsche Flughafen AG et Flughafen Leipzig-Halle GmbH/ Commission, Affaire C-288/11 P, 19 décembre 2012

2. Conclusions des avocats généraux

Conclusions de l'avocat général Léger,- Royaume-Uni de Grande-Bretagne et d'Irlande du Nord contre Conseil de l'Union européenne, Affaire C-84/94, 12 novembre 1996.

Conclusions de l'avocat général M. L. A. Geelhoed, British American Tobacco Investments et Imperial Tobacco, Affaire C-491/01, 10 décembre 2002.

Conclusion de l'avocat géneral Poiares Maduro, Michaniki, Affaire C-213/07, 8 octobre 2008.

Conclusions de l'avocat général Poiares Maduro, Vodafone, Affaire C-58/08, 8 juin 2010.

Conclusions de l'avocat général Mengozzi, Grand-Duché de Luxembourg contre Parlement européen et Conseil de l'Union européenne, Affaire C-176/09, 12 mai 2011.

Conclusions de l'avocat général Trstenjak, Commission / Estonie, C-505/09 P, 29 mars 2012.

3. Avis de la Cour de justice

Avis 2/91, 19 mars 1993, Recueil de jurisprudence 1-1061 28.

Avis 1/94 (Accord établissant l'OMC), 15 novembre 1994, Recueil de jurisprudence 1994

Avis 1/94, 15 novembre 1994, Recueil de jurisprudence 1994

Avis 2/92 (Avis l'OCDE), 24 mars 1995, Recueil de jurisprudence 558

Jurisprudence d'États membres de l'Union européenne

Décision n° 97-394 DC du 31/12/1997 relative à la constitutionnalité du traité d'Amsterdam, considérant 22.

CE, Association « La Méridienne » et Association contre l'heure d'été,n° 232590, 24 novembre 2003.

Décision n°2004-505 DC relative au traité établissant une Constitution pour l'Europe.

CE, Benjamin et syndicat d'initiative de Nevers, n° 17413, 19 mai 1933.

B. Jurisprudence de la Cour suprême du Canada

Brasserie Labatt du Canada Ltéec. Canada (PG),[1847] RCS 914 944

Servern c. La Reine, [1870] 2 RCS 70

Citizen Insurance Compagny of Canada c. Parsons, [1881] 7 A.C.96, 113(C.P.).

Tennant v. Union Bank of Canada, [1884] AC 31

Attorney general for Ontario v Attorney general for the Dominion and the distillers and Brewers associations of Ontario, [1896] AC 348 (local prohibition case)

Renvoi sur la Constitution de compagnies, [1913] 48 RCS 331

Renvoi relatif à la loi de la commission de commerce et à la loi des coalitions et des prix raisonnables, [1922] 1 AC 191

Fort France Pulp and Power co c. Manitoba Free Press Co., [1923] AC 695, note 270

Gibbons c. Ogden, 1924, 22US A

Toronto Electric Commissioners / Snider, [1925] AC 396

Proprietary Articles Trade Association / AG Canada, [1931] AC 310

Renvoi sur l'aéronautique, [1932] A./ 54

The Attorney General of Canada v The Attorney General of Ontario and others, [1937] A./ 326

PG Canada c. PG Ontario (Renvoi relatif aux conventions de travail), [1937] AC 326

AG for Canada v. AG for Ontario, [1937] AC 326

Shannon c. Lower Mainland Diary Products Board, [1938] AC 708

Attorney-General for Ontario v. Canada Temperance Federation, [1946] A.C. 193

Cooperative Commitee on Japonese Canadians c AG Canada, [1947] A.C. 87

Renvoi sur la margarine, [1949] R.C.S. 1.

Renvoi relatif à la validité des règlements sur les baux en temps de guerre, [1950]. A.C.S. no 1

Canadian Federation of Agriculture c. Attorney-General for Quebec, [1951] A.C. 179

Johannesson v. Municipality of West St. Paul, [1952] 1 S.C.R. 292

Murphy v. Canadian Pacific Railway Co., [1958] RCS 626

The Queen v. Klassen, [1959], 20 D.L.R (2d) 406 (C.A Man.)

Parsons v. B.N.M. Laboratories Ltd., [1963] 2 All E.R. 658

Munro v. National Capital Commission, [1966] S.C.R. 663

Burns food Ltd c. Manitoba (P.G.), [1975] 1RCS 494

Renvoi sur la validité de la loi anti-inflation,[1976] 2 R.C.S. 373.

MacDonald c. Vapor Canada Ltd., [1977) 2 RCS 134

R. c. Zelensky, [1978] 2 R.C.S. 94

Committes for justice and liberty c. office national de l'énergie, [1978] 1R.C.S. 369

Renvoi relativement à la Loi sur l'organisation du marché des produits agricoles [1978] 2 R.C.S. 1198

Northern Telecom Ltée c. Travailleurs en communication du Canada, [1980] 1 R.C.S. 115

Renvoi : résolution pour modifier la Constitution, [1981] 1 R.C.S. 753.

P.G. Québec c. Lechasseur, [1981], 2RCS 228

Russel c. la Reine,[1882] 7 AC 829

Edwards v. AG Canada [1932] AC 123 (CJCP)

Co-operative Committee on Japanese Canadians v. Canada (AttorneyGeneral), [1947] A.C. 87 (Canada P.C.)

Caloil Inc. c. Procureur général du Canada, [1971] R.C.S 543

B.P. oil c. Fournier R.et F, [1979]-, vol 4, 224.1, CA)

Multiple Access Ltd. c. McCutcheon, [1982] 2 R.C.S. 161

Conseil canadien des relations de travail c Paul l'anglais Inc, [1983] 1R.C.S. 147 et P.G. Canadac.Law Society of British Columbia [1982] 2R.C.S.307.

P.G. (Can.) c. Transports Nationaux du Can., Ltée, [1983] 2 RCS 206

Hodge c. La Reine, [1883], 9 A.C. 117

Canada (attorney general) v. Canadian national transportation, Ltd, [1983] 2 SCR 206

R. c. McCutcheon and city of Toronto, [1983] 147 D.L.R. (3d) 193 (HC Ont.)

R c Valente, [1983] 145 D.L.R. 452 (CA Ont)

Procureur général du Canada c. Transports nationaux du Canada Ltée, [1983] 2 RCS 206 p208, opinion du juge Dickson

Renvoi relatif au plateau continental de Terre-Neuve, [1984] 1 R.C.S. 86

R.c. Messier,[1985] 44 CR (3d) 235 9Qc CSP)

Alvetta-Comeau c. A.P.L. et commission scolaire de Brossard, [1986] R.J.Q.1773

Beauregard c. Canada, [1986] 2 R.C.S. 56

P.G. de l'Ontario c P.G. du Canada (Renvoi: résolution pour modifier la Constitution), [1986] A.C. 348

Transports Nationaux du Canada Ltée c. Cour provinciale de l'Alberta, [1986] 2 R.C.S 711

Gold c.P.G.Qc. 234 C.P., [1986] R.J.Q.2924

Oakes, [1986] 1 R.C.S. 103

Compagnie des chemins de fer nationaux du Canada c. Courtois, [1988] 1 R.C.S. 868

Alltrans Express Ltd. c. Colombie-Britannique (Workers' Compensation Board), [1988] 1 R.C.S. 897

R. c. Crown Zellerbach Canada Ltd., [1988] 1 R.C.S. 401

Q.N.S Paper c. Chartwell Shipping, [1989] 2RCS 683

General Motors of Canada Ltd. c. City National Leasing, [1989] 1 R.C.S. 641

Alberta Government Telephones c. Canada (Conseil de la radiodiffusion et des télécommunications canadiennes), [1989] 2 R.C.S. 225

Banque de Montréal c. Hall, [1990] 1 R.C.S. 121

Friends of the Oldman River Society v. Canada (Minister of Transport), [1992] 1 S.C.R. 3

Ontario Hydro c. Ontario (Commission des relations de travail), [1993] 3 R.C.S. 327

Hunt c. T&N plc, [1993] 4 RCS 289

R. c. Morgentaler, [1993] 3 R.C.S. 463

Ontario Hydro c. Ontario (Commission des relations de travail), [1993] 3 R.C.S. 327

Husky Oil Operations Ltd. c. Ministre du Revenu national, [1995] 3 R.C.S. 453

R. c. Russel,[1997] 1 R.C.S. 356

R c Hydro Québec, [1997] 3 S.C.R. 213

Renvoi sur la rémunération des juges de la Cour Provinciale (IPE), [1998] 2 RCS 443

Renvoi relatif à la sécession du Québec, [1998] 2 R.C.S. 217

Global Securities Corp. c. Colombie-Britannique (Securities Commission), [2000] 1 R.C.S 494

Law Society of British Columbia c. Mangat [2001] CSC 67, [2001] 3R.C.S 113

Canada Ltée (Spraytech, Société d'arrosage) c. Hudson (Ville), [2001] CSC 40 (28 juin 2001)

Mackin c. Nouveau Brusnwick (ministre des finances); Rice c Nouveau Brunswick, [2002] 1 RCS 405

Bande Kitkatla c. Colombie-Britannique (Ministre des Petites et moyennes entreprises, du Tourisme et de la Culture), [2002] 2 R.C.S. 146

Hodge c. Canada (Ministre du Développement des ressources humaines), [2004] 3 R.C.S 357, 2004 CSC 65

Colombie-Britannique c. Imperial Tobacco Canada Ltée, [2005] 2 R.C.S. 473

Renvoi relatif à la Loi sur l'assurance-emploi (Can.), art. 22 et 23, [2005] CSC 56. Note 6

Colombie-Britannique (procureur géneral) c. Imperial Tobacco Canada Ltée, [2005] 2RCS 473

Fédération des producteurs de volailles du Québec c. Pelland, [2005] 1 R.C.S. 292

Kirkbi AG c. Gestions Ritvik Inc., [2005] 3 R.C.S. 302, 2005 CSC 65.

Rothmans, Benson & Hedges Inc. c. Saskatchewan, [2005] CSC 13, [2005] 1 R.C.S. 188

Banque canadienne de l'Ouest c. Alberta, [2007] 2 R.C.S. 3

Charkaoui c Canada (citoyenneté et immigration), [2007] CSC 9

Colombie-Britannique (Procureur général) c. Lafarge Canada inc., [2007] 2 R.C.S. 86

Renvoi relatif à la Loi sur la procréation assistée, [2010], CSC 61

Québec (Procureur général) c. Canadian Owners and Pilots Association, [2010] 2 RCS 536

Renvoi relatif à la Loi sur la procréation assistée, [2010] CSC 61.Par. 204

Québec (Procureur général) c. Lacombe, [2010] CSC 38.

Renvoi relatif à la Loi sur les valeurs mobilières, [2011] CSC 66.

Renvoi relatif à la Loi sur la Cour Suprême, [2014] CSC 21

Renvoi relatif à la réforme du Sénat, [2014] CSC

INDEX JURISPRUDENTIEL

Les numéros indiqués sont les numéros de page.

Jurisprudence de la Cour de justice (index sélectif)

Jurisprudence de la Cour suprême (index sélectif)

TABLE DES MATIÈRES

DROIT
AUX ÉDITIONS L'HARMATTAN

Dernières parutions

L'EXPLOITANT DE BANQUE ET LE DROIT AU TCHAD
Thomas Dingamgoto
De toutes les activités entrepreneuriales, le secteur bancaire est de celles qui font l'objet d'un encadrement législatif scrupuleux et d'une veille règlementaire permanente. Si l'histoire du droit bancaire tchadien est étroitement liée à celle du droit bancaire français, les textes législatifs et règlementaires des activités bancaires au Tchad ont connu des évolutions internes notables. Pour l'exploitant de banque comme pour l'ensemble des acteurs de la chaîne économique et financière, ces mutations rendent indispensables l'appropriation de ces normes nouvelles.
(Coll. Études Eurafricaines, 674 p., 49 euros)
ISBN : 978-2-343-16034-4, EAN EBOOK : 9782140104879

L'ÉGALITÉ DE L'HOMME ET DE LA FEMME DANS LE MARIAGE
Etude comparée des droits du Bénin, du Burkina Faso et du Mali
Aïssata DABO
Des États africains ont rénové leurs législations sur le mariage dans l'idée de les conformer au dispositif juridique international, qui place désormais l'égalité homme-femme au centre des débats. Toutefois, l'objectif est largement dévié par le pluralisme juridique qui demeure, en droit et en fait, un frein pour l'indifférenciation des droits des sexes. Cet ouvrage se propose de rechercher la mesure de l'égalité, en matière de mariage, réellement promue par les droits béninois, burkinabè et malien.
(Coll. Études africaines, 614 p., 49 euros)
ISBN : 978-2-343-15377-3, EAN EBOOK : 9782140105197

LA NATIONALITÉ ET L'APATRIDIE EN AFRIQUE
Charles Lasserre Yakite
Le droit à la nationalité est un droit humain fondamental reconnu par le droit international. Les apatrides ne peuvent se prévaloir de la protection de la nationalité et sont donc vulnérables à la privation de leurs droits. Les États africains doivent élaborer des cadres législatifs et mettre en place des politiques nationales pour lutter contre l'apatridie. Cet ouvrage vise à faire des recommandations à l'Union africaine et aux organisations internationales intéressées pour résoudre l'épineux problème de nationalité et de l'apatridie.
(Coll. Études africaines, 156 p., 17 euros)
ISBN : 978-2-343-15353-7, EAN EBOOK : 9782140104725

LE CONTENTIEUX DE L'ANNULATION AU CONGO
Lovane Lhakhy-Tsamby
Dans ce livre, l'auteur examine la question relative au contentieux de l'annulation, au Congo. Lorsqu'un acte administratif est entaché d'illégalité, il est susceptible d'annulation. Au Congo, l'annulation d'un acte administratif illégal relève de la compétence exclusive de la chambre administrative de la Cour suprême. La Cour constitutionnelle est exceptionnellement compétente pour annuler un acte administratif entaché d'illégalité lorsqu'il est pris dans le domaine électoral. Elle n'est pas juge de la légalité des actes administratifs au même titre que le juge administratif ordinaire.
(Coll. Harmattan Congo-Brazzaville, 120 p., 14 euros)
ISBN : 978-2-343-15430-5, EAN EBOOK : 9782140104305

PROTECTION DE LA QUALITÉ DES EAUX DOUCES AU CANADA ET DANS L'UNION EUROPÉENNE

Le partage des compétences

Claire Joachim

Cet ouvrage analyse l'organisation des rapports entre les ordres juridiques par le droit constitutionnel canadien et le droit de l'Union européenne. Cette étude est innovante car : la grille d'analyse du droit constitutionnel canadien a été appliquée à l'Union européenne. Ce qui met en évidence des mécanismes similaires dans le partage des compétences. Le domaine de la protection de la qualité des eaux douces a été choisi pour révéler les enjeux de ces relations dans une perspective globale. Ce travail fait ressortir que l'intégration européenne est accentuée par une centralisation des compétences. Ainsi, la sphère du pouvoir des états membres se vide progressivement de sa substance. Le droit entrerait donc en mutation à l'aune de la protection de l'environnement.

(Coll. Le Droit aujourd'hui, 546 p., 49 euros)

ISBN : 978-2-343-10974-9, EAN EBOOK : 9782140104541

LE BIEN-ÊTRE ANIMAL : DE LA SCIENCE AU DROIT

Sous la direction de Sophie Hild et Louis Schweitzer

Chercheurs, experts, membres de la Commission européenne ou du ministère de l'Agriculture se sont succédé pour répondre à plusieurs questions du plus haut intérêt : quelle définition scientifique donner au bien-être de l'animal ? Sur quels critères l'évaluer ? Quels droits nationaux ou internationaux le prennent-ils en compte ? Quels animaux sont concernés ? Quels obstacles s'opposent au souci d'assurer le bien-être animal ? Les réponses données conforteront les démarches à conduire en faveur de dispositions réglementaires nouvelles.

(Coll. Colloques et rencontres, 364 p., 37 euros)

ISBN : 978-2-343-15918-8, EAN EBOOK : 9782140104329

DROITS FONCIERS DES FEMMES ET DES CADETS SOCIAUX EN CÔTE D'IVOIRE

Cellule de Suivi et d'Analyse de la Mise en Oeuvre de la Loi sur le Foncier Rural

Le séminaire-atelier "Sécurisation des droits fonciers des femmes et cadets sociaux en milieu rural" tenu à Grand-Bassam en 2017 avait pour objectif d'identifier les dispositions, existantes ou à adopter, pour améliorer la sécurisation des droits fonciers des femmes et des cadets sociaux en milieu rural. Comment comprendre la nature des obstacles qui y nuisent, identifier et clarifier les dispositions qui existent dans le cadre juridique et institutionnel de la Côte d'ivoire ? les services centraux et décentralisés de l'Administration, Chambre des Chefs et Rois Traditionnels de Côte d'Ivoire, partenaires internationaux de développement, organisations professionnelles agricoles, notaires, juristes, géomètres, chercheurs, ONG, presse etc, tous sont concernés par cette problématique.

(Coll. Harmattan Côte-d'Ivoire, 192 p., 22 euros)

ISBN : 978-2-343-15394-0, EAN EBOOK : 9782140103728

L'UNIVERS CARCÉRAL, LA MÈRE DÉTENUE ET SON ENFANT

Elaine Mangin

Sur les 80 893 personnes écrouées en France au 1er février 2018, on dénombre 3103 femmes. 2482 sont détenues au sein d'un établissement pénitentiaire, exécutant une peine privative de liberté. Parmi elles, des mères de famille qui ont souvent la charge exclusive des enfants restés en milieu libre, mais aussi des femmes incarcérées avec leur bébé. Mais les efforts du droit positif et de la pratique pénitentiaire pour leur assurer le respect de la vie familiale et veiller au maintien d'un lien mère-enfant sain, des difficultés juridiques et psychologiques subsistent.

(Coll. Bibliothèques de droit, 158 p., 17,5 euros)

ISBN : 978-2-343-15834-1, EAN EBOOK : 9782140103681

CONSTITUTIONNALISME ET MÉTISSAGE CULTUREL AU-DELÀ DES DROITS DE L'HOMME

Salvatore Bonfiglio

Les sociétés multiculturelles demandent une réinterprétation des principes constitutionnels, capable de favoriser la cohésion sociale, notamment par l'extension des droits fondamentaux aux « non-citoyens ». Il s'agit de reconnaître à l'individu en tant que tel un statut de droits fondamentaux, pour affirmer ainsi le caractère à la fois moral et juridique de la dignité de la personne.

(Coll. Harmattan Italia, 208 p., 26 euros)

ISBN : 978-2-336-31233-0, EAN EBOOK : 9782140103193

LA PROCÉDURE

Sous la direction de Joanna Genovese et Giovanna Debernardi

La procédure est souvent perçue par les parties comme une source de difficultés supplémentaires dans la résolution d'un conflit. Elle est en réalité protectrice des droits des individus. Il n'existe pas qu'une procédure mais une pluralité. Il est question de procédure civile, de procédure collective, de procédure pénale... La procédure s'adapte en fonction des contraintes et besoins tant par la dématérialisation que la déjudiciarisation.

(Coll. Droit privé et sciences criminelles, 138 p., 16,5 euros)

ISBN : 978-2-343-15460-2, EAN EBOOK : 9782140102769

LE RECOURS AUX MODES ALTERNATIFS DE RÈGLEMENT DES LITIGES EN MATIÈRE DE PROPRIÉTÉ INTELLECTUELLE

Jean Tankeu

Préface de Joseph Fometeu

La mondialisation et le développement des échanges économiques posent de nouveaux défis en matière d'application des droits de propriété intellectuelle. Plus le commerce et les affaires s'intensifient au niveau international, plus la question des effets des droits de propriété intellectuelle et de leur application au-delà des frontières nationales devient pertinente. D'où le développement du contentieux non juridictionnel international de la propriété intellectuelle auquel l'auteur consacre cet ouvrage.

(326 p., 33 euros)

ISBN : 978-2-343-15648-4, EAN EBOOK : 9782140102653

MÉTHODOLOGIES DE LA SÉCURITÉ URBAINE

François Dieu, Bruno Domingo

Quelles sont les méthodologies de la sécurité urbaine ? Comment réaliser un diagnostic local de sécurité ? Quelles sont les précautions à prendre avec les chiffres de la délinquance ? Comment mesurer le sentiment d'insécurité et la victimisation ? Quelles sont les modalités de diffusion de l'information au sein des dispositifs de prévention ? Comment mettre en place un observatoire local de la délinquance ? En bref, comment impulser une réflexion objective et un partenariat dynamique pour une politique de sécurité efficace ?

(Coll. République et sécurité, 276 p., 28,5 euros)

ISBN : 978-2-343-15718-4, EAN EBOOK : 9782140102295

DROIT DES ENTREPRISES INDIVIDUELLES

Commerçant / Entreprenant / Bail à usage professionnel / Fonds de commerce / Vente commerciale / Commerce électronique

Cheikh Abdou Wakhab Ndiaye

L'entreprise est une notion moderne et polysémique qui n'a fait son apparition que très récemment dans le droit sénégalais. L'entreprise individuelle concerne le commerçant, personne physique, et l'entreprenant. Son droit est un véritable droit du développement. Il matérialise une volonté de promouvoir l'initiative privée par, d'une part, la facilitation des conditions d'accès au monde des affaires et, d'autre part, la mise en place d'un climat favorables aux investissements. Il est ainsi un creuset où les droits OHADA, UEMOA et sénégalais sont conjugués pour la réalisation de cette ambition.

(Coll. Harmattan Sénégal, 404 p., 40 euros)

ISBN : 978-2-343-15882-2, EAN EBOOK : 9782140102196

LES FINANCES PUBLIQUES DU GABON

Droit budgétaire et droit de la comptabilité publique

Fidèle Mengue Me Engouang

Considéré comme un pays riche, grâce à ses ressources naturelles, le Gabon demeure pourtant un Etat pauvre. L'une des raisons de ce paradoxe est la mauvaise gestion des moyens financiers dont dispose l'Etat. L'assainissement de la gestion des finances publiques constitue donc un des défis majeurs que doivent relever le gouvernement et l'administration. Ce qui exige une parfaite maîtrise des normes juridiques applicables en la matière, en plus d'une grande probité morale. Cet ouvrage veut contribuer au renforcement des capacités des personnes. Il traite des règles et des procédures d'élaboration, d'adoption, d'exécution et de contrôle du budget de l'Etat.

(Coll. Finances publiques, 386 p., 38 euros)

ISBN : 978-2-343-15534-0, EAN EBOOK : 9782140101335

L'INCOHÉRENCE DES LOIS DE CIRCONSTANCES EN MATIÈRE PÉNALE

Paul Laurent

Pour adapter le droit pénal à la criminalité, le Législateur adopte des lois pour des motifs qui échappent à la stricte nécessité juridique, au profit de l'opportunité. Ces lois en réponse à des faits divers sont des lois de circonstances. Leur développement est indéniable. Ce mouvement s'opère aux dépens de la politique pénale de réflexion et des règles de forme classiques. Cette adaptation du droit aux évolutions de la criminalité mérite analyse et débat.

(Coll. Bibliothèques de droit, 272 p., 27 euros)

ISBN : 978-2-343-15317-9, EAN EBOOK : 9782140101625

LE TRAIN DE VIE EN DROIT PRIVÉ

Michaël Martinez

Préface de Philippe Delmas Saint-Hilaire

Locution issue du langage courant, « train de vie » a été importée dans la sphère juridique à la fin des années 1930 pour lutter contre la fraude fiscale et s'y est répandue à partir des années 1960 sans être définie. La première partie de cet ouvrage s'intéresse au contenu juridique de cette notion. Elle est définie comme la jouissance, à titre habituel d'une certaine quantité de biens et de services, caractérisant à la fois un niveau de vie et une habitude de vie. La seconde partie porte sur les effets attachés au train de vie.

(Coll. Logiques Juridiques, 526 p., 45 euros)

ISBN : 978-2-343-15845-7, EAN EBOOK : 9782140101731

L'ORGANISATION DES NATIONS UNIES ET L'EFFECTIVITÉ DES DROITS FONDAMENTAUX DES DÉPLACÉS INTERNES

Rolince Mbungo

Le déplacement interne des populations au sein de leur propre pays pose un réel défi de protection des droits de l'homme. Si l'ONU s'est intéressée tardivement à ce phénomène, elle a entrepris de construire un meilleur cadre juridique et institutionnel international pour la protection des déplacés internes. Plus de deux décennies après ses principales initiatives, il a fallu éprouver la capacité de celles-ci à concrétiser les droits déclarés en droits effectifs. Il importerait que l'ONU renforce le cadre juridique et en restructure l'architecture institutionnelle.

(Coll. Le Droit aujourd'hui, 574 p., 45 euros)

ISBN : 978-2-343-11008-0, EAN EBOOK : 9782140099908

Structures éditoriales du groupe L'Harmattan

L'Harmattan Italie
Via degli Artisti, 15
10124 Torino
harmattan.italia@gmail.com

L'Harmattan Hongrie
Kossuth l. u. 14-16.
1053 Budapest
harmattan@harmattan.hu

L'Harmattan Sénégal
10 VDN en face Mermoz
BP 45034 Dakar-Fann
senharmattan@gmail.com

L'Harmattan Cameroun
TSINGA/FECAFOOT
BP 11486 Yaoundé
inkoukam@gmail.com

L'Harmattan Burkina Faso
Achille Somé – tengnule@hotmail.fr

L'Harmattan Guinée
Almamya, rue KA 028 OKB Agency
BP 3470 Conakry
harmattanguinee@yahoo.fr

L'Harmattan RDC
185, avenue Nyangwe
Commune de Lingwala – Kinshasa
matangilamusadila@yahoo.fr

L'Harmattan Congo
67, boulevard Denis-Sassou-N'Guesso
BP 2874 Brazzaville
harmattan.congo@yahoo.fr

L'Harmattan Mali
Sirakoro-Meguetana V31
Bamako
syllaka@yahoo.fr

L'Harmattan Togo
Djidjole – Lomé
Maison Amela
face EPP BATOME
ddamela@aol.com

L'Harmattan Côte d'Ivoire
Résidence Karl – Cité des Arts
Abidjan-Cocody
03 BP 1588 Abidjan
espace_harmattan.ci@hotmail.fr

L'Harmattan Algérie
22, rue Moulay-Mohamed
31000 Oran
info2@harmattan-algerie.com

L'Harmattan Maroc
5, rue Ferrane-Kouicha, Talaâ-Elkbira
Chrableyine, Fès-Médine
30000 Fès
harmattan.maroc@gmail.com

Nos librairies en France

Librairie internationale
16, rue des Écoles – 75005 Paris
librairie.internationale@harmattan.fr
01 40 46 79 11
www.librairieharmattan.com

Lib. sciences humaines & histoire
21, rue des Écoles – 75005 Paris
librairie.sh@harmattan.fr
01 46 34 13 71
www.librairieharmattansh.com

Librairie l'Espace Harmattan
21 bis, rue des Écoles – 75005 Paris
librairie.espace@harmattan.fr
01 43 29 49 42

Lib. Méditerranée & Moyen-Orient
7, rue des Carmes – 75005 Paris
librairie.mediterranee@harmattan.fr
01 43 29 71 15

Librairie Le Lucernaire
53, rue Notre-Dame-des-Champs – 75006 Paris
librairie@lucernaire.fr
01 42 22 67 13

www.ingramcontent.com/pod-product-compliance
Lightning Source LLC
LaVergne TN
LVHW021145061026
849535LV00002B/360